Alexander Epp

FREUNDSCHAFT STATT DOMINANZ

Den Hund ohne Fesseln binden

KYNOS VERLAG

Titelbild: *»Ferienfreu(n)de«* - Foto: Happel
Alle anderen Fotos und grafischen Darstellungen: Verfasser

© KYNOS VERLAG 2003
Dr. Dieter Fleig GmbH • D - 54570 Mürlenbach/Eifel
Telefon: 06594/653 • Telefax: 06594/452
http://www.kynos-verlag.de

Gesamtherstellung: Dr. Cantz'sche Druckerei, 73760 Ostfildern

ISBN 3-933228-57-3

WIDMUNG

Dieses Buch soll all den Hunden gewidmet sein,
deren Halter die Fortführung der Beziehung strikt
unterbanden, als sie erst ihre Chancenlosigkeit
gegen meine Umgangsformen mit ihrem Tier
erkannt hatten.
Gebt nicht auf, Freunde!
Wir werden uns wiedersehen!
Und dann erst recht auf den Putz hauen ...

DIE HAUPTPERSONEN

BARRI - 5001 gemeinsame Kilometer. Tausende gemeinsame Stunden. Er zerrte mir läufige Hündinnen vor die Füße. Er fütterte mich mit seinem Fressen. Bei der Begrüßung würgte er im Fütterungsreflex oft Notrationen vor mir in die Wiese.

REX I - Als vollwertiger Rüde dennoch vorbildlich heimattreu und freundlich. Er weiß seine Familie als Rudel und sein Heim als Zuhause und nicht als Kerker zu schätzen. Knapp 150 Kilometer gemeinsame Ausflüge, aber viele hundert Stunden Studien. Ich schleppte ihm jede Menge Konkurrenten ins Revier und setzte mich mit Diktiergerät und Zeichenstift beobachtend dazu. Er zahlte es mir mit Begrüßungen heim, die jeder Passant als versuchten Mord wertete.

FALCO - Ein Buschfeuer über einen Winter. Als hochintelligenter Streuner war er der wohl gutmütigste, anhänglichste, trotz gelebter Sturheit der am freundschaftlichst lenkbare Rüde. Wir haben Ängste und Freude, Aversionen wie gegenseitige Zuneigung aufs Innigste geteilt. Es bestand eine Charakterkonformität zwischen uns, die kaum einer Nachbesserung bedurfte. Einige hundert Kilometer Touren in Eis und Schnee. Bis das eifersüchtige Herrchen die Sache unterband. Danach folgten noch rund 2000 Kilometer illegales Zusammenleben ...

SISSY - Trotz strikten Ausflugsverbotes brachten wir es auf über 700 gemeinsame Kilometer. Freiwillige Unterwürfigkeit bis zum Exzess. Tobende Furie in Eifersucht. Hochintelligent, was Fluchtstrategien und ergaunerte Ausflüge anbelangt. Einige gemeinsame Tage und Nächte. »Ich mache für Dich jeden Affen, wenn Du mir nur versprichst, dass ich Dein einziger Affe bin, Mensch!«

TOCHTER - Doof im Kopf. Doof im Charakter. Krankhaft aggressiv. Für sie ist das ganze Leben ein ständiger Kampf. Jagt Fußgänger. Jagt Radfahrer. Jagt Autos. Und was sie erwischt, wird gebissen. Doch wer vorstehenden Flüchtling zur Mami hat, lernt, wie man zu illegalen Ausflügen kommt. Ich konnte sie nie richtig leiden, aber sie konnte sich gut anbiedern - und blieb in Kontakt zu mir.

LAYLA - Die hochaktive Streunerin betrachtet ein Umfeld von rund 100 Quadratkilometern als ihr Territorium. Zahllose Aufgriffe innerhalb kürzester Zeit. Einige hundert Kilometer gemeinsame Tourenerfahrung.

BLACKY - Viele gemeinsame Kilometer, viel gemeinsame Zeit, einige gemeinsame Nächte. Sie konnte nach wenigen Wochen meinen Blutzucker besser einschätzen als ich selbst, verstand aber nie so recht, warum ein Bumerang zwar wie ein Stöckchen aussieht, aber von selbst zurückkommt. So rannte sie monatelang vergeblich im Kreis. - Dann ging die Sache an die Wand.

ARCO - Er wollte immer nur dominant sein. Spiel auf tierischem Niveau wurde allzu schnell blutiger Ernst. Zahlreiche Ausflüge bis zu mir nach Hause, von wo aus er selbstständig heimkehrte. Später viele Kurztrips bis zu einer von ihm gesteckten Grenze. Zahlreiche Stunden des Spieles. Zahlreiche Beißereien mit mir. Als es mir zu bunt und die Löcher in den Armen zu tief wurden, tauschte ich Freundschaft gegen Pfefferspray - was ihn nicht sonderlich beeindruckte ...

BARRI V. BERG - Der gutmütige Koloss war auch ein bereitwilliger Streuner - was uns einige gemeinsame Kilometer Ausflüge ermöglichte, noch mehr Studien an seinem Hof und ihn die Kronjuwelen kostete. Nach seinem Umzug schloss er sich dem Klub der Eunuchen an. Drei Kastraten auf der Rantsch. Wenn man schon nicht mehr »kann«, kann man wenigstens weiterhin mit anderen menschengeschädigten Kumpels herumstreunen.

REX II - Vormals ein wanderlustiger Geselle, endete er an der Kette. Konnte ich ihn anfangs auch zusammen mit anderen Tieren noch besuchen, wurde er immer extremer zerrissen.

LASSIE - Man traf sich hin und wieder. Einige Dutzend Stunden Hausstudien schälten mehr und mehr das charakterlich uninteressante, mit aggressiven Tücken behaftete Wesen heraus.

DACKEL - Der rammelfreudige Hofdackel. Selbst die Katzen(!) hatten es aufgegeben, sich zu wehren, wenn er sie sich zwischen die Beine klemmte. Mein Wurstbrot war willkommene Abwechslung. Solange ich aß, war ich abgelenkt und er konnte derweilen genüsslich an meinem Schienbein rammeln. Als er zu unternehmungslustig wurde, verstießen ihn seine Leute.

KLEINKRUSCHT - ... und zahllose weitere Hofhunde, die ich stundenlang beobachtete und reizte, nachdem ich bewusst ihre Reviergrenzen überschritten hatte. Ausflügler, Mitläufer, Streuner, Pflegehunde, zugelaufene Flüchtlinge, mit denen ich mir eine schöne Zeit, ein paar Ausflüge, einige Tage on Tour, Badeerlebnisse und vieles mehr gönnte, bevor ich sie meldete. Die dann auch gar nicht mehr mit großer Überzeugung zu Herrchen heimkehren wollten ...

DER AUTOR - ... und natürlich ich selbst, der ich die Umgangsformen und Verhaltensweisen all dieser Viecher zusammengeschrieben, geordnet, ausgewertet als auch durch meine unprofessionellen Lenkungsmethoden stark meinen Wünschen angepasst habe.

FERRO - Dann war da noch der arme Schäferhund, der sich mir nicht entziehen konnte, weil ich ihm Herr über Haus und Futter, über Leib und Leben, Aktivität und Ruhe bin. Er ist der lebende Beweis, dass man meine Erziehungsmethoden als Hund tatsächlich überleben kann ...

INHALTSVERZEICHNIS

EIN NIEMAND MELDET SICH ZU WORT - UND SCHREIBT GLEICH EIN BUCH ...

»Wie schön: Noch ein Buch über geglückte Hundeerziehung!« mögen Sie sich sagen. Ein weiteres Werk, in dem ein ach so schlauer Autor sein geistiges Restpotenzial zu einem Thema, in dem er sich selbst zum Fachmann ausgerufen hat, zum Besten gibt, seine ungeprüften Ideen als die ultimative Wahrheit zu verkaufen versucht. Ein weiteres Kochbuch, das alleinige und ausschließliche Korrektheit für sich beansprucht. Garniert mit schmackhaften Rezepten, wie man den eigenen Hund zu etwas ganz verlockend Einmaligem zerkochen kann.

Sollte dies Ihre Einstellung bezüglich Literatur zur Hundeerziehung und zu dem Ihnen hier vorliegenden Werk im Speziellen sein, gehen Sie mit der richtigen Haltung an dieses Buch heran. Sie können Ihren Hund nämlich auch ganz alleine erziehen, ohne fachliche Hilfe und ganz ohne meine Ratschläge.

Lassen Sie mich dennoch versuchen, Ihnen auf den folgenden Seiten zu verraten, wie Sie im Verstoß gegen einige althergebrachte Regeln der Hundeunterdrückung zu einer auf Vertrauen und Gegenseitigkeit beruhenden Beziehung zum Wesen Hund gelangen können. Ganz ohne Hexerei, Sie brauchen lediglich einem Hund zu begegnen, der sich herablässt, sein Leben mit Ihnen zu teilen. Sie müssen nur Ihre bisherigen Lebensgewohnheiten über Bord werfen, Ihren Charakter neu modellieren, Ihren vierbeinigen Flohzirkus dreimal täglich zum Pinkeln in den Stadtpark führen, ihn hin und wieder füttern und als Strafe für all dies brav Hundesteuer zahlen.

Spaß beiseite. Ganz so schlimm wird es gar nicht werden. Hauptthema dieses Buches soll eine völlig anders geartete Grundhaltung dem Tier gegenüber sein, aus der sich nicht nur von der Seite des Hundes ein eisernes Zusammengehörigkeitsgefühl entwickelt, das man als verlässliche Grundmotivation zum Erlernen einiger weniger Grundkommandos hernehmen kann. Ich werde Sie in den folgenden Kapiteln mindestens ebenso oft zum Schüler machen, wie ich Ihnen Ratschläge für Ihre Funktion als Lehrer dem Hund gegenüber vorsetze.

MEHR ALS EIN GEFÜLLTER FUTTERNAPF

Lassen Sie mich kurz erläutern, wie ich überhaupt auf die Idee kam, der Mensch müsse sich dem Tier und nicht der Hund sich bedingungslos dem Menschen anpassen. Diese meine vielleicht ausgefallen erscheinende Art der Beziehung zum Wesen Hund hat ihre ganz eigene Entstehungsgeschichte.

Das Hauptproblem des rollstuhlfahrenden Hundehalters - ich bin seit rund 15 Jahren auf solch ein Vehikel zur Fortbewegung angewiesen - ist darin zu sehen, dass ein Ausflug mit Leine ein rein technisch nahezu indiskutables Unterfangen ist. Aufgrund der nötigen Freiheit, die ich dem Tier deshalb gewähren muss, ist eine starke Fixierung des Hundes auf die eigene Person wichtig. Eine Fixierung, die man nicht erzwingen, sondern nur durch geschicktes Verhalten erwachsen lassen kann. Der Rolli-Fahrer benötigt einen selbstständig agierenden Hund, dem er Natur hundert Meter außer Sicht gönnen kann, ohne dabei zu riskieren, das Tier durch irgendwelche äußere Faktoren allzu schnell zu verlieren. Kann der Hund in seinem rollifahrenden Herrn ein Wesen erkennen, dem er sich aus Überzeugung und nicht aus Angst vor dessen Wutausbrüchen anschließt? So wird er nicht jede Lücke in der Überwachung schamlos zu eigenen Unternehmungen ausnützen.

Da mir als Rolli-Fahrer die meisten konventionellen Zwangsmaßnahmen in Hundeerziehung, wie auch im späteren Zusammenleben mit dem Vierbeiner erschwert oder ganz verwehrt sind - so kann ich mich etwa nicht auf Einfangspielchen einlassen; schon wenn ein verweigerndes Tier nur einen Schritt ausweicht, befindet es sich außerhalb meiner Greifweite - musste ich auf eine Beziehung abzielen, die dem Tier zwar zusätzliche Selbstständigkeit erlaubt, aber auf ein solch ausgeprägtes Miteinander baut, dass der Hund diese Freiheit nicht zur zügellosen Selbstständigkeit ausweitet.

Hinzu kam mein freiwilliger Einsatz für den Tierschutzgedanken, das Einschreiten, wenn ich irgendwo untragbare Haltungssituationen aufstöberte. Hierbei ist es vonnöten, innerhalb weniger, meist sehr flüchtiger Kontakte zu einem völlig fremden Hund eine sehr stabile Bindung aufbauen zu können. Es stellten sich Fragen wie »Wie soll ich es einem Streuner, den ich unterwegs treffe, schmackhaft machen, sich mir anzuschließen, wodurch er all die anderen Hunde, mit denen er sich gerade vergnügt, aufgeben muss? Warum sollte sich ein Tier, das sich momentan, trotz eines zu erwartenden Donnerwetters von seinem Herren am Abend, alle Freiheiten genommen hat, irgendeinem Menschen, der, wie der Hund Zeit seines Lebens erfahren hat, nur Beschränkung für ihn bedeutet, freiwillig anschließen?« Ebenso musste ich lernen, stets »besser« als alle anderen Hundehalter zu sein, da ich mich ja immer als für den Hund eher zum Feind denn zum Freund gerichende Fremdperson in bestehende Bindungen einmischte.

Und dann faszinierte es mich einfach, in der Zeit vor Beginn der großen Hunde-Hysterie der 90er Jahre, mich immer wieder einmal in bei uns herumziehende kleine Freiläufer-Rudel als Mitglied einzuschleichen, mich spätnachts und frühmorgens mit dem Rollstuhl unbewachten Hundegruppen anzuschließen, in der Dämmerung ein paar Kilometer mitzuziehen und auf Hundeebene freundschaftliche Kontakte zum Tier zu knüpfen. Aus all dieser Problematik heraus machte ich mir Gedanken, wie ich mich dem Tier schmackhaft machen kann. Wie ich es dazu bringen kann, alsbald sogar Kommandos von mir zu befolgen, obwohl es doch jederzeit die verlockende Alternative hätte, sich einfach abzuwenden und die Welt weiterhin selbstständig zu erforschen.

Es ergaben sich zwangsläufig Überlegungen der Art »Wie fixiere ich das Tier auf mich?«, obwohl ich für einen solchen Hund nichts weiter als ein unbedeutender Mensch bin. Nicht zur Paarung geeignet, ohne Befehlsgewalt, nicht Hausherr, nicht Herr über Futter. Lediglich ein weiterer potenzieller Unterdrücker, der beinahe alle

Hundeinteressen kritisiert. Daraus entwickelten sich die im Folgenden zu beschreibenden Lenkungsmethoden. Die umso treffender greifen, wenn man zusätzlich eben doch auch Herr über Haus und Futter und für den eigenen Hund zudem alleinige Bezugsperson ist.

Als Fremd-Hunde-Führer bin ich darauf angewiesen, dem Tier im Kontakt zu mir mehr zu bieten, als es sich selbst holen könnte, wenn es weiterhin allein umherstreift. Ich bin ihm ein Freund, der seine Zuneigung in dem Tier verständlicher Form ausdrückt und biete ihm Schutz - am Abend etwa bin ich vom Tier bereitwillig genutzte Pufferzone zu den eigenen Leuten, wenn ich einen Streuner nach Hause oder einen »autorisiert« ausgeführten Hund zurückbringe.

Diese Funktionen für sein Tier sollte auch der »reguläre« Hundehalter nicht völlig vergessen. Er sollte seinem Hund einen wirklichen Grund geben, bei ihm zu bleiben, mit ihm zusammenzuleben. Nicht allein die Angst vor einer Strafe, die ihn nach eigeninitiativ unternommenen Ausflügen erwartet, sollte ihn an Haus und Herrn fesseln. Nicht allein der volle Futternapf, der für den Hund (wie er weiß) ausschließlich im Hause xy steht, darf einziger positiver Aspekt des Miteinander mit seinem Bezugsmenschen sein.

ASOZIALE LANGEWEILE

Warum machen sich so viele Hunde davon? Warum zeigt das Tier weitaus weniger Interesse an den meisten Menschen, als es fast jedem dahergelaufenen Straßenköter entgegenbringt? Einerseits liegt dies in der enormen Interessenskluft, in scheinbar unüberwindbaren weltanschaulichen Differenzen zwischen Mensch und Hund begründet. Andererseits findet man die Ursache in der asozialen Langeweile, die der Mensch dem Hund im Zusammenleben meist bietet. Der Hund ist ein soziales Wesen, das den Kontakt zu irgendwelchen Mitwesen benötigt. Einen Kontakt, der weit über das tägliche Gassi-Gehen hinausreichen muss.

Die meisten mir bekannten Streuner sind keine Fluchtstreuner, sondern Ausflügler aus reiner Langeweile. Machen Sie sich nur einmal klar, wie langweilig das Zusammenleben mit dem Menschen für den Hund ist: Den ganzen Tag popeln Sie in unverständlicher Weise im Haushalt herum - der Hund liegt da und wartet. Sie verlassen die Wohnung, sei dies für Einkäufe oder zur Arbeit - der Hund liegt Zuhause herum. In der Nacht liegen Sie im Bett - und der Hund liegt erneut irgendwo herum. Alle Alltagstristesse lediglich unterbrochen von kurzen Pinkelausflügen und vielleicht einer größeren Runde pro Tag.

Würden Sie nicht ebenfalls jede sich bietende Gelegenheit nutzen, auszubüxen, wo Sie doch bei solchen Ausflügen lernen konnten, dass da draußen viele Artgenossen herumtollen, dass es dort schmackhaften Dreck, kühlendes Wasser, Sonne und Regen und viele, viele interessante Gerüche gibt?

Ein Hund ist eben pflegebedürftiger als ein Goldhamster. Und ein Hund dem der Umgang mit seinem Herrn genug ist, wird nicht ausreißen. Er wird sich ohne Zwang unterordnen und ebenso zwanglos wie zuverlässig lenkbar sein.

STUDIEREN UND ANPASSEN

Kommen wir nochmals auf meine Streuner-Gesellen zurück. Bei Einzelgängertieren bin ich darauf angewiesen, mir Kommandogewalt zu erschleichen, da sich die Hunde beim Versuch eines gewaltsamen Aufpfropfens irgendwelcher Steuerungsbefehle einfach davonmachen. Ich muss ganz andere Motivationspools anzapfen, als das klassische »Zuckerbrot-und-Peitsche-Prinzip«, das ausschließlich auf Angst vor einer Strafe und Lust auf eine Futterbelohnung baut. So lernte ich erzwungenermaßen das Wesen des Hundes zu begreifen, in seiner Mimik zu lesen, um die mir verbleibenden bescheidenen Möglichkeiten der Lenkung präzise und wirkungsvoll platzieren zu können.

Bei mir unbekannten Tieren mit mir ebenso unbekanntem Schulungsstand bin ich gezwungen, auf naturverstandene Lautäußerungen und Gestik zurückzugreifen. Ich weiß nicht, welche Verbalien das Tier beherrscht, ob es die beherrschten, von mir geäußert, überhaupt berücksichtigen würde. Diese Anpassung an das Tier zeitigte in der Folge sehr positive Resultate im Umgang mit autorisiert ausgeführten Tieren, die ich rechtmäßig von Zuhause abholte und dort wieder ablieferte, sowie dem eigenen Hund. Ein solches Eingehen auf das Wesen des Tieres erschließt Ihnen den »eigenen« Vierbeiner, ermöglicht Ihnen ein behutsames, korrigierendes Lenken ohne Brecheisen.

Auf vielen tausenden Kilometern gemeinsamen Umherziehens mit einer Unzahl verschiedenster Hunde schleifte ich über Jahre hinweg mehr an meinem eigenen Verhalten als am Wesen des jeweiligen Begleithundes herum. Nur um, als vom Hund in vielen Belangen unverstandenes Wesen, gezielt und behutsam in seine Individualität eingreifen zu können, ohne diese grundlegend zu verändern. Bei all diesen Lenkungsversuchen achtete ich stets darauf, dass sie mir das Tier zwar momentan steuern, aber nicht in sein eigentliches Wesen zerstörerisch eingreifen. Ziel ist es für mich, zu einem brauchbaren Miteinander zu kommen, in dem in unserer Zivilisation immer eine ganze Menge Lenkung vom Menschen ausgehen muss, ohne dadurch den Hund großartig zu verändern, seinen Charakter vielleicht gar neu zu formen, wie dies von manchen Profis als notwendig angesehen wird. Diese Techniken, denen nichts Übernatürliches anhaftet, möchte ich Ihnen in diesem Buch schildern.

DIE INKOMPETENZ DES AUTORS

Ich möchte Ihnen hier nicht die Grundzüge einer gelungenen Hundeerziehung antun. Vielmehr weise ich auf einige Unterschiede zur »klassischen« Erziehung hin. Mit Überzeugung kann ich das Argument vom Tisch wischen, ein Hund hätte einen absoluten Beherrscher nötig. Der Hund ist ein Wesen mit ausgeprägtem sozialen Verhalten und wird dominanter, sobald man ihn gewähren lässt - bei falscher Handhabung wird dann irgendwann das Tier bestimmen, wie ein Ausflug abzulaufen hat. Dennoch basiert die gelungene Erziehung nicht auf Gebrüll und Leinenreißerei, sondern erfordert vielmehr ein ebenso einfühlsames wie konsequentes Verhalten auf Seiten des Halters. Ich stelle hier keine Abrichtungstechniken für Nutzhunde vor, sondern beschreibe, wie man sich einen verlässlichen Partner formt, mit dem man weder in der Gesellschaft noch im Straßenverkehr, nicht bei anderen Hunden, Schaf, Kuh oder Reh aneckt, den man nicht rund um die Uhr mit Habichtsaugen bewachen muss.

Hintergrundwissen schildere ich nur insoweit, als es hilft, die dargelegten Umgangsformen zu verstehen und anwenden zu können. Ich vermittle kein Basiswissen zur Ethologie des Hundes. In diesem Buch wird nicht über »Umorientierte Handlung« oder irgendwelche Erziehungsmethoden mit wichtig klingenden Namen gesprochen, sondern ganz konkret beschrieben, welches Verhalten von Herrchen welche Auswirkungen auf den Hund zeitigt. Wissen - vermittelt anhand zahlreicher Beispiele - für den Laien, der praktische Hilfe sucht, nicht für den angehenden Hunde-Trainer.

Ebenso wenig werde ich den Leser mit »Appetenz« oder »Konditionierung« verwirren. Ich möchte mich nicht hinter Fremdwörtern verstecken, sondern in verständlicher Weise aus der Praxis berichten. In einer Schrift für den Zivilgebrauch ist in meinen Augen wissenschaftliche Präzision verbaler Art weitaus störender als der Sache dienlich.

Vielleicht sagen Sie sich jetzt »Aha, hier versucht der Autor seine fachliche Inkompetenz als positiven Nebeneffekt zu verkaufen!«. Dann stellen Sie das Buch gleich wieder ins Regal zurück. Oder möchten Sie es doch wagen, sich auf meine Ideen einzulassen? Wie auch ich immer versuche, mich auf jeden Hund einzulassen und ihn erst dann als »unbrauchbar« abstemple, wenn ich im Zusammenleben mit ihm am eigenen Leibe erfahren musste, dass er auf meine Formen der Erziehung, die so mancher als »gelebte Schwäche« bezeichnen mag, nicht mehr anspricht, weil er womöglich charakterlich bereits weitestgehend zerstört wurde.

Gut, damit könnten Sie sich die paar Euro für die Anschaffung dieses Buches sparen. Warten Sie doch einfach, bis es in Ihrer Bücherei ausliegt, und kopieren Sie sich die wenigen für Sie interessant erscheinenden Passagen heraus. - Das freut uns Autoren immer ganz besonders!

UNWISSENSCHAFTLICHER STIL

Hin und wieder gebrauche ich stark vermenschlichte Formulierungen, die mir kein Ethologe in dieser Form durchgehen lassen wird. Wenn ich sage, der Hund denkt sich dies und jenes, handelt daraufhin nach diesem oder jenem Prinzip, umschreibe ich mit diesen Analogien Verhaltensweisen, die wörtlich genommen falsch sein mögen.

Ein Hund handelt nicht nach dem »Wie-du-mir-so-ich-dir-Prinzip«, der Hund »grinst nicht blöde«. Wenn Sie diese Analogien in dem von mir verwendeten Bild anwenden, können Sie mit ihnen jedoch auch in anderen Fällen mit der bildlich gemeinten Qualität arbeiten.

Wenn ich sage, das Rammeln auf einem Rüden entspricht dem menschlichen Stinkefinger, so ist dies streng sachlich falsch. Doch die Analogie stimmt. Der Rüde, der einer läufigen Hündin hinterher rennt und Herrchen schreien lässt, denkt nicht »Du kannst mich mal! Ich hab Besseres zu tun, als zurückzukommen!« Mit diesem Bild kann man jedoch arbeiten, nach diesem Bild wird sich der Hund verhalten, nach diesem Bild können Sie sich Auswege überlegen, wie Sie das Tier dennoch zu sich zurückbeordern können.

Ich habe diese drastischen Vermenschlichungen der Kürze und Verständlichkeit wegen gewählt und würde den Leser nur langweilen, wenn ich die rein wissenschaftlichen Termini von Aktionspotenzialen, Motivationspools, Appetenzverhalten und vielem mehr, die ich mit meinen Bildern scheinbar dilettantisch überklebe, detailliert darlegen würde. Dies nur als Erklärung für manche meiner, selbst dem Laien absurd unglaubwürdig erscheinenden, Umschreibungen.

1 WESEN UND FÄHIGKEITEN

Zunächst möchte ich kurz auf die Ausdrucksformen und lerntechnischen Möglichkeiten Ihres Zöglings eingehen. Am Wesen und an den Fähigkeiten des Hundes muss sich eine Erziehung und das Zusammenleben orientieren. Lassen Sie mich, um die Problematik des Kontaktes zweier recht verschiedener Wesen zu umreißen, thematisch etwas ausholen.

1.1 BEGEGNUNG DER DRITTEN ART - DIE SUCHE NACH GEMEINSAMKEITEN

Ein Mensch trifft auf einen Hund und beschließt, selbstverständlich ohne diesen zu fragen, künftig mit ihm zusammenzuleben. Wenn zwei unterschiedliche Wesen aufeinandertreffen und sich nicht schon im allerersten Moment aus Angst, Unsicherheit und gegenseitiger Fehleinschätzung umgebracht oder gleich wieder getrennt haben, wird die Suche nach einer Möglichkeit zur Kommunikation und nach einem gemeinsamen Kanal, über den diese Kommunikation erfolgen kann, vorrangig.

DIE KANÄLE

Menschen untereinander kommunizieren hauptsächlich verbal - sie reden miteinander. Der Mensch sendet auch noch andere Signale, kann sich aber rein akustisch sehr detailliert mitteilen, sich über alle Gemütszustände, Wünsche und Absichten des Gegenüber informieren. Beim andersartigen Wesen Hund beginnen hier schon die ersten Schwierigkeiten.

Als Kanal kann die Optik dienen. Beide Wesen verfügen über Augen und werden vom gleichen Licht bestrahlt. Fast jeder kennt wenigstens den Ausdruck von Schwanz- und Ohrenhaltung, womit der Hund seine Stimmungen offenbart, ebenso wie er Pläne und Absichten der nahen Zukunft äußert. Wenn er Zähne zeigt, wird er womöglich bald beißen. Ein Gesichtsausdruck, der ohne erlerntes Wissen auch beim Menschen Rückzug oder Gegenaggression auslösen mag.

Ein weiterer Kanal ist akustischer Art. Mensch wie Hund verfügen über Ohren, die, wie man feststellen kann, zum Teil im gleichen Schallspektrum arbeiten. Beide Wesen sind, wie man ebenfalls rasch erkennt, der Lautäußerung fähig. Der Hund kann sehr differenziert bellen, knurren und jaulen, der Mensch noch facettenreicher plappern.

Nicht zu vernachlässigen die Möglichkeit des chemischen Austausches, dessen Bedeutung sich dem Menschen nur sehr mühsam und im langen Zusammenleben offenbart. Eine Möglichkeit der Datenübermittlung, die vom Menschen bewusst gesteuert niemals in der Ausprägung genutzt werden kann, wie dies bei Hunden untereinander geschieht. Der Hund hat zwar die menschliche Chemie mit all ihren unfreiwillig gesandten Signalen permanent buchstäblich in der Nase. Dem Menschen fehlt dazu der richtige Sensor.

Da Mensch und Hund Augen, Ohren und eine mehr oder minder gute Nase besitzen, können beiderseitig fast alle gemeinsamen Kanäle gebraucht werden. Da kein Kanal für sich allein derart exzessiv benutzt wird, wie die Kommunikation verbaler Art zwischen Menschen, wird man auf alle Möglichkeiten der Kommunikation zurückgreifen müssen, um zu einem halbwegs befriedigenden Informationsaustausch mit dem Hund zu gelangen.

SYNTAX UND INFORMATIONSAUSTAUSCH

Schwieriger zu lösen ist die Frage, wie man die möglichen Kanäle mit Information besetzen soll.

Der Hund stellt die Ohren und bellt. Der Mensch kann weder bellen noch die Ohren stellen, redet dafür viel. Was der Hund wiederum von Natur aus nicht versteht. Man »redet« buchstäblich aneinander vorbei, benutzt dieselben Kanäle, aber unvereinbare Syntax.

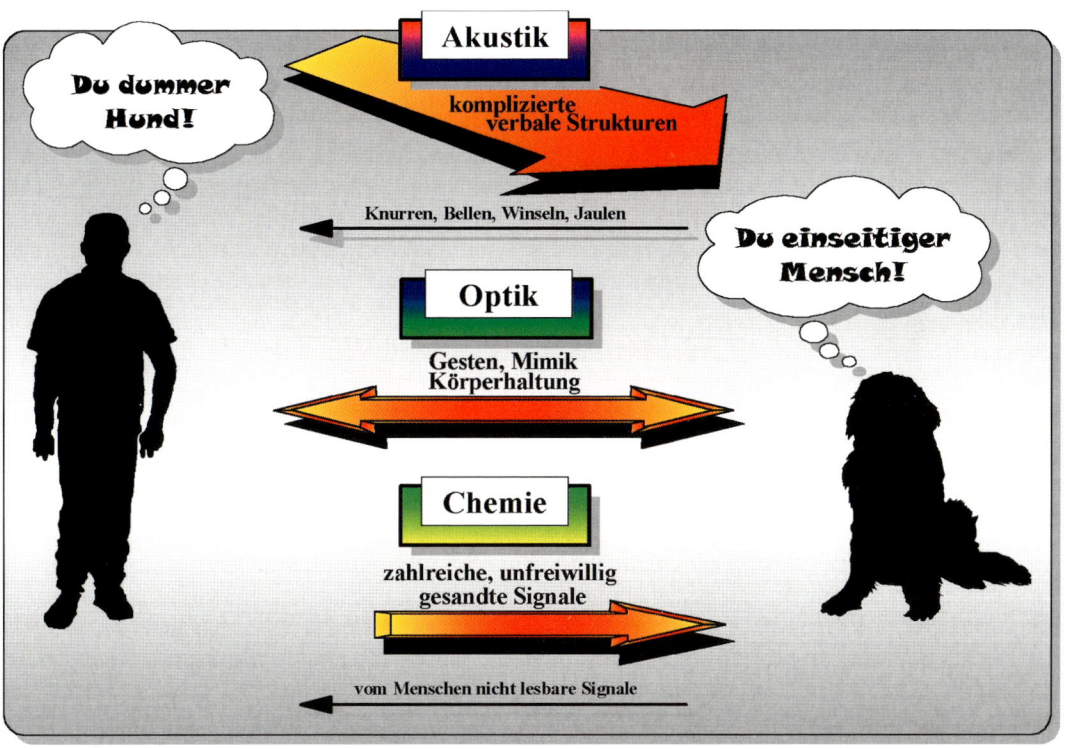

Die Kommunikationskanäle zwischen Mensch und Hund.

Man muss sich über einfachste Verbindungen von Informationsäußerung und Handlung einander annähern und kann darauf aufbauend immer feinere Details vereinbaren. Dabei lernt der eine vom anderen. Dabei darf sich keine der Parteien arrogant ablehnend zeigen oder sich inkonsequent geben, was der Mensch im Umgang mit dem Hund leider allzu oft tut. Dies erschwert beim anderen Part das Lernen ganz erheblich und kann es gar völlig unterbinden.

Wie detailliert die Kommunikation letztendlich überhaupt ausfallen kann, ist von der Intelligenz der beteiligten Individuen abhängig, ebenso wie von der Benutzung der als gemeinsam erkannten Kanäle. Der Hund könnte beispielsweise im Ultraschallbereich lernen, Sie nicht, da Ihnen Frequenzen jenseits von etwa 20 kHz unzugänglich sind.

Der Hund mag sich sagen, dieser dumme Mensch muss doch meine Zuneigung/ Zurückhaltung/Aggression riechen, weil er selbst einen so guten Geruchssinn besitzt und diesen permanent zur Verständigung einsetzt. Ihrer minderwertigen Nase bleiben jedoch alle körperchemischen Signale nahezu verborgen. Andererseits können Sie dem Tier auch bei perfekt genutztem akustischen Kanal nicht die Funktion des Weihnachtsmannes begreiflich machen, allein, weil ihm hierzu schon die nötigen geistigen Voraussetzungen fehlen.

Vom intelligenteren Part sollte die größere Initiative in den Kommunikationsversuchen ausgehen. Von ihm muss, um der Funktionalität willen, auch die größere Flexibilität erwartet werden.

LERNEN, LEHREN UND MOTIVATION

Voraussetzung für ein funktionierendes Zusammenleben ist weiterhin die Fähigkeit zum Lernen, die Fähigkeit den anderen zu lehren und vor allem die Motivation, überhaupt mit dem anderen Wesen »etwas anfangen« zu wollen.

Der Hund wird rasch Ihre Überlegenheit erkennen und sich aus eigenem Interesse Ihnen anschließen. Haben Sie sich einen Welpen gekauft, kann dieser gar nicht anders. Da Sie sich den Welpen zugelegt haben, darf von einer gewissen Motivation Ihrerseits ausgegangen werden, irgendwann zu vernünftigen Umgangsformen zu gelangen. In der Folge müssen schleunigst die gröbsten, zum Überleben nötigen Kommunikationsformen ausgemacht werden. Vielleicht die mechanische Gewalt der Leine oder besser noch ein bell-ähnlicher Laut, der den Hund davon abhält, in das fahrende Auto zu rennen. Eine Geste, die dem Tier ein Zurückkommen nahe legt, damit man sich einerseits über große Entfernungen hinweg nicht die Lunge aus dem Leib zu schreien braucht, sich andererseits aber auch nicht verliert. Wie verbindlich diese Hinweise zu befolgen sind, muss im Laufe der Zeit ermittelt werden.

Danach kann in aller Ruhe ein intensives, gegenseitiges Studieren beginnen, mit dem man über kurz oder lang zu einer sehr detaillierten Kommunikation gelangt. Dies setzt bei Ihnen als Hunde-Halter aber ein rational motiviertes Wollen voraus. Der Hund ist von Natur aus darauf programmiert, unablässig zu beobachten, einzuordnen, Erkenntnisse zu testen, gegebenenfalls wieder zu verwerfen, neue Verhaltensweisen zu entwickeln und einzusetzen, erfolgreiche Erlebnisse als gelernte Erkenntnis in Erinnerung zu behalten und wiederholt situationsspezifisch einzusetzen. Als Mensch muss man sich bewusst dazu durchringen, das Tier nicht auf ein Knuddel-Wesen zu reduzieren, sondern sich auf seinen Charakter und sein Verhalten einzulassen und sich mit seinen Möglichkeiten, sich auszudrücken zu beschäftigen.

Dies als radikal verkürzte Version einer Kontaktaufnahme mit dem Wesen einer anderen Spezies. Wobei man bei speziell diesem Kontakt bereits von etlichen, beiden Parteien vertrauten, Grundlagen ausgehen kann: Beiden Wesen liegt ein Selbsterhaltungstrieb zugrunde, weshalb man über ein Aggressionsverhalten zur Erhaltung der eigenen Art verfügt. Man ist sich rein körperlich sehr ähnlich, wenn auch einige Unterschiede zu beobachten sind. Man atmet die gleiche Luft, wird im selben Licht gebadet, treibt sich in der gleichen Vegetation unter ähnlichen Temperaturen herum. Was auf eine Unzahl charakterlicher Gemeinsamkeiten schließen lassen kann. Selbst verschiedene Ausdrucksformen stimmen schon spezies-übergreifend überein, sind in der Grundprogrammierung beider Parteien verankert und in ihrer Ausdrucksweise dermaßen ähnlich, dass sie ohne gegenseitiges Kennen für beide Parteien verständlich eingesetzt werden können. Ich meine hier beispielsweise das Drohverhalten: Verzerrtes Gesicht, zurückgezogene Lippen, eine Demonstration der Zähne und dazu irgendwelche tiefen Geräusche von sich zu geben, sind bei Mensch und Hund vergleichbare Äußerungsformen von Unmut. Wie unmutig man genau ist, wird sich später einmal erörtern lassen.

So sind sich Mensch und Hund trotz einiger unleugbarer Unterschiede doch sehr ähnlich, was eine sehr gute Grundlage für ein Zusammenleben bietet. Bei der Suche nach Gemeinsamkeiten mit einer Forelle täte man sich da schon erheblich schwerer.

1.2   DIE WÖLFISCHEN AUSDRUCKSFORMEN

Bezüglich der Ausdrucksformen des Hundes werde ich Ihnen keine Geheimnisse verraten. Beinahe jeder Mensch kennt selbst in unserer zivilisationsgeprägten Zeit noch die Bedeutung von Schwanzwedeln und Zähnezeigen. Wenn ich auch in meiner Nachbarschaft einmal ein Kind beobachten musste, das wenige Zentimeter vor einem angeketteten 60-Kilo-Mischling stand und seiner Mutter freudig zurief: »Mami, hör mal! Der schnurrt wie unsere Katze!« Das darauf folgende Verhalten der Mutter wäre ebenfalls beschreibenswert gewesen.

Die Ausdrucksformen aller Hunderassen sind nahezu identisch, wenn man auch bei einem Tier mit Schlappohren die Ohrenstellung nur sehr bedingt ablesen kann und man eine Lupe benötigt, um das Drohverhalten eines Yorkshire-Terriers beobachten zu können.

Die gesamte Körperhaltung, der Blick, die Stellung der Ohren drücken hunde- und rasseübergreifend einheitlich und recht präzise Stimmungen und unmittelbar bevorstehende Aktionen des Tieres aus. An ihnen kann man frühzeitig erkennen, welche Auswirkung eine bestimmte Situation auf das Tier zeitigt und man kann, sofern man gelernt hat, die Ausdrucksformen richtig zu interpretieren, rechtzeitig regulierend eingreifen, lange bevor das Tier zur Handlung schreitet, möglicherweise »durchgeht« und nur noch - wenn überhaupt - mit Lautstärke oder Gewalt zu bremsen ist.

Je präziser beide Parteien die Signale der anderen Seite deuten können, desto genauer kann die Feinabstimmung aufeinander ausfallen und desto ausgeglichener gestaltet sich das Zusammenleben. Es darf dabei nicht allein Sache des Hunde sein, zu lernen, Sie zu verstehen. Sie müssen sich ihm gezielt verständlich geben. Möglichst mittels Handlungen und Geräuschen aus seinem Verhaltensrepertoire antworten. Blickkontakte ausfechten, Knurr- und Winsellaute anwenden. Diese Signale müssen Sie situationspassend und konsequent einsetzen, sodass ein Lernen beim Tier ermöglicht wird.

Genauso wie der Hund automatisch Sie studieren wird - schon nach wenigen Ausflügen wird er am Klang des Schaltvorganges am Fahrrad erkennen, dass jetzt ein Sprint bevorsteht - sollten Sie den Hund studieren und seine Ausdrucksformen einzuordnen lernen. Hierbei sollten die Schwanzhaltung und das »ins-Bein-von-Herrchen-beißen« nicht die alleinigen Ausdrucksformen des Hundes sein, die man einzuordnen vermag.

Eine oberflächliche Beschreibung einzelner hündischer Lautäußerungen, von Gesichtsausdruck, Schwanz- und Ohrenstellung, Körperhaltung und den gesandten chemischen Signalen, würde dem Leser nichts nutzen. Ausführliche Beschreibungen mit allen notwendigen, erläuternden Skizzen und Fotos würden den Rahmen diese Buches sprengen, es unbezahlbar aufblähen. Zudem existiert speziell zu dieser Thematik bereits ausführliche Literatur. Deshalb möchte ich hierzu nur ganz kurz und grob ein paar Themenbereiche anschneiden. Ausdrucksformen, die präzise zu kennen und korrekt einordnen zu können Voraussetzung zu einem wechselseitigen Verständnis sind.

DIE LAUTÄUSSERUNGEN

Der Mensch plappert viel. In unterschiedlichen Tonlagen, Tonhöhen, Lautstärken. In zahllosen Klangfarben, mit unterschiedlichsten, akustischen Filtern. In einem kompliziert verschlüsselten Rhythmus, einer abwechslungsreichen, sinntragenden Folge von Stimm-, Kehl- und Zischlauten.

Dem Hund steht ein weit weniger differenziertes akustisches Ausdrucksspektrum zur Verfügung. Zunächst beherrscht er das relativ »unwölfische« Bellen, das in Geschwindigkeit, Rhythmus und Lautstärke, ebenso wie in der Tonlage durchaus bedeutungsbestimmt moduliert wird. Untermalt von Begleitlauten und einer oftmals weitaus ausgeprägteren, begleitenden Körpersprache. Das Bellen fällt situationsspezifisch sehr differenziert aus, ist in seiner Ausprägung sehr eindeutig, aber manchmal ebenso sehr individuell deformiert und stellt weitaus mehr als praktizierte Lärmbelästigung dem Menschen gegenüber dar.

Das Winseln soll einerseits einen bereits als überlegen akzeptierten Kontrahenten besänftigen. In dieser Form drückt es die Bereitschaft zur Unterwürfigkeit aus und signalisiert Angst vor weiteren schädigenden Attacken von Seiten eines stärkeren Wesens.

Gewinselt, geheult und gejault wird aber auch, wenn man um etwas bettelt. Wer was vom anderen möchte, unterwirft sich ihm (zumindest bis er es bekommen hat).

Dem Winseln wird sehr situationsspezifisch eine eindeutige Akzentuierung, eine unterschiedliche Klangfarbe und Lautstärke, sowie eine recht unterschiedliche Abfolge der Einzeltöne aufgepresst. Da eine Entschlüsselung der Stimmung des Hundes allein anhand dieser Nuancen für den Menschen genaue Detailkenntnis erfordern würde, da beinahe exakt gleich klingende Lautäußerungen völlig konträre Stimmungen ausdrücken können - einerseits tiefe Verzweiflung und Schmerz, andererseits höchste Freude - ist es immer wichtig, die aktuelle, begleitende Situation in die Interpretation dieser Lautäußerungen einzubeziehen.

Beinahe genauso widersprüchliche Bedeutung - die man aber mit etwas Übung durchaus rein klanglich unterscheiden lernen kann - besitzt das Knurren. Es wird vom Hund als akustisches Abwehrsignal eingesetzt: »Bleibt mir vom Hals!« - »Das was du tust/zu tun beabsichtigst, passt mir überhaupt nicht!« Dabei kann als Faustregel gelten: Je tiefer der Ton, je mehr der ganze Hund vibriert, desto ernster gemeint ist die Warnung.

Allerdings kann ein tiefes Grollen oder ein weniger tieftönendes, anhaltendes Grunzen Wohlbehagen ausdrücken, wenn sich das Tier nach dem Aufstehen streckt, wenn man es an einer Stelle kratzt, die es ganz gemein juckt oder wenn man dem Hund unterwegs die müde Beinmuskulatur massiert. Hat man beide Töne von ein und demselben Tier ein paar Mal gehört, kann man sie (meist) sicher unterscheiden.

Ein Schnauben mit teils sehr an ein Drohverhalten erinnerndes Zurückziehen der Lippen kann gezielter Ausdruck sein »Das hat aber gar nicht gut gerochen/ nicht gut geschmeckt!«

Andererseits kann ein Schnauben aber ebenso scharfes Warnsignal sein. Viele Hündinnen untermalen ein giftig gemeintes Zähnezeigen oft mit einem lauten Fauchen, was die gleiche unterstreichende Funktion wie ein unterlegtes Knurren hat: »Komm noch ein bisschen näher und ich fress' dich!«

DER GESICHTSAUSDRUCK

Wer in einem Hundegesicht zu lesen gelernt hat, wird erstaunt sein, wie zielsicher man dort Stimmungen und Absichten ablesen kann. Wie quantitativ eindeutig der aktuelle Gemütszustand des Hundes oftmals allein anhand des Ausdrucks seines Gesichtes eingeordnet werden kann.

Für eine gezielte Lenkung ist es ausreichend, wenn Sie treffsicher zwischen Spielgesicht, Genussgesicht, aufmerksamem Gesichtsausdruck, provokantem Gesichtsausdruck, der Mimik des Abwendens und Ignorierens, der Mimik, die Stress und Unsicherheit ausdrückt, sowie der aggressiven Drohfratze unterscheiden können.

Die teils recht eng beieinander liegenden Ausdrucksformen der Hundemimik trifft man im täglichen Umgang in ihrer Reinform kaum an.

Der drohende Hund wird bereits in seinem Drohverhalten den Gesichtsausdruck auf das, was er bedroht abstimmen: Reagiert der »Gegner« unerwartet auf die Drohung, wird sich im Hundegesicht zunehmend Unsicherheit und gesteigerte Aufmerksamkeit zeigen. Entpuppt sich der bedrohte Eindringling als bekannter Freund, wird sich der Ausdruck von Vertrautheit und ein erwartungsvolles Spielgesicht abzeichnen. Während eines Spieles spiegelt sich immer die aktuelle Spielsituation im Gesichtsausdruck wider. Da ja im Spiel alle sozialen Verhaltenskomponenten mit der zugehörigen Ausdrucksfähigkeit geschult werden sollen, sodass man das eigentliche »Spielgesicht« nur in den aktionsfreien Zwischenphasen des Spiels antrifft.

Da der Gesichtsausdruck immer von zwei Funktionen, Signale empfangen - sehen, hören, riechen, usw. - und Signale senden - Unterwürfigkeit, Angst, Drohen auszudrücken - bestimmt wird, ist er von sehr vielen unterschiedlichen Variationen geprägt. Der in jeder Hinsicht unterwürfig auf dem Boden kauernde Hund wird immer wieder einmal - entgegen allen sozialen Spielregeln - den Kopf heben, um nachzusehen, ob dieser unangenehme Zustand wohl bald beendet ist - und dabei recht zuverlässig vom über ihm stehenden Aggressor wieder niedergebissen werden, bis er seine Zeit, über die der dominante Part entscheidet, »abgelegen« hat.

In allen Fällen entscheidet der Charakter des einzelnen Tieres, was ihm momentan angebrachter erscheint: Das Gesicht als reine soziale Signalfunktion oder die rezeptorische Verwendung der störenderweise dort installierten Sinnesorgane. Mit gestellten Ohren hört es sich einfach besser, auch wenn es die momentane Situation erfordern würde, die Ohren als optisches Feedback für den Artgenossen angelegt zu lassen. Deshalb wird eine Reinform des Gesichtsausdruckes in lange anhaltenden, klaren Situationen - beispielsweise beim provokanten Ausdruck, beim unterwürfigen Ausdruck - die sich über Minuten hinziehen können, diese reine kommunikative Ausdrucksform durch kurze Störungen, in denen sich das Tier schlichtweg sensorisch zu orientieren versucht, immer wieder unterbrochen werden.

Eine ganze Menge an Signalen gehen verloren, weil mancher Hund einfach über zu viele und zu lange Haare im Gesicht verfügt, über Schlappohren, die nicht eindeutig als gestellt, seitlich abgestellt oder angelegt eingeordnet werden können, über Lefzen, die so weit herunterhängen, dass der Hund nicht einmal mehr richtig die Zähne fletschen, geschweige denn den Unterschied zwischen Spiel- oder Genussgesicht mittels der Lippenstellung auszudrücken vermag.

SCHWANZ UND OHREN

Schwanz und Ohren des Hundes werden weitverbreitet als die beiden wichtigsten stimmungsäußernden Signalgeber betrachtet, da etwa der Schwanz neben gewissen stabilisierenden Wirkungen in den Bewegungsabläufen bei der Fortbewegung hauptsächlich der Kommunikation dient. Wobei ich sagen muss, Schwanzhaltung und Ohrenstellung allein lassen kaum treffsichere Rückschlüsse auf die Stimmung des Tieres zu. Hier muss man wenigstens den kompletten Gesichtsausdruck mit in die Betrachtung einbeziehen.

Ein Hundeohr wird ganz ohne kommunikative Funktion angelegt oder fortgedreht, wenn etwa ein eisiger Wind dem Hund unentwegt Eiskristalle hineinpeitscht. Dies stellt reine Funktion dar und deutet nicht auf Unterwürfigkeit oder Angst hin. Was aber erst aus der Gesamtsituation hervorgehen mag.

Die Ohren sind ein blitzschnell ansprechendes Instrument, an dem man Stimmungsumschwünge des Hundes ablesen kann. An denen man unter Einbeziehen anderer Signale in Sekundenbruchteilen erkennt, wann etwa verunsicherte Verweigerung in sture Dominanz oder Unterwürfigkeit wechselt. Doch ist es sehr wichtig, gerade die Ohrenstellung immer zusammen mit den anderen Signalen des Hundes zu betrachten, da teils geringste, unscheinbare Änderungen in der Haltung völlig entgegengesetzte Absichten und Stimmungslagen ausdrücken können.

Jedermann weiß ein Schwanzwedeln einzuordnen, das Freude beim Hund offenbart. Jedoch nicht nur Freude wird damit angezeigt, es mag einen anderen Hund auch einladen: »Komm erst einmal her. Ich beiße dich nicht sofort - vielleicht später mal.« Das Wedeln soll dem Gegenüber Mut machen, Offenheit symbolisieren. Es kann zielbewusste Aufforderung zu einer Annäherung ebenso wie unterstreichende Geste etwa beim Betteln um Futter oder Zuneigung sein.

Das Wedeln stellt oftmals aber ebenso Ausdruck von Unsicherheit dar und wird deshalb vom Hund als prophylaktische, besänftigende Unterwürfigkeitsgeste eingesetzt. Je nach der Erziehungsmethode, nach Stand der Ausbildung und den Erfahrungen des Hundes und vor allem stark abhängig vom dessen Charakter ist dieses Unterwürfigkeits-Wedeln keineswegs die Ausnahme. Bei manchen Hunden wird Wedeln beinahe ausschließlich als besänftigende Geste eingesetzt. Aus Unsicherheit. Aus Angst. Oder einfach aus dem Wunsch heraus, keine Konflikte durch gezeigte Selbstsicherheit zu provozieren.

Kommt das Tier in leicht geduckter Haltung, mit angelegten Ohren auf ein ranghöheres Wesen zugelaufen, ist das bei herunterhängendem Schwanz mittelstark ausgeprägte Wedeln eine besänftigende Geste, mit der der Hund einfach einmal mehr präventiv ausdrücken möchte: »Ich weiß, du bist der King! Tu mir nichts!« Diesen scheinbar freudigen Ausdruck missbrauchen manche herrischen Tyrannen, um ihre Form der Hundehaltung zu rechtfertigen: »Schauen Sie doch einfach genau hin, wie sich der Hund freut, wenn er mich sieht!« In Wirklichkeit ist dieses »freudige Wedeln« durch nichts anderes als purer Angst motiviert. Nur noch dadurch zu übertreffen, dass der Hund mit eingezogenem Schwanz vor seinen Herren flieht.

Je größer die Demutsgeste oder Angst, desto weiter wird der Schwanz eingezogen. Wenn das Tier schon auf dem Rücken liegt, wird er schützend über den Bauch gezogen. Eine meiner Begleithündinnen klappte ihren Schwanz bis zwischen die Vorderläufe ein, wenn sie bei Ausflügen im stürmischen Schneeregen kurz auf mich warten musste. Damit zeigte sie mir deutlich, was sie von diesem Klima hielt. Hunde ziehen den Schwanz also ebenfalls ein, wenn sie sich einfach generell nicht wohl fühlen.

Die Signale des Schwanzes mögen hin und wieder in krassem Gegensatz zum Gesichtsausdruck und der wirklichen Stimmung des Tieres stehen. Entweder, weil das Tier ganz bewusst vorne droht und hinten wedelt. Dies kann etwa als Entschuldigung - der wedelnde Schwanz - für das anmaßende Verhalten der Schnauze - Knurren und

Zähnezeigen - einem höheren Wesen gegenüber sein. Mittels dieser unsinnigen Kombination versucht ein Mischlingsrüde mir häufig zu sagen: »Ich weiß ja schon, dass ich eigentlich nicht abwehren darf, knurren schon gar nicht, aber ich muss dir einfach zeigen, dass das, was du da machst oder planst mir absolut gar nicht gefällt! Bringe mich deshalb aber bitte nicht gleich um!«

Ebenso musste ich feststellen, dass der Hundeschwanz noch nachwedelt, obwohl die Hundeschnauze schon zugebissen hat. In sich blitzartig ändernden Situationen sollte man sich nicht auf das träge Ausdrucksmittel Schwanz verlassen. Zudem mag das wackelnde Hinterteil des Hundes den Schwanz immer noch zu einer Wedel-Bewegung veranlassen, während die Schnauze schon damit beschäftigt ist, auf ein liegendes Tier einzubeißen.

DIE KÖRPERHALTUNG

Der Hund unterstreicht seine Stimmungen und Absichten durch seine Körperhaltung und die gezielte Betonung einzelner Bewegungsabläufe. Aufmerksamkeit, eine Aufforderung, das Drohen und der Ausdruck von Furcht spiegeln sich in seiner gesamten Körperhaltung wider.

Wiederum trifft man auf die Problematik, dass gleiche Körperhaltung - isoliert betrachtet - völlig konträre Aussagekraft besitzt.

Das Sich-auf-den-Rücken-Rollen etwa stellt höchste Unterwürfigkeit dar. Andererseits kann gerade diese unterwürfig ängstliche Rückenlage vom Hund ebenso als Vertrauensbeweis gehandhabt werden. Dreht sich der Hund beim Lagern in Reichweite eines Begleiters auf den Rücken, lässt sich Kehle und Bauch massieren, zeigt er damit deutlich: »Ich habe keine Angst vor dir. Ich muss nicht fluchtbereit sein, weil ich gelernt habe, man kann dir vertrauen. Du darfst mich überall krauen - ich mache mir dabei schon nicht vor Angst in den Pelz!«

Mindestens ebenso stark wie die statische Körperhaltung drückt die Art der Bewegungen des Hundes seine aktuelle Stimmungslage zu jeder Lebenssituation aus. Die aktive Bewegung wird vom Hund ganz gezielt mit kommunikativen Signalen besetzt. Böses Bellen wird in schlimmster Ausprägung von ruckartigen Kopfbewegungen, schnellen nach vorne gerichteten Bewegungen oder dem Aufstampfen mit beiden Vorderpfoten begleitet.

Zwei sich anknurrende Tiere umschleichen sich im engen Köperkontakt im Kreis, mit betont langsamen Bewegungen. Bis irgendwann einer der Spannung erliegt, ausweicht oder zubeißt.

Nähert sich ein Hund einem unbekannten Artgenossen beinahe schon auf dem Bauch robbend, so zielt er damit auf Angstabbau beim anderen Tier ab. »Du brauchst keine Angst vor mir zu haben! Schau, ich mache mich ganz klein! Renn nicht weg, ich möchte dich nur beschnuffeln, mit dir spielen!« Mit solch unprovozierter, freiwilliger Unterwürfigkeit möchte ein Tier dem anderen Mut machen, einen Kontakt herzustellen. Anpirschen an einen anderen Hund, freudig betontes Herantraben, den hoch getragenen Kopf zurückgereckt, aber auch flach auf den Boden geducktes, spieleri-

sches Anschleichen, bis zum abwartenden Hinliegen sind Kontaktversuche auf animierender, rangordnungsneutraler Basis.

Für eine ausschließliche Beurteilung der Stimmungen des Hundes sind Körperhaltung wie Bewegungsabläufe ebenfalls ungeeignet, da sie zu stark von rein funktionellen Zwängen diktiert sind, was die kommunikative Eindeutigkeit bis zur Indifferenz verwaschen kann. Aufmerksamkeit mag aus jeder Körperhaltung heraus beginnen, sodass es die »aufmerksame Körperhaltung« gar nicht gibt. Wenn man auch dem aufmerksam dastehenden Hund einige beschreibende Haltungskomponenten zuordnen könnte. Je mehr Partien des Hundes in die Kommunikation eingebracht werden, desto weniger zuverlässig lassen sich diese Signale einer sozialen Funktion zuordnen. Ein Drohverhalten mit allen Komponenten kann man im Sitzen, im Liegen genauso wie im Stehen starten und beobachten. Sicher wird Unterwürfigkeit, wie der Name schon impliziert, damit unterstrichen, dass man sich körperlich unterwirft, sich klein macht. Einerseits, um dem Aggressor zu zeigen, ich will doch gar nichts von dir, andererseits um ihm eine möglichst kleine Angriffsfläche zu bieten. Aber auch die Körperhaltung der Unterwürfigkeit beginnt bereits im Stehen, indem der Hund erst einmal die Ohren anlegt, verunsichert von unten nach oben guckt und den Kopf auf Halbmast trägt, sich mehr und mehr duckt.

INDIFFERENTES

Ein Schäfer-Rüde drückt mir gegenüber verunsicherte, abwartende Neuorientierung - was ich weiter mit ihm (Unangenehmes) zu tun gedenke - dadurch aus, dass er das linke Ohr »auf Halbmast« seitlich nach vorne stellt, das rechte zusammengefaltet nach hinten anlegt. Man könnte ihm geradezu den Gedanken unterstellen: »Ich zeige dir schon, dass ich verunsichert bin, aber für vollständige Unterwürfigkeitsgesten sehe ich wirklich noch keinen Grund!« Ein anderer Schäfer-Rüde duckt sich in vergleichbaren Situationen etwas und guckt mich mit großen Augen und hoch gezogener rechter Augenbraue von unten herauf an.

Noch indifferenter sind Entschuldigungsgesten und das Bettelverhalten. Der Hund reproduziert einfach all das, was irgendwann einmal in vergleichbarer Situation zu irgendeinem (Teil-)Erfolg geführt hat und kombiniert immer mehr dieser einzelnen Erfolgshandlungen zu den obskursten Gesamthandlungsbildern.

Der Hund wird in seiner unnatürlichen Umgebung mit seinem unnatürlichen Lebenspartner sehr viele unnatürliche Kommunikationsformen anwenden, die keinem naturgegebenen Grundrepertoire mehr entspringen. Die deshalb von jedem Halter selbst am eigenen Tier studiert werden müssen.

DIE CHEMIE

Kommunikativ nicht zu unterschätzen sind die permanent gesandten und vom Hund mit seiner hervorragend empfindlichen Nase registrierten chemischen Signale, mit denen man als Mensch dem Hund unfreiwillig den eigenen, wahren Gemütszustand verrät und in denen das Tier zu lesen vermag, wie in einem offenen Buch. Glauben

Sie nicht, dass Sie einen Hund so leicht »verarschen« können. Er riecht genau, wie es Ihnen buchstäblich stinkt, wenn Sie mit ihm in den Regen hinaus müssen - auch wenn Sie ihn noch so dümmlich-blöde angrinsen mögen und so tun, als bereite Ihnen die Aussicht, sich einweichen zu lassen, Freude.

Die Hund liest dabei nicht nur in den groben Stimmungen wie Zorn oder Angst, sondern vermag feinste Facetten in der Chemie und im menschlichen Verhalten einzuordnen. Dies ging so weit, dass eine Hündin nach wenigen Wochen gemeinsamer Ausflüge mit mir Schwankungen in meinem diabetesbedingt pendelnden Blutzuckerspiegel besser einordnen konnte, als mir dies als Betroffener selbst nach rund 13 Jahren Diabetes möglich war.

Die chemischen Signale verraten oft im unpassendsten Moment einer Konfrontation die eigenen wahren Empfindungen. Wie gut wäre es doch, wenn man sich dazu zwingen könnte, auch geruchsmäßig keine Angst zu zeigen, wenn ein geifernder 40-kg-Mischling zähnefletschend über einem steht. Ebenso sinnvoll wäre eine bewusste Kontrolle der Köperchemie im täglichen Umgang, da diese nahezu unbeeinflussbaren Signale beim Menschen oftmals andere Stimmungen ausdrücken, als sie sich in Sprache und Gesichtsausdruck widerspiegeln. Was nicht nur den heimkehrenden Streuner irritiert, wenn die Menschen-Sprache klanglich zwar Liebe ausdrückt, der ganze Körper chemisch aber eher nach schwer beherrschten Mordgedanken riecht.

Die Freude bei der Begrüßung wird getrübt durch die zwar vermeintlich gut kaschierte Ablehnung, die man den schmutzigen Hundepfoten und der klebrigen Hundezunge in Herrchens Gesicht entgegenbringt. Eine unterdrückte Ablehnung, die aber chemisch erkennbar bleibt. Und jedes Mal wird der Hund sich fragen »Was soll das?«. Stellt er sich diese Frage nicht mehr, hat er Sie wohl schon als hoffnungslos widersprüchliches Wesen abgestempelt. Diese Unschlüssigkeit treibt einen deutlichen Keil in das gegenseitige Verständnis und lässt einen Hund möglicherweise auf vorsichtige Distanz gehen. Hunde untereinander riechen, wie sie sich fühlen, wie sie sich verhalten. Der böse Köter tönt böse, sieht böse aus - und riecht böse.

DER MENSCH KANN IN DEN AUSDRUCKSFORMEN OFT NUR LESEN

Bis auf das Zähnefletschen und ein für das Tier mehr oder weniger amüsantes Knurren können Sie als Mensch kaum etwas von der hündischen Signalgebung dem Tier reflektieren. Und über Ihr lächerliches Gebiss wird sich ein Hund wohl eher im Stillen totlachen, als verängstigte Folgsamkeit zeigen.

Sie können in den Ausdrucksformen des Tieres zwar lesen und sofern Sie sie verstehen die übermittelten Informationen funktionell einordnen, aber dem Tier diese Signale kaum aktiv zurücksenden. In den Augen des Hundes bleiben Sie ein kommunikativ sehr beschnittenes Wesen. Kein Schwanz. Keine vernünftigen Ohren.

WARUM DIESE MÜHEN?

Sie mögen sich fragen, warum Sie sich in die Ausdrucksformen Ihres Hundes einarbeiten sollten. Das Tier hat zu gehorchen, ohne dass man es studiert!

Der Hund versucht im Sinne der Verständigung buchstäblich mit jeder Körperfaser kommunikativ zu sein. Sie müssen sich als Halter die Fähigkeit aneignen, in diesen Ausdrucksformen, den vom Hund permanent gesandten Signalen, korrekt zu lesen. Nur wenn Sie den aktuellen emotionalen Zustand des Tieres kennen, wenn Sie etwa schon anhand des Gesichtsausdruckes bevorstehende Absichten abschätzen können, können Sie gezielt lenken. Wenn Sie Drohverhalten, Imponiergehabe und Unsicherheit, die als Ausdrucksform teils sehr nahe beieinander liegen mögen, missdeuten und verwechseln, richten Sie mit dem darauf folgenden, sich an dieser Missinterpretation orientierenden Lenken lediglich ein Desaster an.

Gezielt lenken, ohne auf Gewalttätigkeiten zurückzugreifen, kann ich nur dann, wenn ich das zu lenkende Wesen anhand der mir vom ihm gesandten Signale einzuschätzen weiß. Kann man kleinste Verhaltensfacetten interpretieren, können Lenkungsimpulse früher einsetzen und dürfen bei gleicher Wirksamkeit weniger vehement ausfallen. Rennt der Schäferhund im Wald dem Reh schon hinterher, mag ihn wirklich nur noch das Ende der Auslaufleine, die Wurfkette, die Schreckschusspistole oder die Handgranate bremsen.

Haben Sie schon frühzeitig seine erhöhte Aufmerksamkeit mitbekommen, an seiner Haltung erkannt, dass er wohl gleich losstürmen wird, reicht beim gleichen Tier schon die sanfte Hand auf seinem Rücken - von der er weiß, dass sie schmerzhaft zupacken kann - und einige beruhigend gemurmelte Stimmfühlungslaute, um es zu bremsen. Allein diese Verbesserung der Umgangsformen ist mir ein intensives Studium des Tieres wert.

1.3 VERHALTENSGRUNDLAGEN - DAS WESEN DES HUNDES ERFASSEN

Bei der Beschreibung einiger Grundlagen hündischen Verhaltens möchte ich mich auf die für den Umgang mit dem Tier wichtigsten Aspekte beschränken.

Im Hund stecken einige naturgegebene Programmierungen, die das Tier zu vom Menschen teils unverstandenen Handlungen bewegen. Daneben gibt es einige für das soziale Zusammenleben in der Gruppe wichtige Grundregeln, die der Hund von sich aus beherrscht, die man als Mensch geschickt zur Lenkung gebrauchen kann, die man schon deshalb kennen sollte, um nicht selbst vom Hund gelenkt zu werden.

DER HUND - EIN OPTIMIST

Ich habe den Eindruck, Hunde versuchen in jeder Handlung des Menschen zuerst einmal das Positive zu erkennen. Sie sind nicht nachtragend oder anklagend, sofern die negativen Erlebnisse nicht überhand nehmen. Sie versuchen in ungeschicktes, unbedachtes, ja fahrlässiges Verhalten des Menschen einen Sinn hineinzuinterpretieren und einfach mit dem zu leben, was ihnen täglich zugemutet wird.

Fahre ich einem Hund über die Pfoten, wird er mir das nachsehen, keine Hinterhältigkeit oder gezielte Quälerei hineininterpretieren, wie dies in analogem Falle unter Menschen zu erwarten ist. Ein Hund, auf dessen Pfote ich bei der Begrüßung den

Rollstuhl abgestellt hatte, sah mich nach längerer Zeit fragend an und blickte immer wieder auf seine eingeklemmte Pfote hinunter - bis ich endlich begriff, was er meinte.

Eine Hündin, die ich auf vereister Fahrbahn mit 25 km/h überfuhr, die es grauslig in den Rolli wickelte und viele Meter eingeklemmt mitschleifte, ging danach nicht auf Distanz. Sie ordnete es wohl als zwar schon recht seltsames Spiel ein, das sie nicht versteht und eigentlich auch nicht nochmal mitspielen möchte, in dem vielleicht aber doch ein tieferer Sinn stecken mag, den sie als dummer, kleiner Hund nur eben nicht versteht.

Dieses Verzeihen des Unangenehmen, Unverständlichen bügelt manche Inkonsequenz in der Hundehaltung aus. All die Fehler, die man macht, all die Rücksichtslosigkeit, die der Hund vom Menschen gewollt oder unbeabsichtigt erfahren muss, ordnet der Hund wohl in einen großen Gedankenpool mit dem Stempel ein »Hat mir nicht gefallen. Hab ich nicht kapiert. Wird aber schon seinen Sinn gehabt haben.«.

Erst wenn einzelne Aspekte aus diesem großen Pool undefinierbarer Erlebnisse wiederholt auftreten oder zu massiv negativ ausfallen, versucht der Hund, diese Erfahrungen einzuordnen, ihnen gegebenenfalls auszuweichen.

Bei manchen Hunden konnte ich Toleranz bis zum Exzess erleben. Sie nehmen Lebensumstände als gegeben hin, unter denen Menschen einen Weltkrieg anzetteln würden. Sie versuchen erst dann auszuweichen, wenn die Situation untragbar wird, lehnen sich erst im äußersten Notfall aktiv gegen eine Behandlung auf.

ERSTKONTAKT MIT EINEM FREMDEN HUND

Der erste Kontakt zu einem freilaufenden, fremden Tier, ebenso wie der Erstkontakt als Besucher im Revier eines fremden Hundes muss äußerst behutsam und tastend hergestellt werden.

Am besten begibt man sich in Reichweite des Tieres in einen Abstand von wenigen Metern, ohne dabei die Individualdistanz zu unterschreiten. Man macht sich klein, etwa indem man sich setzt, sieht scheinbar desinteressiert vom Tier fort und wartet, bis der Hund den nächsten Schritt unternimmt. Ergreift er keine weitere Initiative, ist er nicht an einer Kontaktaufnahme interessiert und man wird bei weiteren eigeninitiativ gestarteten Versuchen meist auf Abwehrverhalten stoßen.

Ein Hund der unterwegs einen Artgenossen trifft, der zu diesem Kontakt aufnehmen und nicht lediglich Dampf ablassen möchte, wird sich ihm auf diese Weise in aggressionsvermindernder Form zu nähern versuchen. Der Gegenüber wird mit vergleichbar tastendem Verhalten antworten.

Kommt das Tier auf den Menschen zu, ist man gut beraten, den Körperkontakt nicht über den Kopf des Hundes hinweg, sondern maximal in seiner Augenhöhe herzustellen, wobei man immer die Reaktionen des Tieres in die eigenen Handlungen einbeziehen muss. Zähnezeigen und Knurren ist nicht immer gleichzusetzen mit Provokation oder Abwehr, sondern kann in ängstlicher Unsicherheit begründet liegen.

Auf das Tier zu gerichtete Bewegungen, und sei dies nur die tastende Hand, müssen in diesen ersten Sekunden äußerst bedacht vorgenommen werden. Man sollte sie möglichst an der Nase des Hundes vorbei führen, damit er sich überzeugen kann, es handelt sich nur um eine offene Hand, die zwar rasch zugreifen kann - aber in diesem Falle kann der Hund seine Kiefer zu einem Gegenschlag einsetzen ...

Beim Körperkontakt spielen Erfahrungen des Tieres eine wichtige Rolle. Kastrierte Rüden werden Berührungen ab Hüfte abwärts teils beißend abwehren. Das Genick sollte zu diesem Zeitpunkt noch als Tabu angesehen werden, da der Hund dort vielleicht von Herrchen strafend gepackt wird. Ein Kraulen des Rückens nahe der Wirbelsäule mag als Paarungsvorspiel unmittelbar vor dem Übersteigen missgedeutet werden, was sich die wenigsten fremden Rüden bieten lassen.

Ist der erste Körperkontakt hergestellt, wird die Schnuffel-Erkundung durch den Hund intensiver und forscher. Man muss das Tier jetzt nicht mehr tastend betupfen, sondern kann es nun richtig kraulen. Zu diesem Zeitpunkt hat man manche fremde Hündin bereits auf dem Schoß oder man wurde vom Rottweiler bereits im stürmischen Spiel getötet.

Geht man mit Anstand nach etwa diesen Regeln an das Tier heran, ist der Kontakt nach wenigen Minuten vollzogen, da der Mensch vom Hund erfahrungsgemäß sowieso als potenzieller Herr angesehen wird.

Weitaus schwieriger haben es Hunde untereinander, wobei manch lieb gemeinter Kontaktversuch blitzesschnell in Abwehraggression des Gegenparts endet. Es ist faszinierend, wenn ich einen meiner Begleiter beobachte, wie er sich einen freilaufenden, unbekannten Hofhund im Erstkontakt buchstäblich zum Spiel erobert. Es kann eine Viertelstunde dauern, bis sich beide Tiere so weit angenähert haben, dass sie sich auf ein ungehemmtes Spiel einlassen. Bei solchen Kontakten kann man alle Facetten hündischen Verhaltens und hündischer Mimik beobachten.

Rangordnungsneutral und zukunftsweisend

Der Erstkontakt wird meist rangordnungsfrei hergestellt. Wer wem was zu sagen hat und wer sich auf den Rücken rollen muss, wird später ausgemacht. Möchte wer gleich die Stellung auskämpfen, geht der Kontakt meist in die Hose. Entweder bricht der »Vernünftigere« seine gütlichen Versuche einen Sozialpartner zu gewinnen ab, oder die Sache endet in einer Beißerei.

Der behutsam höflich vollzogene Erstkontakt zu einem Hund, den Sie abholen, zu einem Hund aus dem Tierheim, den sie behalten möchten oder zu einem erwachsenen Tier vom einem anderen Halter kann zukunftsweisend sein. Das Tier versucht im Zeitraffertempo jede Ihrer Gesten zu einem vorläufigen Charakterbild von Ihnen zusammenzusetzen. Jede falsche Handlung führt zu einem falschen Bild, das Sie im Falle weiterer Begegnungen mühsam korrigieren müssen.

Man mag einwenden, gerade in diesen ersten Sekunden sei es doch wichtig, die Rangordnung gleich klipp und klar auszumachen. Doch auch unter Hunden käme es in diesem Falle zu keinem abgeschlossenen Kontakt. Zeigt ein Tier - oder Sie als Mensch - Aggression oder versuchte Dominanz, weicht der andere Part zurück und bricht weitere Kontaktversuche ab. Der Hund ist zwar grundsätzlich zu neuen Begegnungen bereit, aber nicht an einem neuen, ihn vielleicht künftig drangsalierenden Herrscher oder Artgenossen interessiert und antwortet möglicherweise ebenfalls mit (Abwehr-)Aggression. Dies sehe ich als einen Hinweis darauf, dass das Wesen des Hundes keinen Herren fordert, sondern er sich lieber einen Partner, einen Spielgefährten erobert. Die Notwendigkeit der Rangordnung ergibt sich lediglich aus dem anschließenden sozialen Miteinander.

Bei diesem ersten Kontakt ist es wichtig, dass einem das Tier sofort wenigstens halbwegs sympathisch ist. Bringt man eine große Portion Antipathie ein, egal ob beim Aussuchen eines Hundes im Tierheim aus rein »sentimentalen Gefühlen heraus«, beim Züchter oder beim Aufgriff eines Streuners unterwegs, sendet man ungewollt so viele, einer Kontaktaufnahme entgegengerichtete Signale chemischer und handlungstechnischer Art, dass die hier geschilderten reinen Äußerlichkeiten für einen geglückten Kontaktversuch nicht mehr ausreichen werden. Wer mit seinem rationalen Verhalten sendet »Ich möchte den Kontakt zu dir«, emotional verschlüsselt aber sagt »Bleib mir bloß vom Hals, du blödes Viech!«, sendet gerade die vom Tier leicht lesbaren Signale in falscher Form. Genauso wenig wie man bei solchen Begegnungen wirkliche Angst verbergen kann, gelingt es nicht, tief verwurzelte Ablehnung zu kaschieren.

Während der ersten Begegnung spiele ich in rascher Folge alle möglichen Lautgebungsäußerungen durch, Pfeifen, Winseln, Schmatzen und vieles mehr, um herauszufinden, auf welchen der Töne das Tier anspricht, welche artfremden Verbalien ihm bereits in der Bedeutung bekannt sind. Darauf baue ich ein Kennungssignal ebenso wie im späteren Leben eine detaillierte Kommunikation auf.

Nebenbei versuche ich durch Lockgesten, Werfen von Steinen oder Stöcken, irgendwelche »gemeinsamen Interessen« zu entdecken, die ich als direkten Einstieg in eine größere Gemeinsamkeit verwenden könnte. Reagiert der Hund positiv auf ein Winseln und das Werfen kleiner Steine, so kann man damit schon starkes Interesse wecken. Spielt man in dieser Weise mit einem unbekannten Streuner eine halbe Stunde lang, mag dies schon ausreichen, dass sich das Tier aus Interesse zurückhaltend anschließt. Wer sich einen eigenen Hund aussucht, macht sich damit beim Tier als neuer Partner gleich interessant.

Diese Erstkontakt-Situation zieht sich beim neu erworbenen halbwüchsigen oder erwachsenen Hund über die ersten Tage des gemeinsamen Zusammenlebens hinweg. Bauen Sie Ängste und Unsicherheiten beim Hund durch Freundlichkeit, Nachsicht, durch vorsichtige Bewegungen ab. Der Hund ist zunächst in seinem neuen Lebensumfeld völlig entwurzelt. Greifen Sie noch nicht erzieherisch ein. Halten Sie den Hund einfach unkommentiert fest, wenn er über die Straße springen möchte.

Sicher gilt schon in dieser Zeit: Der Hundehaufen im Wohnzimmer und die Pfütze vor dem Bett sind absolut nicht in Ordnung. Da wird der Hund ganz offensiv und mit lautem, bösen »Nein!« an einer Nackenfalte vor die Türe gezerrt - und wenn er noch so heult. Dabei lernt der Hund das mögliche Potenzial kennen, das bei aller Freundlichkeit doch in Ihnen erweckbar ist, wenn man Ihren Zorn heraufbeschwört. Er sieht in dieser Zeit aber andererseits, dass Sie Konflikte und Rangordnungsduelle von sich aus (noch) nicht provozieren. Dies verdeutlicht dem Hund ihre liebevolle und freundliche, aber durchaus entschlossene Grundhaltung. Schon nach wenigen Tagen wird er sich schutzsuchend an Ihnen orientieren, wenn ihm draußen »böse Autos«, »Radfahrerfeinde« und andere Schreckgespenster begegnen.

RANGORDNUNGSVERHALTEN

Eine stabile Rangordnung ist für eine funktionierende Gruppenstruktur bei Tieren, die nicht nur gemeinsam Felder abgrasen, wie etwa Rinderherden, sondern komplizierte Aktionen gemeinschaftlich unternehmen (Jagd) notwendig.

Wichtiger noch, aber für den Umgang mit dem Menschen unbedeutend, forciert ein funktionierendes Rangordnungssystem die Selektion im Gruppenverband. Fast ausschließlich das zum Herrscher avancierte, starke oder besonders intelligente Tier kommt zur Fortpflanzung und darf seine Qualitäten weitergeben. Die Schwachen kommen erst ans Futter, wenn die Starken die besten Teile geschluckt haben und müssen sich mit dem begnügen, was übrigbleibt. Dadurch geht die Schere zwischen Stark und Schwach immer weiter auseinander und schließlich bleiben nur die Besten übrig. Was dem (schwachen) Tier selbst nichts bringen mag, dem Bestand und der Fortentwicklung der Art aber zuträglich ist.

Dieser Trieb, den Artgenossen zu dominieren, der permanente Versuch der Tiere untereinander, in der Hierarchie aufzusteigen, schlägt selbst bei den denaturiert verzüchteten Hunden unserer Zivilisation mit teils tödlichem Ernst bis auf die kleinsten Banalitäten des Alltagslebens durch:

Gelang es mir wieder einmal ungeschickterweise mehrere Streuner aufzusammeln und nicht mehr loszuwerden, dann wird bis spät in die Nacht hinein in recht ruppiger Manier ausgemacht, wer in welcher Entfernung zu mir schlafen darf und wer sich gar zutraut, zu mir ins Bett zu steigen - sollte es sich dabei um eine Hündin handeln, habe ich keine Chance auf ein Bett für mich allein. Nachdem ich sie vehement rausgeschmissen habe, ist sie spätestens wenn ich eingenickt bin wieder da.

Bei diesen Rangeleien ist Geschlecht wie Verwandtschaft irrelevant. Der Rüde beißt die Hündin genauso gemein von mir weg, wie die Mami das eigene erwachsene Kind. Hierbei schält sich ebenfalls heraus, inwieweit »abgehoben vom gemeinen Hundepöbel« ich als Leit-Mensch in den Augen der einzelnen Tiere dastehe. Einem Hund, mit dem ich selten unterwegs bin, bedeute ich lange nicht so viel, als dass er sich mit Artgenossen ernsthaft beißen würde, nur um noch einen Meter näher bei mir liegen zu dürfen. Er wird sich genügsam in eine Ecke verziehen, vielleicht eine Gelegenheit abwarten, sich kampflos Streicheleinheiten bei mir abholen zu können.

Gesunde und charakterlich nicht verzogene Hunde kommen untereinander eigentlich in jedem Falle mehr oder weniger gut aus. Der kurze Machtkampf bei den ersten Begegnungen sieht für den Menschen meist schlimmer aus, als er für das Tier wirklich ist. Er dient einer ersten Abschätzung der kräftemäßigen Möglichkeiten des Gegenüber und ist meist nicht der Versuch, ein Fremd-Tier zu töten.

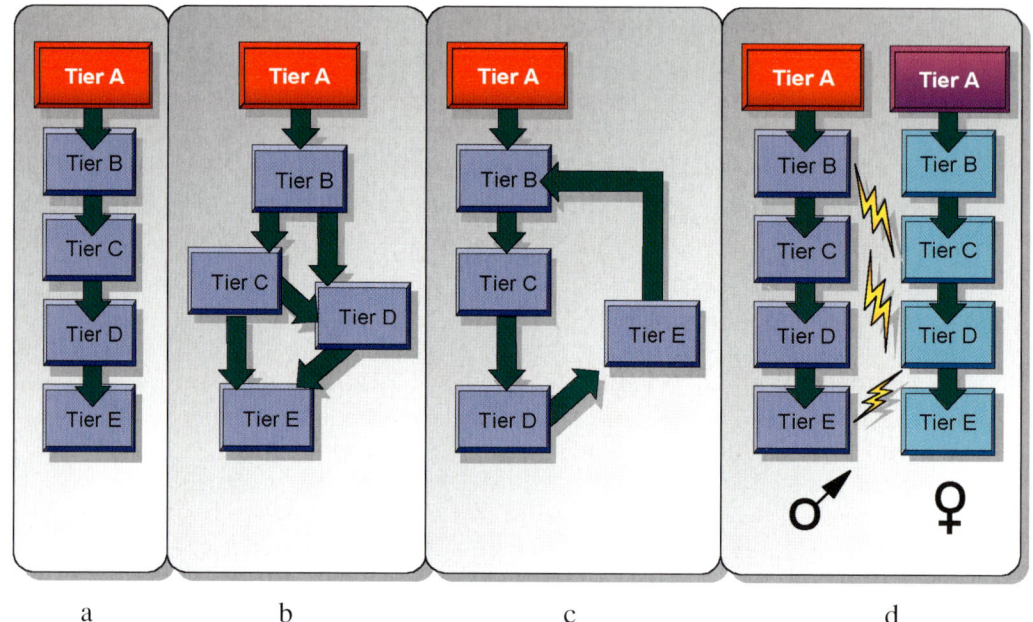

a   b   c   d

Verschiedene Rangordnungsysteme.
a) Lineare Struktur. b) Verzweigte Randordnung. c) Rückgekoppelte Ordnung.
d) Duales, entkoppeltes System.

Zwischen Hündinnen und Rüden untereinander treten eher Beißereien auf, als bei gemischtgeschlechtlichen Kontakten. Bei letzterem hat die Hündin bis zu einem gewissen Grad »Narrenfreiheit«. Der Rüde beißt nicht umgehend ein Stellungssystem aus - man könnte solche Zufallstreffen ja vielleicht zu viel spaßigeren Unternehmungen ausnutzen. Deshalb weicht er zunächst aggressivem Verhalten des weibliche Parts aus - wie ein blöder Kavalier.

Im eigenen Revier, der Hofeinfahrt oder dem Garten pocht der Hund auf »Heimvorteil«. Da kann dann auch der in freier Wildbahn rangniedrigere Hund den ranghöheren »Eindringling« ungestraft abwehren oder dominieren. Deshalb mag der eigene Hund auch versuchen, Sie als Halter von seiner Liegedecke fortzubeißen, wenn Sie ihn »stören«.

Altersunterschiede lösen diese Regeln teils grundlegend auf. Welpen haben weitgehende (wenn auch nicht komplette) Narrenfreiheit. Halbwüchsige Hunde im Alter von einigen Monaten aufwärts müssen sich in jedem Falle vor einem älteren Artgenossen auf den Rücken rollen. Da kullert dann der erwachsene Schäferhund vor dem älteren Zwergschnauzer herum. Aber dies wird sich bald ändern, wenn er erst einmal etwas erfahrener geworden ist.

Rangordnungen in größeren Verbänden müssen nicht immer linear sein. Es treten durchaus auch Verzweigungen und recht paradox erscheinende Kreisschlüsse auf:

Tier A dominiert Tier B, B dominiert C, C steht über D, wobei Tier D seinerseits aber rangordnungstechnisch über Tier B stehen mag. In größeren Hundegruppen entsteht bei mir teils der Eindruck, als existierten zwei parallele Rangordnungssysteme. Eine auf der weiblichen, eine separate auf der männlichen Seite, mit den teils wildesten Verknüpfungen untereinander.

Der »konventionelle« Hundehalter, der selten mit mehr als zwei Tieren unterwegs sein wird, sollte, damit die Sache funktioniert, möglichst den oberen Rang in seiner Gruppe einnehmen. Diesen höchsten Rang kann man seinem Tier gegenüber aber ohne Autoritätsverlust auf eine nahezu gleichgestellte Beziehung herabschrauben und muss ihn beileibe nicht in aller Herrscherallmacht und -willkür ausleben.

Das Leben in einem Rangordnungssystem erzwingt nicht nur die Bereitschaft im Tier, sich gegebenenfalls unterzuordnen, sondern setzt einen gewissen naturgegebenen Trieb voraus, sich zu bewähren und zu behaupten, um in der Rangordnung aufsteigen zu können, einen schwachen Herrscher abzulösen. Von daher ist der Hund darauf getrimmt, seinen menschlichen Herren genau zu beobachten und gegebenenfalls erkennbare Schwächen zum eigenen Vorteil ausnutzen. Seien dies Inkonsequenzen in der Erziehung, die der Hund immer stärker auszuweiten versucht, bis er absolute Freiheit erlangt hat und Herrchen hinter ihm herspringen muss.

Das Rangordnungsverhalten ist eines der großen Probleme bei der Erziehung, ebenso wie im täglichen Umgang mit dem Hund. Es findet ein permanentes unterschwelliges Kräftemessen statt, in dem das Tier seinen Einfluss in alle Abläufe des täglichen Lebens auszuweiten versucht, der Halter auf die von ihm gewünschten Umgangsformen stets und rund um die Uhr konsequent bestehen muss.

DOMINANZVERSUCHE - SO ERZIEHT DER HUND SIE

Der Hund hat die Grundtendenz in sich verankert, das Ruder in einer Beziehung zu übernehmen.

Nach einigen Monaten des sehr weltoffenen Lernens zu Beginn seines Lebens, in denen er sich beinahe alles gefallen lässt - gefallen lassen muss -, versucht er in immer ausgeprägterer Form, seine eigenen Vorstellungen und Interessen durchzusetzen. Dies tut er nicht aus Lust und Laune, sondern lediglich einer Grundprogrammierung gehorchend. Er möchte nicht im Rudel aufsteigen, »weil's dort oben schöner« wäre. Er trägt vielmehr den Auftrag in sich, dass er versuchen soll, seine (neuen) Ideen und Qualitäten durchzusetzen. Gelingt es dem Tier, sich gegen den alten Herrscher zu behaupten, sei dies durch Erfahrung, Geschicklichkeit oder durch schlichte körperliche Überlegenheit, wird dadurch das gesamte Rudel gestärkt, im Falle der Hundehaltung ein unbrauchbares Herrchen von seinem Vierbeiner erzogen.

Dem Menschen, der gar nicht plant, die Rangordnungspositionen anders zu verteilen, als mit sich selbst an der Spitze, steht dieser Charakterzug dem Zusammenleben deutlich im Weg. Bei der liebevollsten Erziehung erzwingt er hin und wieder deutliches Durchsetzen von seiten des Halters. Andernfalls schaukeln sich kleine Reibungspunkte unbemerkt zu größeren Konflikten auf. Der Hund eignet sich rasch

Verhaltensweisen an, mit denen er versucht, den Halter zu manipulieren. Jeder der mit einem Hund zusammenlebt weiß, in welch typischer Form sich der Hund vor welche Türe setzt, weil er auf den Topf muss. Lässt man ihn jedesmal aufgrund dieses Verhaltens vor die Türe, wird er sich mit dieser Geste »Du, ich muss mal!« simple Ausflüge, ohne wirklich auf den Topf zu müssen, erwirken. Erziehung von Herrchen gelungen!

Kennt man die Ausdrucksformen seines Vierbeiners, kann man alsbald eindeutig unterscheiden, in welchen Bereichen der Hund gezielt zu manipulieren versucht und wo er Mitteilung über ganz handfeste Bedürfnisse macht. Manipulationsversuche werden missachtet oder geahndet, wirklichen Mitteilungen wird nachgekommen. Damit kann der Hund lernen, sich nur in Ich-muss-mal-Manier vor die Türe zu setzen, wenn er wirklich auf den Topf muss.

Übergehen Sie diese Kommunikationsversuche hingegen ständig, wird der Hund im äußersten Falle »nicht mehr mit Ihnen reden«. Nicht weil er beleidigt wäre, sondern weil er gelernt hat, dass die Beschäftigung mit Ihnen keinen Sinn ergibt. Dass sie ein arroganter Ignorant sind, der sich, aus Angst davor, der Hund versuche ihm die Stellung streitig zu machen, lieber in die Bude scheißen lässt, als sich die »Blöße« zu geben, auf die Hinweise und Bitten des Tieres in irgendeiner Weise zu reagieren.

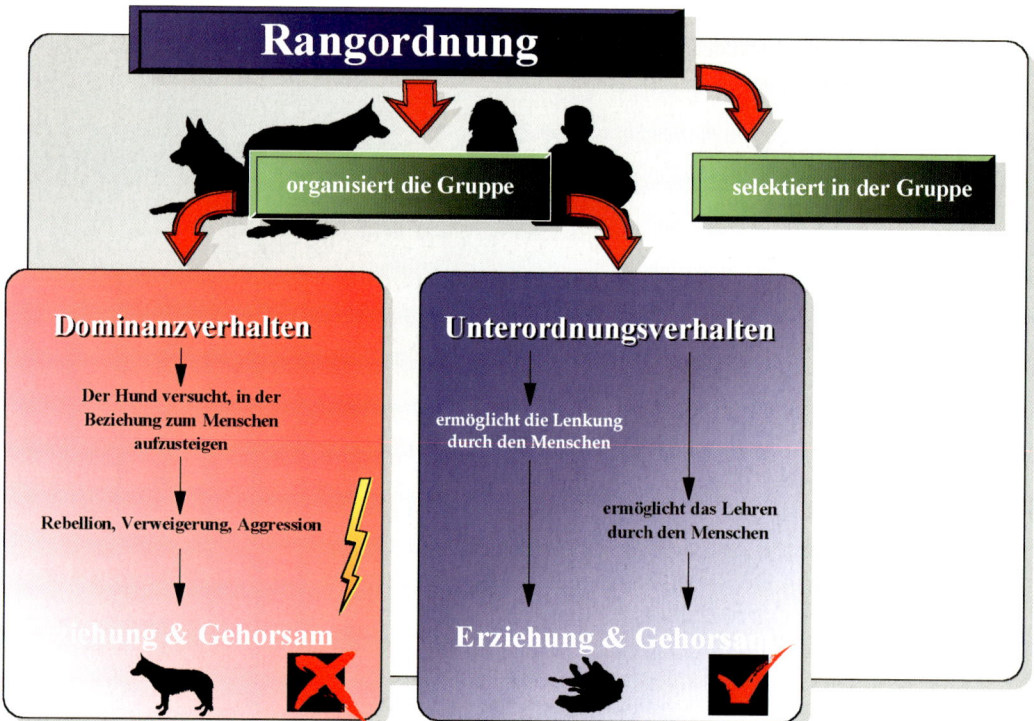

Funktion und Auswirkungen einer Randordnung.

Sie brauchen nicht jeder Äußerung des Tieres hinterher zu springen, sollten ihm aber zu verstehen geben, dass sie kapiert haben, was es möchte. Versperrt mir der Leihhund, wenn ich ihn verlasse, den Weg, dann setze ich mich symbolisch nochmals für ein paar Sekunden hin und streichele das Tier, bevor ich mich unerbittlich an ihm vorbeizwänge und Nachhause gehe. Dies wäre zwar nicht notwendig und ist eine vom Hund gewünschte Reaktion auf den Versuch, mich zu erziehen - liegt also bereits hart hinter der Grenze der Manipulation des Menschen -, bestärkt das Tier aber, eine Kommunikation mit mir als sinnvoll zu betrachten und auch künftig aufrecht zu erhalten. Habe ich einmal wirklich Zeit, auf »Bitten des Hundes« hin noch eine halbe Stunde länger zu bleiben, bleibt dieser Erfolg beim Tier in Erinnerung haften. Dies motiviert es zu weiteren Versuchen, sich auch anderweitig mitzuteilen.

Damit kann sich im Zusammenleben aus der groben Holzhammer-Kommunikation - Herrchen brüllt und schlägt, Hundchen bellt und beißt - eine sehr treffsichere Detail-Kommunikation mit feinen Abstufungen der Willensäußerung entwickeln. Der Hund lernt nicht nur zu zeigen, was er möchte. Er quantisiert dieses »Was« auch noch. »Ich muss raus«, »Ich muss ganz dringend raus«, »Ich platze gleich!« wird eindeutig zuordenbar angezeigt.

ABLENKUNGSVERSUCHE

Möchte der Hund - aus welchen Gründen auch immer - einem Befehl nicht nachkommen, mag er gezielte Ablenkungsmanöver starten, wenn er sich offene Provokation nicht zutraut.

Die einfachste Form ist der Versuch des Ignorierens. »Was man nicht gehört hat, kann man auch gar nicht befolgen!« Der Hund kann aber regelrechte Ignoranz-Strategien entwickeln, die sich das Tier aus ihm bisher freigestellten Handlungskomponenten bastelt. Belässt man ihm etwa die Freiheit, nach einem »Komm!« zuerst noch schnell das Bein zu heben und die entdeckte Duftmarke damit, wenn er sie schon nicht länger beschnuffeln darf, so doch wenigstens zu überkleistern, kann dies bei Unwilligkeit zum Gehorsam als Ausgangspunkt zur Ablenkung hergenommen werden.

Der Hund hebt nach dem Kommando das Bein - dies »darf« er ja. Geht dann nochmals um die interessante Stelle herum, hebt in fünf Metern Entfernung nochmals das Bein - »das könnte ja noch durchgehen«. Beginnt erneut zu schnuffeln, entfernt sich dabei nochmals zwei Meter weiter - »vielleicht geht das ja noch durch - Herrchen ist ja so dumm ...!«. Und rennt ganz plötzlich wieder mit dem Spielgefährten in die Felder - »Wenn Herrchen jetzt noch nicht böse geworden ist, kann ich ja das Spiel fortsetzen. Solange kann kein einmal geäußerter Befehl Gültigkeit haben. So weit reicht ja mein Hunde-Gedächtnis gar nicht!«.

Der Hund verweigert nicht immer auf die harte, provokante Tour, sondern versucht teils sehr geschickt seinen Kopf, seine völlig anders gearteten Wünsche durchzusetzen, indem er deutlich zeigt, schau, erst muss ich noch dies tun, dann noch das machen, schließlich jenes. Letztlich erinnert sich doch keiner mehr daran, was du Blödes von mir wolltest ...

Die Verweigerung eines sich recht dominant fühlenden Tieres kann jedoch in offenes Provokationsverhalten mit fixierenden Blickduellen und Rangordnungskämpfen ausarten. Der Hund, der jeden Befehl erst einmal mit Provokationsgesicht und -haltung beantwortet, sollte einen Grund bekommen, Herrchens Wünschen unkritisiert nachzukommen. Baut man von Anfang an auf eine gegenseitige Beziehung, wird das Tier gar nicht in dieser Form versuchen, jeden Befehl als Möglichkeit zur Neuverteilung der Rangordnung herzunehmen. Ein nach strikter Rangstellung erzogenes Tier kämpft bereitwilliger um jede verbliebene Möglichkeit, eigene Ideen durchzusetzen und kann nur mittels verstärkter Gegengewalt gezügelt werden, was zu einer fortschreitenden Verhärtung der Fronten, zu gesteigerter Sturheit führt. Außer man zerbricht das Tier charakterlich endlich zur Gänze.

Ein Hund lässt sich nicht gerne zum Hampelmann degradieren und wird immer versuchen, ihm nicht begreiflichen oder unpassenden Lenkungsversuchen durch den Menschen auszuweichen. Wird damit eigene Vorstellungen in immer dominanterer Form in die Beziehung einbringen und seine Stellung verbessern. Hierbei muss man als Mensch harte Grenzen setzen, auf deren Einhaltung man konsequent - notfalls etwa mittels Leinenzwang oder Lautstärke - besteht. In obigem Beispiel bedeutet dies: Das Pinkeln vor der Ausführung des Befehles, herzukommen, kann man durchgehen lassen - wenn ich zu diesem Satz auch schon wieder den Aufschrei verschiedener Folgsamkeitsfanatiker höre -, ein bisschen Natürlichkeit sollte man dem Tier gönnen. Danach muss der Hund aber wissen, dass er unverzüglich zu Herrchen laufen muss. Lässt man auch nur das Umrunden der Urinmarke zu, wird in einem ähnlich gelagerten, künftigen Fall der Hund Schritt für Schritt alle oben genannten Folgeaktionen anhängen. Das Tier hat entschieden, in welcher ihm genehmen Form »Folgsamkeit« abzulaufen hat. Der Mensch wurde einmal mehr beinahe unmerklich nebenbei erzogen.

TYRANNEN UNERWÜNSCHT - ERFAHRUNG UND KÖNNEN BEWEISEN

Entgegen einem weit verbreiteten Irrglauben wünscht sich der Hund keinen Tyrannen, der ihn wie eine Marionette herumdirigiert. Allein die Ausübung von Befehlsgewalt hält das Tier nicht bei Ihnen, wie mir viele Fremdhunde immer wieder bewiesen haben. Das gemeinschaftliche, beinahe gleichberechtigte Zusammenleben kommt wesentlich besser an, ohne dadurch den Hund allzu dominant zu machen.

Ein abgerichteter, unterjochter Hund nutzt jede ihm verbliebene Freiheit, jede Möglichkeit, die ihm bislang noch nicht durch einen Befehl verboten ist. Je mehr Freiheiten Sie dem Tier lassen, desto zwangloser kann sich der Umgang gestalten. Ein aggressiv erzogener Hund ist automatisch aggressiver zu Menschen und anderen Wesen. Schließlich hat er ja die Bösartigkeit gelehrt bekommen.

Die Hackordnung

Repression von oben provoziert Aggression nach unten. Der repressiv gehaltene Hund lebt seinen Frust bei jeder sich bietenden Gelegenheit nach unten aus: gegenüber Artgenossen, anderen Menschen, im Extremfall irgendwann im Kurzschluss gegen den allzu herrischen Halter selbst. Der selbstsichere ausgeglichene Hund, hervorgegangen aus einer partnerschaftlichen Beziehung, wird eine erhabene Ruhe leben. Er wird sich seinen Artgenossen zum Spiel erobern, ihn nicht überrennen und das Spiel erzwingen, um die Hündin werben, sie nicht vergewaltigen. Er wird Anfeindungen aus dem Weg gehen. Jedoch nicht mit eingezogenem Schwanz flüchten, sondern ihnen in einer Erhabenheit ausweichen, die beinahe schon an Arroganz erinnert. Er wird von sich aus kaum aggressive Auseinandersetzungen beginnen, da er kein Ventil für aufgestauten Frust sucht, den ständigen Kampf um Dominanz und soziale Vorherrschaft gar nicht kennt.

Sicher darf man dem Hund nicht grundsätzlich Aggression gegen die eigene Gruppe durchgehen lassen. Nur kann die Reaktion des Menschen kann sehr moderat ausfallen, ohne an Wirksamkeit einzubüßen. Ein generelles Unterordnungstraining, die Reduktion des Hundes auf Folgsamkeit, ist absolut nicht vonnöten. Es kann bestenfalls bei einem bereits erziehungstechnisch versauten Aggressivling die einzig verbliebene (Not-)Lösung sein.

Zur Null reduziert

Der nach herkömmlicher Hundeplatz-Manier »erzogene« Hund entwickelt kaum Eigeninitiative. Ich dagegen lege Wert auf einen Begleiter und wünsche keinen herumkommandierbaren Roboter mit Pelzüberzug. Der Reiz eines Ausfluges mit Hund entsteht erst durch das selbstständige und eigenbestimmte Verhalten des Tieres. Erwarten Sie eine facettenreiche Beziehung zum Hund, müssen Sie im Gegenzug eine facettenreiche Palette an Verständnis und Rücksichtnahme einbringen. Wobei man dabei rasch an die Grenze vermeintlichen Unterordnens unter das Tier gelangen kann. Was der Hund sofort ausnutzen wird, um seine eigene Stellung in der Beziehung zu erweitern, zu verbessern, Verbesserungen zu festigen und den Gehorsam Stück für Stück abzubauen. Bis dies dem unvorbereiteten Halter auffällt, kann dieser Abbau schon gewaltig fortgeschritten sein. Weshalb ein solches Miteinander, das nicht auf rücksichtsloser Unterdrückung basiert, eine genaue Kenntnis des Tieres und ein sofortiges intensives Studium seines Verhaltens erfordert.

Kehren Sie dennoch nicht den Tyrannen hervor, der eigentlich nur deshalb das Ruder in der Hand hält, weil er in diese Position hineingeboren wurde, diese nur mit drakonischen Strafen und Einschüchterung halten kann. Beweisen Sie dem Tier Ihre Führungsqualitäten, Ihre Fähigkeiten und Kenntnisse. Imponieren Sie ihm nicht durch Gewalttätigkeit, sondern durch Furchtlosigkeit, vor Dingen, etwa dem Düsenjet am Himmel, vor denen man eigentlich keine Angst zu haben braucht, der Hund sich aber dennoch fürchtet. Das Tier wird sich Ihnen dann mit Überzeugung anschließen und unterordnen. Und nur sehr zaghaft seiner Programmierung gehorchend, hin und wieder versuchen, Ihnen diese Position streitig zu machen.

Solche Dominanzversuche kann man in einer auf Überzeugung basierenden Beziehung dann etwa in typisch arroganter Herrschermanier allein durch Ignoranz abschmettern. Kommt das Tier auf das Kommando »Komm« nicht zu Ihnen gelaufen, lassen Sie es stehen und gehen Sie einfach weiter. Zeigen Sie ihm damit, dass Sie gar nicht auf seine Gesellschaft angewiesen sind, Sie gut allein zurecht kommen, der Hund selbst aber möglicherweise nicht. Das kann wirkungsvoller sein, als sich auf ein Kräftemessen einzulassen, bei dem Sie immer lauter werden und das Tier sich immer sturer gibt. Sieht der Hund, dass seine Rebellion Reaktionen hervorruft, vermeint er eine Möglichkeit zu erkennen, das starre Gesellschaftsgefüge mit Ihnen aufweichen zu können.

Mit Ignoranz kann man aber wohlgemerkt nur arbeiten, wenn eine gute Partnerschaft zum Tier besteht und es die Bedeutung der Kommandos bereits kennt. In einer schlechten Beziehung bewirkt beschriebene Ignoranz lediglich, dass das Tier immer weniger Grund sieht, Ihre Befehle zu befolgen. Der Hund muss bereits deutlich erkennbar mit Ihnen zusammenbleiben wollen. Andernfalls freut er sich höchstens darüber, dass Sie seine Verweigerungshaltung nicht ahnden und nutzt diese »Freiheit« zu weiteren Verweigerungsversuchen, verbucht alles zusammen nebenbei als Rangstellungszugewinn.

Kann der Hund in seinem Leitmenschen einen Freund und ein Vorbild erkennen, braucht man ihm nicht zu beweisen, »wer der Herr ist«. Dann braucht man ihn nicht fesselnd auf sich zu zwingen. Er wird sich selbst an den Menschen binden. Leider haben die wenigsten Hundehalter, denen ich zusammen mit ihrem Tier diese Haltung erfolgreich vorgelebt habe, ihr Hund dabei regelrecht aufblühte, in der Folge selbst mit Überzeugung und Freundschaft gearbeitet, sondern doch wieder versucht, eine Beziehung mit fesselnder Leine und bindender Gewalt zu erzwingen.

ABGABE VON FREIHEITEN

Beweisen Sie dem Hund Ihre Vormachtstellung nicht durch vermittelte Härte, Unterdrückung und Unterbindung beinahe aller hündischen Interessen, sondern durch Führungsqualität, indem Sie dem Hund Ihre Schutzfunktion verständlich vermitteln. Wenn Sie seine Interessen nicht unterbinden, sondern zielgerichtet lenken, sind Sie nicht mehr gezwungen, wirklich alle Lebensäußerungen des Tieres zu kontrollieren und befehlsmäßig abzudecken. Der Hund wird sich selbstständig an Ihnen orientieren und mögliche Restfreiheiten nicht rigoros ausnützen.

Diese unaufgeforderte Abgabe von Freiheiten blieb mir gegenüber nicht immer nur auf ein teils exzessives, eigeninitiativ entwickeltes Unterordnen beschränkt. Lassen Sie mich kurz drei Beispiele schildern, die meiner Ansicht nach belegen, wie weit sich ein Hund von sich aus »anbiedern« kann, wenn er einen Menschen erst einmal als Freund akzeptiert hat und nicht als Tyrannen fürchtet.

Viele »gebildete« Leute behaupten, wer seinem Hund bei Brotzeiten Häppchen zukommen lässt, zieht sich einen Bettler heran. Bekommt der Hund bei einer Rast einen winzigen Krümel trockenen Brotes zu fressen, war dies für viele meiner Begleiter Geste genug. Er beschäftigte sich danach zufrieden in der näheren Umgebung, an meinem Wurstbrot, das er unleugbar gerochen haben musste, uninteressiert. Gehört man zusammen, macht man zusammen Brotzeit - wenn auch nicht ganz gerecht aufgeteilt. Was zählt ist die Symbolik. Einen Bettler erzog ich mir damit nie.

Durch dieses Teilen wurde bei einem Collie-Mix-Rüden der angeborene Futterneid so weit abgebaut, dass er bei sich Zuhause zum Futternapf gelaufen ist, einen Brocken geschnappt hat, die Treppe wieder herunterkam und ihn mir vor die Füße spuckte. Kaum hatte ich diesen Happen »gegessen«, rannte er wieder hinauf und brachte mir Nachschlag. Entweder sollte ich Vorkoster für neues Futter spielen oder er hatte wirklich gelernt zu teilen.

Ein Schäferhund brachte mir, wenn ich mich nach einer Tour noch zu ihm in den Garten setzte, immer wieder einmal einen seiner vergrabenen Knochen, holt sich selbst einen anderen und legt sich mir gegenüber zum gemeinsamen Knabbern hin.

Dennoch scheinen Erlebnisse aus dem Hunde-Alltag hin und wieder einer »freiwilligen Abgabe eigener Interessen« zu widersprechen. Dieser Verzicht wird sich nicht pauschal verlässlich, auf alle dem Menschen unliebsame Situationen beziehen. Obwohl die Grundtendenz des Hundes, sich mit mir auf ein Kräftemessen einzulassen sinkt, werde ich mich teils vorausschauender geben müssen, als das Herrchen mit Roboter-Hund. Die Abgabe von Freiheit mag sich in diesem Falle vielmehr so auswirken, dass ich meinem Hund so »genug« bin, dass dieser gar nicht erst aus unterdrücktem Spieltrieb, Bewegungs- oder Freiheitsmangel heraus etwa auf eine Schafjagd als Ersatzbefriedigung ausweichen muss.

Das »Abgeben von Freiheiten« beziehe ich darüber hinaus vielmehr darauf, dass ein selbstständig handelndes Tier vergleichbare Aktionen immer allein aus eigenem Ermessen heraus auf meine Unmutsäußerungen hin abbrechen wird, nie aus Furcht vor Strafe oder gelehrtem, aber nicht einsehbarem Gehorsamkeitszwang. Was der gedrillte Hund aus unverstandener Unterwürfigkeit, unter mehr oder minder großem Zwang unterlässt, verbietet sich das Tier, aus dem auf Überzeugung bauenden Miteinander, als Reaktion auf Hinweise seines Herren selbst, auf freiwilliger Basis.

Sicher kann man argumentieren, aus welchem Grund der Hund auf ein Signal hin stoppt, sei doch völlig gleichgültig. Wichtig sei doch ausschließlich, dass er stoppe. Und dies funktioniere eben nur bei einem, zu striktem Gehorsam verdammten Tier wirklich verlässlich. Dieses Argument mag in manchen Situationen durchaus Gültigkeit besitzen. Als Hundehalter muss ich mir aber darüber klar werden, was mir wichtiger ist: Eine verlässliche Funktion, die ehemals ein Hund war. Oder ein Partner, der Persönlichkeit besitzt, diese zu zeigen wagt und dabei gut lenkbar bleibt. Wenn er auch hin und wieder nicht absolut zuverlässig »funktionieren« mag. Möchte ich mit einer Funktion zusammenleben, die ehemals ein Hund war, oder lieber mit einem Hund, der keine hundertprozentige Funktion ist?

Ein Tier, das ich mittels seines Vertrauens in mich lenke, ist weitaus weniger rebellisch bei Meinungsverschiedenheiten, weniger »verschlagen« in punkto Ablenkungsversuche, wenn es einmal nicht folgen möchte. Es achtet ihm unverständliche Befehle im Vertrauen auf meine Fähigkeiten. Es schließt sich mir nicht aus stupider Folgsamkeit und Angst an, sondern aus Überzeugung, dies gereiche lediglich zum eigenen Vorteil.

Der Kampf um die Verbesserung der eigenen Stellung in der Rangordnung wird in einer harmonischen Beziehung weitaus weniger intensiv betrieben, als in einer durch

Härte gekennzeichneten Haltung. Man lebt und handelt miteinander, nicht gegeneinander. Man zieht beiderseits Vorteile aus der funktionierenden Beziehung und nicht daraus, dass man versucht weitere Kompetenzen an sich zu reißen.

Die Kleingruppe Hund-Mensch sollte so organisiert sein, dass der Hund nicht jede sich bietende Gelegenheit zum Desertieren nutzt, sich nicht bereitwillig jedem fremden Menschen anzuschließen versucht, der ihm auch nur etwas Freundlichkeit entgegenbringt. Alle Mitglieder sollten aufgrund der vielen Vorteile gelegentliche Reibereien in der Gruppe wegstecken können. Die aktuelle Gruppenstruktur muss dabei dennoch für alle Beteiligten erkennbar, einsehbar und in ihrer praktizierten Form tolerierbar sein.

DER FAN(ATISMUS). ODER: WEIL'S VON MIR KAM ...

Für den Hund ist es sehr wichtig, von wem er eine Belohnung oder ein »Geschenk« bekommt, von welchem Wesen eine, vielleicht unliebsame Lenkung ausgeht.

Ein verletzter, angeketteter Schäferhundrüde schätzte meinen mitgebrachten Tannenzapfen höher ein, als die eben in seiner unmittelbaren Reichweite vom Halter abgelegten Innereien und Fleischstücke. Der Zapfen kam von mir, er roch ein bisschen nach mir. Wenn der Hund ihn anfangs auch recht perplex ansah, mit verlegenen Gesten zeigte, dass er offenbar nicht so recht wusste, was er mit dem Ding anfangen solle, legte er sich bald hin, schob ihn mit der Nase hin und her, kaute minutenlang darauf herum.

Schließlich platzierte er ihn zwischen den Vorderpfoten, den Kopf abschirmend darauf gelegt. Als die eigenen Leute versuchten, ihm den Zapfen zu »entwenden«, wurden sie unhörbar leise, aber für mich über die aufgelegte Hand deutlich spürbar, angeknurrt.

Hier steckt meine Funktion als Vorbild dahinter. Was von mir kommt, muss einfach gut sein - auch wenn's der »dumme Hund« nicht begreift und eigentlich scheußlich findet. Dann ist der Zapfen wichtiger als das Fleisch. Da wird die abstoßende Olive plötzlich zum Geschmackserlebnis.

Dieses »Weil-es-eben-von-mir-kommt« nutze ich zur Lenkung und Erziehung. Hier schöpfe ich allein aus der persönlichen Bindung. Das Lob eines Unbekannten mag der Hund mit Misstrauen beantworten. Lobende Worte der Leitfigur sind für den Hund der Himmel auf Erden. Genauso brechen jedoch Welten zusammen, wenn er Kritik oder gar missgünstigen Tadel von seinem »Star« hinnehmen muss.

NICHTS STATISCHES

Die Beziehung zu einem Hund, egal in welcher Basis sie fußt, ist ein permanent dynamisches Verhältnis. Störfaktoren von außen setzen die entscheidenden Akzente. Reagiert ein Part auf diese Einflüsse in falscher Form, wird der andere Part - meist der Hund, da der Mensch auf diese diffizilen Spielchen oft nicht reagiert - schauen, ob er aus der resultierenden Situation einen Vorteil für sich ableiten kann.

Unsere Zivilisation setzt Akzente, die erzwingen, dass der Mensch das Tier außer Haus mehr oder minder ausgeprägt herumlotsen muss. Dies erzwingt eine Unterordnung des Hundes. Er hat beispielsweise den Befehl »Komm!« verstehen und befolgen

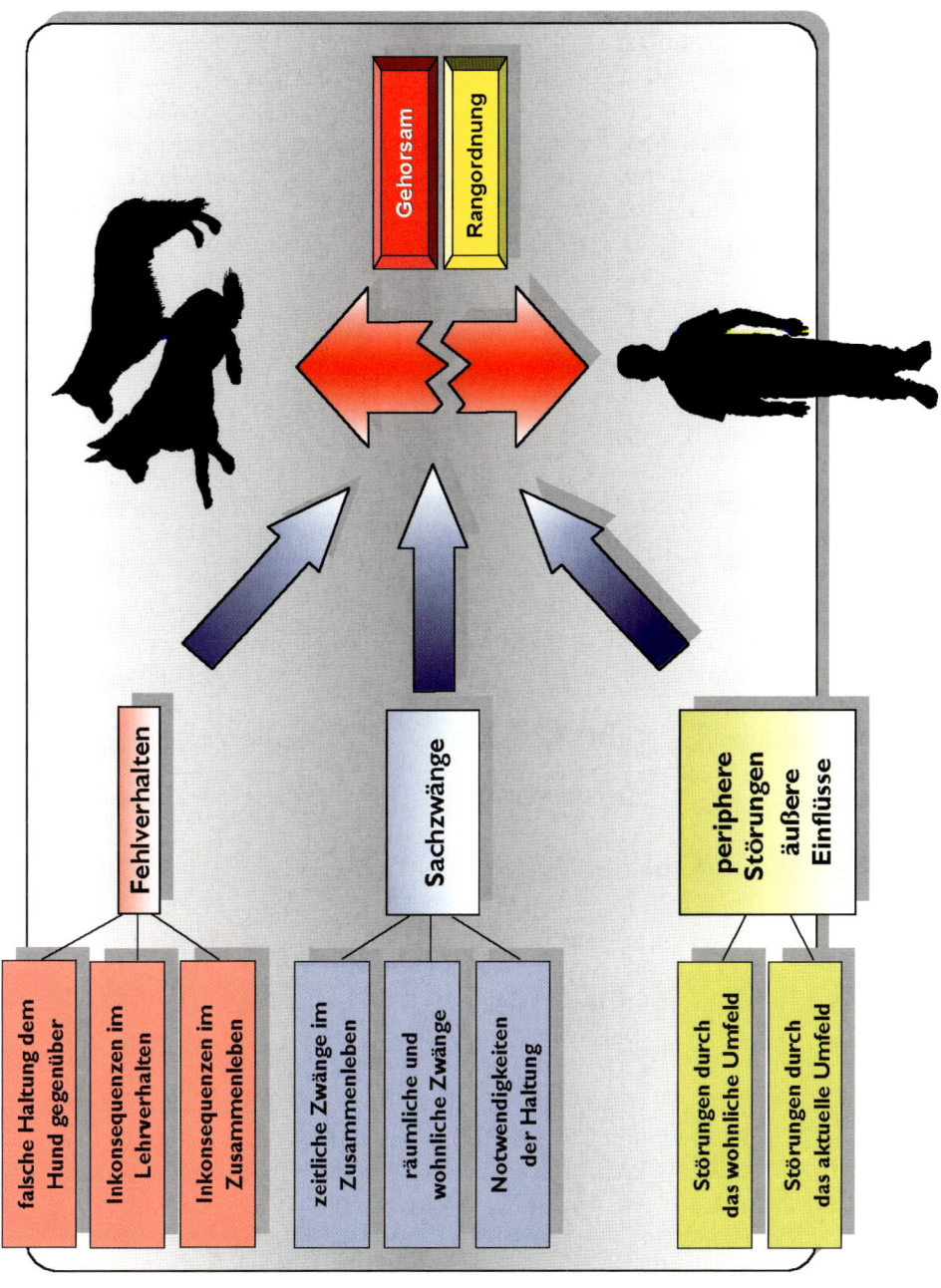

Die Hauptfaktoren, die die Beziehung zwischen Hund und Mensch maßgeblich beeinflussen.

gelernt. Durch irgendwelche äußeren Umstände haben Sie nun mehrmals nicht auf die strikte Ausführung dieses Befehles geachtet. Vielleicht waren Sie abgelenkt, unaufmerksam - dies der aktuelle Störfaktor von außen. Dadurch löst sich die absolute Verbindlichkeit des Befehles für den Hund in Wohlgefallen auf. Dies ist kein Vergessen auf Seiten des Tieres, sondern ein schlichtes Umlernen. Der Hund hat neu gelernt: Ganz so verbindlich ist die Einhaltung des Befehles »Komm« scheinbar gar nicht.

Geben Sie sich in Zukunft wieder konsequenter, wird auch der Befehl konsequenter befolgt. Doch durch zahllose Einflüsse von außen - Sie wollten dem Tier ja gar nicht beibringen, dass es »Komm!« nur noch nach Lust und Laune zu befolgen hat -, verschiebt sich die Verbindlichkeit und damit die gegenseitige Rangstellung permanent. Wer, durch welche Umstände auch immer, im Senden der sozialen Signale, im Zeigen der Verbindlichkeit seiner »Wünsche« inkonsequent wird, wird von der anderen Partei mehr und mehr zurückgedrängt - meist der Mensch vom Hund.

Es findet ein stetes Kräftemessen statt. Jedes Entgegenkommen bewirkt beim Tier, dass es beim nächsten Mal in vergleichbarer Situation noch ein bisschen mehr Entgegenkommen erwartet. Auf diese Weise erzieht der Hund den Halter, wenn dieser »Schwäche« signalisiert.

Konsequentes Durchsetzungsvermögen von Seiten des Menschen ist jedoch nicht das Ein und Alles. Was das Zusammenleben zu einem wirklichen Miteinander macht, ist vielmehr die Art und Weise wie man sich konsequent durchsetzt. Härte führt zu Gegenaggression. Einsicht in den Sinn der Kommandos erzeugt Vertrauen und die Bereitschaft zum Unterordnen. Zudem muss man die Bedürfnisse und körperlichen Grenzen des Tieres anerkennen, ebenso wie man seine Ängste - und seien sie in den Augen des Menschen noch so lächerlich - nicht in arroganter Manier übergehen, sondern für das Tier erkennbar ernst nehmen sollte.

BÖSARTIGKEIT UND AGGRESSION

Diese beiden Begriffe sind für viele Menschen fälschlicherweise ein Synonym. Aggression ist jedoch ein von der Natur in jedes Wesen integrierter Charakterzug. Sie ist für die Behauptung des Einzelwesens im Verband ebenso wichtig wie für die Gruppe als Ganzes zur Durchsetzung gegen äußere Einflüsse und andere Gruppen. Sie verhindert, dass Einzelwesen wie gesamte Verbände bis zum Untergang unterdrückt werden.

Wirkliche Bösartigkeit hingegen entwickelt sich beim Tier aus der Fähigkeit zur Aggression in Kombination mit unnatürlichen Einflüssen. Wenn man dem Tier seine Ausdrucksformen raubt, die meisten kommunikativen Signale ignoriert und es noch dazu mit nicht nachvollziehbarer Härte für nicht nachvollziehbare »Vergehen« bestraft, es zudem in unnatürlicher Form hält, entwickelt sich beinahe zwangsläufig Bösartigkeit.

Im täglichen Leben kann das Tier bald nichts und niemanden mehr schlüssig einordnen, vertraut keinem fremden Wesen mehr und offenbart in seiner Unsicherheit zum Selbstschutz ein nahezu unberechenbares, überzeichnetes Aggressionsverhalten.

Die volkstümliche Bösartigkeit ist also nichts anderes, als die Umsetzung von Lerninhalten, gewonnen aus einem unnatürlichen Hundeleben. Schwer berechenbares Verhalten, verursacht durch ein für das Tier nicht tragbares Umfeld.

Von vielen Menschen wird bereits ein Verhalten als Bösartigkeit eingestuft, das noch nicht einmal ein ausgeprägtes, völlig natürliches Drohverhalten darstellte. Hier hat der Mensch in seiner kreatürlichen Angst vor dem Raubtier Wolf schon den eigenen Tod vor Augen, wenn der Hund nur die Nase kräuselt. In der Folge mag man fälschlicherweise sanfteste Ausdrucksformen der Ablehnung schon als ungebührliches Verhalten dem Herren gegenüber bestrafen.

Aggression ist eine zielgerichtete Selbstschutz- und Selbstbehauptungsfunktion. Der Bösartigkeit fehlt oft die genau definierte Richtung, ebenso wie viele natürliche Regeln der Äußerung. Da gibt es keine Beißhemmung bei Rückenlage mehr, das einer Beißattacke vorausgehende Drohverhalten mag völlig übersprungen werden. Kann man sich bei einem übersteigert aggressiven Tier an den Ausdrucksformen orientieren, entsprechend reagieren, sich gegebenenfalls zurückziehen, schlägt Bösartigkeit auch unvermittelt grundlos zu.

Aggression dient in reaktiver Form der Verteidigung, in aktiver Form etwa der Futterbeschaffung, der Reviererweiterung und der Durchsetzung eigener Vorstellungen im Sozialverband. Womit sich einzelne Wesen mit besonderen Fähigkeiten zum allgemeinen Nutzen hocharbeiten und hervortun können, was dem Menschen im Zusammenleben mit dem Hund ein ausschließlicher Dorn im Auge sein mag, wenn ihm sein Hund zum Tausendsten Male beweist, dass er schon wieder »besser war« als Herrchen.

In der menschlichen Zivilisation ist hündische Aggression eher unbrauchbar. Es gibt kaum eine Gruppe, in der sich das Tier behaupten müsste oder darf. Die Rangordnung Herrchen gegenüber sollte unabänderlich feststehen. Reviergrenzen sind nicht sonderlich flexibel. Das Futter, in Dosenform verpackt, muss nicht gejagt, sondern lediglich gefressen werden.

Bösartigkeit oder Aggression

Der angekettete Hofhund, der einen Besucher beißt, ist nicht bösartig. Er hat in ganz natürlicher Weise aus der Situation heraus nach seiner natürlichen Programmierung als Hund gehandelt. Er hat ein arrogantes, rücksichtsloses Eindringen in sein Revier in Kombination mit seiner durch die Kette eingeschränkten Handlungsfreiheit geahndet. Was dem Verletzten ein schwacher Trost sein wird. Hätte der Eindringling das Tier wenigstens registriert, ein paar Signale gesandt, einen kurzen Blickkontakt ausgefochten, wäre es möglicherweise bei einem lauten Verbellen als Meldung an den Herren geblieben.

Ist die Schäferhündin, die jedem Wanderer auf der gesamten Länge des Zaunes lauthals drohend hinterher rennt bösartig? Hierzu meine Gegenfrage: Wie würde es Ihnen gefallen, wenn den ganzen Tag irgendwelche Wanderer durch Ihr Wohnzimmer marschieren würden? Wanderer, die Sie keines Blickes würdigen, die nicht mit Ihnen reden, Sie völlig ignorieren und auf Ihre Frage hin, was sie denn hier eigentlich zu suchen haben, lediglich eine dumme Grimasse ziehen. Zu argumentieren, »Lieber Hundehalter, nicht das ganze Dorf ist deines Hundes Revier!«, greift nicht. Hunde haben recht eigene Vorstellungen von ihrem Revier und dessen Grenzen, die sich nur sehr selten mit den Abgrenzungen durch den Gartenzaun decken.

Aggression ist die Fähigkeit auf unliebsame und schädigende Impulse aus der Außenwelt in selbsterhaltender, abwehrender Weise zu reagieren. Je weniger solcher Reize man als Mensch im Zusammenleben mit dem Hund diesem in »erzieherischer Form« zusätzlich aufbürdet, desto seltener ist das Tier gezwungen, in aggressiver Weise zu antworten.

Hinterhalt

Hunde kennen in ihrem Aggressionsverhalten keine eigentliche Hinterhältigkeit. Man mag als jagendes Rudel einen Hinterhalt legen, um an Nahrung zu gelangen. Man hintergeht jedoch keinen Artgenossen durch Verhalten und Lüge.

Kurz aufflammende Meinungsverschiedenheiten werden nicht zum Ausleben aufgestauter Aggression hinterhältig provoziert. Man geht offen aufeinander zu und miteinander um. Dies hat die Natur so eingerichtet. Niemandem ist mit sich gegenseitig grundlos anfallenden, verletzten Gruppenmitgliedern gedient. Grundlose Aggression wäre grundlos verschwendete Energie. Weshalb Aggression niemals hinterhältig provoziert, sondern immer zunächst mit Offenheit gezeigt und wirkliche, aggressive Tätlichkeiten zu vermeiden gesucht werden. Durch ausgeprägtes Drohverhalten wird dem Gegenpart die Möglichkeit eingeräumt, entweder besser zu drohen, auszuweichen oder sich körperschonend wie energiesparend zu ergeben.

Ein Tier das mit vielen Artgenossen zusammenlebt, versucht ganz bewusst sich berechenbar zu geben. Unberechenbarkeit oder gar Hinterhältigkeit würde die Gruppenstruktur stören.

Wege in übersteigerte Aggression

Sieht man von krankhaft bedingten Faktoren oder von rassespezifischen Charakterunterschieden ab, hat übersteigerte Aggression ihre Ursache sehr oft in falscher Haltung.

Ein Hund, der den ganzen Tag vor dem Hof angeleint ist, Jogger, Radfahrer und vor allem Artgenossen vorbeilaufen sieht, entwickelt im Kontaktfalle nicht nur gesteigerte Aggression zum Selbstschutz, sondern er versucht sich, im Wissen um die momentane leinenbedingte Einschränkung seiner Möglichkeiten, besonders forsch zu geben. Er wird sich schon deshalb übersteigert aggressiv verhalten, weil ihm diese Form der Haltung die Ausführung aller naturgegebenen Aufträge unmöglich macht. Man kann nicht anständig zu Artgenossen Kontakte knüpfen. Man kann nicht das Revier markieren, nichts erschnuffeln, nichts erkunden. Man ist zum unnatürlich-passiven Beobachten verdammt.

Diese Diskrepanz zwischen Auftrag und Möglichkeit führt bei manchen Tieren zu übersteigerter Aggression, bis hin zur Bösartigkeit. Zu Tieren, die ich jahrelang kannte, die ich allein oder mit einem Begleithund zusammen zum Spielen besuchte, musste ich oftmals den Kontakt abbrechen, nachdem sie erst einige Monate an der Kette gehalten worden sind.

Aggressionssteigernd wirken sich alle länger andauernden Zustände aus, die eine enorme Diskrepanz zwischen natürlichem Verhaltensauftrag und den Möglichkeiten des Hundes, diesen auszuleben darstellen. Ich möchte es einmal vermenschlicht umschreiben mit »Situationen, die das Tier verzweifeln lassen«. Wie beim Menschen hängt es in der Folge vom Charakter des Hundes und von seinen Lebenserfahrungen ab, ob er zornig-aggressiv antwortet oder als mehr und mehr zerbrochenes Wesen dahindämmert. Ein Streuner, der aufgrund seines großen Freiheitsdranges - Streunerei ist nur in wenigen Fällen von der Suche nach einem Sexualpartner initialisiert - immer wieder allein auf Tour geht, deshalb immer ausbruchssicherer und länger Zuhause eingesperrt wird - je mehr Freiheit sein Wesen also verlangt, umso weniger Freiheit er zugestanden bekommt - mag in seiner Verzweiflung zum Beißer werden.

Nicht zu vergessen sind traumatische »Kindheitserlebnisse« aus der Welpenzeit, die in ihren späteren Auswirkungen oft fälschlicherweise als erhöhtes Aggressionsverhalten interpretiert werden, aber oft nichts weiter sind als ein Drohverhalten zum Selbstschutz. Ein Hund, der als junges Tier von einem Artgenossen angefallen wurde, mag versuchen, im künftigen Leben allen anderen, dem damaligen Aggressor gleichenden Hunden aus dem Wege zu gehen. Er mag dazu neigen, einzelne Artgenossen in scheinbar aggressiver Form abwehrend nicht mehr in seine Nähe kommen zu lassen.

Einen anderen Weg in unnatürliche Aggression mag das Verhalten des Halters in der Erziehung bereiten. Ein aggressiv erzogenes Tier hat die Aggression gelehrt bekommen und lebt sie in Kontakt zu allen Wesen in der gelernten Form aus. Außer, Herrchen langt so radikal zu, dass sich der Hund zu einem schlotternden Nervenbündel entwickelt. Ein harmonisches Miteinander, in dem Aggression der Ausnahmefall bleibt, führt zu einem weniger offensiven Hundewesen. Gelegentliches Strafen, vor allem, wenn dies vom Hund als Reaktion auf seine Handlungen sogar einsichtig begriffen werden kann, er dieses Begreifen auch in vielen Äußerungsformen signalisiert, schadet nicht der Beziehung, macht aus einem Lamm keinen Wolf. Ein Aggressivling entsteht durch häufige gegen den Hund gerichtete, von diesem aber nicht nachvollziehbare, unverstandene Gewaltausbrüche von Seiten des Halters.

Die Aggression, die aus einer falschen Form des Zusammenlebens resultiert, hat ihren natürlichen Charakter meist eingebüßt, weist teils deutlich krankhafte Verhaltenskomponenten auf und lässt sich mit den natürlich vorbestimmten Verhaltensbögen in der Äußerung nicht mehr abschätzen. Sie ist in der Ausprägung eher der beschriebenen, teils gar hinterhältigen Bösartigkeit zuzuordnen. Was im weiteren Zusammenleben mit dem Menschen schnell endgültig an die Wand geht. Viele Halter greifen in solch einem Falle noch härter, noch wesensfremder, noch »konsequenter« durch, ohne nach den Gründen zu fragen, die den Hund zum Fiesling werden ließen. Besser wäre es, Ursachenforschung zu betreiben. Dem Langeweile-Streuner sollte man mehr Zeit widmen, anstatt ihn zur Strafe noch »konsequenter« einzusperren.

Dem Fluchtstreuner muss man seine (Verlassenheits-) Ängste nehmen. Die Erziehung sollte generell erst gar nicht auf einschüchternder, Gegenaggression auslösender Gewalt aufbauen.

Ursachenforschung statt Gegenschlag

Oftmals wird Angst des Hundes als Aggression missgedeutet. Sicher wird jedermann sofort einwenden, man könne es keinem Schäferhund durchgehen lassen, Herrchen in die Hand zu beißen, wenn dieser den Hund festhalten möchte. Ein solches Tier gilt als überaggressiv, wo es doch die eigenen Leute »anfällt«. Es braucht eine »starke Hand«, muss charakterlich zerstört oder besser noch gleich erschossen werden.

Wer in diesem Beispiel genauer nachforscht, mag auf überraschende Ursachen dieser vermeintlichen Aggression stoßen. Hat der Hund Herrchens Hand schon allzu oft als den Beginn eines längeren Angekettetseins oder gar Eingesperrtseins im Keller »zu schätzen« gelernt, wird er diese, wenn er nicht ausweichen kann, zum Selbstschutz aus bloßer Angst abwehren. Wer das Tier bei seiner »Untat« genauer beobachtet, wird feststellen, dass es dabei keinerlei offensiv-aggressives Verhalten an den Tag legte, sondern deutlich sichtbar mit allen zugehörigen Ausdrucksformen von Angst und Unterwürfigkeit zuschnappte. Ein solcher potenzieller Todeskandidat mag sich, gesteht man ihm anfangs eine Angstdistanz zum Menschen ein, als charakterlich festes, gutmütiges und anhängliches Tier entpuppen.

Eine Ursachenforschung ist bei scheinbar unverständlicher Aggression zielführender, als zu versuchen, das Verhalten durch noch härteres Zulangen gewaltsam zu unterbinden.

Gut gemeinte Pflichterfüllung

Oftmals entpuppt sich scheinbar übersteigerte Aggression letztlich schlichtweg als zu ernst genommener Wille zur Pflichterfüllung beim Hund, was man nicht mit Gegenaggression bekämpfen sollte.

Beginnt der begleitende Hund damit, Passanten äußerst wachsam zu fixieren, und leise zu knurren, wenn diese höflich grüßen, ja sie beinahe anzugehen, kann man beruhigend und besänftigend auf den Hund eingehen und ihn bremsen. Dies stellt keine krankhafte Aggression dar, sondern bestenfalls ein übersteigertes Wahrnehmen seiner Beschützerfunktion für die Gruppe. Was in dieser Form in unserer Gesellschaft trotzdem kaum brauchbar ist. Aber da der Hund eine Person nur beschützen wird, wenn sie in seiner Nähe ist, kann man ihn recht gezielt und gewaltfrei dämpfen, da ein Hund einer Person, die er in solcher Manier zu verteidigen sucht, gefallen möchte und eigenes Verhalten, dass ständig von seinem Vorbild kritisiert wird, alsbald ändert oder gar völlig ablegt.

Schwieriger wird es da schon, wenn sich diese Beschützerfunktion auf ein Objekt bezieht, etwa den eigenen Hof, bewacht durch einen freilaufenden Hund.

Hier ist der Halter meist nicht oft genug in Eingreifnähe, um so konsequent, wie dies für eine Verhaltensänderung beim Hund nötig wäre, eingreifen zu können. Oftmals wird dann prekärer Weise die einfachste Lösung gewählt: Einsperren. Anketten. Ein sichere Sache, die den Hund ebenso sicher zerstört. Besser wäre es, kritische Zonen herauszufiltern, an denen ein Anschlagen des Tieres stattfindet. Die Aggression wird nicht von heute auf morgen unvermittelt an allen Stellen und in allen Situationen übersteigert ausbrechen, sondern sich zunächst auf wenige Bereiche fokussieren, sich erst bei Nichtbehandlung in diesem Vorstadium globalisieren. Gelingt es an diesen Kernbereichen konsequent genug zügelnd einzugreifen, mag die ganze Sache innerhalb weniger Wochen bereinigt sein, ohne dass man dem Tier sein Selbstvertrauen rauben, es zerbrechen oder konsequent einsperren müsste.

Wieder gilt: Je früher man korrigierend eingreift, desto sanfter kann die Korrektur erfolgen. Fällt der begleitende Schäferhund unterwegs erst einmal ständig in »eigentlich gutgemeinter Tötungsabsicht« über alles was sich bewegt her, beißt der Hofhund jedem Passanten, der es wagt, sich in auffälliger Manier die Nase zu putzen, gleich ins Bein, ist es nicht nur aufgrund bestehender Gesetze für eine sanfte Korrektur meist zu spät. Aus diesem Grunde empfiehlt es sich, das eigene Tier so rasch wie möglich kennen und einschätzen zu lernen, es kontinuierlich zu studieren und sein individuelles Verhalten sowie etwaige Verhaltensänderungen im Auge zu behalten. Nur dann kann ich frühzeitig mit sanften Korrekturen in Verhaltensauffälligkeiten lenkend eingreifen.

Blickkontakt, Schnauzenbiss, Lagern - geregelte Rangordnung.
Und der unbedachte Einsatz durch den Menschen.

Einem Hund in die Auge zu blicken, bedeutet ihm die Absicht, die Rangordnung festzusetzen. Wer zuerst wegsieht ist der Schwächere. Dem Tier die Schnauze zu umfassen, bedeutet ebenfalls Ausdruck der Überlegenheit. Im Zusammenleben mit Artgenossen heißt dies: »Wenn du dich jetzt bewegst, beiß ich dir deine doofe Nase ab!«

Der Schwächere wird hin und wieder, oftmals völlig grundlos, auf den Rücken gelegt und muss sich »ergeben«. Auch dabei gilt: »Halt ruhig oder ich stell dich auf ewig ruhig!« Beim gemeinsamen Lagern legt sich immer der Ranghöhere auf den Rangniedrigeren - selbst wenn das für diesen völlig unbequem ist -, nie umgekehrt. Auch nicht teilweise.

Zu schnelles Umkippen in die Liegelage kann geradezu einen Beißreflex beim Hund auslösen. Stürzt ein Hund beim Spiel mehrerer Tiere, kann man beobachten, dass sich seine Spielkameraden ernsthaft wütend beißend auf ihn stürzen. Hinfallen bedeutet, kurzzeitig Schwäche zu zeigen. Man befindet sich in einem vorübergehend wehrlosen Zustand. Dies wird im Rudel schamlos ausgenützt, um die eigene Stellung zu verbessern.

Rammeln ist nicht in jedem Falle versuchter Verkehr. Ein Rüde, der auf einem männlichen Artgenossen sitzt, ist nicht immer sexuell verwirrt, sondern zeigt mit dieser Aktion dem unter ihm liegenden Tier lediglich, dass er in der Rangordnung über ihm steht. Dies entspricht dem Stinkefinger beim Menschen, der ebenfalls zum

Ausdruck bringen soll, wer immer du bist, ich dürfte dich ungestraft rammeln, weil ich rangordnungsmäßig ja meilenweit über dir stehe.

Eine Menge scheinbar unwichtiger Verhaltensweisen entpuppen sich als wichtige Faktoren zur Regelung des Zusammenlebens. Übergehen Sie diese Details in arroganter Manier, können Sie sich viele Möglichkeiten gewaltloser Erziehung verbauen. Der ebenso unbewusste wie ungewollte Einsatz solcher sinntragender Signale entfremdet Mensch und Hund. Berücksichtigen Sie wenigstens einige Aspekte, erkennt das Tier ihm vertraute Verhaltensweisen und Sie können es ohne Zwang und Härte auf sich fixieren.

Da ich meinem Hund Freund sein möchte, starre ich ihm deshalb nicht grundlos in die Augen. Andererseits kann dies signalisieren, dass man sich für so erhaben hält, dass man solches »Kräftemessen« gar nicht nötig hat.

Wenn Sie bei solch einem Blickduell den Blickkontakt erwidern und warten, bis der Hund wegsieht - er wird demonstrativ den Kopf abwenden, aber alsbald nachsehen, ob Sie ihn immer noch anstarren - und beim zweiten Kontakt, wenige Sekunden später, selbst als Erster den Blick abwenden, haben Sie ihm eine gewisse Gleichstellung signalisiert. Jeder hat beim Duell einen Rückzieher gemacht. Keiner ist momentan auf Tyrannei scharf.

Ebenso habe ich keine Hemmungen, mich zu »ergeben«. Sollte Ihnen das Spiel mit einem großen Hund einmal entgleiten und zu stürmisch werden, rollen Sie sich einfach auf den Rücken und strecken alle Viere von sich - dies funktioniert auch beim Menschen. Der Hund mag Sie noch ein paar Mal harmlos in den Bauch zwicken und sich danach auffordernd, endlich wieder etwas zu tun, neben Sie stellen. Da Ihr Ergebungs-Verhalten im Spiel erfolgte, wirkt es zwar aggressionshemmend, dreht aber nicht gleich die Rangordnung um.

Fremde Hunde vergewaltige ich nicht sofort zu einem engen Kontakt. Tiere bleiben trotz aller gezeigter Freundschaft oft eine geraume Zeit auf Distanz und nähern sich nur sehr zaghaft und scheu. Legt sich der Hund bei Pausen fünf Meter von mir entfernt ins Gras, heißt das nicht, dass er mich nicht mag.

Wenn er sich zwar unmittelbar neben mich setzt, aber nie den Kopf oder eine Pfote in meinen Schoß oder über meine Beine legt, ist dies keine Ablehnung, sondern Respekt. Es legt sich auch im Kontakt zum Menschen nicht der Rangniedrigere auf den Ranghöheren. Tut der Hund dies nach längerer Zeit des Zusammenseins doch, hat er mich endlich als gleichgestellten Freund akzeptiert - oder allen Respekt vor mir verloren ...

Das Tier im Genick zu packen, zu würgen und zu schütteln mag im jungen Alter sinnbehaftet sein (Das Schütteln an sich entstammt zudem nicht dem wölfischen Verhalten. Nur die Beute wird zum Töten, nicht jedoch der Artgenossen zur Strafe geschüttelt). Jeder mir bekannte Hund genießt ein grobes Zulangen im Bereich der Nackenmuskulatur jedoch als willkommenen, entspannenden Akt. Eine Berührung in grober Form an dieser Stelle ist also keineswegs naturgegeben als »strafend« vorbelastet.

Ein Körperkontakt, versuchte Streicheleinheiten an den falschen Stellen, mit denen man dem Tier unbeabsichtigt angeboren-sinnbehaftete Absichten vermittelt, können zum leise vor sich hinschwelenden Konfliktpunkt zwischen Mensch und Tier werden. Durch Streicheleinheiten im Brustbereich macht man dem Rüden ein Aufspringen schmackhaft, wobei ihm aber andererseits gleichzeitig eine angeborene Hemmschwelle meldet, dass man ein ranghöheres Wesen eigentlich nicht ungestraft bespringen darf. Wie soll er nun, gefangen zwischen diesen beiden hochmotivierten Antrieben, entscheiden?

Ein Kratzen im Lendenbereich der Wirbelsäule mag der Hund seinerseits als ein ihm in Kürze bevorstehendes Besprungen-Werden verstehen. Dem Rüden ist eine Komponente angeboren, die ihm kurz vor dem Aufspringen von der Seite am Rücken der Hündin knabbern lässt. Unbedacht praktiziert, mag solch vermeintliches »Knabbern« von Menschenhand eine Hündin doch etwas verwirren. Ein Rüde möchte sich solche Anmache eigentlich schon gar nicht so recht gefallen lassen, hat sich aber laut Programmierung dem Herrscher unterzuordnen. So steckt er schon wieder in einem Konflikt fest, dass er diese Aktion eigentlich abwehren möchte, Aktionen von Herrscherseite aber generell nicht abwehren darf.

Provoziert man solche Situationen erst gar nicht, stellt man das Tier nicht vor unnötige Zerreißproben.

Rasch erkannte ich, wie leicht man einen Hund beim Spiel, bei Rangeleien oder wenn er auf einen Artgenossen losgehen möchte beruhigen kann, wenn man ihm rechtzeitig mit der Hand seitlich am Unterkiefer bis zum Hals hinunter entlang streicht. Der Erfolg war reproduzierbar. Ich glaubte schon, einen brauchbaren, neuen Handgriff entdeckt zu haben. Die wenigen Hunde, bei denen ich diese Beruhigungsfunktion überstrapazierte, wurden jedoch im Umgang mit mir zusehends dominanter. Ein vermuteter Zusammenhang klärte sich rasch auf, als ich diese Geste, wenn ich mit zwei oder mehr Tieren unterwegs war, auch bei den Hunden untereinander entdeckte. Dient dieses Lippenlecken doch offenbar der Beschwichtigung eines überlegenen Tieres, wenn der Untergebene sich bewusst ist, dass er im Umgang mit dem Ranghöheren zu weit gegangen ist. Damit versucht er, Strafaktionen des Stärkeren zu vermeiden, vergleichbar mit einem freiwilligen Sich-auf-den-Rücken-Rollen.

Sende ich als Mensch meinem Hund permanent solche Unterwürfigkeitsgesten, ist es nicht verwunderlich, dass er im Laufe von Wochen und Monaten jeden Respekt vor mir verliert und mich als beherrschbaren Kriecher einstuft.

Läuft es wirklich dumm, kann man mit für den Menschen bedeutungslosen Handlungen Funktionskreise des Hundes tangieren und ungewollt überraschende Resultate provozieren, sich durch diese Unwissenheit womöglich selbst das Wasser des Herrschenden abgraben. Kennt man sie, kann man sie sehr effektiv zur Durchsetzung eigener Vorstellungen heranziehen.

Der kommunikative Charakter simpler Streicheleien

Was für den Menschen allein Ausdruck von Zuneigung dem Tier gegenüber oder schlichtweg eigener Genuss ist, beinhaltet für den Hund ein breites Spektrum an

Informationen, die ihm der Mensch meist unbeabsichtigt und unkoordiniert mittels seiner Streicheleinheiten zukommen lässt.

Streicheln vermittelt dem Hund sozial orientierten Körperkontakt und ist damit überraschend vielschichtig signalbehaftet. Im simplen Streicheln mit der flachen Hand an Rücken, Bauch und Flanken, sieht der Hund hauptsächlich gegenseitige Körperpflege. Man gehört zusammen. Man wischt sich gegenseitig Parasiten, Schmutz und lose Haare vom Körper. Gleiches gilt für ein kräftiges Zulangen in Muskulatur und Sehnen an Läufen und Genick: Man vermittelt dem Hund ein entspannendes Gefühl, drückt damit zweckfrei Zusammengehörigkeit aus. Wobei ein Zupacken im Genick bereits wieder so signalbehaftet sein mag, dass sich der Hund in einer entspannten Situation der Gemeinsamkeit solche Handlungen genüsslich gefallen lässt, ihnen aber in einer Situation »schlechten Gewissens« auszuweichen, in einer aggressiven Auseinandersetzung sie gar abwehrend mit Zuschnappen beantworten mag.

Durch den Körperkontakt über das Streicheln kann man die gesamte Beziehung zum Tier langfristig auf unterschiedliche Niveaus verschieben. Ständiges, ausschließlich »lasches Kraulen« signalisiert wertfreie Zusammengehörigkeit, Kratzen an juckenden Stellen verdeutlicht Hilfsbereitschaft und gegenseitige Aufmerksamkeit für die Probleme des anderen. Härteres Massieren führt in den kumpelhaften, ruppigen aber auch spielerischen Umgang. Ein Kraulen, das jedesmal immer mehr in ein Kratzen (»Knabbern«) Richtung Schwanzwurzel wandert, sich ständig an den Flanken entlang zu den Hinterläufen des Hundes tastet, mag dem Menschen unverfänglich erscheinen, signalisiert dem Hund jedoch sexuelles Interesse. Dies mag die Hündin als verklausulierte Frage »Darf ich mal kurz aufsteigen?« mit allen daraus resultierenden (Gegen-)Maßnahmen des Tieres verstehen. Es signalisiert dem Rüden einerseits »Ich besteige dich gleich!« - was er sich nicht gefallen lassen wird. Kann ihm anderseits aber auch Aufforderung sein, selbst mal ein Besteigen des Streichlers wagen zu dürfen. Selbst wenn man solche Versuche in der Folge rigoros abwehrt, ist damit das Interesse des Hundes geweckt, die ganze Beziehung in den Augen des Hundes durch den unbedachten Menschen ungewollt »auf die Möglichkeit zum Sex« verschoben worden. Schließlich vermittelt man durch diese für den Menschen unverfänglich erscheinenden Aktionen dem Hund ständig animierende Handlungen aus dem Bereich des Paarungsvorspiels.

Andererseits werden für den Menschen eindeutig sexuell erscheinende Handlungen vom Tier teils durchaus zugelassen, weil sie in der Weltsicht des Tieres aus anderen Funktionskreisen entstammen. Die Anal- und Genitalkontrolle dient unter Artgenossen der gegenseitigen Erkundung und Erkennung. Ein Hund wird sich einer ähnlichen »Kontrolle« durch den Menschen nicht entziehen, stehen bleiben und sogar »zwecks besserer Erreichbarkeit« die Hinterläufe spreizen. Er wird den Kontakt aber vehement abbrechen, wenn diese Erkundung eindeutig in versuchten Verkehr übergeht.

Dabei offenbaren sich einmal mehr gravierende Unterschiede in der Beurteilung scheinbar eindeutiger Handlungen durch die unterschiedlichen Wesen Hund und Mensch. Unterschiede, über die man möglicherweise ungewollt stolpern mag, die die gesamte Beziehung gefährden können. Man sollte nicht gleich jedem Hund bei der Begrüßung zwischen die Hinterläufe greifen, um hundekonformes Verhalten zu signalisieren. Hierbei wäre wohl der Konflikt mit den Mitmenschen vorprogrammiert. Doch das Wissen um solche Details vertieft das Verständnis so mancher teils scheinbar unverständlicher Reaktion des Hundes, ebenso wie man damit gegebenenfalls ebenso gezielt lenkende Akzente setzen kann.

Da man nicht allumfassend über alle kritischen Handlungen an kritischen Körperpartien, über alle hündischen Verhaltensweisen, die hauptsächlich kommunikativen Charakter besitzen, informiert sein kann, ist es günstig, nicht alle vom Menschen unverstandenen, in bestimmten Situationen aber wiederholbaren Reaktionen des Tieres pauschal mit Gewalt zu unterbinden. Man rührte vielleicht unbeabsichtigt an irgendwelchen Programmierungen. Soweit die daraus resultierenden Reaktionen des Hundes das Zusammenleben nicht akut behindern, sollte man sie ihm belassen. Man kann versuchen, durch Beobachtung die Hintergründe zu erschließen.

Respektiert man wenigstens einzelne Teile dieses Verhaltens-Kodexes, erwidert man ihn sogar in Teilbereichen in gleicher Form, nähert man sich dem Hund als ein ihm vertrautes Wesen an. Die falsche Verwendung solcher Verhaltensweisen, etwa das völlig spontane Umfassen der Hundenase, das in den eigenen Schoß Zwingen des Hundes, grundlose Blickduelle mit dem Tier, stiftet Verwirrung und schafft Entfremdung.

IN DER KÜRZE LIEGT DIE WÜRZE

Meinungsverschiedenheiten werden unter Hunden sehr kurzfristig ausgefochten und ohne nachtragende Verschleppungen punktuell ausgetragen. Der Hund lässt sich nicht von einer Beißerei »den ganzen Nachmittag versauen«.

Zwei Hunde, die eben noch böse miteinander rauften, können schon Minuten später zusammen über die Wiese tollen. Die Hündin, die den aufsässigen Rüden zum wiederholten Male weggebissen hat, mag schon im nächsten Augenblick zusammen mit ihm in die Felder sausen. Der Futterräuber wird böse verjagt, was die Tiere nicht daran hindert, Augenblicke später zusammen zu spielen.

Hunde sind nicht nachtragend und verstehen den Sinn nachtragenden Strafverhaltens nicht. Sollte Ihr Begleiter Sie einmal enttäuscht und sich einem strikten Befehl widersetzt haben, strafen in einer guten Beziehung bereits böse Blicke. Weitaus wirkungsvoller als den Hund zu schlagen ist es, ihn kurze Zeit - nicht stunden- oder tagelang! - zu ignorieren. Wenn er dann von sich aus herkommt, um sich quasi bei Ihnen zu entschuldigen und Sie immer noch abweisend reagieren, ist das die Hölle für ihn. Das bleibt haften.

Gehen Sie aber schon Minuten später von sich aus wieder auf das Tier zu. Loben Sie es grundlos. Dies ist Signal dafür, das alles wieder in Ordnung, die kurze Meinungsverschiedenheit ausgestanden ist. Das mindert nicht Ihre Autorität. Jedoch sehen Hunde keinen direkten Zusammenhang zwischen einer »Untat«, die sie vielleicht als solche noch begreifen und einer stundenlangen, ablehnenden Haltung des

Halters. Dies wird nicht mehr als Strafe angesehen. Der Hund betrachtet solches Verhalten vielmehr als »die neuen, von nun an gültigen Umgangsformen«.

FESTE HANDLUNGSSEQUENZEN DIENEN DER INFORMATION

Handlungsbögen laufen meist nach einem festen Schema ab. Die einzelnen Abschnitte können bei verschiedenen Tieren aber derart unterschiedlich stark ausgeprägt und zeitlich gestaucht sein, dass sie beinahe als unterschlagen erscheinen.

Bei manchen Hunden liegt in bestimmten Situationen zwischen dem Beginn eines warnenden Knurrens, dem Zähnefletschen und Kräuseln der Nase und dem letztendlichen Zubeißen kaum eine Sekunde. Aber das Tier ist nicht hinterhältig. Es hat alle Regeln der Warnung, wenn auch sehr gerafft, eingehalten.

Diese Aktionssequenzen dienen der Information. Der Hund weiß, bei abwehrender Reaktion zeigt ihm der Artgenosse seine Ablehnung zunächst durch Knurren an. Zeigt er allerdings schon Zähne und eine bis in die letzte Muskelfaser verzerrte Drohfratze, informiert dies den Widerpart »Wir sind schon einen Schritt weiter, aber noch hast du die Chance, dich zu verziehen!«.

Das Tier entwickelt im Laufe seines Lebens zusätzlich ganz individuelle Handlungsbögen, nach denen eine Begrüßung, ein Betteln ausgedrückt und mittels dieses Ausdruckes auch quantisiert wird. Dabei entstehen neue Handlungsfolgen, die immer in einem einmal festgelegten Schema abzulaufen haben, sonst ist das Ritual nicht beendet. Bei manchen Sequenzen ist es kaum mehr nachvollziehbar, wie sie überhaupt entstanden sind.

Eine Hündin wickelt sich zur Begrüßung in unnachahmlicher, aber immer gleicher Manier in meinen Rollstuhl. Streckt im Wechsel dazu laut pfeifend den Kopf in die Höhe, damit ich ihr die Kehle kraule, wirft sich in immer gleicher Manier quer über meinen Schoß. Reagiere ich nicht genauso starr und verlässlich mit immer den gleichen Gegenaktionen, »ist irgendwas nicht in Ordnung«. Das Tier erscheint deutlich verunsichert, man kann noch gar nicht losziehen, da die Begrüßung noch nicht abgeschlossen ist.

Ebenso starr wie eindeutig zeigte mir ein Schäferhund, bei der abendlichen Abgabe bei Herrchen Zuhause, was er von meiner Idee »dort hineinzugehen« hielt: Trotz gutmütigstem Wesen und umfangreicher, unaufgeforderter Unterordnungsbereitschaft zu mir, verweigerte er den Zutritt in das eigene Haus, indem er immer mit der gleichen Mimik an den gleichen Stellen über die gleichen Stufen etwa gleichweit an der betreffenden Türe vorbeiging. Alles Verhalten unterstrichen von einer »Ich weiß schon, dass dies eigentlich nicht richtig ist«-Unterwürfigkeits-Mimik und der gesamten Haltung.

Beim Menschen findet der Hund ebenfalls viele dieser festen, informativen Sequenzen vor. Der Aufbruch von Zuhause wird immer nach einem etwa gleichen Schema ablaufen, wenn diese Routine beim Menschen auch durch handfestere Aspekte, denn als Ausdruck reiner Information, motiviert sein mag: Man zieht für Draußen eben festeres Schuhwerk an, packt in einen Rucksack etwas zu Essen und Trinken ein, streift sich den Kittel über, steckt die Schlüssel ein. Diese Handlungssequenzen sind für den Hund erkennbar informationstragend und erlauben ihm »ein wenig in die Zukunft zu sehen« (Jetzt geht's bald raus!). Dies funktioniert nach einiger Zeit ebenso zuverlässig, als hätten sie einem Mitmenschen verbal mitgeteilt »Du, in zehn Minuten machen wir einen Ausflug!«

Bewusst gestartete Sequenzen schlüssigen Handelns können Absichten ausdrücken und das Zusammenleben unterstützend vereinfachen.

Bei der Hündin aus obig beschriebenem Begrüßungsritual habe ich Probleme, ihr klarzumachen, dass sie nach einem Ausflug Zuhause bleiben soll. Sie würde viel lieber mit zu mir nach Hause kommen. Einerseits sind die eigenen Leute, die sie mittels autoritärer Gewalt (Verbalien) an den Hof fesseln und von einem Mitgehen zu mir abhalten, oftmals nicht anwesend. Andererseits kann ich sie mangels einer Kette nicht einfach irgendwo festbinden (mechanische Gewalt).

Deshalb muss ich ihr durch ein minutenlanges Hin und Her zwischen Hof und Einfahrt klarmachen, was ich von ihr erwarte. Sie trabt zusammen mit mir Richtung Hof, ich halte irgendwann an, sie sieht zu mir zurück, ich wende den Blick demonstrativ ab, womit ich ausdrücke »Ich will nix mehr mit dir zu tun haben; bleib daheim!«

Drehe ich nun um und versuche mich zu entfernen, kommt sie wieder angetrabt und schließt sich mir an. Ich halte an und drehe wieder einige Meter in Richtung Hof um. Dies musste ich in der Anfangszeit - und auch heute noch, wenn Herrchen bei ihr in den letzten Tagen wieder einmal »hart zugelangt hat« und sie alles machen würde, nur um nicht nach Hause zu müssen - zehnmal oder öfter wiederholen, bis sie schließlich an der Hausecke stehen bleibt und mir zusieht, wie ich mit abgewandtem Blick heimfahre. Ein Zurücksehen und ein leichtes Nicken mit dem Kopf reicht dabei aus, um sie über hundert Meter hinweg wieder zum Mitkommen »einzuladen«.

Manchmal genügte, weil ich mit meinem Verhalten unnachgiebige Härte, wenn auch der sanftesten Form demonstriert habe, schon ein einmaliges Hin und Her, um sie zum Bleiben zu bewegen.

Und was soll bitteschön der Nutzen etwa dieses ganz speziellen Aufstandes sein? mögen Sie fragen. Nun, man trennt sich - ein in diesem Falle dem Hund nicht verständlicher Akt - mittels Einsicht auf der Seite des Hundes und nicht durch das Ausspielen von Autorität (»Sitz! Und bleib sitzen bis ich weg bin!«) oder Gewalt (mittels Anketten, wobei der Hund oftmals winselnd und jaulend zurückbleibt). Damit mache ich dem Hund eine Negativerfahrung mittels einer eindeutigen Handlungssequenz einsichtig und zwinge sie ihm nicht lediglich auf. Würde er die Sinnlosigkeit eines erneuten sich-Anschließens nicht begriffen haben, käme er ja umgehend wieder angerannt, wenn ich mich zu entfernen versuche.

Mit dem Hund verständlichen Aktionen, durch feste Handlungssequenzen und gerichtete Bewegungen, untermalt mit unmissverständlicher (Blick-) Kommunikation, habe ich, ohne das Tier erst die Bedeutung typisch menschlicher Kommandos lehren zu müssen, es mit Komponenten aus seinem eigenen Verhaltensrepertoire zielgerichtet gelenkt.

SITUATIONSBEDINGTE VERSCHIEBUNGEN

Situations- wie stimmungsabhängig können ein und dieselben Gesten und Handlungen allein aufgrund der Erwartungshaltung des Tieres sehr entgegengesetzte Reaktionen auslösen.

Im »Spiel-und-Streichel-Modus« lässt sich der Hund etwa einen schnellen Griff in den Nacken gefallen. Befindet man sich jedoch in einer leichten Auseinandersetzungssituation, mag dieselbe Handlung ein Ducken oder gar knurrendes Zähnefletschen auslösen.

In einer Situation geselligen Beisammenseins wird der Griff an die Lefzen, wenn man diese hochzieht und die Zähne des Hundes entblößt, als inspizierendes Spiel unkommentiert über die Bühne gehen. Befindet sich das Tier aber gerade in einer Abwehr- oder gar schon in einer Drohhaltung, mag jede tastende Bewegung in Richtung seiner Nase mit massivem Abwehrverhalten kommentiert werden.

Im täglichen Umgang ist es sehr wichtig, sich über die aktuelle Stimmungslage des Tieres, ebenso wie über die momentane soziale Interaktion im Klaren zu sein. Nur so wird man auffälliges Verhalten nicht missinterpretieren und kann in zielführender Weise reagieren.

Situationsabhängig ist auch das, was sich ein Tier einem Artgenossen gegenüber erlauben darf. Wird die rangniedrigere Hündin von einem Rüden gierig beschnuffelt, darf sie dies zähnefletschend fauchend abwehren. Der Aufdringling wird ohne Gegenaggression zurückweichen. Brechen aber Augenblicke später zwischen diesen beiden Tieren Eifersuchtsszenen, die mich zum Mittelpunkt haben aus, spielt der Rüde seinen höheren Rang und seine größeren Kräfte der Hündin gegenüber rigoros böse aus. Antwortet auf ihr Drohverhalten mit noch heftigerer Aggression, wird sich durchsetzen, sie zurückweisen und sich siegesbewusst von mir kraulen lassen. Während die kleinere Hündin, die ihn zuvor noch ebenso sicher abwehren durfte, zitternd und traurig meinen Fummeleien an ihrem Erzfeind zusehen muss.

Bei sexueller Anmache hat die Hündin das Verteidigungsrecht, auch wenn sie in allen anderen Belangen relativ »rechtlos« sein mag. Dort siegt dann der höher Motivierte, der Stärkere oder das Tier, dem man aufgrund seines höheren Ranges im Hinblick auf die eigene Unversehrtheit den Sieg »freiwillig« zukommen lässt.

Ich versuche solche Rechte, so ich sie denn erkennen konnte, als »menschlicher Hund« ebenfalls zu achten. Soll mich die Hündin doch abwehren, wenn sie in meiner Massage der Lendenwirbelsäule sexuelle Anmache zu erkennen glaubt. Ziehe ich mich daraufhin zurück, kratzt dies nicht meinen Rang im Zusammenleben an, sondern zeigt dem Tier vielmehr, dass ich seine Umgangsformen beherrsche und berücksichtige, dass ich es respektiere und nicht widernatürlich beanspruche.

NICHT ELTER, ABER ÄLTER

Einen großen »Heimvorteil« kann der Mensch verbuchen, da er dem jungen Hund zwar nicht Mutter ist, aber in jedem Falle erfahrener, größer und älter erscheint. Dies gilt ebenso für einen Kontakt zu einem erwachsenen Hund. Allein, dass der Hund in eine für ihn neue, bereits vorhandene Gruppe integriert wird, provoziert erst einmal ein Unterordnungsverhalten. Bis das Tier sich orientiert hat und zeitgleich beginnt, eigene Ideen in den Verband einzubringen. Einem deutlich erkennbar erfahrenerem Wesen ordnet sich das Tier bereitwillig unter - bis es konkrete eigene Erfahrungen aus der Beziehung extrahieren konnte und den Menschen möglicherweise schon bald als »doch recht doof« oder als unbrauchbaren Schläger einordnen kann.

Die ursprünglich nur rudimentär vorhandene Vorbildfunktion wird dem Tier in jeder Minute des Zusammenseins bestätigt: Herrchen hat keine Angst vor den schnellen, lauten Autos. Eine Angst, die, wie der Hund alsbald gelernt haben wird, gar nicht nötig ist: Die Autos beißen nicht und wollen sich gar nicht mit dem Hund anlegen, sofern man sich als Hund seinerseits nicht mit ihnen anzulegen versucht.

Herrchen zeigt, indem es selbst keine Angstsignale sendet, dass man sich nicht vor Hubschraubern und Düsenjets fürchten muss. Der Hund wird daran die Harmlosigkeit dieser »Umweltfaktoren« erkennen. Er wird anhand dieser Szenarien lernen, dem Menschen, dem er anfangs nur einen Vertrauensvorschuss gab, aus Überzeugung zu vertrauen. Wird sich dem Wesen, das ja so viel mehr weiß und so viel erfahrener ist, endgültig und bereitwillig unterordnen.

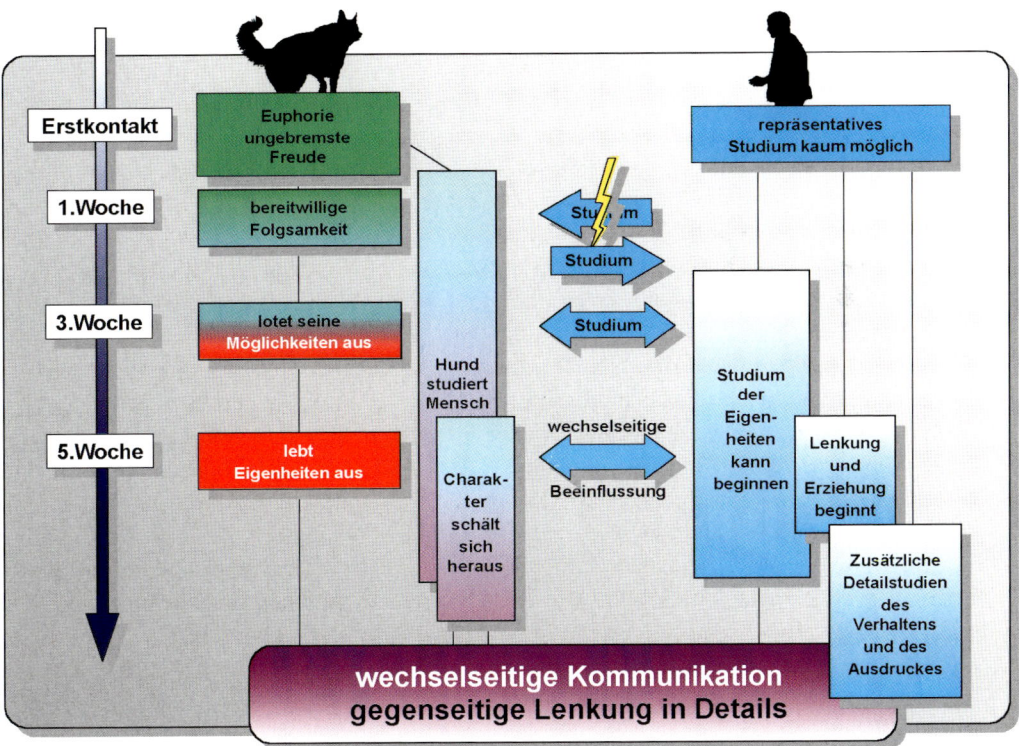

Wechselseitige Interaktion im zeitlichen Verlauf.

Dies geschieht ohne Ihr Zutun im Zusammenleben, bei gemeinsamen Ausflügen. Allein aufgrund Ihres Wissens um die für den Hund bedrohlich erscheinenden Umwelterscheinungen. Dies sichert eine Vertrauens- und Rangordnungsgrundlage, auf der Sie eine weitere, dann bewusst gesteuerte Lenkung des Tieres aufbauen können.

INDIVIDUALITÄT - DAS EIGENE TIER KENNEN

Nach einiger Zeit des Zusammenlebens, nach einigen Ausflügen, wenn die erste Euphorie ebenso wie Verunsicherung und Vorbehalte gegenüber dem neuem Partner auf Seiten des Tieres abgebaut sind, schält sich langsam sein wahres Wesen heraus.

Zu diesem Zeitpunkt hat das Tier eine gewisse Routine im Umgang mit Ihnen entwickelt und wiederkehrende Gleichförmigkeiten in Ihrem Handeln entdeckt. Jetzt versucht der Hund, je nach Charakter mehr oder weniger intensiv, seine eigene Stellung zu sichern und zu verbessern. Er kann Sie besser einschätzen als beim Erstkontakt und traut sich in der Folge immer ausgeprägter, eigene Vorstellungen im Umgang mit Ihnen zu testen und gegebenenfalls auszuleben.

Ab diesem Augenblick beginnt die Zeit, in der man beginnen muss das Tier individuell angepasst zu beeinflussen. Jetzt ist das vorbereitende Friede-Freude-Eierkuchen-Zusammensein beendet und man sollte damit beginnen, unbrauchbare Komponenten im Wesen des Hundes zu bearbeiten. Die Individualität des Tieres als Ganzes nicht zerstören, aber doch gezielt punktuell korrigieren.

Spätestens jetzt muss das intensive Studieren des Tieres beginnen und jetzt erst kann man dadurch auch zu brauchbaren Aussagen über das Wesen des Hundes gelangen. Bis dahin stand einem, der in dieser Hinsicht sehr offene Charakter des Hundes, die Bereitschaft, es mit dem Menschen erst einmal auf neutraler Basis »zu probieren«, dem Studium des wahren Charakters im Wege.

Für den zwanglosen Umgang ist es wichtig, die Grundeinstellung des Tieres zu kennen. Trifft man unterwegs einen anderen Hund, lässt die Tiere eine Zeit lang zusammen spielen und möchte dann aufbrechen, dann beordern Sie Ihren Hund nicht sofort akustisch zu sich her oder leinen ihn gar an, sondern gehen Sie einfach weiter. Nutzen Sie einmal nur Blickkontaktspielchen und Gesten einer auffordernden Körpersprache, zielgerichtete Bewegungen, die dem Hund Ihre Absicht unmissverständlich zeigen. Nur wenn Sie keine zwingende Autorität herauskehren, können Sie feststellen, ob in den Augen des Tieres das Spiel mit dem Artgenossen oder die gute Beziehung zu Ihnen wichtiger ist.

Ein ohne weitere Aufforderung erfolgendes, selbstständiges Aufschließen zu Ihnen signalisiert, dass sich der Hund die Sache mit Ihnen nicht verderben möchte. Solche und ähnliche Tests zeigen Ihnen Ihre eigene momentane Stellung im Weltbild des Tieres. Sie geben Rückschlüsse darauf, in welche Richtung Sie erzieherisch arbeiten müssen:

Sind Sie für Ihren Hund seiner Ansicht nach nur einschränkender Störfaktor, den man bereitwillig vergisst und stehen lässt - in diesem Beispiel würde der Hund einfach weiterspielen und Sie ziehen lassen -, solange er nicht allzu störend eingreift, dann sollten Sie dem Tier Ihre Fähigkeiten beweisen. Sie sollten es Zuneigung spüren lassen, den einfallsreichen Animateur spielen, damit der Hund erkennt, die interessantesten Dinge bekommt er von Ihnen gezeigt, die rasantesten Spiele spielt man mit Herrchen, die schönsten Ausflüge erlebt man zusammen mit Ihnen - sofern man wenigstens in akustischer Reichweite bleibt und den Menschen durch eigenwilliges Verhalten nicht allzu arg verärgert. Diese Information geht mir völlig verloren, wenn ich den Hund, sobald er sich mir anschließen soll, in jeder Situation mit immer dem gleich lauten, scharfen »Komm« niederbelle.

Es gibt sicher eine ganze Menge rassetypischer Charakterunterschiede. Selbst ein nicht abgerichteter Schäferhund schlägt meist bereitwilliger an als ein unter gleichen Bedingungen gehaltener Bernhardiner. Doch auch rasseintern kann man bei den einzelnen Tieren starke Unterschiede erleben, sodass manche »ungebildeten« Hunde von sich aus Schutz- und Wachhundefunktionen offenbaren. Dagegen der nächste, rassegleiche Hund unter gleichen Bedingungen der Haltung, bei den gleichen Personen seinen Verstand allein darauf ansetzt, ausgeklügelte Fluchtstrategien zu entwickeln, mittels derer er die Welt selbstständig, ohne bremsende menschliche Begleitung erkunden kann.

Egal was man von Züchter oder Vorgängerhalter versprochen bekommt, muss man das Tier erst selbst genau studieren, bevor eine gezielte Lenkung eine grobklotzige Pauschalerziehung ersetzen kann.

Ebenso ist eine Kenntnis der Individualität des eigenen Tieres für den täglichen Umgang wichtig. Manche Hunde verweigern - entweder aufgrund eines ängstlichen Grundcharakters, oder weil sie es schlichtweg nicht kennen - beispielsweise den Einstieg in einen Zug, den Bus oder Pkw. Diese Dinge sind viel zu groß und zu laut, um sympathisch zu sein. Vielleicht bekommen Sie das Tier bei der Abfahrt noch in das Zugabteil hinein, müssen jedoch bei geplanter Rückreise hundert Kilometer von Zuhause entfernt feststellen, dass Sie es nicht mehr zum Einsteigen bewegen können. Ein Schäferhund mag sich so vehement wehren, dass Sie ihn selbst unter Zwangsmaßnahmen nicht »überreden« können.

Kann man im Verhalten und in der Mimik des Hundes lesen, zeigt er etwa bei einer Zugfahrt permanent sein Stressgesicht, kauert niedergesunken am Boden, sollte man beim nächsten Mal darauf gefasst sein, dass man möglicherweise von massiven Problemen erwartet wird. Hier kann man sich mit der Kenntnis um den Charakter des eigenen Hundes manch unangenehme Überraschung ersparen.

Gerade ansonsten »pflegeleichte« und ausflugsbegeisterte Landhunde sind oftmals sehr technikscheu. Den täglichen Traktor verdauen sie noch, aber der wie bei einem Erdbeben schwankende Boden in motorisierten Verkehrsmitteln und Aufzügen ist einfach zu viel des Guten.

Den neuen, möglicherweise noch jungen Hund werden Sie in der Anfangszeit speziell auf die in Ihrem Leben auftretenden zivilisatorischen Eskapaden eingewöhnen müssen. Je besser man dazu das Tier kennt, desto früher und gezielter kann man auf seine Ängste und Eigenheiten reagieren. Je mehr das Tier zudem Ihnen bereits vertraut, desto eher kann es seine Vorbehalte überwinden. Wenn Sie selbstsicheres Vorbild sind und den Hund durch gutes Zureden zum Mitkommen auffordern, mag der fahrstuhlscheue Hund diese magenhebende, menschliche Errungenschaft eher benutzen, als zusammen mit einem Menschen, den das Tier zwar kennt, zu dem aber keine engere Beziehung, bestenfalls eine Angst-Beziehung besteht. »Wenn mein Herrchen, dem mein ganzes Vertrauen gilt, das macht, mag dieses blöde Spiel zwar unangenehm sein, aber vielleicht doch nicht schmerzhafte oder gar tödliche Auswirkungen zeitigen.«

Greifen Sie auch in scheinbar klaren klassischen Situationen erst dann regulierend ein, nachdem Sie das Tier einige Male unbeeinflusst agieren ließen und Sie unverfälscht beobachten konnten, was es eigentlich mit seinem scheinbar störenden Verhalten überhaupt bezweckt.

Der Hund schlägt an, sobald es an der Türe schellt. Anstatt ihn gleich präventiv wegzusperren, wäre es sinnvoller ihn zunächst gewähren zu lassen. Viele Hunde sind völlig zufrieden, wenn sie den Besuch kurz begutachten können. Sie ziehen sich danach unaufgefordert, wenn auch beobachtend in ihre Ecke zurück. Hier hätten Sie mit unwissendem, vorbeugendem Eingreifen lediglich ein Feindbild aufgebaut, weiteres Gebell provoziert, sich selbst zu Gegenmaßnahmen größeren Umfanges gezwungen.

Warum fängt mich der vorbildlich heimattreue Hofhund immer an einem Parkplatz Dutzende Meter von Zuhause entfernt ab? Hätte ich die Sache nicht zu ergründen versucht und ihn jedesmal, wie dies der anständige Mensch tut, umgehend nach Hause zurückgebracht - schließlich möchte er sich damit ja nur einen illegalen Ausflug ergaunern! - so hätte ich nie erkannt, dass er an solchen Ausflügen mit mir gar nicht interessiert ist, sogar selbstständig zurückbleibt, wenn ich ihm einen solchen anbiete. Er möchte lediglich - warum auch immer - seine Streicheleinheiten lieber in einiger Entfernung von Zuhause kassieren.

Nur wenn ich den Streuner, der sich mir anschließt nicht befehlstechnisch oder mittels Leine an mich binde, kann ich ergründen, ob er sich verlaufen hat, ob er sich auf einem Standard-Rundgang befindet oder ob er wirklich auf der Flucht ist und mit jedem Menschen überallhin mitgehen würde, solange es nur nicht Richtung »Heimat« geht.

Individuelle Eigenheiten, die den Umgang eigentlich nicht grundlegend beeinträchtigen, belasse ich den Tieren. Ich kenne eine Landhündin, die ist eine so piekfeine Dame, die betritt Pfützen wirklich nur dann, wenn es sich überhaupt nicht umgehen lässt. Sie macht, obwohl sie dadurch manchmal Probleme bekommt, wieder zu mir aufzuschließen, lieber große Umwege in die Felder, als den direkten Wege durch matschigen Untergrund zu wählen - und dies, obwohl sie ein Leben als Hofhund in Gülle und Stall führt.

Welchen Nutzen brächte es uns beiden jedoch, ihr dieses Verhalten auszutrimmen, wo sie doch nie in ihrem Leben als Rettungshund Leichen aus dem Schlamm ziehen werden muss? Sollte ich mich hier wirklich einmischen, nur weil man dem Hund »Eigenheiten nicht durchgehen lassen darf«? Durch einen erzieherischen Eingriff in diesem Falle erführe sie lediglich unliebsame, weil beschränkende und sie in eine unerwünschte Richtung drängende Seiten von mir. Sie müsste Beschränkungen durch mich schlucken, deren Sinn sie sicher nicht nachvollziehen kann. Solche nicht nachvollziehbaren Impulse werden vom Tier nur bis zu einer gewissen Häufung toleriert, bevor es mehr und mehr beginnt, sich in irgendeiner Form in Verweigerungshaltung zu üben, weil das Maß »der uneinsehbaren Zumutungen« einfach voll ist.

Die Vorliebe, sich in frischen Kuhfladen zu wälzen, braucht man wirklich nicht zu tolerieren. Man sollte besagtes Toleranzpotenzial beim Hund im eigenen Interesse aber nicht bereits mit allzu vielen unnötigen Kleinigkeiten aufbrauchen. Womit man sich mehr Raum für andere, ebenfalls unverstandene, aber sinnvollere Beeinflussung frei hält.

Belassen Sie Ihrem Hund seine individuellen Eigenheiten, soweit dies die Situation erlaubt. Versuchen Sie aus seinem Verhalten heraus seine Motivationen und Beweggründe zu ergründen. Greifen Sie nicht sofort zügelnd ein. Nur dann kann sich Individualität äußern. Und Individualität kann ich nur erkennen, wenn ich in diese noch nicht eingegriffen habe. Angepasst regulierend eingreifen kann ich wiederum erst dann, wenn ich die Individualität kenne. Deshalb gilt: erst fragen, dann schießen. Erst studieren, dann mit diesen Studien als Grundlage in das Verhalten des Tieres eingreifen.

Zwingen Sie Ihrem Hund kein standardisiertes Erziehungskorsett auf, sondern schneidern Sie ihm einen exakt auf seinen Charakter und das Umfeld abgestimmten Maßanzug unter Berücksichtigung der grundsätzlichen Fragen: Was kann mein Hund? Was will mein Hund? Was will er, aber ich nicht? Und: Was will ich, aber er tut's nicht?

Geht man ohne Erwartungshaltung, ausschließlich am wirklichen Verhalten orientiert, an den neuen Hund heran, verhält man sich am objektivsten, sieht weitaus weniger die Stärken oder Schwächen, die man zu sehen erwartet und kann sich objektiver am wirklichen Wesen des Tieres orientieren. Man kann nicht generell sagen, ein Hund fürchte das Zugfahren, der Hund liebe das Schwimmen, der Hund renne gern. In jedem Falle gilt es, das eigene Tier zu studieren, um seine individuellen Vorlieben und Macken freizulegen und korrigierend behandeln oder doch wenigstens berücksichtigen zu können.

HÜNDIN KONTRA RÜDE

Hündinnen sind pauschal betrachtet anhänglicher, andererseits aber auch wieder liebesbedürftiger als ihre männlichen Artgenossen.

Sie neigen in ihrer Anhänglichkeit zum nahezu lästigen Ankleben. Sie mögen dem Halter wie eine Klette im Pelz hängen. Bei manchen Hündinnen habe ich den Eindruck, ihre artgerechte Haltung beginne erst ab etwa zwei Stunden pro Tag, die man mit ihnen zusammen auf dem Boden liegt und sie krault. Teils werden diese Biester regelrecht böse, wenn man es wagt, das Kraulen einzustellen, solange man ihnen noch nicht alle Haare von der Haut gestreichelt hat. Man lernt rasch, wie kompliziert das Leben für einen einarmigen Menschen ist, da man eine Hand ständig zum Streicheln benötigt.

Hündinnen nutzen eine gute Beziehung bereitwilliger zu übersteigerter körperlicher Nähe als ihre männlichen Artgenossen.

Rüden bleiben auch in einer Beziehung emotionaler Nähe räumlich etwas weiter auf Distanz. Er mag einer unterwegs zum Streicheln ausgestreckten Hand ausweichen. Er gewöhnt sich sehr bereitwillig an, alle Kommandos auf eine ihm eigene Weise nicht ganz zu befolgen. Beim ersten »Komm!« sieht er etwa demonstrativ weg, um dann aber bei Wiederholung des Befehles widerstandslos herzukommen. Dies tut er dann möglicherweise bewusst nie ganz bis in Herrchens Reichweite, sondern bleibt in einem Meter selbstgewähltem »Sicherheitsabstand« stehen.

Ein Miteinander der hier beschriebenen Art funktioniert mit beiden Geschlechtern. Die »Rebellion« beim Rüden »bekämpfe« ich nicht mit massiver Durchsetzung meines Willens, sondern mittels Tricks.

Um beim Beispiel »Komm« zu bleiben: Rufe ich den Hund zu mir und er kommt nicht beim ersten Mal, bekommt er den gewollten Stock oder den Zapfen eben nicht und ich wende mich ab. Warum das Spiel nicht weiterging, begreift er rasch, sofern er die Bedeutung des Kommandos kennt. Schon nach ein paar solcher nebenbei gehaltener Lektionen wird er beim nächsten Mal spontaner reagieren.

Kommt er nicht ganz zu mir her, weigere ich mich, ihm den Stock das letzte Stück entgegenzureichen, lasse ihn interesselos fallen. Wiederum ist - entgegen den Hundeinteressen - das Spiel beendet. Hat er einmal nach einem »Komm«, mehr aus Zufall, das Spielzeug bis in meine Hand zurückgebracht - ohne dass ich ihn, um ihm diesen Sachverhalt klarzumachen an der Leine oder mittels anderer Hilfsmittel bis zu meiner Hand gezwungen hätte - und das ihn erfreuende Spiel geht weiter, wird er eine Verknüpfung zwischen »Komm« und »das heißt aber, bis ganz zu Herrchen heran, und das Spielzeug in die ausgestreckte Hand spucken« erstellen und als gelerntes Verhalten praktizieren.

Damit kann man im Spiel störrische Komponenten provokanter Teilverweigerung mittels positiver Erlangungsmotivation abfeilen. In der Folge wird der Befehl »Komm« auch ohne dargebotenes Spielzeug - etwa als reines Herrufen, notwendig durch die aktuelle Verkehrssituation - beim ersten Mal und bis ganz zu Herrchen heran befolgt. Das ursprünglich miterlernte Anhängsel »und das Spielzeug in die ausgestreckte Hand spucken« verhindert nicht, dass man ein solchermaßen gelehrtes »Komm« in den regulären, täglichen Umgang einbauen kann. Hat der Hund kein Spielzeug im Maul, kann er zwar herkommen, wenn er dazu aufgefordert wurde, aber nichts »in die Hand spucken«, was ihn aber nicht weiter stört.

Rebellischer bleibt der Rüde allemal. Allein schon aufgrund seiner naturgegebenen »Macho-Programmierung«.

WÖLFISCHE KOMMUNIKATION VERSTEHEN UND ERWIDERN

Werden die Verständigungsversuche des Hundes vom Menschen ständig missachtet, wird das Tier alsbald diese ihm angeborene Kommunikation unterlassen. Situationsabhängig kann ein Anhalten des vorauslaufenden Tieres mit Blick zurück zu

Herrchen die Frage ausdrücken: »Soll ich zurückkommen? Darf ich weitergehen? Oder soll ich warten?« Kann aber auch Aufforderung sein »Wo bleibst du denn nur, Mensch!?«

Ein interessierter Blick ins Feld und gleich darauf zum begleitenden Menschen kann andeuten: »Ich habe etwas Interessantes gesehen - wie soll ich mich verhalten? Ignorieren? Beobachten? Oder gar erkunden?«

Sehen Sie das Tier an und gleich darauf auffällig von ihm fort oder zu Boden, signalisiert dies: Herrchen meint, dort sei nichts Interessantes. Hund kann gucken aber sollte nicht ohne weitere Rücksprache erkunden.

Erwidern Sie den Blick kurz und wenden ihn sofort in Blickrichtung des Hundes, wird dieser das als Bestätigung seiner »Entdeckung« und als Aufforderung diese im Auge zu behalten oder gar zu erkunden werten.

Wenn Sie solche Verhaltensweisen nicht kennen, die Bedeutung nicht abschätzen können und deshalb über diesen versuchten Informationsaustausch reaktionslos hinweggehen, wird der Hund in naher Zukunft auf diese Ihre unpassenden oder gar nicht gelieferten Antworten nichts mehr geben. In der Folge wird er »ohne zu fragen«, nach eigenem Gutdünken handeln. Das wiederum zwingt Sie als Halter, die Regelung des Zusammenlebens mittels aufgesetzter, unnatürlicher, verbaler Kontrolle sicherzustellen. Kommandos, deren Bedeutung Sie das Tier zuerst lehren müssen, deren Einhaltung Sie erzwingen - neutraler gesagt: unnatürlich motivieren - müssen, da es sich nicht um angeborene Verhaltens-Komponenten handelt.

Da ich mich - in typisch menschlicher Arroganz - für den intelligenteren Part der Beziehung Mensch-Hund halte, versuche ich allein schon um der Funktionalität willen die Kommunikationsform des Hundes anzuwenden. Dazu muss ich jedoch die Mimik und die entsprechenden Verhaltensbilder erkennen und situationskonform einordnen können.

Damit der Hund sich überhaupt für Ihre Meinung interessiert, setzt voraus, dass er in Ihnen ein Wesen sieht, bei dem er zu der Erkenntnis gelangt ist, ein Miteinander könnte sich für ihn durchaus lohnen. Ein Hund zeigt in der oben beschriebenen Form seine Pläne und Wünsche nicht jedem wildfremden Menschen an, der ihm auf der Straße begegnet.

Um eine ausreichende Bedeutung für eine solche Mitteilsamkeit zu erlangen, sind im Vorfeld bereits einige gemeinsame Ausflüge nötig, die von Seiten des Menschen recht kommunikationslos und lenkungslos, fast unter Ignoranz des anderen Parts stattgefunden haben sollten.

Eine zweifelhaft erscheinende Voraussetzung für die Folgsamkeit des Hundes, zu der ein Hundehalter einwenden mag, er könne mit seinem Tier das Haus doch erst dann leinenlos verlassen, wenn der Hund bereits brauchbar gehorche. Der aus diesem Grunde wohl schon frühzeitig mit althergebrachter Erziehung begonnen und sich damit die Möglichkeit zu einer naturbelassenen Kommunikation in weiten Bereichen verbaut hat. Aus Erfahrung kann ich sagen, man kann auch mit dem unerfahrensten, völlig fremden Hund von Anbeginn an leinenlose Ausflüge unternehmen.

Natürlich möchte bei oben beschriebenem Datenaustausch der Hund lediglich Ihre Meinung zu seinen Absichten und Taten hören. Ob er danach Ihr in Mimik und Verhalten verklausuliertes »Nein« - etwa ein Abwenden des Kopfes vom Tier fort in die dem Interesse entgegengesetzte Richtung, ohne dabei einen begleitenden Bewegungsablauf ansatzweise in Intensität oder Richtung zu ändern - als Verbot akzeptiert, hängt einzig und allein davon ab, wie stark er Ihre Meinung berücksichtigt, ob er Ihre Meinung im Zusammenleben mit Ihnen schon öfters als hilfreich und sinnvoll einordnen konnte. Wie stark der Hund Ihre hinweisenden Äußerungen in sein weiteres Verhalten integriert, hängt davon ab, welche positiven Erfahrungen er mit Ihnen und Ihren Hinweisen gemacht hat. Je öfter Sie sich dem Tier schon als brauchbare Leitfigur bewiesen haben, desto bereitwilliger wird es, wenn Sie sich mit seinen Absichten nicht einverstanden erklärt haben, Ihre für den Hund vielleicht gar nicht nachvollziehbaren Motive dennoch akzeptieren und entsprechend handeln. Ist er von Ihnen »erzogen« worden, mag er Ihre Meinung aus Sorge vor Strafe oder Aussicht auf Belohnung befolgen. Haben Sie ihm im Zusammenleben Erfahrung und Wissen bewiesen, wird er Ihre Hinweise höher einstufen, auf Ihre Fähigkeiten vertrauen, die Sie schon immer deutlich erkennbar zu seinem besten eingesetzt haben.

Wenn Herrchen die Zähne zeigt

Sendet man ständig kleine Kommunikationssignale, selbst wenn diese aus menschlicher Sicht vom Tier scheinbar gar nicht bemerkt werden können, sei dies die Handhabung von Blickkontakt oder Kopfhaltung, sendet man unentwegt situationsunterstreichende Stimmfühlungslaute, verzerrt das Gesicht, wenn einem im stürmischen Spiel etwas nicht passt zu einem »bedrohlichen« Zähnezeigen, so mag all dies in den einzelnen Situationen keine sichtbar zielführende Wirkung zeitigen. In der konsequenten Anwendung bietet man damit dem Hund ein, wenn auch recht verstümmelt ausgeprägtes, Orientierungsnetz an Kommunikationssignalen, die er einordnen kann.

Macht man sich die Mühe, durch leicht abweisend ausweichende Körperhaltung Ablehnung auszudrücken und schubst den Hund nicht einfach mit der Hand von sich fort, ist man für das Tier keine schwer zu entschlüsselnde reglose Statue, deren ausschließliches Kommunikationsmittel der ständig plappernde Mund ist. Damit wird man dem Tier gegenüber zu einem vertrauteren Mitwesen, dem es sich schon deshalb bereitwilliger öffnet, weil es zuverlässiger in seinen Stimmungen lesen kann.

Irgendwann kann es dann passieren, dass Sie in wirklichem Zorn, weil der Bettler am Tisch heute überhaupt nicht zu besänftigen ist, dem Tier Ihre (wenig beeindruckenden) Zähne zeigen, dieses sich vor Schreck verunsichert auf den Boden setzt und nicht nur das weitere Betteln vergisst. Wo hat man denn als Hund schon gesehen, dass ein Mensch aus Futterneid bissig wird?

DIE ZIELLOSIGKEIT DES HUNDES ALS MACHTFUNDAMENT

Der Praktiker mag einwenden, einem Hund, besonders einem Streuner, müsse es doch ziemlich egal sein, ob er einen Begleiter, der in erster Linie Beschränkung seiner hündischen Interessen für ihn bedeutet, verliert oder nicht. Der Umgang mit solchen Tieren hat mich jedoch belehrt, dass dem nicht so ist. Selbst der Streuner, der es gewohnt ist, den lieben langen Tag allein unterwegs zu sein, ist offensichtlich so bar jeder wirklichen Eigeninitiative, dass er sich, wenn sich ihm eine nur halbwegs vernünftig erscheinende Möglichkeit bietet, einem Menschen anschließt und sich von diesem die Welt zeigen lässt.

Ein Hund zieht meist sehr ziellos in die Welt hinaus. Hangelt sich von Duftmarke zu Duftmarke. Schließt sich kurz einem passierenden Artgenossen an. Springt zwanzig Meter bellend einem Radfahrer hinterher und entfernt sich so recht planlos und keineswegs zweckorientiert von seinem Zuhause. Die Tiere die ich beobachten konnte, machten nie den Eindruck, als seien sie ausgezogen, um gezielt nach etwas zu suchen. Hunde, die vor Freude fast sterben, wenn ich Ihnen begegne, haben mich, obwohl sie die Möglichkeit dazu hätten und den Weg zu mir kennen, (fast) nie von sich aus gezielt besucht.

Manche mir bekannte Hunde sind regelrecht zwischen Dominanz und Ideenlosigkeit hin und her gerissen.

Als ich den Kontakt erstmals knüpfte, gaben sie sich recht dominant und hätten mich wohl ernsthaft verletzt, hätte ich nicht Unlust an Rangordnungskämpfen signalisiert und mich umgehend auf den Rücken gerollt. Ich genoss für ein paar Minuten die Sonne im Gesicht - der dumme Hund dachte, ich hätte mich ihm ergeben.

Andererseits schielt schon wenige Augenblicke später dasselbe Tier - betont unauffällig, man darf sich schließlich keine Blöße geben - in meine Richtung, auf meine Aktionen, wann ich aufbreche und es sich mir anschließen kann, wo ich abbiege und mir der Hund, wiederum ohne sein eigenes Hirn hochfahren zu müssen, gedankenlos folgen kann. Nach wenigen Kontakten wurden dann auch stets die Dominanzversuche und Beißereien mir gegenüber weniger.

Anscheinend ist es dem Hund weitaus wichtiger, eine (freiwillige) Führung zu genießen, anstatt sich durch ständige Dominanzhandlungen zwar selbst als den King zu definieren, sich dabei aber das Auskosten der Führungsqualitäten dieses komischen Menschen womöglich zu vermasseln. Woraus die beinahe schon absurde Konstellation entsteht, dass sich der Hund bedingungslos einem Wesen anschließt, über das er sich selbst rangordnungstechnisch deutlich erhaben fühlt und dieser seiner Ansicht immer wieder durch handfeste Tätlichkeiten Ausdruck verleiht. Es wird also ein Niemand als Gruppenführer anerkannt. Vermenschlicht ausgedrückt: »Du bist zwar ein Nichts, dich mache ich doch mit dem linken Eckzahn kalt. Aber deine Zielstrebigkeit ist durchaus brauchbar und gefällt mir, deshalb werde ich sie auskosten, du Mensch!« - Dieses Verhalten kann man beim eigenen Tier dazu nutzen, sich selbst auch in allen anderen Bereichen des Zusammenlebens still und leise zum allumfassenden Chef zu machen, da es offenbar in jedem Hund mehr oder weniger tief verwurzelt steckt.

Der Hund ist recht dankbar, wenn er unterwegs ein potenzielles Leittier trifft, das offensichtlich eine Strategie in das eigene Umherziehen bringen kann, das offenbar selbst einer gewissen Strategie folgt. Allein Ihr engagiertes Vorgehen - auch wenn es sich dabei nur um die depperte Jogging-Runde handelt, die Sie schon seit zehn Jahren jeden Abend zur gleichen Zeit stur ablaufen - weist Sie als zielorientiertes Leittier mit Führungsqualitäten aus. Als ein zweckorientiertes Leitwesen, das nach strategischen Grundlagen handelt und nicht wie der »dumme Hund« ziellos in der Welt umherirrt.

Der eigene Hund, der weiß, dass er sich unterwegs nicht so einfach davonmachen kann wie der aufgegriffene Streuner, da Sie ihm zusätzlich Futterquelle und Hauswirt sind, spricht auf die scheinbare Zielstrebigkeit seines Herrn nicht anders an. Wenn er lernen konnte, Herrchen zeigt ihm in interessanter Weise die Welt, ohne dass man sich als Hund über den Ablauf der Ausflüge Gedanken machen müsste, wird er kaum den Drang verspüren, Ausflüge eigeninitiativ zu unternehmen.

Wenn man ausgehend von dieser mehr als wackeligen Grundsituation in den nächsten Tagen des Zusammenseins deutlich erkennbar dem Tier vertraute Mimik zeigt, auf sein Verhalten in seinen Ausdrucksformen antwortet, ausschließlich positive Signale sendet, nur Hinweise gibt und nicht sofort versucht, sich ein Befehlsrepertoire aufzubauen, hat man in kurzer Zeit beim Streuner wie beim eigenen Hund ein relativ festes Fundament geschaffen, auf dem man in der Folge eine wirkliche Lenkung aufbauen kann.

Aufgrund dieser Bereitwilligkeit zur Unterordnung darf man jedoch nicht dem Irrglauben verfallen, der Hund benötige zu Herstellung und Erhalt seiner geistigen Gesundheit einen herrschenden Unterdrücker. Vielmehr muss man diese Freiwilligkeit als Hinweis sehen, dass man dem Hund Unterwürfigkeit eben nicht einprügeln und explizit anerziehen muss, dass man diese naturgegebene Anlage vielmehr in eine recht zwanglose Partnerschaft integrieren kann, in der man trotz aller Zurückhaltung das Ruder der Herrschaft vom Hund regelrecht in die Hand gelegt bekommt.

Anschluss zur Stärkung des Hundes

Auf dem Land lebende Freigänger laufen nur wenige bestimmte Runden scheinbar selbstsicher ab. Lässt man sich von solch einem Hund ausführen, bleiben diese Tiere an ihnen unbekannten Weggabelungen unsicher umherschnuffelnd stehen. Sind sie so stolz, dass sie nicht den Menschen ratsuchend anblicken, werden sie solange herumschnuffeln und dabei den begleitenden Menschen aus den Augenwinkeln heraus beobachten, bis sich dieser scheinbar eindeutig in eine gewählte Richtung weiterbewegt.

Dieses Ausführen-Lassen kann man zur Stärkung des Selbstbewusstseins des Hundes heranziehen. Schließt sich der Mensch an Weggabelungen dem Hund an, sobald dieser sich für eine Richtung »entschieden« hat - man geht einfach hinterher, wenn der Hund mehr zufällig als geplant mehrere Schritte in eine bestimmte Richtung macht; der Hund fasst dies als Anschluss an die von ihm »gewählte« Richtung auf - hat er bald begriffen, dass er den Menschen ausführen darf. Damit kann man ihm gezielt ein massives Mitspracherecht in der Beziehung anerziehen. Das er dann selbstverständlich auf alle Bereiche des Zusammenlebens, so auch auf seine Folgsamkeit ausweiten wird.

Ein solches Tier entgleitet dennoch nicht der Führung durch den Menschen, wenn man ihm durch Unnachgiebigkeit und Konsequenz vermittelt, dass er in gewissen Belangen eben kein Mitspracherecht besitzt und in mancher Hinsicht nur ein bedingtes - der Hund darf zwar zeigen, wo er gerne abbiegen würde, muss sich letztlich aber der Entscheidung des Menschen beugen.

Grundsätzlich ist der Hund ein recht initiativeloses, entscheidungsträges Wesen, dass sich eigentlich ständig von äußeren Faktoren, so auch der Lenkung durch den Menschen, leiten lässt. Biegt er unterwegs irgendwo zielstrebig ab, hat er sich lediglich für diese Richtung entschieden, weil dies entweder seine Standardroute ist, weil er in dieser Richtung zufällig eine Spur entdeckt hat, weil er in diese Richtung blickend vielleicht einen Hasen, ein Reh erspähte oder er gegen die anderen Möglichkeiten mehr oder minder begründete Aversionen hegt.

Deshalb ist der Hund für gezielte Führung recht dankbar, solange er vom führenden Wesen nicht ständig in Situationen gebracht wird, die ihn zwischen unverstandenem Gehorsam und natürlicher Grundprogrammierung aufspannt und dessen Lenkung nicht ständig den eigenen Interessen zuwiderläuft.

Verspieltes Potenzial

Der Mensch verfügt allein aufgrund seiner intellektuellen Überlegenheit, seiner Erfahrung, seiner Zielstrebigkeit und Selbstsicherheit über ein Machtpotenzial, das er mit etwas Geschick in eine nahezu absolute Lenkungsgewalt dem Hund gegenüber umwandeln kann, wenn er nur einige wenige Spielregeln beachtet und sich dem Hund interaktiv verständlich zeigt. Ein Machtpotenzial, das jedem Menschen bereits als naturgegebener Bonus mit auf den Weg gegeben ist, das er sich nicht durch Herrscheralluren, Härte, Futterbelohnung oder sonstige Bestechungsversuche erwirtschaften muss, dem sich der Hund aus Vorteilsdenken im Vertrauen eigenständig unterordnet. Ein Vertrauen, das sich der Mensch aber allzu oft unbedacht oder mutwillig durch ablehnende, ignorante, harte Haltung, unverständliches Handeln und aufgesetzte Kommunikationsversuche selbst untergräbt. Weshalb er dann künftig scheinbar auf härtere Mechanismen der Erziehung, Formung und Lenkung zurückgreifen muss.

ES IST GENUG ...!

Diese Grundlagen reichen eigentlich schon aus, um das Wesen des Hundes für eine gezielte Lenkung ausreichend manipulieren zu können. Hat er Angst vor Pferden oder geht er sie aggressiv an? Muss ich bei einer Katzenjagd eingreifen oder nähert er sich der Katze zum Spiel? War das Grummeln des Hundes Ihnen gegenüber ein abwehrender Ton oder schon massive Drohung kurz vor einem Zubeißen?

Je mehr falsche Signale Sie durch unbedachtes Aufeinanderliegen, durch Blickkontaktsequenzen ohne eigentliche Absicht und vieles mehr, dem Tier senden und ihm damit in ungewollt kommunikativer Form funktionsbehaftete Verhaltenskomponenten - diese meist völlig situationsunpassend - vorsetzen, desto umfassender wird das Zusammenleben beeinträchtigt. Allzu oft sendet man unbedacht Rangordnungsgesten, nicht beabsichtigtes Lob oder unpassendste Straffunktionen, mit denen man vielleicht gar Zuneigung ausdrücken wollte. Sie mögen Ihren Chef als solchen achten. Gibt er Ihnen aber ununterbrochen und zu den unpassendsten Zeiten zu verstehen, »Ich Chef, du nur unbedeutender Mitarbeiter!«, ist dies einer produktiven Zusammenarbeit doch eher abträglich. Etwas unpassenderes, als den Hund im Spiel oder bei Zuneigungsbekundungen ebenso unvermittelt wie ungewollt mit ernst gemeintem Rangordnungsverhalten zu konfrontieren, gibt es kaum. Wenn ich auch schon wieder den Aufschrei der Empörung vieler Fachleute zu dieser Aussage höre, man könne einem Hund gar nicht oft genug zeigen, wer der Herr in der Beziehung ist.

Selbst eine ständige Missachtung all seiner Umgangsformen bringt das Tier nicht um. Hierbei können aber Kristallisationspunkte entstehen, aus denen später größere Reibereien erwachsen.

Man muss dem Hund seine Umgangsformen in Mimik und Verhalten so weit wie möglich belassen, wenn man ihn nicht nachteilig verändern möchte. Wie soll er seine Zuneigung zu Ihnen, seine Freude über Ihr Erscheinen ausdrücken, wenn er weder an Ihnen hochspringen, Sie kaum berühren, noch Ihnen über das Gesicht lecken darf? Nur mit dem Schwanz zu wedeln und Sie anzusehen reicht ihm nicht, weil er eben gute Umgangsformen besitzt und dies zeigen möchte. Man drückt Freude, die man empfindet, auch aus. Und der Hund besitzt nur seinen Körper, seine Freude zum Ausdruck zu bringen. Verbieten Sie ihm auf Dauer konsequent all diese Ausdrucksformen, beschneiden Sie sein Wesen und beeinflussen seinen gesamten Charakter negativ.

Lassen Sie das Tier vor Freude jaulen und winseln. Wie würde es dem Fußball-Fan gefallen, wenn er im Stadion mit zugeklebtem Mund sitzen müsste, mit Sekundenkleber an die Tribünenbank geklebt? Da würde man dann doch lieber auf das Fußballspiel verzichten - und als Fußball-Freak in der Folge auf etwas unzufriedenerem Niveau weiterleben, wieder ein wenig aggressiver, etwas unbeherrschter auf zusätzliche, unliebsame Außenreize reagieren.

Im Laufe der Jahre habe ich gelernt, bei den verschiedensten Hunden kleinste Körpersignale und nicht nur deutliches Zähnezeigen zu deuten. In Situationen in denen ich mich früher noch fragte, warum ein anderer Hund jetzt zurückgeschreckt oder gar nicht erst zur Begrüßung seines Artgenossen hergekommen ist, erkenne ich heute oftmals die deutliche Abwehrhaltung, die dem Neuankömmling sagte: »Wenn du noch einen Schritt näher kommst, beiße ich dir die Eier ab!«.

Wenn man weiß, worauf man zu achten hat, ist man überrascht, wie früh sich eine geänderte Situation in der Haltung des Hundes niederschlägt. Mancher Mensch brütet über dem Verhalten seines Computers, ich finde die Ausdrucksformen und Reaktionen eines Tieres interessanter, da sie nur scheinbar unberechenbarer und irrationaler sind. Und sie immer zu einem großen Anteil auf dem Verhalten des menschlichen Begleiters aufbauen, das man lernen kann, besser zu beherrschen. Ebenso, wie man lernen kann, sich in den Lebensäußerungen non-verbaler Art für den Hund konsequenter und lesbarer zu geben.

1.4 EIN BISSCHEN PSYCHE

Einen Umstand muss ich mir immer wieder klarmachen: Ich beurteile sicherlich verschiedene Verhaltenskomponenten des Tieres in zu ausgeprägt vermenschlichender Art. Das leise Winseln des Schäferhundes, der in blockierender Manier vor meinen Beinen herumstreift und mir im Wechsel mit zur Schau gestellter Aufmerksamkeit in die Richtung aus der wir gerade kommen, zeigt, was er von meinem Plan hält, ihn in das Festzelt zurückzubringen, wo er momentan hingehört, ist vielleicht von einem weitaus weniger verzweifelten emotionalen Hintergrund belastet, als ich ihm dies als Mensch unterstelle.

Würde mir ein Mensch mit ähnlichen Ausdrucksformen klarzumachen versuchen, wie gern er in dieses »nach Hause« zurück möchte, müsste ich davon ausgehen, dass er einer Panik nahe mich auszubremsen und diesem Zurückbringen auszuweichen versucht.

Der Hund mag diese Situation weitaus weniger dramatisch empfinden. Er hat damit lediglich gezeigt, was er von der von mir geplanten, unmittelbaren Zukunft hält. Dabei wählte er zweckorientiert Ausdrucksformen, von denen er im Umgang mit mir gelernt hat, dass sie mich beeindrucken und versucht mich damit - vielleicht ganz ohne Panik oder wirklich empfundener Verzweiflung - an die Wand zu spielen.

VERZWEIFLUNG ODER GEGLÜCKTER AUSBRUCH?

Ist ein Tier, das ich mit einem Wort als Fluchtstreuner bezeichne, das sich durch Flucht seinem Zuhause zu entziehen versucht, in seiner Gefühlswelt gar nicht wirklich verzweifelt, sondern vielmehr ein »Leck-mich-doch-am-Arsch-Streuner«? Versucht er gar nicht mittels Flucht, mit all dem emotionalen Background, den dieses Wort beim Menschen impliziert, sich einem kerkerhaften Zuhause zu entziehen, sondern denkt er sich schlicht und ohne emotionalen Hintergrund von Angst oder Klaustrophobie »Wenn du mich einsperren willst, musst du dies künftig besser machen! Solange ich die Möglichkeit habe, die Welt allein zu erkunden, werde ich dies tun«?

SOZIALE MASKE ODER EMOTIONALER AUSDRUCK?

Was alles zur Schau gestellte Maske und was reales Empfinden beim Hund ist, werde ich wohl nie ganz entschlüsseln. Wer kennt nicht die Diskrepanz, wie laut doch ein erwachsener Schäferhund zu jammern vermag, wenn man ihn an einer Hautfalte im Genick »strafend« festhält. Ein Hund der andererseits keinen Mucks sagt, wenn er sich unterwegs durch eigene Unvorsicht an einem Stacheldraht tiefe Fleischwunden in die Brust reißt.

Wo beginnt beim Hund der Ausdruck realen Schmerzes, das Empfinden echter Verzweiflung und wo sind diese Lautäußerungen und Verhaltenskomponenten reine soziale Maske? Nach dem Grundsatz: Ich brülle lieber gleich bei der leisesten Berührung durch einen ranghöheren Artgenossen oder Menschen laut auf, als dass ich erst losheule, wenn's wirklich weh tut. Weil dann habe ich vielleicht schon ein Loch im Bauch.

ZWECKORIENTIERTES VERHALTEN ODER AUSDRUCK VON EMPFINDEN?

Nimmt das Tier sein ganzes Leben, alle Komponenten seiner (möglicherweise nicht artgerechten) Haltung mit einer gehörigen Portion von Fatalismus hin? Heult der zum eigenen Schutz angekettete, verletzte Hund wirklich aus Verzweiflung in einer angeborenen Ausdrucksform, diese Emotion auszudrücken, oder ist ihm einfach langweilig und er konnte lernen, wenn er heult kommt Herrchen angesprintet? Wertet das Tier eine solche zeitlich nicht abschätzbare, massive Beschränkung als eine persönliche Katastrophe an der es möglicherweise zerbricht oder nimmt es diesen Zustand recht locker als momentan gegeben hin - warten wir's einfach ab, es kann nur besser werden?

Hunde die ich regelmäßig abgeholt habe, bekamen bei der Begrüßung zwar jedesmal beinahe eine Herzattacke vor Freude, jedoch konnte mir kein Halter auffälliges Verhalten beschreiben, das darauf hindeuten würde, das Tier hätte regelrecht auf mich gewartet. Sicher wartet der Hund, wenn man jeden Tag um genau 14.37 Uhr vorbeischaut. Aber wendet er sich wirklich enttäuscht ab, wenn man nicht kommt? Wird er von Sehnsüchten geplagt, wenn er mich wochenlang nicht sieht?

Nach längeren Kontaktpausen fällt die erste Begrüßung noch stürmischer aus, noch lauter, wohingegen sie bei Intensivierung der Kontakte immer weniger hingebungsvoll wird. Deutet dieser Umstand nicht auf eine reine Funktionsorientiertheit gezeigter Freude hin? Was empfindet das Tier dabei? Spult es lediglich ein teils angeborenes, teils erlerntes Begrüßungsschema ab - wenn jemand kommt, der Vorteile bringt, tut man so, als freue man sich - oder kann es wirklich Freude empfinden? Ist die Begrüßung stürmischer, weil es sich nach längerer Zeit einfach riesig freut, mich wiederzusehen? Oder dient dieser gesteigerte Ausdruck von Zuneigung einfach dem Versuch der Re-Intensivierung eines als vorteilhaft erkannten Kontaktes, den das Tier durch eine ausgeprägtere Begrüßung wieder auf Trab bringen möchte?

In welchen Bereichen ist das Verhalten des Tieres also rein zweckorientiert - ich will was, also bettle ich; ich will was ganz besonders, also bettle ich ganz besonders? Inwieweit ist es im Umgang mit dem Menschen erlernt - mir gefallen Herrchens Pläne nicht, also »mache ich einen auf Verzweiflung«? Und inwieweit ist hündisches Verhalten wirklicher Ausdruck hündischer Emotionen - nicht weil das Tier damit etwas erreichen möchte, sondern weil es momentan einfach nicht anders kann, als seine Verzweiflung in Verhalten und Lautäußerung zu offenbaren?

Wo werde ich als Begleiter vom Hund zielgerichtet verarscht und wo muss ich wirklich aufpassen, dass ich das Tier nicht in irgendeiner Hinsicht, die es schon zur Verzweiflung getrieben hat, gegen seine Natur weiterstrapaziere, um seinen Charakter nicht grob zu schädigen?

Diese Grenze kann man nur im intensivsten Umgang mit einem Tier ziehen. Man kann dann - auch nicht immer ganz verlässlich - abschätzen, wann das Tier Höllenqualen leidet, wann es aus Lustlosigkeit auf krank macht, wann es lediglich aus Langeweile heult wie ein Schlosshund.

Unbedeutend mag diese Grenze beim Ausdruck der Freude sein. Ob sich der Hund wirklich freut, oder nur ein kommunikatives Ablaufschema herunterspult, das seinem Sozialpartner positive Stimmung vermitteln soll, egal ob real empfunden oder nicht, ist eigentlich funktionell betrachtet irrelevant. Mir kann dies reichlich egal sein. Ich interpretiere menschliche Freude hinein. Dies funktioniert. Mein daraus resultierendes Verhalten deckt sich mit dem Ausdruck und den damit geäußerten Absichten des Tieres. Die Kommunikation funktioniert, auch wenn uns in dieser Sache emotionale Welten trennen mögen.

Aber ob der Hund unter Kontaktmangel, unter seinem Eingesperrtsein wirklich leidet, oder mir mit kläglichem Winseln lediglich mitteilt, »Du, mir ist stinklangweilig!« wäre wichtig zu unterscheiden. Leidet der Hund, mache ich ihn mit dieser Behandlung auf Dauer kaputt. Empfindet er diesem Zustand gar nicht als allzu negativ, lernt aber, dass ich auf seine jämmerlichen Laute reagiere, ist dies der erste Schritt, mit dem er seine Erziehung an mir beginnt.

Weshalb man pauschal auf unnatürliche Behandlungsformen verzichten sollte. Schaden richten sie in jedem Falle an. Um zur Erkenntnis zu gelangen, dass ein gruppentüchtiger Jäger auf vier Füßen nicht für eine Einzelhafthaltung hinter Gittern oder an der Kette geschaffen sein kann, brauche ich nicht seine emotionalen Möglichkeiten zu studieren.

Es mag irrelevant erscheinen, ob ich durch falsche Behandlung lediglich ein kommunikatives Handlungsschema beim Tier auslöse oder zusätzlich seinen emotionalen Haushalt durcheinanderbringe. Der freiheitssüchtige Streuner wird unabhängig davon vielleicht irgendwann versuchen, der ihn fesselnden Hand auszuweichen oder gar hineinzubeißen. Hin und wieder fände ich es aber dennoch wünschenswert, erkennen zu können, ob das Tier wirklich empfindet was es ausdrückt, oder ob es mich in Situationen, denen ich emotionale Motive unterschieben könnte, lediglich nutzbringend steuert. Mit diesem Wissen könnte man in einzelnen Situationen die eigenen Reaktionen zweckorientierter ausrichten, weitere, den Umgang möglicherweise negativ beeinflussende Missverständnisse ausschließen.

Ich käme gar nicht in Versuchung, ein verletztes Tier zu besuchen, wenn ich wüsste, dass es mich doch gar nicht vermisst. Es lediglich losheult - emotional oder zweckorientiert? -, wenn es sieht, dass ich es diesmal nicht zu einem Ausflug mitnehme (nicht mitnehmen kann!), ich ihm lediglich die kurze Freude meiner Anwesenheit antun wollte. Es wäre einer Beziehung sicherlich förderlich, wenn ich dem Tier zeigen könnte, ich lasse mich nicht durch jeden Winsler verscheißern, bin aber da, wenn es sich wirklich schlecht fühlt.

Heult dieser verletzte Hund, den ich nur zwei Stunden in seinem Garten besuchen durfte, aber nicht mitnehmen konnte, mir, wenn ich schon aus seinem Blickfeld verschwunden bin, lange Zeit hinterher, weil er damit rein funktionell ausdrücken möchte »Hey, du hast mich vergessen! Und das passt mir nicht!« Versucht er also, mit diesem Rufen das Rudel zusammenzuhalten. Oder jammert und winselt er, weil er einfach nicht anders kann, als seinen Enttäuschungsschmerz in die Welt hinauszuschreien?

Aber lassen wir das Tier doch ausschließlich auf Instinkt und zweckorientiertes Handeln beschränkt sein. Ohne Empfinden oder gar emotionalen Hintergrund. Ansonsten müssten wir ihm doch vielleicht gar einen höheren Stellenwert einräumen als den einer schlichten »Sache«. Ansonsten müssten wir doch glatt einige unserer Handlungen am Hund kritisch überdenken.

2 DAS LERNVERHALTEN DES HUNDES - EINIGE GRUNDLAGEN

WARUM ÜBERHAUPT LERNEN?

Bei höheren Wesen ist es überlebensnotwendig, dass sie die Fähigkeit zu komplexem Lernen mitbringen, um sich in der Umwelt orientieren und durchsetzen zu können. Das Tier muss durch Lernen seine angeborene, rudimentäre Grundprogrammierung präzisieren, muss lernen, wo man Wasser findet, wie man Futter beschafft, wie man sich vor schädlichen Umwelteinflüssen schützt und wie man Nachwuchs produziert.

Sozial lebende Tiere müssen ebenso das soziale Miteinander in ihrem aktuellen Umfeld handhaben können, wozu sie sich erst einmal mittels Lernen anpassen müssen. Dies ist der Ansatzpunkt des Menschen zur Erziehung des Hundes. Viele Raubkatzen sind Einzelgänger. Von daher gar nicht auf soziale Kontakte eingerichtet. Es ist viel schwerer, solche Tiere nach der eigenen Pfeife tanzen zu lassen, als sich dies bei einem Tier gestaltet, das alle sozialen Funktionen bereits einprogrammiert hat: Das Sich-Behaupten dem Artgenossen gegenüber, ebenso wie das Unterordnen im Bedarfsfalle. Das Einstecken, wie Austeilen. Überhaupt das Reagieren auf die Signale der Artgenossen, sowie das Ausdrücken eigener Wünsche und Absichten durch das Senden solcher Signale.

Selbst die soziale Gruppenstruktur der Hunde ähnelt der der Menschen. Ein Herrscher(-pärchen) steht dem gemeinen Fußvolk vor. Beide Geschlechter leben zusammen und dürfen auch nach der Paarung beide weiterleben. Kein Geschlecht dient ausschließlich der Fortpflanzung. Beide jagen und fressen gemeinsam. Es gibt in der Gruppe keine ausschließlichen Jäger, Krieger, Wächter oder Sammler. Jeder macht von allem etwas, am meisten von dem, was er am besten kann. Aufgrund all dieser Parallelitäten kommen Mensch und Hund trotz vieler Differenzen ohne grundsätzliches Ummodeln ihres gesamten Verhaltens im Grundsatz mit dem Verhalten der jeweils anderen Partei recht passabel zurecht. - Sollte man annehmen. In der Praxis machen jedoch allzu viele kontraproduktive Verhaltensfehler auf Menschenseite diese recht günstigen Voraussetzungen großteils wieder zunichte.

VORAUSSETZUNG: LERNFÄHIGKEIT UND MOTIVATION

Selbstverständlich muss das Tier in der Lage sein, das zu erlernende Verhalten überhaupt auszuführen. Einem Wasserhahn können Sie nicht das Krähen beibringen, einen Hund nicht in die allgemeine Relativitätstheorie einführen.

Viele Regeln des gemeinschaftlichen Umganges kann der Hund als sozial orientiertes Wesen problemlos erlernen. Er weiß um die Notwendigkeit, sich hin und wieder dominant zu geben ebenso, wie er sich einsichtig zu unterwerfen weiß. Wie dominant oder unterwürfig er sein darf, legt der spezielle Umgang mit seinem speziellen Leitmenschen fest, den er im Zusammenleben einerseits gezielt gelehrt bekommt. Andererseits leitet der Hund durch selbstständige Studien des Menschen und Analysen seiner eigenen Situation seine Möglichkeiten recht realistisch ab. Wobei der Mensch Gefahr läuft, das Tier dümmer einzuschätzen, als es in Wirklichkeit ist. Ein Fehler, der den Lehrvorgang gewaltig beeinträchtigen mag. Das Tier kann weitaus mehr Signale lesen und korrekt einordnen, als man ihm gewöhnlich zutraut und wird den Menschen nach einer gewissen Zeit des selbstständigen Lernens zuverlässiger einordnen - und in der Folge manipulieren - können, als man erwartet.

Der Hund mag nach kurzer Zeit viele fadenscheinige Taktiken seines Herren schon im Ansatz durchschauen. Taktiken, auf die dieser ein vermeintlich geschicktes Training, vielleicht gar die Grundkonzeption des Zusammenlebens aufbauen möchte. Wer seine Schüler unterschätzt, ist ein schlechter Lehrer und läuft Gefahr, von seinen Schützlingen an die Wand gespielt zu werden.

Beinahe ebenso wichtige Voraussetzung wie das »Können« ist für einen erfolgreichen Lernvorgang ein ausreichendes »Wollen«. Eine Grundmotivation, sich einem erfahreneren Wesen anzuschließen, von ihm zu lernen, ist dem Hund angeboren. Eine Motivationssteigerung von Ihrer Seite, zur Beschleunigung des Lernens, kann in positiver oder negativer Weise erfolgen. Weiß der Hund, wenn er auf einen Befehl mittels bestimmter, ihm eigentlich sinnlos erscheinender Handlungen reagiert, bekommt er eine Futterbelohnung, so ist dies ein Anstoß in positiver Richtung, diese Sinnlosigkeiten auszuführen. Weiß das Tier, bei Nicht-Befolgen einer Ihrer Äußerungen erfährt es eine Strafe, so basiert der Gehorsam auf einer ungesunden Vermeidungstaktik. Das Tier reagiert nur deshalb, weil es keine unangenehme Erfahrung machen möchte. Es mag zwar hochmotivierend sein, wenn der Hund weiß, es folgt eine Negativ-Erfahrung in Form eines Schmerzimpulses. Bereitwilliger gelernt - und bereits begriffene Lerninhalte in Folgsamkeit umgesetzt - wird jedoch unter positiver Motivation.

Als positive Motivation ist die Futterbelohnung nicht das Nonplusultra. Das Tier möchte Ihnen gefallen, es möchte Sie verstehen. Dies ist schon eine angeborene Grundmotivation. Bekommt es zusätzlich für jeden Erfolg Belohnung in Form von zusätzlicher Zuneigung von Ihrer Seite, steigert dies sein Bestreben, weitere Dinge zu erlernen, andere vermittelte Inhalte von Ihnen zu übernehmen weitaus stärker, als der dargereichte Hundekuchen.

Den Antrieb zur Folgsamkeit sollte das Tier aus der persönlichen Bindung zu Ihnen schöpfen. Der Erhalt der guten Beziehung zu Ihnen und nicht lediglich die durch Sie vermittelte Futterbelohnung oder Bestrafung sollten ausreichende Motivation sein, hin und wieder auch unverstanden nach Ihrer Pfeife zu tanzen.

Dass ein Lernen, ebenso wie die Regelung des Zusammenlebens, beinahe allein mittels Zuneigung (positive Erfahrung) und kurzfristigem Abwenden und Ignorieren des Hundes (Strafe) funktioniert, konnte ich in vielen Jahren des Zusammenlebens mit zahlreichen Tieren erfahren. Weshalb ich nie auf Futterbelohnung als positive und akustische Lautstärke, das Reißen an der Leine, oder gar Pistole, Wurfkette und Elektroschockhalsband als negative Erfahrung zurückgreifen musste.

Ebenfalls günstig ist es, wenn das Tier seine Motivation zur Folgsamkeit im Befehl selbst findet. Haben Sie den resultierenden Vorteil und den Sinn jedes Ihrer Befehle verständlich vermitteln können, weiß der Hund, Belohnung und Strafe erfolgen durch die Umwelt, nicht durch Sie. Einmal erlerntes Verhalten wird beibehalten, wenn er einmal allein unterwegs sein sollte. Er braucht nicht das Druckmittel eines begleitenden Menschen im Genick. Er hat durch Ihre geschickte Lenkung gelernt, die Motivation aus der Umwelt abzuleiten. Diese Hunde bleiben ohne menschliche Begleitung am Straßenrand stehen und sehen in beide (!) Richtungen, ob die Straße frei zum Überqueren ist. Sie wissen, die Nähe zu einem fahrenden Auto ist in jedem Falle unangenehm. Egal ob Herrchen aufpasst und sich mit einem scharfen »Steh!« einmischt, oder vielleicht gar nicht anwesend ist.

Zur Erhöhung der Effektivität kann eine Kombination aus positiver Belohnung und negativer Bestrafung Verwendung finden: Folgt der Hund, weiß er, dass er eine Belohnung bekommt. Gehorcht er nicht, folgt die Strafe. Dies spannt das Tier doppelt motiviert ein. Die Belohnung erhöht die Bereitschaft zu gehorchen, die Aussicht auf Bestrafung vermindert die Tendenz zu Verweigerungshaltung.

Wie weit die Motivation das Verhalten beeinflusst, kann man etwa im Folgenden erkennen. Die Aussicht auf eine Futterbelohnung motiviert den Hund noch zu völlig unsinnigen Handlungen. Die relativ geringe Motivation, die ein Tier aus dem Spieltrieb schöpft, Stöckchen zu bringen, damit das Spiel weitergehen kann oder folgsam zu sitzen, damit Herrchen noch andere »Spiele« mit Hundchen spielt, kann bereits durch wenige wiederkehrende schlechte Erfahrungen zunichte gemacht werden: Der Hund möchte ja eigentlich schon folgen, kennt auch die Bedeutung des Befehles »Sitz«. Manche Hunde können jedoch so eitel sein, dass sie sich nicht »korrekt« in den Schneematsch setzen wollen - dies die möglicherweise bereits ausreichende, begleitende und demotivierende »schlechte Erfahrung aus der Umwelt«, die Anlass zum Verweigern eines, allein durch den Spieltrieb mindermotivierten »Sitz« sein mag. Das Tier wird sich irgendwann dennoch in den Dreck setzen, wenn Sie ihm eine ausreichende »Zusatzmotivation«, etwa die Aussicht auf eine Strafe, die weitaus unangenehmer sein muss, als ein kalter, nasser Hintern, verpasst haben.

2.1 LERNFÄHIGKEIT UND INTELLIGENZ

Jedes höhere Wesen muss eine deutlich ausgeprägte Lernfähigkeit zum Überleben mitbringen. Dass die diesem Lernen zugrunde liegenden geistigen Fähigkeiten beim Hund deutlich über ein informationstechnisches Verknüpfen von simplen Zusammenhängen hinausreichen, dass der Hund Probleme durchaus logisch angehen und lösen kann, mag jeder Hundehalter am eigenen Tier rasch beobachten.

INTELLIGENZLEISTUNGEN

Wohl jeder hat schon in den Medien miterlebt, zu welchen geistigen Leistungen

Hunde erzogen werden können. Das Tier entwickelt aber auch selbstständig intelligente Lösungen, ohne dass man ihm den Weg zur Problemlösung explizit aufgezeigt oder konkret anerzogen hätte.

Ein Schäferhund, der nichts von einem Dach über dem Kopf hält, hat sich selbst beigebracht, wie man eine Türe, die sich noch dazu nach innen, auf das Tier zu bewegt, mittels der Klinke öffnet. Ein von seinen Leuten als Ausbruchsschutz von innen gegen die Tür unter die Türklinke geklemmtes Brett, hielt ihn nicht auf. In solch einem Falle wird einfach erst das Hindernis beseitigt, danach die Tür wie gehabt bedient.

Selbst ein nach oben zu öffnender Bügelverschluss an einer Terrassentüre ist für ihn kein Hindernis. Er schiebt ihn mit der Nase so weit hoch, bis sich die Türe öffnen lässt. Ist die Tür gekippt, weiß er gar um die Notwendigkeit, die Türe erst zu schließen, den Verschluss danach mit der Nase in die korrekte Stellung zu schieben, etwas zu ziehen und schließlich mit der Pfote, die man in den sich öffnenden Spalt schiebt, das Hindernis Tür endgültig zu entschärfen. Eine Technik, die ihm niemand beigebracht hat. Die er im Laufe weniger Monate dem Menschen abgeschaut hat und zur Lösung seines Problems - Flucht aus einem geschlossenen Raum - einsetzt. Eine Technik, die viele freiheitsliebende Hofhunde in mehr oder minder ausgefeilter Form beherrschen.

Dies zeigt, zu welchen eigenerlernten Leistungen der Hund bei entsprechender Motivation fähig ist.

Offenbar kann der Hund selbstständig ein räumliches »Bergab des Weges« mit »hoher Geschwindigkeit« verbinden. Da ich es mit dem Hand-Bike-Rollstuhl bergab gerne bis über 50 km/h sausen lasse, laufen sich selbst Hunde, mit denen ich nur wenige Male unterwegs war, bereits an Abzweigungen, die in einen abschüssigen Weg münden, einen Vorsprung heraus und rennen von sich aus mit hohem Tempo los. Selbst wenn ich zu diesem Zeitpunkt meine Geschwindigkeit noch nicht gesteigert, die verräterische Gangschaltung noch nicht bedient habe oder gar noch zögerlich herumstehe und das Tier die betreffende Strecke mit mir noch nie zusammen abgelaufen ist.

Die Liegedecke und den Teppichboden zerrupft man nicht, wohingegen man das darauf liegende, beinahe genauso aussehende Stofftier zerfetzen darf - das weiß jeder erzogene Hund. Den Holzknochen, den Stecken, den man sich vom Ausflug mit nach Hause gebracht hat, darf man zernagen, das hölzerne Stuhlbein hingegen muss man in Ruhe lassen. Dies sind alles Unterscheidungen, die der Hund nach einer einzigen Ermahnung treffen und berücksichtigen kann.

Der Hund kann selbst noch kritischere Unterscheidungen treffen. Derart etwa, dass er vom Halter mitgebrachte Tannenzapfen, Rindenstücke und Steine, die dieser in der großen Pflanzschale im Wohnraum deponiert, nach einmaliger sanfter Verwarnung künftig unangetastet lässt. Dinge, mit denen er draußen beim Ausflug ungebremst spielen darf, ja zum Spiel mit diesen Dingen direkt aufgefordert wird.

Er wird sich an diesen Dinge auch in unüberwachten Zeiten, während Sie in der Badewanne liegen oder des nachts nicht vergreifen. Schnappt er sich dennoch irgendwann einmal ein solches Teil, tut er dies aus reiner Provokation oder als Ausdruck von

Unzufriedenheit. Er mag sich aus Verlassenheitsängsten, aus Protest oder gar Zorn heraus ausgiebig bedienen, wenn Sie ihn beispielsweise einen halben Tag lang allein in die Wohnung sperren. In dieser Hinsicht verhält sich der Hund wie der menschliche Terrorist, der aus Unzufriedenheit mit seiner Situation willkürlich Verbote übertritt, allein um auf sich aufmerksam zu machen.

Unterschätzen Sie nie die Intelligenz-Leistungen Ihres Hundes. Verweigerung beim Lernen beruht weitaus häufiger auf Sturheit als auf Unverständnis. Das Tier setzt die ihm verfügbare Intelligenz permanent ein. Bauen Sie eine positive Beziehung auf Gegenseitigkeit und Verständnis auf, können Sie sein geistiges Potenzial zu Ihrem Vorteil nutzen. Sind Sie dem Tier nicht »genug«, mag sich sein Verstand allein darauf konzentrieren, wie es Ihnen in jeder Hinsicht entkommen kann - räumlich wie rangordnungstechnisch.

Der Hund ist nicht dumm - Beispiel 1: Richtungsweisung

Möchten Sie Ihrem Hund etwas Interessantes zeigen, können Sie ihm beibringen, sich an der Richtung, in die Ihre Hand weist, zu orientieren. Von sich aus wird der Hund, wenn Sie ihn aufgeregt ansprechen, in Ihre Blickrichtung sehen, oder übermotiviert ebenso hektisch wie ziellos herumglotzen.

Befindet sich in dieser Ihrer Blickrichtung immer etwas für das Tier Interessantes, und Sie haben jedesmal mit aufgeregter Stimme »Schau mal!« gesagt, wird es bald allein diese Klangfolge als »Hinweis auf etwas Interessantes« speichern. So können Sie ihm künftig die Qualität des Interessanten verbal mitteilen. Mit »Schau mal, Bach!« auf einen Bach zum Trinken und Abkühlen hinweisen.

Zeigen Sie mit ausgestrecktem Arm in die betreffende Richtung, kann das Tier die Armhaltung als Hinweis, wo dies Interessante zu finden ist, begreifen lernen. Die Bedeutung des Deutens mit der Hand können Sie ihm etwa dadurch beibringen, dass Sie Ihre Hand an seiner Nase durch sein Blickfeld hindurch in Richtung auf das Zielobjekt führen. Er wird mit dem Blick Ihrer Hand folgen und alsbald merken, dass er nur noch über Ihre Fingerspitzen hinwegpeilen muss, um ebenfalls den angekündigte Bach zu entdecken.

Die Orientierung am später vom Menschen weit vom Hund entfernt ausgestreckten Arm in eine von der Hand bedeuteten Richtung ist eine durchaus komplizierte, dreidimensionale, geometrische Aufgabe, die ein Tier ohne reichlich Intelligenz nicht lösen könnte.

Der Hund ist nicht dumm - Beispiel 2:
So ermögliche ich mir einen Ausflug

Nochmals zur weiter oben erwähnten, ausflugsliebenden Hündin. Da sie den Kontakt zu mir offensichtlich als sehr wertvoll einschätzt, unterwegs an mir klebt, wie ein Kaugummi an der Schuhsohle und mir jeden Wunsch am liebsten schon aus den Gedanken ablesen würde, hat sie im Laufe der Zeit teils tiefsinnige Strategien entwickelt, wie sie trotz Verbotes zu Ausflügen mit mir kommt.

Nach einiger Zeit verlegte sie ihre hingebungsvolle Begrüßung, die sich minutenlang hinzieht und von lautem Winseln und Jaulen begleitet wird, von der Hofeinfahrt ins Nachbardorf. Offenbar lernte sie, dass gerade bei dieser lang andauernden, lärmigen Zeremonie Herrchen zu viel Gelegenheit hat, einzugreifen. Jetzt gibt sie mir als Begrüßung nur einen kurzen Stups mit der Nase, rennt gehetzt voraus, blickt zu mir zurück und fordert mich mit einem verhaltenen Bellen zum Nachkommen auf, wenn ich noch zögern sollte. Sie blockiert mich dann aber einige hundert Meter weiter, außer Sichtweite des Hofes, ganz unmissverständlich und zieht ihr Begrüßungsritual in unveränderter Form durch. Höflichkeitsfloskeln kann man (erzwungenermaßen) anscheinend auch später austauschen. Selbst wenn es sich bei diesen eigentlich um ein zeitlich wie situationsgebundenes, angeborenes Verhalten handelt. Normalerweise »begrüßt« man sich, wenn man sich begegnet und nicht Minuten später - aber der Hund kann da offenbar flexibel sein.

Da ihr Nachwuchs bei der Begrüßung in der Hofeinfahrt oftmals laut kläffend anwesend war, was wiederum Herrchen anlockte, lernte sie, dass dieses Bellen ebenfalls »ausflugsschädigende« Wirkung besitzt. Bald begann sie, ihre erwachsene Tochter, die meist in einigen Metern Entfernung wartete, die also nicht aus reiner Eifersucht weggebissen werden musste, aggressiv anzugehen, wenn diese den Mund aufmachte. Blieb sie hingegen ruhig, wurde sie ignoriert.

Als aufwändigste Strategie gewöhnte sie sich an, sobald sie von Herrchen in meinem Beisein gerufen wurde, völliges Desinteresse an mir vorzutäuschen. Sie schnuffelte in immer größeren Kreisen um mich herum, ließ Herrchen rufen, und verschwand dann plötzlich, als hätte sie eine Katze entdeckt, die Straße hinab in der Gegenrichtung all unserer gemeinsamen Ausflüge. Touren alleine, sofern sie nicht zulange fort bleibt und sich allzu weit vom Hof entfernt, darf sie unternehmen. Es sind ihr nur der Kontakt zu mir und Trips mit mir zusammen verboten. Breche ich nun - ohne sie - wie immer in die uns beiden bekannte Richtung auf, kann ich mich darauf verlassen, dass ich sie in dem Dorf, in das sie auch die meisten Begrüßungen zwangsverlagert hat, wiedertreffe. Sie wechselt einfach - ist Herrchen erst verstummt - in die Felder auf der anderen Straßenseite und schließt - obwohl sie mich zu keinem Zeitpunkt dabei sehen kann - außer Sicht von Heim und Hof den halben Kilometer zu mir auf.

Offensichtlich steht bei ihr die persönliche Bindung zu mir im Vordergrund. Gefüttert, gestraft oder kommandomäßig dirigiert habe ich sie nie. Ausflüge, die dann abends sogar ohne Donnerwetter und tagelange, strafende Leinenhaft blieben, könnte sie ja allein unternehmen. Dies zeigt mir, zu welchen geistigen Leistungen selbst ein nicht aus den intelligentesten Hunderassen zusammengesetzter Mischling bei entsprechender Motivation fähig ist. Ihre Tochter hingegen ist bis heute so doof geblieben, dass sie das Rufen von Herrchen mit Folgsamkeit belohnt.

DIE TREFFPUNKT-HUNDE

Manchen Hunden unserer Region wird vom Halter ein recht großzügiger Bewegungsfreiraum zugestanden, sodass solche Hunde mehrmals am Tag für gewisse Zeit »verschwinden«, dies aber niemandem auffällt. Jedoch möchte keiner dieser Halter, dass der Hund abgeholt und ausgeführt wird, oder sich selbstständig ihm bekannten Personen anschließt. Diese Prämissen sind den meisten dieser Hunde bekannt - und werden berücksichtigt.

Aus diesem Grunde entwickelten sich zwischen mir und den verschiedensten Tieren die verschiedensten Treffpunkte.

Mit einem Schäferhund traf ich mich oft an einem seiner Heimat benachbarten See. Ausschließlich zum Austausch einiger Streicheleinheiten, die ich ihm bei sich Zuhause nicht geben durfte, da der Halter einen »scharfen« Hund wollte.

Ein anderer Schäfer-Rüde wurde stets zurückgerufen und eingesperrt, wenn er sich von seiner Gaststätte aus mit mir davonmachen wollte und dies vom Halter noch rechtzeitig bemerkt wurde. Folglich »vereinbarten« wir mehrere weit entfernt liegende Treffpunkte, die häufig gezielt von mir und dem Hund abgegangen wurden. Von wo aus wir dann, sofern wir uns denn trafen, hinlänglich oft hinlänglich lange Touren starteten.

Ein ausgesprochen heimattreuer Hofhund, den ich jahrelang ausschließlich zum gemeinsamen Lagern und Kraulen besuchte, löste das Problem, dass er sich mir nach einer Streichel-Session nicht zu einem weiterführenden Ausflug anschließen durfte dadurch, dass er sich, wenn er »Lust auf Ausflug« verspürte, nach der Kraulerei irgendwann allein über die Wiesen zu einem zweihundert Meter entfernt liegenden, vom Halter nicht einsehbaren Parkplatz davon machte - was er, soweit er sich dabei niemandem anschloss, durfte. Und sich dort Minuten später mit mir zu einem kurzen Ausflug »traf«, den zusammen mit mir zu starten, ihm ja nur von Zuhause aus verboten war.

Diese Treffpunkte waren keine Orte zufälliger Begegnung, sondern sie wurden von diesen Hunden gezielt aufgesucht. Sie lagerten dort teils länger als eine Stunde allein, aufmerksam und abwartend - wie mir Passanten und Anwohner mitteilten -, ohne sich passierenden Hunden anzuschließen, »gerade so, als hätte der Halter »Platz!« befohlen und in der Folge vergessen, den Hund wieder zu erlösen und mitzunehmen« wie ein Halter einmal meinte. Aktiv wurden sie immer erst, wenn ich am Treffpunkt erschien.

Problemlösendes Handeln in Hochform.

INTELLIGENTES DIFFERENZIEREN

Dass der Hund Erfahrungen mit seiner Umwelt sehr differenziert bewertet und nicht grobklotzig und pauschal reagiert - was man in Erziehung wie Lenkung berücksichtigen muss - mögen nachfolgende Beispiele zeigen.

Ein Hund, der mich seit Jahren kennt und mich bei der Begrüßung fast auffrisst, musste einmal eine schlechte Erfahrung machen. Mit seiner stürmischen Begrüßung drängte er mich in einen Elektrozaun. Plötzlich stand der Rollstuhl unter Strom, was seiner Hundenase nicht bekam und er laut jaulend über die Wiesen in die Wohnung flüchtete.

In den folgenden Wochen wedelte er mir zwar zu und war sichtlich hin- und hergerissen, traute sich aber nicht mehr zu mir herzukommen. In den nächsten Monaten
kam er scheinbar willkürlich manchmal her, manchmal nicht. Manchmal zögerlich,
manchmal völlig ungebremst.

Nach mehr als einem halben Jahr ging mir schließlich ein Licht auf und ich machte folgendes Experiment, das meine Vermutungen bestätigte:

Der Hund kam mit großer Begeisterung und ungebremst nur dann zu mir gerannt,
wenn ich mich auf den Boden gesetzt hatte und das Vehikel, dass ihm damals so arg
weh getan hatte, in einiger Entfernung zu mir, deutlich sichtbar, abgestellt war. War
ich in den ersten Tagen nach diesem »Unfall« schon enttäuscht, dass man selbst in
jahrelangem Kontakt zu einem Tier kein Vertrauen auf Vorrat bunkern kann, so wurde
sein Verhalten der letzen Wochen unter diesem Gesichtspunkt betrachtet schlüssig
erklärbar. Nicht ich hatte ihm weh getan, sondern der Rollstuhl, zu dem er noch ja-
relang einen respektablen Sicherheitsabstand wahrte.

Das Tier hat, obwohl ich als Rollstuhlfahrer mit meinem Vehikel doch recht eng
»verbunden« bin, gelernt zu differenzieren. Eine negative Erfahrung wird also nicht
nur grob in der Richtung eingeordnet, aus der sie kam, sondern sehr detailliert einem
Verursacher zugewiesen. Meine Hand befand sich nur wenige Zentimeter neben der
Stelle, wo die Nase an den elektrifizierten Rolli tippte. Die Negativerfahrung wurde
dennoch nicht meiner Person zugeordnet, sondern einem Gegenstand, der zwar ausnahmslos immer zusammen mit mir auftaucht und in irgendeiner Verbindung zu mir
stehen muss, mit dem mich das Tier aber offenbar dennoch nicht identifiziert.

Die Heftigkeit der Begrüßung und sein gesamtes Verhalten zu mir hat sich in keinerlei Hinsicht geändert. Der Hund hat diese »Strafe« also nicht auf seine letzte
Handlung bezogen. Sonst hätte ihn die Bestrafung das Hochspringen zur Begrüßung
oder die Begrüßung selbst abgewöhnen müssen. Offenbar werden lange Zeit als
erlaubt eingestufte Handlungen nicht plötzlich als »verboten« beurteilt, selbst wenn
sie unmittelbar, wenn auch unbeabsichtigt, mit »drakonischer Strafe« belegt wurden.

Der Hund reagiert also keineswegs nach einem groben Schema »Strafe folgte bei
Begrüßung, also ist Begrüßung schlecht« oder gar »Strafe erfolgte durch diesen Menschen, also ist dieser Mensch schlecht und ich halte mich von ihm fern«.

Wie das Tier Strafe und Belohnung in sein Weltbild integriert, hängt von seinem
Erfahrungsschatz ab, den es sich in ähnlichen Situationen, vielleicht sogar im Umgang mit dem selben Menschen aneignen konnte. Der Hund kann sehr spezifisch lernen. Im geschilderten Beispiel stand dem Tier wohl das jahrelange gegenseitige Vertrauen im Wege, mich einfach pauschal - sicherheitshalber - ab diesem Moment als
schmerzhaft-schädigenden Umweltfaktor zu meiden. Womöglich hat ihn das dazu
bewogen, die Negativ-Erfahrung anderen Umständen zuzuschreiben, sich überhaupt
»Gedanken« um die Möglichkeit zu machen, der Schmerzimpuls könne andere Ursachen als eine strafende Absicht von meiner Seite gehabt haben.

Man muss nicht darauf gefasst sein, dass ein an einem regnerischen Tag gelehrtes
»Sitz« auf Lebzeiten nur bei Regen befolgt wird. Oftmals ist man jedoch (böse) über-

rascht, wie scheinbar willkürlich sich das Tier Faktoren zusammenwürfelt, die es als notwendige Voraussetzung zur »Vollständigkeit« einer gelernten Erfahrung oder eines gelehrten Befehles rechnet. Ein »Platz« mag vom Hund nur von einer speziellen Person geäußert als bindend betrachtet werden. Wenn es dumm gelaufen ist, muss diese Person dazu eindeutig erkennbar aufrecht stehen. Alles andere mag zwar ähnlich aussehen und ähnlich klingen - der Hund kann auch ein »Nein« von einem »Fein« unterscheiden - aber es entspricht eben nicht dem gelernten Muster, das eine, dem Befehl ähnliche Situation erst zu einem bindenden Kommando macht.

Unter dem Aspekt ausgeprägter differenzierfähiger Intelligenz sollte man die eigenen Erziehungs-, Lenkungs- und Täuschungsmanöver auf Funktionalität hin überprüfen. Stuft man den Hund nicht in allzu bequemer Weise als allzu dumm ein? Viele fadenscheinige Täuschungsmanöver werden von ihm durchschaut und damit ihrer Funktion beraubt.

Der weitverbreitete Lehrgrundsatz, der Hund bezöge eine Reaktion der Umwelt immer auf seine letzte Aktion, gilt jedenfalls nur sehr bedingt und wird immer von der Intelligenz des Hundes und seines Erfahrungsschatzes, sowie der expliziten Situation stark modifiziert zum Ausdruck kommen. Das Verhalten des Hundes ist weitaus komplexer und variabler, als dass man es mit einer Hand voll grober Grundregeln treffsicher beschreiben könnte.

SCHLECHTES GEWISSEN

Meist ist dem Hund völlig klar, dass er wieder einmal in Begriff steht, etwas zu tun, was er lieber lassen sollte, dass er etwas unterließ, was er hätte tun sollen oder bereits etwas angestellt hat, was nicht auf ein Wohlwollen seines Halters stoßen wird. Auch dies ist ein Hinweis auf seine Intelligenz. Der Hund eignet sich in gewissem Umfang eine globale Sicht seiner Situation, seines Wissens und seines Verhaltens an. Daraus kann er dann teils überraschend folgerichtig die Auswirkungen seiner geplanten Handlungen extrapolieren. Dies kann weitaus differenzierter geschehen, als die angeborene, direkte Verknüpfung von »Ratte beißen« - »Ratte schütteln« - »Ratte tot«.

Bei einem halbwüchsigen Schäferhundrüden erkannte ich hierzu ein sehr eindeutiges Verhalten:Treffe ich das Tier irgendwo unterwegs auf »Alleingang«, oder pfeife es aus seinem Hinterhof zu einem eigentlich »legalen« Ausflug zu mir, fällt die Begrüßung ebenso wie das Verhalten unterwegs in keiner Weise aus dem gewohnten Rahmen. Das Tier bleibt jedoch vor der Türe sitzen und geht nicht mit mir zusammen zu seinen Leuten mit ins Haus, wenn ich es am frühen Abend Zuhause abgebe.

Wohingegen er keinerlei Hemmungen hat, mit mir zusammen das Gebäude zu betreten, wenn ich ihn am Nachmittag »höchstoffiziell« im Beisein und unter Aufsicht all seiner Leute abgeholt hatte, somit bei der Heimkehr kaum die Gefahr einer Bestrafung wegen unerlaubten Alleinganges besteht.

Ausflügler, die ihre eigenmächtigen Touren noch als Unrecht ansehen, schließen sich mir unterwegs oftmals nicht an, da sie in mir wohl auch nur einen Menschen sehen, der diese Eigenmächtigkeit möglicherweise frühzeitig beenden könnte.

So etwa eine Husky-Dame, die ich schon seit längerer Zeit beobachte, die sich mehrmals im Jahr eine mehrtägige Auszeit nimmt. Kommt sie vor dem Supermarkt bereitwillig zu Streicheleinheiten herangelaufen, bleibt sie im Falle einer Begegnung, allein auf weiter Flur, auf Distanz. Wobei sie mir jedoch mit Blickkontaktsequenzen, Körperhaltung, Ohr- und Schwanzstellung, in ihrem ganzen Verhalten zu verstehen gibt: »Hallo, ich weiß, wir kennen uns. Freut mich, dich zu sehen. Aber ich bin nicht so unvorsichtig, in deine Greifweite zu kommen, sorry!«

Offenbar pauschaliert der intelligente Hund hierbei: Menschen bin ich gerade entkommen, deshalb werde ich mich Menschen zunächst einmal nicht nähern. Die halten doch alle zusammen und könnten meine Unternehmungen unterbinden.

Deshalb bleibt ein solcher Streuner in seinem Unrechtsbewusstsein zwar sehr kommunikationsfreudig und in seinen Signalen auf Besänftigung ausgerichtet - offensichtlich möchte er sich den Kontakt zu mir für spätere Begegnungen nicht vollends verderben -, dennoch hält er sich entschieden auf Distanz.

Nach wenigen Wochen des Zusammenlebens mit Ihrem Hund werden Sie genau erkennen, wenn der Hund irgendwo im Wohnraum »etwas angestellt hat«, etwas inspiziert hat, von dem er genau weiß, dass er es eigentlich nicht darf, oder sich nicht sicher ist, ob er es darf.

Stoßen Sie etwa auf ein überschwängliche Begrüßungsverhalten, wenn Sie aus dem Badezimmer kommen, gerade so, als wären Sie einen halben Tag lang beim Duschen gewesen, können Sie sich auf eine Ostereier-Suche im Wohnraum machen: Wie dem Kind, dem man bei der Suche mit »warm« und »kalt« hilft, wird der Hund deutlich anzeigen, wo Sie zu suchen haben, oder besser: Wo er eigentlich gar nicht möchte, dass Sie hinsehen. Er wird immer verunsicherter um Sie herumtanzen, je weiter Sie sich der Stelle seines »Verbrechens« nähern. Hat er etwas Wertvolles zerkaut, möchte ich Ihnen hierzu keine Verhaltenstipps geben - da wettere auch ich unbeherrscht los. Hat er sich nur ein kleines Tischdeckchen zur genaueren Inspektion geschnappt, brauchen Sie ihm dies nur mit düsterem Blick unter die Nase zu halten und er wird dahinfließen vor Unterwürfigkeit. Die Schuld ist ihm bewusst; dass Sie seine Tat wirklich nicht billigen, bestätigen Sie durch das Demonstrieren des betreffenden Gegenstandes und mit diesem bösen Blick. Ich lasse den Hund dann noch eine Minute um mich herumschleichen, ohne zu reagieren, und kraule ihn danach intensivfreundschaftlich, als Zeichen, dass ich seine Entschuldigung verstanden und akzeptiert habe, jetzt wieder alles in Ordnung ist.

Viele Hunde, die ich kenne entschuldigen sich für »soziale Verfehlungen«. Hat mir ein Tier beim Spielen wieder einmal ein Loch in den Arm gebissen, beschnüffelt es sichtlich betroffen die Wunde, hört umgehend auf zu toben, setzt sich vielleicht mit aufmerksamem Blick neben mich und zeigt regelrechtes Bettelverhalten.

Zu einer noch deutlicheren Entschuldigung kommt es, wenn ein Tier mich quasi im Affekt angeknurrt oder gar nach mir geschnappt hat. Beispielsweise, wenn ich allzu aufdringlich versuchte, ihm einen Ast oder gar einen Knochen wegzunehmen. Viele Tiere legen sich nach einer versuchten aggressiven Tätlichkeit gegen ein höherrangiges Wesen ihrerseits sofort unaufgefordert auf den Rücken, oder kommen geduckt angeschlichen und stupsen mein Gesicht mit ihrer Nase an (eine Andeutung der besänftigenden Geste des Lippenleckens), da sie sich offensichtlich - sobald sie die Beherrschung zurückgewonnen haben - daran erinnern, dass man so was ja eigentlich nicht machen sollte. Ohne dass ich zu diesem Zeitpunkt meinerseits schon anklagendes oder aggressives Verhalten gezeigt hätte.

Veranstalten Sie in solch einem Falle keinen großen Aufstand. Am besten ist man in der unmittelbaren Folge dieser Verfehlung abweisend, nimmt dann aber die Entschuldigung an, indem man das Tier anstubst oder dem auf dem Rücken liegenden Hund in den Bauch zwickt, ihn dann seitlich umdreht und in ein Spiel verwickelt. Dies führt nicht dazu, dass das Tier in Zukunft in einer vergleichbaren Situation noch schneller knurrt, noch schnappfreudiger wird. Ihm war das Unrecht ja durchaus bewusst und die Peinlichkeit, dass man sich kurzzeitig doch nicht beherrscht hat, bleibt, wenn das Tier deutliche Entschuldigungsgesten gezeigt hat, sogar als bremsender Faktor für die Zukunft haften, selbst wenn man als Mensch nicht zurechtweisend zurückgeschlagen hat. Natürlich müssen Sie kurzzeitig durch Blickkontakt und Körperhaltung anzeigen, dass dieses Verhalten auch in Ihren Augen wirklich nicht korrekt war.

In welcher Form das Tier erlerntes Verhalten umsetzt, hängt vom zugehörigen Motivationspotenzial ab. Ist die Motivation groß genug - z.B. einen »unerlaubten« Ausflug zu unternehmen - wird es diesem Antrieb, entgegen »aller Vernunft«, in vollem Bewusstsein der Unrechtmäßigkeit, nachgeben, sich am Abend einfach entschuldigend auf den Rücken rollen - und sich vielleicht, wenn das mit der »Entschuldigung« reibungslos geklappt hat, in Gedanken schon auf die nächste unerlaubte Tour freuen.

Man kann zwar Entschuldigungen hin und wieder hinnehmen. Sollten sie in einem bestimmten Verhaltenskomplex des Tieres aber zur Regel werden, hat der Hund mit der Erziehung seines Herren erfolgreich begonnen. Er hat gelernt, wie einfach man doch »verfahrene Situationen« im Nachhinein noch korrigieren kann.

Nur scheinbar zielgerichtetes Denken

Der Hund ist nicht doof. Er kann seine Intelligenz überraschend zielführend und problemlösend einsetzen. So wird er im Laufe der Zeit meist irgendein Hintertürchen zur Durchsetzung seiner Interessen finden, das ihm bislang nicht mit einem Verbot verbaut ist. Deshalb kann man einen vollwertigen Hund nur sehr schwer allumfassend durch Zwang gegen seine Interessen fesseln. Vielmehr sollte das Zusammenleben so gestaltet werden, dass das Bedürfnis zu größeren eigeninitiativ unternommenen Aktionen gar nicht erst aufkommt. Findet der Hund beinahe alle seine Interessen durch die Gruppe befriedigt, sucht er nicht nach Möglichkeiten, wie er sich seinen Spaß selbstständig organisieren kann.

All die hier beschriebenen Verhaltens-Konstrukte entwickelten sich nahezu ausschließlich auf Initiative des Hundes hin. Ich griff nie direkt problemlösend, fördernd oder lenkend ein. Ich gab den Hunden lediglich in meinem ganzen Verhalten stets zu verstehen, dass auch ich mit ihnen unterwegs sein möchte, ich mich aber den geltenden Regeln und Verboten ebenfalls beuge - ohne ihm Lösungen aus diesem Dilemma, das Vereinbaren von Treffpunkten, Verschieben von Begrüßungen ins Nachbardorf und ähnliches, akustisch anzuzeigen, zu fördern, oder kleine Versuche auf Seiten des Tieres in die richtige Richtung gar durch Belohnung zu verstärken.

Sicher zieht sich der Hund zur Lösung seiner Probleme nicht zum Meditieren in seine Schlafstatt zurück. Vielmehr lässt er im Laufe der Zeit alle Aktionen, die zwar direkt zielführend für seine Interesse wären wieder bleiben, wenn sie fast ausschließlich zu negativen Erfahrungen führten. Er behält andererseits aber Verhaltensweisen und Aktionen bei, die teils über enorme Umwege mehr oder minder durch Zufall ihn doch zu einem seiner Ziele führten. Dabei wird er umständlich bleiben, auch wenn es direktere Wege zum Ziel gäbe, baut in der Folge erfolgreiche Verhaltensweisen nach gleichem Zufallsschema - Erfolg gehabt oder nicht? - immer detaillierter aus. Sodass das Ergebnis dem Menschen letztlich hin und wieder so erscheinen mag, als hätte der Hund seine Situation wirklich grundlegend gedanklich analysiert und die rein theoretisch als Lösung eruierten Optionen ganz zielgerichtet praktisch in die Tat umgesetzt. Beim Hund ist diese zielgerichtete Lösungs-Suche jedoch mehr ein unentwegtes aber nahezu blindes Tasten in die vom Tier gewünschte Richtung. Schon allein der Gedankengang »Dies könnte funktionieren, probieren wir es einfach mal aus!«, ist dem Hund völlig fremd.

2.2   MOTIVATION

Das größte Problem bezüglich des Lernvorganges beim Hund liegt nicht darin, dass dem Lernen Dummheit im Wege stünde. Vielmehr muss man ihn überhaupt dazu bringen, seinen vorhandenen Verstand einzuschalten, seine geistigen Fähigkeiten zielgerichtet zu aktivieren. Ihn motivieren, verstehen zu wollen, was dieser Mensch, der da vor dem Hund komische Geräusche von sich gibt und seltsame Handlungen an sich und dem Tier vollzieht, eigentlich erwartet.

Das Tier benötigt einen Anstoß, aktiv zu werden, auf die Reize des Lehrers oder der Umwelt zu reagieren. Im Lehrvorgang durch den Menschen werden sehr naturfremde Dinge gelehrt. Unter Wölfen ist eine Kommunikationsform, die »Sitz« ausdrückt, überflüssiger Nonsens, dem keine brauchbare Funktion zukäme. Zur Vermittlung solchen »unnatürlichen Nonsens« ist es deshalb nötig, neben einer verständlichen Form der Vermittlung das Tier auf teils recht indirekten Pfaden zur Aktivität zu motivieren.

Die Motivation, einer läufigen Hündin hinterherzuhetzen, schöpft der erwachsene Rüde aus einem angeborenen Pool. Die Motivation, nach der Pfeife eines menschlichen Lehrers zu tanzen, ist dem Tier nicht naturgegeben einprogrammiert. Sie muss über Umwege im Tier erzeugt werden, indem man anderweitige naturgegebene Pools verknüpft. Wobei der Lehrer ausschließlich auf angeborene Antriebe zurückgreifen kann, als da etwa wären: Der Selbsterhaltungstrieb, Schaden vom eigenen Körper fernzuhalten, was sich in Unterwürfigkeit und Angst, aber auch in aktiver (Gegen-) Aggression äußern mag. Der Antrieb, den sozialen Anschluss in der Gruppe nicht zu verlieren, sich durch das Senden und Deuten verschiedener Ausdrucksformen untereinander auszutauschen und in die Gruppe zu integrieren, damit man aus ihr nicht ungewollt rausgeworfen wird, was wiederum die eigene Existenz gefährden würde. Der Antrieb der Neugierde, Neues zu erforschen und zu entdecken. Der Drang, Freiheit zu erlangen oder zu behalten. Der simple Drang, sich angebotenes Futter anzueignen. Der nicht zu unterschätzende Antrieb, sich bei jeder sich bietenden Möglichkeit mit Artgenossen zu paaren und vieles mehr.

Jeden dieser Pools, die untereinander insofern verknüpft sind, als sie alle dem Überleben des Einzelwesen, ebenso wie der gesamten Art dienen, kann man als indirekte Motivation für die typischen »menschlichen Spielchen« zweckentfremden. Wer seinem Tier mittels Futterbelohnung das Spiel »Sitz« beibringt, greift auf die Futtererlangungsmotivation zurück. Der Hund sieht zwar keine direkte Verbindung zwischen »Hintern auf den Boden« und »Futter für den immer knurrenden Hundemagen« - für ihn nachvollziehbarer wäre da schon die Verbindung zwischen »hinter Reh herrennen«, »reinbeißen« und »auffressen«. Er kann diesen Zusammenhang aber leicht erlernen und eine dauerhaft wirksame Verknüpfung erstellen, wenn Sie ihm jedesmal nach einem »Sitz« sanft das Hinterteil auf den Boden drücken und bereits erstes, in diese Richtung gehendes eigenes Handeln mit Hundekuchen quittieren.

Für den Lehrer gilt es, bei jedem Lehrvorgang im Einzelnen zu entscheiden, welche Motivation er anzapfen kann. Man kann dem Hund nicht das Herkommen mittels der Motivation »Angst vor Strafe« beibringen. Schlägt man ihm immer auf die Nase, wenn er folgsam hergekommen ist, wird er rasch mit Flucht auf das Kommando »Komm« reagieren.

Gearbeitet wird meist mit Strafe und Futterbelohnung unter sträflicher Vernachlässigung der anderen Motivationsmöglichkeiten. Die Mechanismen dieser »Zuckerbrot-und-Peitsche«-Erziehung sind für jedes Kind nachvollziehbar. Möchte ich auf diese beiden Komponenten verzichten, muss ich die weniger motivierten Antriebspools wie »Erhalten des Gruppenzusammenhaltes«, »Rangordnungsstreben« und anderes in äußerst geschickter und noch konsequenterer Weise einsetzen.

Unter völligem Verzicht auf jegliche Abschreckungsmotivation, unter Verzicht auf Zwang und Unterdrückung, kann ich ebenfalls eine zur Lenkung ausreichende Motivation erzielen und eine Beziehung wachsen lassen, die teils zu einer beinahe schon lästigen Fixierung entarten kann. Die aber den Umgang mit dem Hund, verglichen mit einem Artgenossen, dem man die klassische Erziehung angedeihen ließ, erheblich erleichtert. Man kann dem Tier in der Folge Freiheiten gönnen, die es nicht mehr in unkontrolliert eigennütziger Weise missbraucht, wie dies ein durch Zwang gefesseltes Tier in jeder sich bietenden, vom Halter unüberwachten, befehlstechnisch noch nicht geregelten Situation tun würde. Manches vorbildlich erzogene Tier, das im Beisein seines Herrn unaufgefordert am Straßenrand stehen bleibt, wird all diese Benimm-Regeln umgehend vergessen, sollte es einmal allein unterwegs sein. Das

Tier, das von seinem Herren den Sinn eines solchen Anhaltens verständlich vermittelt bekommen hat, das nicht aus reiner Folgsamkeit und Furcht vor Strafe anhält, sondern vermittelt bekam, dass eine mögliche »Strafe« von den herumflitzenden Autos ausgeht, wird sich hingegen auch unbeaufsichtigt vorsichtig über vielbefahrene Straßen tasten.

Ein Hund, der nur mittels »Angst vor Strafe« und »Lust auf Futter« dirigiert wird, verhält sich im Umgang mit dem Menschen genauso gegensätzlich und plakativ einfach. Wer ein harmonischeres Miteinander mit mehr Facetten als »Zittern vor Angst« und »Geifern vor Lust« anstrebt, muss sich detaillierter auf das Tier einlassen. Er darf die genannten schwächeren Antriebspools nicht als »relativ unwirksam« unter den Tisch kehren.

Verwende ich mindermotivierte Antriebe zur Lenkung des Tieres, muss ich aber in der Lage sein, die Signale des Tieres differenziert interpretieren zu können und dem Tier selbst differenzierte, verständliche Signale senden.

DIE GRUNDSITUATION DES LERNENDEN HUNDES

Zum Lernen unter Bestrafung und dem Zusammenleben unter Zwang möchte ich Sie folgendes fragen: Wie würde es Ihnen, trotz all Ihrer Intelligenz gefallen, einem Wesen gegenüberzustehen, das anders aussieht als Sie, eine andere Sprache spricht, das Sie nicht einschätzen können und von dem Sie nicht wissen, was es von Ihnen möchte?

Was wäre Ihrer Meinung nach einer möglichen Zusammenarbeit unter diesen Bedingungen nun zuträglicher: Das Wissen auf Ihrer Seite, dass Sie von diesem unbekannten Wesen etwas zu essen und zu trinken bekommen, wenn Sie irgendwelche, nicht nachvollziehbaren Dinge tun. Oder würde es Sie mehr motivieren, näher auf dieses Wesen zuzugehen, sich näher mit seinen Wünschen zu beschäftigen, wenn Sie wüssten, dass hin und wieder, aus für Sie noch nicht nachvollziehbaren Gründen, bestialische Schmerzen von ihm ausgehen?

In letzterem Falle mag die Motivation, irgendetwas zu unternehmen, betragsmäßig gemessen wesentlich größer sein. Sie würden sich aber weniger Gedanken über eine Verbesserung der Zusammenarbeit machen, sondern vielmehr höchstmotiviert darüber nachdenken, wie Sie diesem Unwesen entkommen können. Und wenn Sie ihm nicht in absehbarer Zeit entkommen können, würden Sie sich wohl eher in ein psychisch zerstörtes Nervenbündel verwandeln, als in einen unterordnungsgeilen Speichellecker.

Ein Resultat, das wohl nicht die beste Grundlage für ein erfolgreiches Lehren und Lernen, für ein erstrebenswertes Miteinander darstellt.

EGOISMUS

Man kann in der belebten Natur dieses Planeten jede Handlung eines jeden Lebewesens ausschließlich auf Egoismus reduzieren. Was dem Lehrer einen wichtigen Ansatzpunkt zum Lehren gibt.

Diese Aussage mag auf den ersten Blick schockierend und falsch klingen. Doch nehmen Sie einmal Ihr eigenes Verhalten unter diesem Aspekt ganz ehrlich vor sich selbst unter die Lupe. Sie werden überrascht sein, zu welch niederschmetternden Ergebnissen Sie kommen. Selbst die Ameise lebt nicht für den Staat. Sie lebt nur deshalb im Staat, weil sie allein nicht lebensfähig wäre - ganz davon abgesehen, dass ihr einfach das zum »Auswandern« nötige geistige Potenzial fehlt. Egoismus impliziert nicht zwangsläufig ausgelebte Nachteile für alle anderen Wesen. Er ist in der Natur vielmehr gleichzusetzen mit dem Selbsterhaltungstrieb.

Der Hund folgt nicht, weil es ihm Freude bereitet, sondern weil er seinen Körper in für ihn bestmöglicher Weise durch die Welt lotsen möchte, daher die schädigende Strafe zu vermeiden sucht, die lebensnotwendige Ernährung durch (Futter-)Belohnung aufbessern möchte. Er verweigert nicht nach dem Zufallsprinzip. Die läufige Hündin gibt dem Rüden schlichtweg mehr Motivation, weil sie den größeren Nutzen (zur Arterhaltung) verspricht, als das Befolgen eines »Komm« von Herrchen. Selbst wenn dem Tier bewusst ist, es kommt bei Verweigerung nach der Paarung sofort »unter den Hammer«.

Der Hund als Egoist wird nur folgsam, wenn sich daraus ein Nutzen ergibt. Wie Sie diesen Nutzen verpacken, ist freigestellt. Der eine Mensch beginnt nach der Holzhammer-Methode zu schlagen - der Hund wird Folgsamkeit zeigen, weil er nicht draufgehen möchte. Der Positivling stopft seinen Hund mit Futterbelohnung voll, bis er platzt - so ein Tier wird wenigstens nicht zum Streuner, weil es alsbald kaum mehr laufen kann. Der Tüftler mag das Verhalten seines Tieres nach anderen Anreizen abklopfen, mittels derer er den Hund aus der Reserve locken, ihn zur Folgsamkeit animieren kann. Diesen dritten Mittelweg zwischen Füttern und Foltern möchte ich darlegen.

MOTIVATION

Die Höhe der Motivation bestimmt, wie bereitwillig ein Befehl ausgeführt, einem Hinweis nachgegangen wird, ebenso, wie oft Sie einen Hinweis in falschem Bezug geben können - möglicherweise ein unbeabsichtigter Fehler Ihrerseits, vielleicht aber eine gezielte Lüge - bis das Tier nicht mehr in ursprünglich gelernter Weise reagiert.

Je mehr Hunger das Tier hat, desto bereitwilliger wird es in einer Situation mitarbeiten, von der es weiß, es springt eine Futterbelohnung heraus, wenn es Herrchen zufrieden stellt. Ich kannte andererseits ein diabetisches Tier, das aufgrund seiner Stoffwechselsituation gelernt hatte, Fressen erzeugt nur Unwohlsein. Die Aussicht auf Futter war beinahe so »motivierend« wie die Aussicht auf Strafe.

Weiß der Hund um die Bedeutung Ihres Hinweises »Geh ma raus?«, hält die Vorfreude auf das Vergnügen von Bewegung und Herumtoben einen so großen Motivationsschub bereit, dass man diesen Hinweis etliche Male - aus welchen Gründen auch immer - missbrauchen kann. Darf der Hund zwanzigmal nicht zu einem Ausflug mit Ihnen aufbrechen, nachdem Sie ihm einen solchen schmackhaft gemacht haben, wird er beim einundzwanzigsten Male wohl noch genauso aufgeregt hin und her tanzen. Große Motivation auf der Seite des Tieres lässt hohe Inkonsequenz, beinahe schon Fahrlässigkeit von Seiten des Halters zu, ohne dass die Hinweis- oder Kommandobedeutung getilgt wird.

Bestehen Sie andererseits gerade bei verschiedenen brauchbaren Kommandos wie »Sitz« oder »Komm«, die der Hund weitaus weniger motiviert befolgt - außer er hat bereits riesengroße Angst vor Ihren Strafen - nur wenige Male nicht auf deren Einhaltung, wird das Tier rasch lernen »Ich muss nicht immer folgen«. Da niedrig motivierte Folgsamkeit sowieso keinen richtigen Spaß macht, folgt man alsbald halt gar nicht mehr. Betroffen davon sind beinahe alle »wichtigen« Befehle, wie »Steh«, »Platz«, »Komm«, »Fuß«, »Aus« und viele mehr, die das Tier sowieso mehr aus Kulanz, denn aus Überzeugung befolgt. Zu denen es nur über eine indirekt konstruierte, nicht aber direkte, angeborene Motivation verfügt, die wohl meist in der Furcht vor Herrchens Unwillen bei Verweigerung begründet liegt.

Zudem handelt es sich bei diesen Lehrinhalten um im natürlichen Umgang eigentlich völlig sinnlose, vom Menschen dem Tier, meist ohne von diesem nachvollzogen werden zu können, aufgepfropfte Verhaltenskomponenten. Mit »Geh ma raus?« aktivieren Sie hingegen mittels einer für das Tier zwar unnatürlichen Ausdrucksform wenigstens natürliche, direkte Antriebspools im Hund. Sie weisen damit nur auf einen Umstand, eine bevorstehende Möglichkeit hin. Sich mit dem Inhalt Ihres Hinweises zu beschäftigen, liegt in den angeborenen Antrieben des Hundes begründet und muss nicht durch den Befehl an sich, durch Aussicht auf Strafe oder Belohnung von Ihrer Seite motiviert werden.

2.3 NEGATIVE MOTIVATION - VERMEIDUNGSMOTIVATION

Der Begriff der »negativen Motivation« ist an sich ein völlig widersinniger Ausdruck. Motivation ist immer und kann nur positiver Form sein. Die Aussicht auf Strafe bei Unfolgsamkeit, eine dieser typischen »Negativ-Motivationen«, ist eigentlich ebenfalls nichts anders als eine Motivation positiver Art. Das Tier wird durch die absehbare Strafe angeregt, dem Befehl so gut es dies vermag nachzukommen, damit es absehbare negative Folgen eben nicht erleiden muss. »Nicht leiden müssen« stellt in dieser Hinsicht aber wiederum eine positive Erfahrung dar.

Je mehr das Tier seinen Handlungsantrieb aus Vermeidungstaktik schöpfen muss, je mehr sein Leben darauf ausgerichtet ist, nur etwas zu tun, damit alles nicht noch schlechter wird, desto verstockter wird seine Folgsamkeit, desto verkorkster sein ganzer Charakter. Das Tier braucht ebenfalls die Erfahrung, dass seine Taten positive Auswirkungen zeitigen. Fressen vertreibt nicht nur das negative Hungergefühl, sondern stellt ein positives, geschmackliches Erlebnis dar, füllt den Bauch in wohliger Weise. Vom Leittier dargebotenes Futter stärkt die Bindung an dieses.

Damit hat man als Halter schon zwei ergiebige Pools an der Hand, durch die das Tier praktisch an einen gefesselt ist. Einerseits die naturgegebene Anschluss-Programmierung. Andererseits den Vorteil des gefüllten Fressnapfes Zuhause. Allein des-

halb werden Hunde schon zu recht geduldigen Tieren, die sich allerhand Schwei-
nereien bieten lassen, bevor sie in Erwägung ziehen, sich »selbstständig« zu machen.
Ein Tier aus einer solch oberflächlichen Nutz-Beziehung schließt sich jedoch bereitwillig jedem anderen Wesen an, das ihm mehr gibt, als einen gefüllten Magen.
Gezeigtes Vertrauen, Zuneigung, eine Beschäftigung mit dem Wesen Hund, der soziale Umgang an sich also, wird von diesem so hoch geschätzt, dass sich mir Tiere allein
aus diesen Gründen tagelang mit knurrendem Magen angeschlossen haben, obwohl
sie genau wussten, wo das volle Futternapf für sie bereitstünde und jederzeit
Gelegenheit hatten, sich von mir zu trennen und heimzukehren.

DAS LERNEN MITTELS BESTRAFUNG

Warum wollen Sie Ihrem Hund ganz bewusst zusätzliche Gewalt antun? Im täglichen
Umgang mit Ihnen erfährt er diese in ausreichend abschreckendem Maße ganz nebenbei. Wie oft knallt man ihm doch die Türe an die Nase, tritt ihm auf Pfoten und
Schwanz, quetscht ihn irgendwo ein, stolpert unterwegs über ihn oder fährt ihm über
die Füße (Ich glaube nicht, dass in dieser Hinsicht allein ich selbst solch ein Trampel
bin ...).

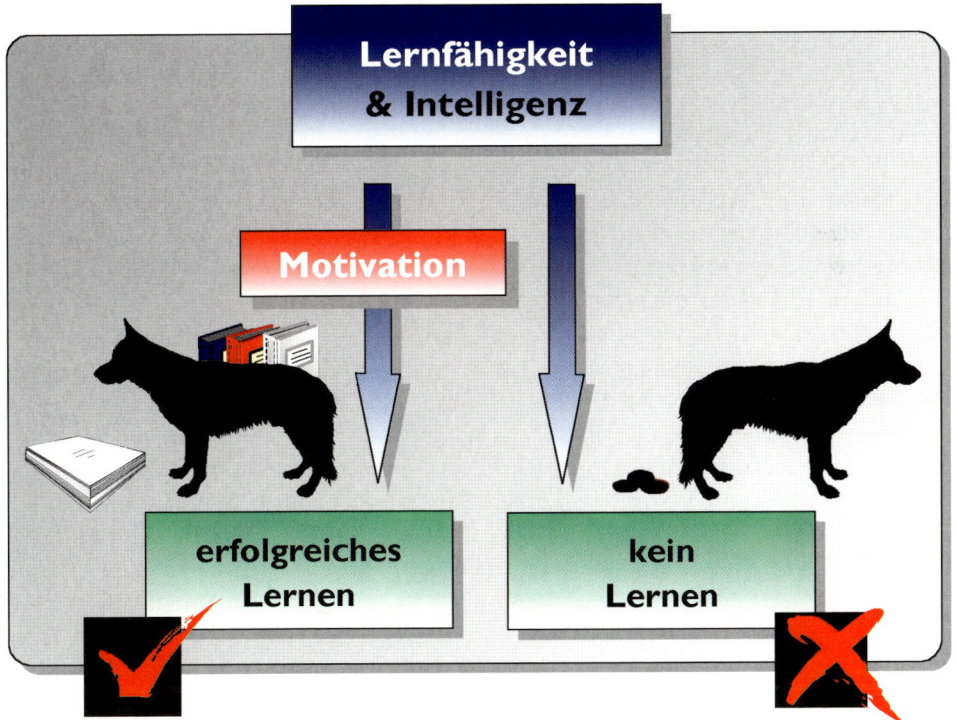

Lernfähigkeit, Intelligenz und Motivation.

Der Hund weiß, dass Sie diese Gewalt, die Sie ihm unbeabsichtigt antun, im Streitfalle gezielt gegen ihn einsetzen könnten. Deshalb ist das Argument, bei einer Erziehung, die nur auf Belohnung setzt, ginge der Respekt vor dem Erzieher verloren, im praktischen Umgang nicht haltbar. Das Tier beobachtet Ihre kräftemäßigen Möglichkeiten, weiß um die mechanische Gewalt, die hinter dieser und jener Tat steckt, hat es doch ebenfalls versucht, sich unter das Bett zu quetschen, weil der Ball dort verschwunden ist. Und Sie gehen einfach hin und heben das Bett mit einer Hand hoch, wo dem Hund nicht einmal das leichteste Rütteln möglich war. Daraus vermag er hochzurechnen, wie unangenehm es sich anfühlt, wenn Sie diese Ihre mechanischen Kräfte gezielt gegen ihn einsetzen würden.

Im Spiel mit Ihnen lernt der Hund ebenfalls beiläufig nebenher, Ihre Körperkräfte abzuschätzen, zu achten und vielleicht sogar zu fürchten, auch wenn Sie sich noch nie gezielt gegen das Tier gewandt haben.

DIE TÜCKEN DER BESTRAFUNG

Die Erziehung mittels Bestrafung hat zudem ihre Tücken. Die Strafe an sich bezieht das Tier meist auf seine letzte Aktion. Kommt der Hund erst zu Ihnen zurück, nachdem sie ihn minutenlang gerufen haben und Sie bestrafen ihn dann in irgendeiner Form, wird diese unangenehme Erfahrung auf das Zurückkommen bezogen und meist nicht, wie beabsichtigt, auf das zu lange Zögern.

So widersinnig es klingen mag: Kommt der Hund irgendwann auf Ihr Rufen hin doch zu Ihnen, dann loben Sie ihn. Zeigen Sie ihm, dass Sie sich freuen. Versuchen Sie in Zukunft, ihn dadurch enger an sich zu binden, seine Folgsamkeit zu erhöhen, indem Sie ihm zeigen, dass es nur gut für ihn ist, sich noch mehr, noch schneller an Ihnen zu orientieren. Und beim nächsten »Komm« in ein paar Tagen wird der Hund aus Überzeugung, nicht aus Angst vor Strafe, rascher reagieren. Als Belohnung bekommt er mehr punktuelle Zuneigung gezeigt. Möglicherweise können Sie ihn dann alsbald schon zu sich beordern, indem Sie einfach über viele Meter hinweg einen natürlich sinnbehafteten Blickkontakt mit dem Tier ausfechten.

In dieser Situation ist die praktikabel erscheinende, schnelle (Straf-)Lösung das Falscheste, was man tun kann

Wer einem Raufer das Beißen abgewöhnen möchte, darf ihn nicht zur Schnecke machen, wenn er nach einem ausgefochtenen Kampf zu ihm zurückgetrottet kommt, sondern muss ihn am besten schon vor begonnener Aktion bremsen.

Schnelle, auf das Tier zu gerichtete Bewegungen, schüchtern es ein. Der Hund kann im Laufe der Zeit durchaus lernen, dass dieses Verhalten Ihrerseits bedeutungslos ist. Aber zu Beginn Ihres Zusammenlebens sollten Sie solche Aktionen unterlassen. Andernfalls bleibt das Tier auf erhöhter Distanz zu Ihnen. Wer jetzt meint, man könne solche bedrohlichen Gesten doch zur Unterstreichung wirklich ernst gemeinter Befehle hernehmen, der gräbt sich selbst eine Grube. Aus der Ferne wirken diese Bewegungen nämlich gar nicht mehr einschüchternd, da sich das Tier in Sicherheit außerhalb Ihrer Reichweite weiß. Befindet es sich hingegen in Einschüchterungsdis-

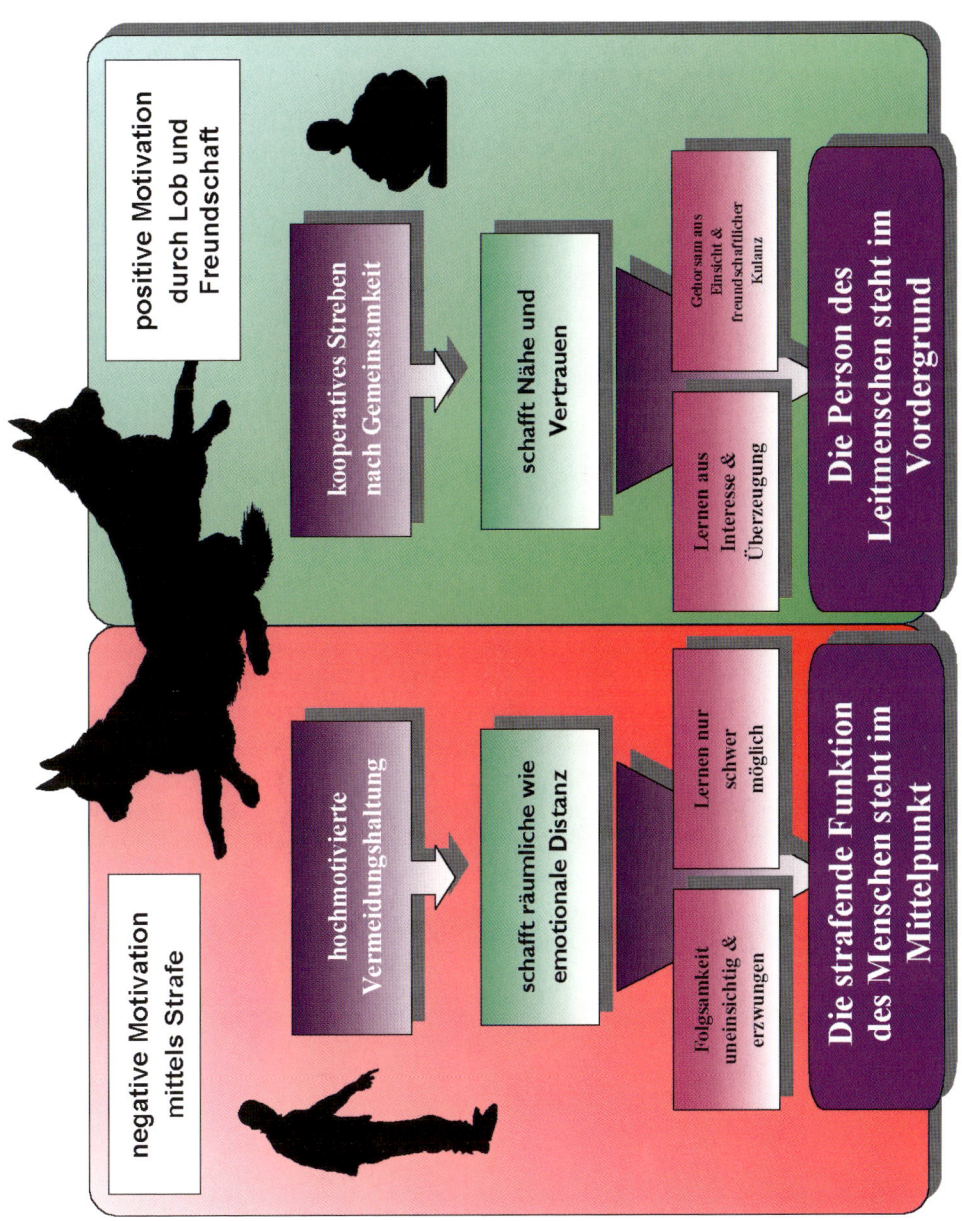

Strafe kontra Lob. Die Auswirkungen auf das Weltbild des Hundes.

tanz, dann möchten Sie meist, dass es sich bei Ihnen etwa hinsetzt oder -legt. Was aber nicht geschehen wird, da es sich erst einmal instinktiv in Sicherheit zu bringen versucht, wenn Sie es mit raschen Gesten ängstigen.

VOLL DANEBEN! - KONTRAPRODUKTIVES STRAFEN

Es gibt viele Bereiche, in denen, einerlei, ob man sich noch im Lernvorgang befindet oder man mittels Strafe die Einhaltung erlernter Zusammenhänge motivieren möchte, eine Bestrafung genau das Gegenteil des erwünschten Effektes bewirkt. Bereiche in denen sich Strafe ohne großen Aufwand nicht nutzbringend einsetzen lässt.

Wie versuchen manche Halter ihrem Ausreißer das Streunen abzugewöhnen? Indem sie ihn fälschlicherweise schimpfen, wenn er nach Hause zurückkehrt. Das Tier bezieht diese Schimpfe jedoch auf das Zurückkehren und ist daher geneigt, dem Zuhause künftig eben gänzlich fern zu bleiben.

Ein Tier, das gerne bei Herrchen bleibt, weil es das Zusammensein als interessantes, nutzbringendes Fakt einstuft, wird sich jedoch gar nicht anderen Menschen anschließen oder selbst auf Tour gehen. Eine enge Bindung auf positiver Basis dämpft eigenmächtige Ausflüge und unterschwellige Abwendungstendenzen wesentlich effektiver als eine temporär strafende Bindung des Hundes mittels Kette an die Hauswand oder mittels Leine an den Herrn bei Ausflügen.

Dies als sehr deutliches Beispiel, wie geschickt man durch Bestrafung falsche Akzente zu setzen vermag.

Schlägt der Hund jedesmal lauthals an, wenn Besuch kommt, wird man ihn künftig wegsperren. In der Folge wird er aus seinem Gefängnis heraus nicht mehr aufhören zu bellen und beim nächsten Mal noch wütender anschlagen, was zu noch früherem, sichererem Wegsperren und mehr oder minder unfreundlichen Ermahnungen führen wird. Eine ablehnende Haltung durch den Menschen, eine Bestrafung, die lediglich ein Feindbild beim Hund produziert: Bald merkt sich das Tier: »Besuch bedeutet für mich Beschränkung und Strafe. Also ist Besuch schlecht für mich!« Also muss Besuch noch heftiger abgewehrt, gar nicht mehr in die Wohnung gelassen, am besten gleich noch vor der Haustüre getötet werden.

Wie möchten Sie das Erlernen der Befehle »Sitz«, »Platz« oder »Komm« mittels Strafe motivieren? Indem Sie alle Handlungen des Tieres bestrafen, solange bis es sich zufällig einmal hingesetzt, hingelegt hat oder zu Ihnen marschiert gekommen ist? Hierbei bewirkt ein häufiges Strafen lediglich, dass der Hund sich immer weiter aus Ihrer Reichweite fernhält, räumlich, wie emotional. Es motiviert jedoch kein zielgerichtetes Lernen.

Sicher kann man später, wenn dem Tier die Bedeutung dieser Kommandos bereits klar ist, ein Befolgen unter Strafe erzwingen. Was aber schon beim »Komm« wiederum problematisch wird. Gehorsamkeit mittels Strafe hier zu erzwingen erfordert im günstigsten Falle den Aufwand einer langen Trainingsleine oder gar eines ferngesteuerten Elektro-Halsbandes. Denn egal, ob der Hund ein Schüler oder ein verweigernder Wissender ist, der den Befehl nicht befolgt, ein Herkommen kann man nur dann negativ motivieren, wenn die negative Erfahrung nicht von dem Objekt ausgeht, dem man sich nähern soll.

Sicher kann man zum Erlernen des »Komm« das Tier an einer zwanzig Meter langen Leine sich entfernen lassen, es rufen und unterstreichend über diese »Fernsteuerung« am Halsband zu sich herzerren. So wird der Hund die Bedeutung erkennen lernen und sich aus Furcht vor dieser unangenehmen Prozedur irgendwann ohne »Zugzwang« nähern. Dies funktioniert als geplante Lehrstunde. Doch was wollen Sie unterwegs tun, wenn das Tier selbstverständlich nicht an einer solchen Trainingsleine hängt, und es Sie auf Ihren Befehl hin lediglich herausfordernd stur aus sicherer Distanz anguckt, ohne seinen Hintern zu bewegen? Hätten Sie auf ein weniger rangordnungsbetontes Miteinander gesetzt, käme es zu solcher offenen Provokation im Zuge eines Versuches, die Rangordnung neu zu regeln erst gar nicht.

Bestrafung mag zwar hochmotivierende, harte Akzente setzen, ist aber kein Allheilmittel, das man bedenkenlos für alle Problemfälle heranziehen kann. Man muss dabei einen Mittelweg finden zwischen der Erzeugung einer notwendigen Motivation und ungewollter Provokation störenden Stresses. Durch Rangordnungsdruck und drohende Negativ-Erfahrung kann man den Hund durchaus dazu bringen, sein Hirn einzuschalten, begreifen zu wollen, was dieser Mensch da von ihm eigentlich überhaupt erwartet, zu lernen und Lerninhalte zu behalten. Steht der Hund in einer sehr repressiven Beziehung beim Lernvorgang aber zu stark unter Stress, kann man deutlich erleben, wie sich das Lernen verlangsamt und das Behalten der gelehrten Zusammenhänge erschwert, wie man heute erkannt hat, teils biochemisch unmöglich werden kann.

Vom Freund - etwa einem Mithund, der verschiedene menschliche Kommandos schon kennt und umsetzt - lernt das Tier mit Interesse, beinahe stressfrei. Schöpft man als Mensch die Motivation aus positiven Anreizen, erhält man sich das Interesse des Hundes am Lehrvorgang ohne ihn zu blockieren.

Hat man also in der beinahe rangordnungsneutralen, freundschaftlichen Beziehung bestenfalls Probleme, einen trägen, desinteressierten Hund zum Lernen und zur Folgsamkeit zu bewegen, so kann man sich in einer unterwerfungsbetonten Haltung, die auf die Vermittlung negativer Signale baut noch zahlreiche weitere Probleme einhandeln, die einem den Erfolg verwehren.

UNWISSENHEIT SCHÜTZT VOR STRAFE SCHON

Das Problem des negativ motivierten Handelns liegt darin, dass es beinahe überhaupt erst greifen kann, wenn das eigentliche Lernen bereits abgeschlossen ist.

Sie können einen Hund, dem sie gerade das »Sitz« beibringen wollen, zwar für jeden Fortschritt in Richtung eines korrekten »Sitz« loben oder belohnen. Wenn der Hund nicht weiß, was von ihm erwartet wird, darf er für diese Unwissenheit aber nicht gestraft werden. Eine zusätzliche Motivation verschaffen Sie ihm mittels Strafe erst dann, wenn er genau weiß, was Sie eigentlich erwarten, wenn bei ihm der Zusammenhang der Tonfolge »Sitz« mit der Handlung »Hintern runter auf den Boden«

bereits verknüpft ist. Erst jetzt können Sie, sofern Sie dies für nötig erachten, eine Verweigerung »nutzbringend« bestrafen.

Anders gelagert ist der Fall, wenn die negative Erfahrung der Strafe direkt vom Objekt ausgeht, an dem gelernt wird. Überfahren Sie den Hund ständig, wenn er auf Tour vor Ihrem Vorderrad kreuzt und zurückblickt, wird er bald nicht mehr kreuzen. Die Vermeidung und Distanz provozierende Negativ-Erfahrung geht von dem Objekt aus, das gemieden werden soll. An einem Stacheldraht oder Elektrozaun wird der Hund lernen, dass man sich bücken muss, um dem Schmerzreiz zu entgehen.

Sie können dem Tier jedoch keine abstrakten Dinge wie das Sitzen, Hinliegen, Herkommen, bei Fuß laufen und vieles mehr beibringen, wenn das Tier diese Zusammenhänge zwischen Syntax und Handlung nicht kennt, aber im Lernvorgang negative Impulse von Ihnen ausgehen. Weshalb Straf-Lehren eine sehr gute Kenntnis des Tieres und der jeweiligen Lehrsituation von Seiten des Lehrers erfordert. Kenne ich das Tier jedoch so genau und kann die Bedingungen, unter denen das Lernen stattfinden soll, so gezielt einrichten, bin ich so gut gerüstet, dass ich als Lehrer wie als Halter auf Strafe großteils völlig zu verzichten weiß.

»NEGATIVES« LERNEN ERZEUGT DISTANZ

»Negatives Lernen« oder eben die positive Motivation, schädigenden Einwirkungen aus dem Weg zu gehen, funktioniert brauchbar in Situationen, in denen das Tier lernen soll, sich von etwas fernzuhalten. Der Stacheldraht tut weh, also meidet man ihn oder duckt sich vorsichtig unter ihm durch. Das Auto ist laut und schnell und tut bei Kontakt auch weh, also versucht man, ihm aus dem Weg zu gehen. Mittels »negativer« Motivation wird eine direkte Vermeidungsstrategie entwickelt.

Weitaus komplizierter ist es, ein Tier durch schlechte Erfahrungen an sich zu binden. Da es hier nicht geradeaus - »Das Objekt, das mir Schmerzen verursacht, meide ich!« - , sondern um eine komplizierte Ecke denken muss. Es muss seine gesamte Situation überdenken und erkennen können, dass eine ausweichende Flucht schlecht möglich ist. Aus dieser Erkenntnis muss es ableiten, dass es dann wohl besser sein mag, sich bei schlechten Erfahrungen mit Herrchen noch enger an dieses zu binden, um es nicht noch weiter zu reizen und in der Zukunft weiter gesteigerte schlechte Erfahrungen vermeiden zu können. Hierbei verlangt man globales, in die Zukunft reichendes, extrapolierendes Denken von einem Tier, dem Fachleute die Fähigkeit zum Denken immer noch nicht ganz zugestehen wollen.

Strafe erzeugt nicht nur emotionale, sondern handfeste räumliche Distanz. Selbst bei geschicktestem Einsatz der möglichen Strafmechanismen, selbst wenn das Tier bei jeder Bestrafung glaubt, die Strafe käme von außen, nicht von Ihnen, wird es nach einigen Wochen des Zusammenlebens erkennen, dass immer nur im Zusammensein mit Ihnen die Umwelt seltsamerweise so viele negative Impulse sendet. Dies führt zu einer gesteigerten, generellen Vorsicht, zu einer gezielten Distanzierung. Bald wird sich der Hund Ihnen nicht mehr von selbst und auf Ihre Befehle hin nur sehr tastend und misstrauisch annähern.

Ein Hund hingegen, der die Beziehung zu seinem Herrn in positiver Weise zu schätzen gelernt hat, wird diesen nicht nur durch Anhänglichkeit und vorbildlichen Gehorsam positiv zu stimmen versuchen, sondern sich ihm hin und wieder auf recht unerwartete Weise in anbiedernder Form an den Hals werfen. Jede seiner Gesten, die seinen Halter oftmals mehr zufällig positiv gestimmt hat, wird er versuchen immer wieder anzuwenden und immer weiter auszubauen. Woraus lange und individuell gestaltete Begrüßungszeremonien entstehen können, oder sich sehr eigenes Verhalten unterwegs oder im Alltag Zuhause entwickeln mag.

Negative Erfahrungen kann man sich nutzbar machen, indem man dem Tier immer beweist, dass es bei Herrchen vor diesen schlechten Einflüssen Schutz findet. Schutz vor dem lauten Lastwagen. Schutz vor dem geifernden Artgenossen. Hier kann Herrchen den ruhenden Pol bilden, zu dem sich der Hund freiwillig flüchtet. Sieht man aus der Ferne einen herannahenden Lastwagen, kann man diese Situation dazu ausnutzen, dem Hund etwa die Einsicht in das Kommando »Komm« zu vermitteln. Man ruft den zurückgefallenen Hund näher zu sich, ignoriert ein Verweigern völlig - der vorbeidonnernde Lastwagen wird's schon richten, der Hund mit eingezogenem Schwanz versuchen, Herrchen zwischen sich und dieses Unikum zu bringen. Nutzt man analoge Situationen im täglichen Umgang mit dem Tier rigoros aus, vermittelt man dem Hund, dass dem Kommando eine Schutzfunktion anhaftet und nicht spielerische Schikane von Herrchen ist. Der Hund wird alsbald dieses Kommando ohne Reibereien, aus Überzeugung und nicht aus Kulanz oder Angst vor Herrchen befolgen. Hier kann man sich die durch negative Erfahrungen aus der Umwelt erzeugte Distanz beim Tier zu einer verstärkten Bindung an die eigene Person umfunktionieren und nutzbar machen. Er hat gelernt, wenn er auch nicht immer alles sofort versteht, so ist es doch bei Mami am besten. Mami schützt vor Autos. Mami jagt böse Köter davon. Mami hilft bei Beißerei. Bei Mami kann man sich verstecken, wenn der verbellte Gaul nicht abhaut, sondern auf einen zugerannt kommt. Man muss nur ständig Acht geben, was Mami für Signale sendet. Weil man dann bei ihr Schutz findet, da sie bedrohliche Situationen frühzeitig erkennt und dem Hund warnend signalisiert, wann unangenehme Erfahrungen bevorstehen.

Der Hund sollte die wenigen nötigen Befehle nicht deshalb befolgen, weil er weiß, tut er es nicht, ist ihm Herrchen böse oder tut ihm gar weh. Es sollte erkennen können, dass die Kommandos immer einen Sinn beinhalten und zu seinem eigenen Besten sind. Selbstverständlich kann man diese so gelehrten Kommandos später ohne nachfolgende, »ängstigende Umweltsituation« einsetzen. Die Verknüpfung zwischen Befehl und Handlung ist genauso hergestellt, wie in einem herkömmlichen, gezielten Lehrvorgang. Man ist also mit dieser Methode nicht auf Lebzeiten auf ein unterstreichendes, bedrohliches Umweltereignis angewiesen, das den Gehorsam erst bewirken würde.

Ein zusätzliches, überflüssiges »Komm«, weil sich gerade ein Zug in so »brauchbarer« Weise nähert, dass man ihn einfach zur Erziehung ausnutzen muss, frischt die vermeintliche Schutzfunktion eines Befehles hin und wieder auf. Es erhält die überzeugende Funktion für die nächsten paar Dutzend »Komm«, die ohne passendes, unterstreichendes Event von außen befolgt werden.

Wer nicht solchermaßen an Erziehungsmethoden herumbasteln möchte, kann dem Tier die Folgsamkeit auf ein »Komm« natürlich auch auf dem Hundeplatz durch ein begleitendes Reißen an der langen Leine oder durch das Elektro-Halsband schmackhaft machen.

DIE »MACHT« DER STRAFE

Natürlich muss ich zugeben, dass sich negative Erfahrungen, allein schon weil sie als existenzbedrohend eingestuft werden, tiefer ins Gedächtnis eingraben und dort länger haften bleiben. Positive Erziehung erfordert mehr Geduld und einen größeren Zeitaufwand. Negativ-Lernen funktioniert - in den Bereichen, in denen es überhaupt greift - nach der Brecheisen-Stempel-Methode: Per Brecheisen wird das Wesen des Tieres auf- und zerbrochen. Danach ein dem Menschen genehmer Erfahrungsstempel unter seine zerbrochene Schale gepresst.

Die Wirksamkeit negativer Erlebnisse hat aber auch schon manchem Trainer einen Strich durch seine Rechnung gemacht, mir selbst einmal beinahe die Beziehung zu einem Tier genommen. Eine schlechte Erfahrung zur falschen Zeit kann die Arbeit von Wochen und Monaten, das Vertrauen vieler gemeinsamer Kilometer zerstören. Zumindest aber auf lange Zeit jeden weiteren Fortschritt in ähnlichen Belangen auf Eis legen.

Mittels Strafe zapfen Sie einen der stärksten Motivationspools überhaupt an, den Selbsterhaltungstrieb, das Verlangen, Schaden vom eigenen Körper abzuwenden. Von daher ist sie als Motivation, Erlerntes umzusetzen, Folgsamkeit zu leben sehr funktionell.

Das Tier könnte jedoch - und vielfach geschieht genau dies - der Idee verfallen, nicht Ihre Befehle zu befolgen, um Schaden vom eigenen Körper abzuwenden, sondern sich Ihnen schlichtweg gänzlich zu entziehen, sprich abzuhauen oder sich wenigstens ständig auf größtmöglicher, gerade noch erlaubter Distanz zu halten. Entweder müssen Sie Strafe also so verpackt in die Erziehung einbauen, dass das Tier immer der Meinung ist, sie kam von außen, nicht von Ihnen. Bei Missachtung einer Warnung vor dem Elektrozaun kommt die auf den Fuße folgende Strafe ja aus der Umwelt. Oder Sie arbeiten im positiven Sinne, mit Belohnung. Sei dies die plumpe Futterbelohnung oder die wesentlich elegantere Belohnung durch Zuneigung. Die Belohnung belohnt nicht nur eine erfolgreich bewältigte Aufgabenstellung. Sie bindet zusätzlich als rein positive Erfahrung den Hund an seinen Erzieher.

EIN BEISPIEL: DEM ELEKTROSCHOCK FEHLT DIE RICHTUNG

Da Schmerzen hochmotivierend sind, kann der verzweifelte Versuch des Tieres, erlebte Schmerzen einzuordnen und weitere Schmerzen zu vermeiden, verwirrende Blüten treiben, das Tier zu ebenso großformatigen wie unerwünschten Vermeidungsstrategien verleiten.

Ein Collie-Schäferhund-Mix, mit dem ich viel zusammen unterwegs war, mied einen bestimmten Ort monatelang, als er dort beim harmlosen Schnuffeln von einem Elektrozaun unter Strom gesetzt wurde. Er versuchte schon Hunderte Meter vor dieser Stelle zu verweigern und andere Abzweigungen zu wählen. An der betreffenden Stelle wich er, obwohl ich als sein unbestreitbares Vorbild unbeeindruckt am kritischen Bereich vorbeiging, viele Dutzende Meter in die Felder aus.

Ein Hofhund, der vor Freude beinahe kollabiert, wenn er mich entdeckt, hielt sich über Monate konsequent von mir fern, als er bei einer solchen Begrüßung unter einem E-Zaun beim Hochspringen einen Schlag bekam. Er verband dieses Erlebnis mit der aktuellen Situation der Begrüßung. Tut dies einmal dermaßen bestialisch weh, begrüßt man diesen doofen Freund eben nicht mehr. Der Hund flüchtete sogar, wenn ich mich ihm zu nähern versuchte.

Zusammengenommen zeigen mir schon diese beiden Fälle die Problematik etwa einer Elektroschockbestrafung auf: Das Tier kann sie einfach nicht schlüssig einordnen. Es braucht immer eine klar erkennbare Richtung, aus der die Strafe kommt, sowie eine für ihn nachvollziehbare Form der Strafe. Etwa mechanische oder akustische Gewalt. Kein Hund kann begreifen, warum ein gespannter Draht, der noch nie weh getan hat, plötzlich Schmerzreize unangenehmster Art sendet, ohne dass sich irgendwelche Äußerlichkeiten geändert haben. Warum mancher Draht Schmerzen verursacht, man denselben zu einem anderen Zeitpunkt aber bedenkenlos wegschieben konnte. Oder warum plötzlich am Hals irgendwas schmerzt, als hätte eine Wespe zugestochen. Unsichtbar, unhörbar, richtungslos, von Tier nicht einzuordnen.

Aus solchen Negativerfahrungen bastelt sich jeder Hund sein ganz individuelles für Herrchen oft nicht nachvollziehbares Weltbild, in das er diese Erfahrungen einzuordnen versucht. Solche Erlebnisse oder gar gezielte »Schulung« mittels Elektro-Halsband schüchtern das Tier vielmehr generell ein, als dass sie es gezielt lenken würden. Man opfert die charakterliche Gesundheit des Hundes einem winzigen, punktuellen Lehrerfolg.

Zudem kann eine Ausbildung unter Elektroschock dazu führen, dass nur das verhasste Halsband vom Hund »geachtet« wird, nicht jedoch der Halter selbst. Der Hund eines Jägers, der ausschließlich mittels Tacker-Halsband erzogen wurde, gibt einen Dreck auf die Kommandos seines Herrn, wenn er nicht das Folterinstrument um seinen Hals weiß. Zum sich duckenden Schleicher wird er nur, wenn er sein Halsband angelegt bekommt. Der Halter hat sich damit völlig in Abhängigkeit der Technik begeben, steht selbst nicht im Mittelpunkt der Beziehung und wird von seinem Hund in keiner Weise als Wesen geschätzt, lediglich als Risikofaktor berücksichtigt.

2.4   ERLANGUNGSMOTIVATION

Wenn man von jemandem etwas möchte, macht man für ihn den Affen. Dies beherrscht auch der Hund. Er versucht zu gefallen und man kann ihm die unsinnigsten Dinge beibringen, oder eine beginnende Ermüdung der Lernbereitschaft auffrischen, wenn man dem Tier etwas zeigt, was sein Begehr weckt, ihm dies aber erst gibt, wenn er »den Affen gemacht hat«. Etwa das bewährte Prinzip der Futterbelohnung, die dem Hund einen antreibenden Motivationsschub verpasst.

POSITIVES LERNEN, NICHT NEGATIVES ABSCHRECKEN

Möchte ich den Hund belohnen, dann lobe ich ihn mit Worten und kraule ihm das Genick. Wenn dann auch mein Geruch stimmt, weil ich mich wirklich freue, wird er mich deutlich sichtbar und stolz angrinsen.

Für einen Hund ist das »Wie« des Zusammenlebens wesentlich wichtiger als eine kurzfristige Negativerfahrung - der Hieb mit der Leine. Wichtiger als das Geschmackserlebnis, das ihm eine Futterbelohnung einbringt.

Die Belohnung durch Zuneigung kann man ebenfalls je nach Situation dosieren, um dem Tier zu zeigen, wie überzeugend seine Folgsamkeit war. Folgt es spontan in gewünschter Weise, bekommt es mehr und überschwänglichere Streicheleinheiten, als wenn eine zweite Aufforderung, etwas zu tun oder zu lassen, nötig war.

Verweigert der Hund hartnäckig, bekommt er einige Minuten lang keine positiven Signale der Zuneigung vermittelt. Auch dies ist eine funktionelle Form der Strafe. Der Hund, der Herrchens Zuneigung zu schätzen gelernt hat, weil ihm das Zusammenleben viele Vorteile einbringt, wird solche kurzzeitige Abwendung nicht erbauend finden.

Ist mein Begleiter trotz Rückrufes meinerseits auf Hühnerjagd gegangen, reicht es als quittierende »Strafe« aus, wenn ich ihn bei seiner Rückkehr zu mir kurz nicht beachte, dann anhalte und ihn - mit düsteren Blicken fixiert - mit ruhiger Stimme »grundlos« zu mir vor die Füße beordere. Er kommt dann unverkennbar schuldbewusst angeschlichen. Versucht er meinen Blicken auszuweichen, zwinge ich ihn möglicherweise mit der Hand einen Augenblick lang, mir weiterhin in die Augen zu sehen. In all diesen Aktionen steckt keinerlei strafende Gewalt, aber jede Menge demütigende und ängstigende Akzente in Hundesprache. Dies sitzt für die nächste Hühnerjagd mindestens genauso tief als Missbilligung begangener Taten, als ob ich das Tier angeschrieen, es grob im Genick gepackt und »strafend« angeleint hätte.

Für ein Tier, das nur mit Futter und Leinenhieb gedrillt wird, stellt Abwendung und Ignoranz, die »neutrale Strafe«, keinen lenkenden Weltuntergang mehr dar. Es wird vielmehr froh sein, vor Herrchen wenigstens mal ein paar Minuten Ruhe zu haben ...

Aus diesem Grunde ist für eine positiv motivierte Erziehung über das Mittel Zuneigung - oder eben Zuneigungsentzug - eine bereits bestehende, positive Basis des Zusammenlebens nötig. Strafe oder Futterbelohnung greifen in dieser Hinsicht zugegebenermaßen direkter, da sie die aktuelle Form des Zusammenlebens weitgehend außer Acht lassen können.

MOTIVATION DURCH BEKRÄFTIGENDES VERHALTEN

Sie können den Hund in einem geplanten Vorhaben stärken, wenn Sie sich zu ihm auf die Straßenseite gesellen, wo er steht und aufmerksam in die Wiesen guckt. Sehen auch Sie aufmerksam in die vom Tier gewiesene Richtung, bestärken Sie die Korrektheit seines Interesses. Jetzt reicht eine leichte Berührung, ein leichter Anstoß in die betreffende Richtung, um dem Tier die Erlaubnis zu geben, dorthin, wohin es gerade noch hingeguckt hat, auch hinrennen zu dürfen.

Wenden Sie hingegen den Blick demonstrativ ab, während Sie vom Hund fragend-kontrollierend angesehen werden, gehen Sie ohne zu zögern weiter und richten Sie - sofern dies möglich ist - ihre Fortbewegungsrichtung etwas entgegen der Blickrichtung des Tieres aus, bedeutet ihm dies Ihre Ablehnung. Vertraut Ihnen der Hund, wird er dies als Hinweis werten, »Herrchen findet meine Entdeckung nicht interessant, also mag es sich gar nicht lohnen, dort hinzurennen!« - und sich dadurch womöglich eine ausgeprägte Rüge von Herrchen einzuhandeln. Gründet Ihre Beziehung zum Hund allein auf praktizierter Kommandogewalt, mag der Hund das Abwenden des Menschen als Unaufmerksamkeit werten und versuchen, den unüberwachten Moment scheinbarer Freiheit in seinem Interesse zu nutzen. Was den Kommandeur in der Folge einmal mehr zum Kommandieren zwingt ...

Eine demonstrative Bewegung, ein Klaps auf Hintern oder Rücken in die vom Tier angezeigte oder schon gewählte Richtung bedeutet ebenfalls Zustimmung, Untermauerung seiner Absichten. Unveränderte Bewegungsrichtung oder Abwenden signalisiert Desinteresse.

Ihr Hund ist zwanzig Meter voraus, bleibt plötzlich stehen und blickt angespannt in die Felder, weil er glaubt, etwas Interessantes entdeckt zu haben. Er blickt zu Ihnen zurück.

Tut er dies, ist er an Ihrer Meinung interessiert und Sie haben von ihm gewünschten Einfluss auf sein weiteres Verhalten, etwa allein durch eine Blick-Kontakt-Kommunikation:

Sehen Sie das Tier an und gleich darauf auffällig von ihm fort oder zu Boden, signalisiert dies: Herrchen meint, dort sei nichts Interessantes. Hund kann gucken aber sollte nicht ohne weitere Rücksprache erkunden.

Erwidern Sie den Blick kurz und wenden ihn sofort in Blickrichtung des Hundes, wird dieser das als Bestätigung seiner »Entdeckung« und als Aufforderung diese im Auge zu behalten oder gar zu erkunden werten.

Zustimmendes Verhalten vom Leittier kann insofern motivierend sein, als das Tier keine Ablehnung mehr von Herrscherseite zu fürchten braucht. Es mag aber auch eine Bestätigung sein, dass seine Pläne und Entdeckungen vom Leittier sogar begrüßt und gefördert werden. Die Motivation fußt dabei in der sozialen Beziehung selbst. Mag der Hund eine Ablehnung seiner Pläne aus Furcht vor Strafe noch akzeptieren, so wird er keinen produktiven Antrieb aus der Zustimmung eines Wesens schöpfen, zu dem er eigentlich keinen richtigen emotionalen Bezug hat, sich jedoch stolz bestätigt fühlen, wenn die Zustimmung von einem höherrangigen Freund kommt.

Der Verzicht auf Futterbelohnung

Die Gründe für den Verzicht auf Strafe mögen leicht nachvollziehbar sein. Freunde schubsen sich bei Meinungsverschiedenheiten nicht in den Stacheldrahtzaun, legen sich keine Würgeschlingen um den Hals, brüllen sich nicht gegenseitig tot.

Warum möchte ich jedoch beinahe ebenso konsequent auf Futterbelohnung verzichten, wo doch jeder weiß, zu was für ach so süßen Hampeleien selbst ein wildfremder Mensch einen (charakterlosen) Hund allein mit Hilfe eines Hundekuchens in der Hand bewegen kann? Warum verbaue ich mir dieses Machtpotenzial ganz bewusst?

Wer genauer hinsieht wird rasch erkennen, dass in Futterbelohnungs-Situationen ausschließlich das Futter für den Hund interessant ist. Nur solange der Mensch den Hundekuchen gut sichtbar präsentiert, hat er eine bedingte Befehlsgewalt über das Tier.

Selbst wenn er jedesmal bei seinen Besuchen einen Knochen mitbringt, bleibt seine Person völlige Nebensache, allein die Futterbelohung Mittelpunkt der Beziehung.

Dies ist mir eine zu indirekte Form der Freundschaft, wenn ich nur der willkommene Vermittler zwischen leerem Magen und dargebotener Nahrung bin. Motiviere ich den Hund mit anderen Antriebspools, biete ich mich dem Tier als Artgenosse dar. Besteht die Belohnung aus Zuneigung und intensivierten, längeren gemeinsamen Ausflügen, rücke ich meine Person ins Zentrum des Weltbildes des Hundes und nicht mein Funktion als potenzielle Futterquelle.

Der Wunsch, Freundschaft zu erlangen und zu erhalten, mag zwar minder motiviert sein, er orientiert sich aber direkter an mir als Mitwesen. Mein Wohlwollen, meine Zuneigung kann sich das Tier ausschließlich bei mir abholen, sofern es denn lernen konnte, sie zu schätzen.

Aufgrund der Notwendigkeit, dass der Hund mein Wohlwollen eben erst einmal schätzen lernen muss, ist diese Form der Belohnung ihrerseits wieder recht indirekter Natur. Futter ist immer gut. Dies zu »schätzen« braucht der Hund nicht zu lernen. Mich und mein Verhalten als erstrebenswert einordnen zu können, muss das Tier erst im Umgang mit mir erfahren haben. So ist die, in meinen Augen »primitive« Futterbelohnung sicherlich die einfachere Belohnungsmethodik. Weshalb sie auch, neben der Bestrafung, deutlich überstrapaziert wird.

Im wechselseitigen Umgang beweist sich die Belohnung durch das Entgegenbringen positiver, sozialer Aktionen jedoch als wesentlich bindender.

Hat der Hund mich als Wesen akzeptiert, kann angebotenes Futter sogar zur Nebensächlichkeit verblassen. Eine Hündin kümmert sich um von mir dargebotenes Futter erst nach abgeschlossener, ausgiebiger Begrüßungszeremonie, die sich durchaus über Minuten hinziehen kann. Erst dann wird beinahe nebenbei der Futterkringel geschluckt. Ihr ist der positiv erwiderte Körperkontakt zunächst wichtiger als ein gefüllter Magen.

Wenn ein Tier mir erst einmal gefallen möchte, ist es ohne Zusatzmotivation von sich aus bereit, die unsinnigsten Befehle in vorbildlichster Weise abzustrampeln. Nach dem Grundsatz: Ich mache für dich jeden Affen, wenn du mir nur zeigst, dass ich dein einziger Affe bin.

Sehr gut ist dies zu beobachten, wenn sich mehrere, sich eifersüchtig beäugende Hündinnen mit Folgsamkeit und Unterwürfigkeit mir gegenüber gegenseitig auszustechen versuchen. Nachdem ich den Tieren erst einmal klar gemacht habe, dass Eifersüchteleien nicht auf meinem Schoß vor meiner Nase ausgebissen werden. Dabei schaut ein Tier vom anderen ab, wenn es mit einer Äußerung, gar einem Kommando von mir nichts anzufangen weiß - und kopiert dabei auch alle Fehler in der Ausführung seines »Vorbild-Mithundes«.

Hierbei kann eine völlig ungebildete Hündin das »Sitz«, ohne dass ich sie auch nur eines Blickes gewürdigt, belohnt, gestraft oder direkt angesprochen hätte, von einer anderen Hündin, die diesen Befehl kennt, ausführt und dafür von mir einige Male in den Augen der anderen Tiere »ungerecht« bevorzugt gelobt wird, abschauen. In späteren Kontakten wird dies als erlerntes Verhalten mit vielleicht eigenen Interpretationen in der Ausführung beibehalten, wenn ich allein mit einem dieser Tiere, ohne Nebenbuhlerinnen, unterwegs bin. Ein abgeschlossener, erfolgreicher Lernvorgang allein motiviert aus Eifersucht, die ausschließlich im Wunsch der persönlichen - und alle anderen Artgenossen ausschließenden - Bindung zu mir gründet. Der als minder-motiviert verrufene Pool des »Erhaltes des sozialen Miteinanders« in höchster Effektivität.

Als Grundmotivation sollte immer die persönliche Bindung im Mittelpunkt stehen. Der Hund sollte seinen Herrn nicht ausschließlich als Ursprung positiver oder negativer Lenkungsimpulse, nicht nur als Vermittler zwischen Aktion des Hundes und positiver oder negativer Reaktion darauf sehen. Man sollte seine Macht zur Lenkung nach Möglichkeit darauf bauen, dass der Hund in der Beziehung an sich eine ausreichende, positive Motivation zum bereitwilligen, teilweisen Unterordnen, zu gelebtem Gehorsam schöpfen kann.

Ich habe immer versucht, alle Hunde zu selbstsicheren, agierenden Wesen aufzubauen, die nicht nur aus Wissen um ihre (materielle) Abhängigkeit Gehorsam zeigen, sondern allein deshalb bereitwillig meiner Lenkung Folge leisten, weil sie erkennen konnten, dass Verweigerung die Beziehung, die ihnen viel bedeutet, auf ein schlechteres Niveau verschiebt oder gar gefährdet.

Gelingt es mir, diese Sorge im Weltbild des Hundes zu erzeugen, muss der Anreiz in der Erziehung zur Folgsamkeit nicht künstlich fremdmotiviert erzeugt werden, sondern steckt in der Beziehung selbst. Einen direkteren Anstoß zur Anpassung an die Wünsche des Leitmenschen kann es kaum geben, als wenn das Tier erkennen kann, dass es bei unerwünschtem Verhalten gerade das, worin es sich falsch verhalten hat - die Beziehung selbst - möglicherweise einbüßt. Hier reicht dann bei »Untaten« die tadelnde Ermahnung, um ein gewisses Verhalten in bestimmten Situationen zu beeinflussen oder zu unterbinden. Man muss nicht mehr auf drakonische Maßnahmen zurückgreifen, die den Hund dazu bewegen, künftig gewisse Aktionen allein aus Angst vor seines Herren strafenden Reaktionen zu unterlassen.

2.5   DOPPELTE MOTIVATION

Die meisten Handlungen sind doppelt motiviert: Einerseits möchte man negative Erfahrung vermeiden und gleichzeitig etwas Positives einheimsen.

Befolgt das Tier den Befehl »Komm«, tut es dies aus zwei Gründen: Einerseits weiß es, dass Sie nicht mehr freundlich sind, wenn es nicht zu Ihnen kommt. Andererseits hat es gelernt, dass es bei Befolgen eine positive Reaktion Ihrerseits erfährt. Sei dies die Futterbelohnung oder die zusätzlichen Streicheleinheiten.

Ohne einen Anreiz zu lernen können Sie dem Hund das Hinterteil tausendmal auf den Boden drücken und dazu sagen »Sitz« - und er würde es immer noch nicht kapieren (wollen). Ohne Belohnung wird er irgendwann den Zusammenhang verstehen, weil er die Schnauze von diesem blöden Spiel dermaßen voll hat, dass er verzweifelt nach einer Lösung sucht, die dieses Spiel beendet. Die er möglicherweise darin findet, auf Ihr »Sitz« hin den Hintern auf die Straße zu drücken. Hier schöpft das Tier aus Vermeidungsmotivation. Größeren Antrieb zieht das Tier aus einer zusätzlichen Belohnungs-Strategie. Lange bevor es auf den Pool »Frust am langweiligen Spiel, dem ich irgendwie ausweichen möchte« zurückgreifen muss, greift schon der Pool »Wenn ich verstehe, was Herrchen will, bekomme ich Hundekuchen«. Eingespannt zwischen negativem und positivem Antrieb, die aber beide das Tier nach ein und derselben problemlösenden Handlung suchen lassen, wird das Begreifen-Wollen beschleunigt. Hat der Hund strafende und belohnende Erfahrungen gemacht, haben Sie für den von einer Einzelmotivation möglicherweise derzeit nicht abgedecktem Fall (zum Beispiel ein Appetit, der derzeit nicht ausreicht, Folgsamkeit zu motivieren) eine »Ersatz«motivation (dann wird der Hund eben aus Langeweile-Vermeidung oder Furcht vor Strafe folgen, wenn er weiß, Sie lassen ja doch nicht locker).

Andererseits verfügen Sie damit über eine verstärkte Gesamtmotivation. Ein bisschen folgt man, weil man weiß, Herrchen bleibt stur und wird immer grantiger, wenn man nicht reagiert. Ein bisschen folgt man, weil man sich den Hundekuchen verdienen möchte. Zusammengenommen folgt man ein bisschen bereitwilliger, als wäre das Lehrstückchen nur einfach motiviert gewesen.

Die meisten Handlungen sind sogar vielfach negativ wie positiv motiviert. Zu der hier geschilderten Negativ-Motivation »Wie beende ich nur dieses blöde Spiel«, kommt sicher der negative Antrieb »Furcht vor Strafe, wenn ich nicht endlich kapiere, was dieser Mensch eigentlich will«. Der positive Antrieb »Möchte mir Hundekuchen ergattern« wird sicherlich verstärkt von der Grundtendenz »Möchte mir Freundlichkeit und Zuneigung von Herrchen verdienen«. Jede Handlung wird im Endeffekt von einem komplizierten Motivationsgeflecht, aus vielen sich gegenseitig aufhebenden wie ergänzenden Einzelantrieben beeinflusst. Was man als »die Motivation« zu einem bestimmten Verhalten anführt, kann bestenfalls den Antrieb mit der derzeit quantitativ größten Wirkung bezeichnen.

Motivation ist nicht alles, aber neben der Voraussetzung, dass eine Situation so klar strukturiert sein muss, dass ein Lernen überhaupt möglich ist, ist Motivation beinahe die wichtigste Grundlage zu Aktivität jedweder Art ebenso wie zum Lernen. Sie werden überrascht sein, welche Kräfte ein nach einer 25-Kilometer-Tour scheinbar völlig erschöpfter Hund mobilisieren kann, wenn ihm eine Katze oder ein Reh vor den hängenden Kopf gerät.

Ein Schäferhund, der sich mir gegen den Willen des Halters als Freiläufer vielfach anschloss, konnte bei unseren Ausflügen den Klang des Schaltvorganges meines Handbikes kennen lernen und speichern. Da er außer mit mir zu keinen vernünftigen Ausflügen kommt, reichte es nach kürzester Zeit aus, wenn ich vor der Gaststätte schalte, um den Hund mittels dieses scharfen Klickens aus Hinterhof, Gastraum oder privaten Räumen selbst durch geschlossene Türen und Fenster hindurch auf mich aufmerksam zu machen.

Den Anreiz, auf dieses Geräusch hin aktiv zu werden, dabei den Gehorsam dem Halter gegenüber, bei dem er ansonsten recht unterwürfig angedackelt kommt, zu verweigern, sich Gedanken darüber zu machen, wie man dem Ausbruch im Wege stehende Hindernisse beseitigt, schöpft dieser Hund allein aus dem unbefriedigte, ihm innewohnenden Bewegungsdrang und der Aussicht auf gemeinschaftliche Unternehmungen auf Gegenseitigkeitsbasis zusammen mit mir.

Er hat dieses Geräusch nie als Befehl gelehrt bekommen, sondern eigeninitiativ die Verknüpfung erstellt »Jetzt ist dieser vorteilbringende Mensch wieder da. Wenn ich mitkommen möchte, muss ich mir Gedanken darüber machen, wie ich meinem Halter und meinem aktuellen Gefängnis am besten entkomme, sonst wird mir dieser mögliche Ausflug wohl entgehen.« Deshalb wird der Hund aktiv. Öffnet in Sekundenbruchteilen Türen, zerstört im Wege stehende Holz-Gartentürchen zur Gänze, verhält sich, wenn er Herrchens Blicke im Nacken spürt, als wäre nichts gewesen, schnuffelt nur interesselos herum, rennt mir aber unbremsbar im erstbesten unbeobachteten Augenblick hinterher.

Solche Begebenheiten zeigen mir, zu welchen geistigen Leistungen das Tier eigentlich fähig wäre, wenn es nur wollte! Oder wenn man eben als Lehrer geschickt Möglichkeiten findet, wie man dieses Wollen künstlich erzeugen kann.

2.6 DAS LERNEN BEIM HUND ERMÖGLICHEN

Lernfähigkeit und Motivation beim Schüler sind nicht alleinige Voraussetzung für ein erfolgreiches Lehren. Man muss das Lernen beim Hund durch verschiedene, leicht verständliche Grundprinzipien überhaupt erst ermöglichen. Die verschiedenen Befehle müssen sich etwa deutlich erkennbar voneinander unterscheiden, wenigstens in Teilbereichen des Zusammenlebens muss konsequent auf Folgsamkeit bestanden werden.

Nicht nur der Lehrvorgang durch den Menschen, sondern auch das selbstständige Lernen erfolgt immer über die Kombination der beiden Voraussetzungen »Eindeutigkeit« und »Wiederholung/Wiederholbarkeit«. Geschieht immer genau dies, wenn man jenes getan hat, offenbart ein bestimmtes Wesen immer die gleichen Charaktereigenschaften, ist ein Medium immer gleich beschaffen, kann das Tier eine Verknüpfung erstellen. Natürliche Gewässer haben immer kühlende Funktion. Aufgrund dieser Eindeutigkeit kann der Hund nach mehrmaligem Erleben dieses Umstandes die Verbindung Wasser - Abkühlung erstellen und nutzen.

Konfuses Durcheinander lässt kaum ein Lernen, Erkennen und Einordnen auf dem doch recht niedrigen informationstechnischen Niveau des Tieres zu. Wiederkehrende

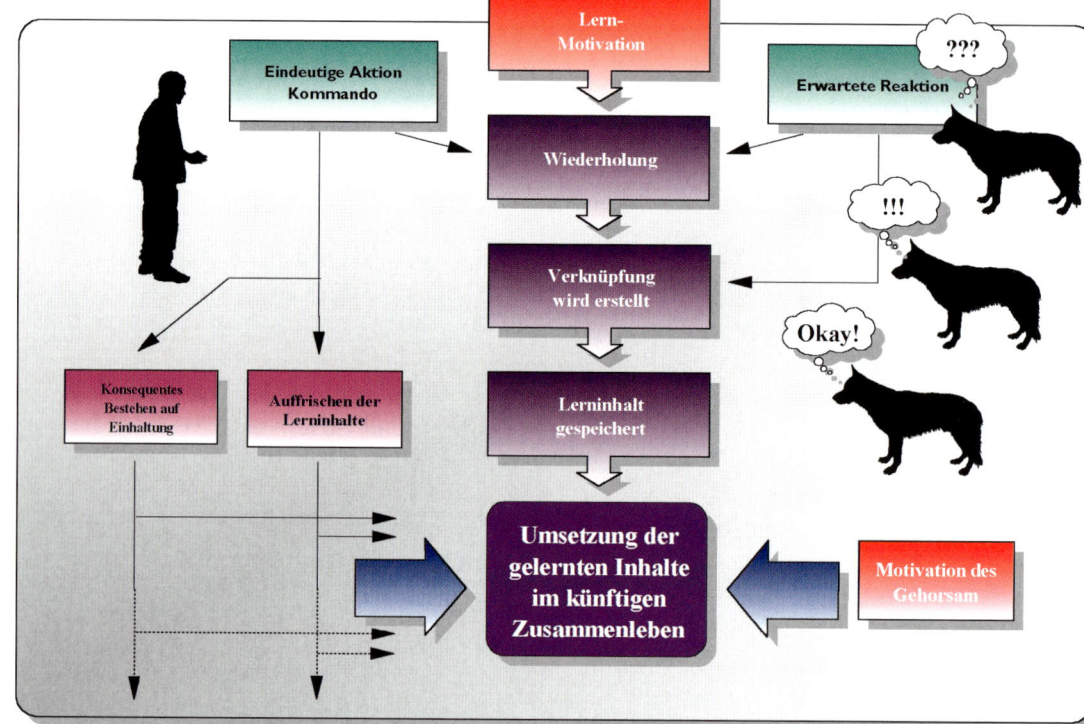

Das Lernen beim Hund.

Strukturen, schlüssige Reaktionen werden hingegen rasch als verbindliche Muster, als Wissen um Zusammenhänge im Hundekopf gespeichert.

LERNEN DURCH STURE WIEDERHOLUNG

Das Tier kann nur dann eine Verbindung zwischen einem verbalen Laut und einer Handlung erstellen, wenn man ihm diesen Zusammenhang immer wieder verständlich vorträgt.

Weiß der Hund noch nicht, was »Sitz« bedeutet und man drückt ihm nach dieser Lautäußerung jedesmal den Hintern auf den Boden, wird er irgendwann verstehen: Sitz heißt, mein Hintern muss runter auf den Boden. Die Verknüpfung ist erstellt. Bei entsprechender Motivation des Gehorsam wird sie im späteren Leben beibehalten und angewandt.

Die Verbindung wird erstellt, wenn die zu lernende Lautäußerung der erwarteten Aktion unmittelbar vorausgeht. Was man unter »Aktion« im Einzelnen versteht, kann man dem Tier »mechanisch« klarmachen: Man sagt »Sitz« und zwingt gleich darauf den Hund mit der Hand in die gewünschte Position, an die gewünschte Stelle. Man lässt den Hund an einer langen Leine einige Meter von sich fortlaufen, ruft »Komm«

und holt ihn sofort per Leine zu sich her. Möchte man das »Komm« sitzend vor den eigenen Füßen ausgeführt, drückt man ihm an der betreffenden Stelle zusätzlich das Hinterteil auf den Boden. Sagt man zum Hund »Aus«, nimmt ihm daraufhin den Gegenstand, den er hergeben soll aus dem Maul und legt ihn sich vor die eigenen Füße, wird der Hund bald erkennen: »Aus« bedeutet, das was ich gerade herumtrage, soll ich vor Herrchens Füße spucken. Nach diesem Schema kann man sich selbst als Laie für die meisten Befehl-Handlungs-Verknüpfungen einfache Lernsituationen ausdenken.

Je größer die gewünschte Handlungskette, die einem Kommando folgen soll, desto mehr Wiederholungen im Training werden nötig sein, desto größer sollte die Motivation im Tier sein, um frühzeitige Interesselosigkeit an diesen »Spielchen« durch Ermüdung auszuschließen.

AUFFRISCHEN
Erlernte Dinge müssen immer wieder aufgefrischt werden. Die Hauptbefehle benutzen Sie im täglichen Umgang mit dem Tier unentwegt. Jedoch kann ein Landhund, den Sie nach Jahren wieder einmal zum Supermarkt mitnehmen, durchaus vergessen haben, schön brav vor der Türe zu warten, wie er dies früher getan hat. Diese spezielle Situation mag auf wirklichem »Vergessen« beim Tier beruhen.

Vergessen und Umlernen
Scheinbares Vergessen gelehrter und ehemals befolgter Verhaltensweisen, Fehlverhalten oder Unterlassungen basieren meist nicht auf passivem Vergessen, sondern stellen ein aktives Umlernen dar. Ein Dazulernen, ermöglicht etwa durch Inkonsequenz beim Halter.

Lässt man das korrekt gelernte, strikt befolgte »Platz« häufig falsch ausgeführt oder gar gänzlich missachtet durchgehen, vergisst der Hund nicht die ehemalige Verbindlichkeit, sondern verinnerlicht einfach - ganz ohne böse Hintergedanken - die neuerdings gültige Unverbindlichkeit dieses Befehles.

Hunde, die ich nach mehreren Monaten, teils Jahren, das erste Mal wieder traf, die in dieser Zeit zahlreiche persönliche Katastrophen hinter sich gebracht hatten, wie Kettenhaltung, Halterwechsel, neues Zuhause, falsche Erziehung und vieles mehr, benahmen sich nach wenigen Stunden mir gegenüber in Folgsamkeit, und ihrem gesamten Verhalten, in Gestik und Mimik beinahe genauso, wie damals, als wir uns ungewollt trennten.

Hunde wählen, wenn sie zum zweiten Male auf einem Weg an einer bestimmten Abzweigung vorbeikommen, stolz die damals eingeschlagene Richtung, auch wenn zwischen diesen zwei Ausflügen zehn Monate und mehr sowie Hunderte Ausflüge auf anderen Wegen lagen.

Der Hund hat eigentlich ein verdammt gutes Gedächtnis. Er setzt seine geistigen Kapazitäten aber auf alle Situationen ein, in denen Lernen möglich ist und schreibt damit möglicherweise einstmals vermittelte Lehrinhalte selbstständig um. Er versucht andauernd zu aktualisieren, sich den neuen Gegebenheiten optimiert anzupassen - was dem Halter jedoch meist gar nicht gefällt. Dies neu erlernte Verhalten ist dann genauso verlässlich wie der ursprüngliche Inhalt und äußert sich nicht in einem unsicheren, ungezielten Herumtasten, wie dies sein müsste, wenn der Hund die Bedeutung eines gelehrten Befehles wirklich schlichtweg vergessen hätte und keine gezielte Handlung mit einer Lautäußerung des Halter mehr verbinden könnte.

Deshalb ist Konsequenz nicht nur im Lehrvorgang gefordert, sondern schlüssiges, eindeutiges Verhalten dem Hund gegenüber auf Lebzeiten nötig, will man nicht alle paar Wochen an allen Verhaltenskomponenten erneut korrigierend herumfeilen müssen.

DIE EINDEUTIGKEIT DER BEFEHLE
Ein Befehl an den Hund muss eindeutig sein. Dem Befehl »Sitz« sollten nicht zwei Bedeutungen, etwa das Hinsetzen einerseits und ein Herkommen andererseits zugeordnet werden.

Scheinbar eine Binsenweisheit. Aber es gibt im täglichen Gebrauch doch eine Vielzahl »mehrdeutiger« Befehle wie das »Nein« und das »Aus«, die aber in ihrer pauschalierenden Mehrdeutigkeit doch wieder eindeutig sind. »Nein« kann dem Hund verbieten, laut bellend loszuspurten und seinen Artgenossen zu beißen. »Nein« kann ihm aber ebenso das Betteln bei Tisch untersagen, kann ihn darauf hinweisen, dass er aufhören soll, Herrchen übers Gesicht zu lecken oder den Fahrradmantel weiter zu zerbeißen.

Das Tier wird all die Einzelfälle speichern, alsbald erkennen, »Nein« ist universell. Es bedeutet einfach »aufhören mit dem, was man gerade tut«. So wie man »Aus« mit »Ausspucken, was man gerade in der Gosche hat« übersetzen könnte. Auf diese Weise sind diese Befehle sehr eindeutig und die Bedeutung für das Tier erlernbar. Wenn man ihm auch viele Einzelfälle beibringen muss, bis es die Universalität begriffen hat.

Obiges »Sitz« bliebe jedoch in jedem Falle doppeldeutig. Der Hund wüsste ohne Zusatzinformationen nie, ob er sich nun hinsetzen oder ob er herkommen sollte. Hingegen könnte man durchaus einen weniger doppeldeutigen Befehl, etwa ein »Runter« einführen, der das Tier entweder in sitzende, in liegende Position zwingt, oder ihm gar eine Rücklage nahe legt. Hierbei könnte der Hund wieder pauschalieren: »Runter« heißt, »sich, ausgehend von der momentanen Körperhaltung einen Schritt weiter dem Boden annähern«. Ein reichlich blödsinniges Kommando. Für den Hund jedoch nicht sinnloser als alle anderen menschlichen Befehle.

DEN HUND DIE FOLGEN SEINES HANDELNS ERKENNEN LASSEN
Der Hund muss die Folgen seines Handelns erkennen können. Eine Korrektur, ein Bremsen oder Unterbinden darf von Menschenhand nicht präventiv bereits vor dem Handeln des Hundes einsetzen. Es darf erst greifen, wenn sich der Hund erkennbar zu einer Aktion entschieden hat. Je früher danach der Eingriff des Menschen stattfindet, desto leichter tut man sich mit der Korrektur dieser Handlung.

Binden Sie den Hund stets präventiv vor dem Supermarkt an, kann er nicht lernen, was von ihm eigentlich erwartet wird: Dass er draußen bleiben soll. Er wird nur allmählich den Weg zum Supermarkt, den Supermarkt selbst und vor allem die ihn einschränkende Leine hassen lernen.

Gehen Sie erst zur Türe und erklären Sie dem nachfolgenden Hund in freundlichem Ton, draußen zu bleiben - der Hund wird mit hinein kommen. Schubsen Sie ihn sanft zurück und erklären Sie ihm nochmals freundlich, dass er draußen bleiben muss. Er wird sich Ihnen sicher wieder anzuschließen versuchen, sobald Sie den Supermarkt betreten.

Zücken Sie erst jetzt - nicht mehr so freundlich - die ihn inhaftierende Leine und binden Sie ihn erbarmungslos irgendwo an, beachten Sie ihn nicht mehr, wenn Sie den Supermarkt - endlich allein - betreten.

So lernt der Hund sehr spezifisch, nicht »Supermarkt« ist schlecht, nicht Sie selbst sind schlecht, weil Sie den Hund hin und wieder in unverständlicher, korrupter Weise inhaftieren. Es wird nur dann »alles sehr schlecht«, wenn er Ihrem Wunsch, allein draußen sitzen zu bleiben nicht nachkommt. Alsbald mag er dadurch gelernt haben, ohne Leine vor den Läden, die er nicht betreten darf, zu warten. Er weiß, er kommt damit zwar nicht um die unangenehme Erfahrung herum, einige Minuten ohne Sie auskommen zu müssen. Er erspart sich damit aber die zusätzliche schlechte Erfahrung, zu seiner Verlassenheitsangst auch noch irgendwo wehrlos angeknotet zu werden.

Die nötige Konsequenz beim Lehrer

Wichtige Kommandos dürfen im Weltbild des Hundes nicht durch inkonsequente Nachgiebigkeit des Halters zur »Unverbindlichkeit« verwaschen.

Weiß der Hund um die Bedeutung des Befehles »Steh«, muss man, um der Funktionalität willen, jedesmal darauf bestehen, dass er korrekt befolgt wird. Achtet man vor dem Überqueren der Straße zwar konsequent auf die Einhaltung dieses Kommandos, sagt sich aber unterwegs, es ist doch eigentlich egal, ob der Hund die Katze jagt oder nicht und lässt dabei dem Hund durchgehen, dass er ein geäußertes »Steh« ignoriert, wird alsbald ebenfalls die Verbindlichkeit am Straßenrand aufgelöst. Der Hund hat dazugelernt, dieses Kommando war zwar irgendwann einmal in jedem Falle bindend, ist es neuerdings aber offenbar nicht mehr.

Der Hund könnte zwar, bei »konsequenter Inkonsequenz« - wenn man immer nur ein Verweigern in der Situation »Katzenjagd« durchgehen lässt, sonst aber auf Einhaltung besteht - durchaus lernen: »Steh« bleibt »Steh«, ist aber bei Sichtung einer Katze nicht von bindender Bedeutung. Jedoch wird man nie solchermaßen punktuell inkonsequent sein, sondern auch hin und wieder eine »Steh-Verweigerung« bei Sichtung eines anderen Hundes, eines menschlichen Freundes und in vielen anderen Situationen einreißen lassen, in denen man sich als Mensch sagen mag, der Hund hat ja eigentlich recht, nicht dumm herumzustehen. Sodass man bei einem funktionierenden Kommando besser in jedem Falle, notfalls mit der nötigen Härte auf Folgsamkeit besteht. Lieber wenige, unmissverständliche Lenkungsimpulse setzen, als sich ein ebenso unüberschaubares wie für den Hund unverbindliches Kommando-Repertoire schaffen.

Was für die Einhaltung gelernter Inhalte gilt, trifft auch auf das Lernen an sich zu. Bringt man den Hund nach der Äußerung der Lautfolge »Sitz« mit sanfter Gewalt in sitzende Position, wird das Tier den Zusammenhang nach einigen Wiederholungen erkennen können. Unterlässt man diesen hinweisenden Zwang nachdem man »Sitz« gesagt hat im Training allzu oft, weil man etwa nach zehn Durchgängen beim elften Male unterbrochen wurde oder schlichtweg keine Lust mehr hatte, sich schon wieder zum Tier hinunterzubücken und es zurechtzurücken, verschleppt man damit den Lernvorgang ganz gewaltig. Nur wenn konsequent auf die Lautfolge eine Handlung folgt, kann der Hund konsequent lernen. Möchte man keine Handlung mehr folgen lassen, sollte man auch lieber den Mund halten.

Noch verwirrender wird es für den Hund, wenn man ihm schon im Training ein nicht von Menschenhand korrigiertes Verweigern oder gar gänzlich andere Körperhaltungen durchgehen lässt. Etwa ein Hinlegen oder ein unterwürfiges Auf-den-Rücken-Rollen, weil der ermüdete Hund einfach nicht mehr ein noch aus weiß und sich buchstäblich ängstlich in sein Schicksal ergibt. Wie soll aus solch einem Training der Hund einem Kommando die richtige Körperhaltung zuordnen?

Lernen an sich und die Umsetzung erlernter Inhalte durch den Hund stellen kein unüberwindbares Hindernis dar. Der Lernvorgang ebenso wie die anschließende Folgsamkeit können aber durch inkonsequentes Verhalten des Menschen massiv gestört bis zerstört werden.

Konsequente Steigerung

Eiserne Konsequenz ist auch in der Steigerung eines Befehles sinnvoll. Kommt der Hund auf Ihr Wort »Komm« nicht, können Sie dieses Kommando in größerer Lautstärke und erhöhter Schärfe in der Stimme wiederholen, ihn mit einem lauten Pfiff einzuschüchtern versuchen. Kommt das Tier immer noch nicht, dann schleppen Sie es mit der Leine ab - sofern Sie es denn überhaupt erwischen ...

Eine konsequente Einhaltung dieser Reihenfolge bewirkt beim Tier ein Erkennen, wie »ernst es Herrchen meint« und dass es sowieso an der unumgänglichen Leine endet, zudem es dann auch noch Ärger mit seinem Herren bekommt. So mag sich der Hund in einem interessanten Spiel mit einem Artgenossen auf die verschärfte Aufforderung oder den Pfiff hin vielleicht doch noch »freiwillig« für die Folgsamkeit entschließen, weil er sich nicht auf die letzte Konsequenz einlassen und sich unter Leinenzwang abschleppen lassen möchte. Oft reicht es aus, vor diesem Abschleppen ganz demonstrativ aus der Ferne mit der Leine zu winken, um den Hund auf die unangenehmen Folgen einer weiteren Verweigerungshaltung hinzuweisen. Diese Damokles-Schwert-Methode mag aber auch ganz ohne den Wink mit dem Zaunpfahl funktionieren, einfach weil der Hund die zugehörige Steigerungskette schon erlebt hat und nicht noch einmal erleben möchte.

Informative Steigerungsketten

Andererseits gibt eine solche Kette - ähnlich den festen, kommunikativen Handlungssequenzen beim Hund - Herrchen einen genauen Überblick, wie stark ausgeprägt die Rebellion gegen den Befehl war, wie stark gegenmotiviert der spielende Hund durch seinen Artgenossen, die läufige Hündin oder durch andere äußere Umstände war, die das Verweigern der Folgsamkeit bedingten.

Das »Nein!« verwende ich, um dessen Abstufungen der Dringlichkeit zu übermitteln, nicht nur in verschiedenen Betonungen und Lautstärken, sondern habe mir ebenso verschiedene Verbalien geschaffen, die der Hund alle sinngemäß als ein »Nein!« versteht. Für den Versuch des Schnuffelns am Wurstbrot bei der Pause unterwegs brauche ich den Hund nicht mit der gleichen Verbalie zusammenzustauchen, mit der ich ihn niederbrülle, wenn er über dem zerfetzten Schuh sitzt und mich provokant anglotzt. So ist das Nein bei mir in freundlichster Abstufung ein »Nhh-Nhh«. In zweiter Instanz ein »Ne-ne!" - schon in bestimmteren Tonfall geäußert. Für schlimme Fälle spucke ich dem Hund das in Betonung und Lautstärke scharfe »Nein!« an den Kopf.

Dieser Aufwand ist funktionell an sich nicht nötig. Er erlaubt mir aber wiederum eine sehr detaillierte Abschätzung der Motivationen beim Hund, Verbotenes doch zu tun. Es erlaubt andererseits dem Hund abzuschätzen, was ich nicht mag, was ich überhaupt nicht mag und was ich ganz und gar nicht mag. Somit bleibe ich lange Zeit freundlich, da viele Fälle allein durch dem Hund verständlichen freundlichen Ausdruck von Ablehnung zu bereinigen sind. Man muss oftmals nur sagen, dass man etwas nicht möchte, ihn nicht gleich mit einem scharfen »Nein!« ängstigen.

Damit wird aus der kommunikativen Schwarzweiß-Malerei - nur das scharfe »Nein!« - über ein Bild mit Graustufen - Einbringen von Betonung und Lautstärke - ein sehr facettenreiches buntes Bild - Verwendung von Worten unterschiedlicher Dringlichkeit für denselben Befehl.

Weitere Abstufung in der Ernsthaftigkeit ergibt sich stets aus dem zusätzlichen Handeln beider Parteien. Man wird den Hund bei Bagatellen womöglich begleitend wegdrücken, in gesteigerter Form fortschubsen oder gar am Nackenpelz packen und davon schleudern.

Man kann das Tier zusätzlich durch ungewohnte Lautstärke irritieren, ebenso wie durch eine beinahe unbekannte Lautfolge. Dies funktioniert natürlich nur dann, wenn man sich solch ein Wort ausschließlich für Notfälle aufhebt, im Gebrauch nicht überstrapaziert und man im Alltagsumgang mit sehr moderater Lautstärke arbeitet. Dann wird der Hund ebenso überrascht von Ihrem Ausbruch wie über dieses ungewohnt seltsame Wort sich verunsichert an Ihnen orientieren, auf weitere, ihm schon bekannte, verständlichere Äußerungen warten.

Um Stimmungen und Handlungsbereitschaft beim Hund zu testen, habe ich mir etwa parallel zum Befehl »Komm!«, der als solcher strikt zu befolgen ist, die optionale Version »Na, komm' mal her!« geschaffen, die in Betonung und Aussprache harmlos verwaschen, nicht scharf akzentuiert ist. Hierbei darf der Hund frei entscheiden, ob er - etwa in der Wohnung - zu mir gelaufen kommt oder nicht. Die Verbindlichkeit des »echten« Komm bleibt unangetastet, dennoch kann ich das »Na, komm' mal her« als unverbindliche Vorstufe eines »Komm!« einsetzen, den Hund damit vielleicht schon zum Mitkommen bewegen und mir dadurch Informationen über seine derzeitigen Gegenmotivationen verschaffen.

Genauso stellt mein »Gehen wir weiter!« eine sanfte Vorstufe des Befehles »Komm!« dar. Der Hund soll sich daraufhin anschließen - tut er es nicht, ist niemand böse; aber er verliert mich vielleicht in den nächsten Minuten, dann wird er traurig - und das will er nicht ...

Muss ich schon alles »Komm«-Befehls-Pulver in Lautstärke, Pfeifen und Drohung verschießen, um den Hund von einer gewöhnlichen Duftmarke loszureißen, benötige ich dabei letztendlich sogar doch die Leine, sollte ich mir schleunigst ein wenig mehr Autorität dem Tier gegenüber zulegen.

Reicht der spielende Artgenosse aus, meine Befehlsgewalt auszuschalten, sollte ich mich dem Tier gegenüber in Zukunft konsequenter durchsetzen, ihm vielleicht selbst mehr Spiel, Bewegung und Abwechslung bieten.

Ist hingegen mindestens eine läufige Hündin notwendig, um meinen Begleiter ein Herkommen verweigern zu lassen, darf ich noch von einem funktionierenden Miteinander mit mir an der Spitze reden.

SPIELERISCHER MISSBRAUCH ZERSTÖRT DIE VERBINDLICHKEIT

Nicht nur Inkonsequenzen im Beharren auf Präzision in der Folgsamkeit können den Gehorsam auflösen. Meist werden die fatalen Auswirkungen eines im Spiel geäußerten Kommandos völlig unterschätzt.

Beim Spiel mit dem Hund haben Befehle einfach nichts verloren. Beim Herumtoben mehrerer Tiere ist die Rangordnung vorübergehend hintangestellt. Im Spiel zweier Rüden darf unter Umständen der Jüngere auf dem Älteren mal kurz rumrammeln, ohne für dieses Vergehen an den Prinzipien der Rangordnung vernichtend zurechtgewiesen zu werden. Da lässt sich der ranghöhere Hund auf den Rücken rollen und zappelt mit den Beinen, während ein Niemand in der Rangordnung ihn in Bauch und Hals zwicken darf.

Deshalb gibt es im Spiel mit dem Hund von meiner Seite keinerlei Befehle. Ebenfalls kein »Aus« wenn der Hund den Stock hergeben soll, damit ich ihn wieder werfen kann. Dieses Vermischen zwischen strikten Kommandos und spielerischen Komponenten ist vom Hund nur schwer wieder trennbar. Kommt ein »Aus« und er hat diesen Laut als Befehl gelernt, ist für ihn das Spiel eigentlich beendet und die Rückkehr zu militärischem Gehorsam in der Rangordnung angesagt.

So wird der Hund, der gelernt hat, sich ohne zusätzliche Verbalien am Handeln des Menschen zu orientieren - etwa am Straßenrand anzuhalten - wenn er einen Stecken trägt und sich damit im Spiel mit dem Menschen befindet, möglicherweise nicht einmal mehr auf ein sanftes Kommando hin, geschweige denn unaufgefordert anhalten. Zwingen Sie ihn mit Lautstärke und Schärfe zum Stoppen, lässt er wahrscheinlich den

Stecken fallen und diesen danach unbeachtet liegen. Für ihn ist ab dem Zeitpunkt des eingeforderten Gehorsams das vormalige Spiel beendet.

Andererseits wird ein Befehl, den Sie allzu oft im Spiel verwenden alsbald in eine spielerische Lautäußerung ohne zwingende Bedeutung umgewandelt. Das »Aus« wird in der Folge im »ernsten Leben« ebenfalls als nicht mehr zwingend eingestuft. Im Extremfall kann es dem Halter sogar passieren, dass sein Tier allen gelernten Gehorsam nur in der »Spielsituation Hundeplatz« lebt, im »Ernst des Lebens« aber in keinster Weise gewillt ist, diese Lerninhalte als bindend anzusehen und umzusetzen.

DER ZEITPUNKT VERSCHIEBT DIE BEDEUTUNG DES KOMMANDOS

Eine großteils nonverbale Kommunikation muss alle verbleibenden Kanäle und Möglichkeiten der Informationsübermittlung nutzen. Mimik. Gesten. Körperhaltung. Informative Bewegungen. All diese Ausdrucksformen können situationsgebunden unterschiedliche Bedeutung erlangen.

Sehen Sie sich beispielsweise einmal zwei Fotos zweier Hundegesichter an. Das grinsende Spielgesicht eines mit dem Menschen friedlich balgenden Hundes kann - ohne dass man die Hintergründe der Situation kennt - oft nicht von einer ansatzweise ernst gemeinten Drohmimik unterschieden werden. Drohend gesträubtes Fell wird genauso gestellt, wenn der Hund Unsicherheit signalisiert. Ohne zusätzliche Informationen, etwa über die restliche Körperhaltung und die begleitenden Lautäußerungen oder die situationsbedingten Hintergründe kann man als Betrachter nicht unbedingt zielsicher ablesen, ob sich das Tier in den nächsten Sekunden »in die Hosen macht« oder dem Jogger an die Kehle geht.

Informationstragender Faktor Zeit

Allein der Faktor Zeit kann einer eigentlich schlüssig-signalbehafteten Handlung unterschiedliche Bedeutungen zukommen lassen.

Spielt Ihr Hund unterwegs mit einem anderen Tier und Sie gehen irgendwann weiter, bedeuten Sie damit dem Tier: »Genug gespielt, weiter geht's!«

Gehen Sie sofort, in dem Augenblick, in dem Ihr Hund das andere Tier erblickt beschleunigt weiter, signalisieren Sie damit Ihrem Tier, gar nicht erst zu seinem Artgenossen hin zu laufen. Ob er allein auf dieses Signal hin reaktiv handelt, ist fraglich. Die Verlässlichkeit einer Reaktion auf diese feinsten Lenkungsimpulse hängt von der Art der Beziehung zum Tier ab.

Für diese Form der Lenkung ist ebenfalls die Ausfechtung des Blickkontaktes funktionsbestimmend. Egal ob »nicht hingehen« oder »weiter geht's«, wenn Sie den Hund ansehen, er dies registriert und Sie den Blick demonstrativ abwenden, haben Sie dem Tier nur eine eigene Ortsveränderung symbolisiert, der er keine sein Handeln beeinflussende Bedeutung beimessen soll. Erwidern Sie hingegen seinen (fragenden) Blick standhaft und machen dazu irgendeine Geste, ein Nicken mit dem Kopf oder ein schnelles Winken mit der Hand, bedeutet dies, er soll sich dieser Ortsveränderung anschließen, mitkommen, das Spiel abbrechen oder gar nicht beginnen.

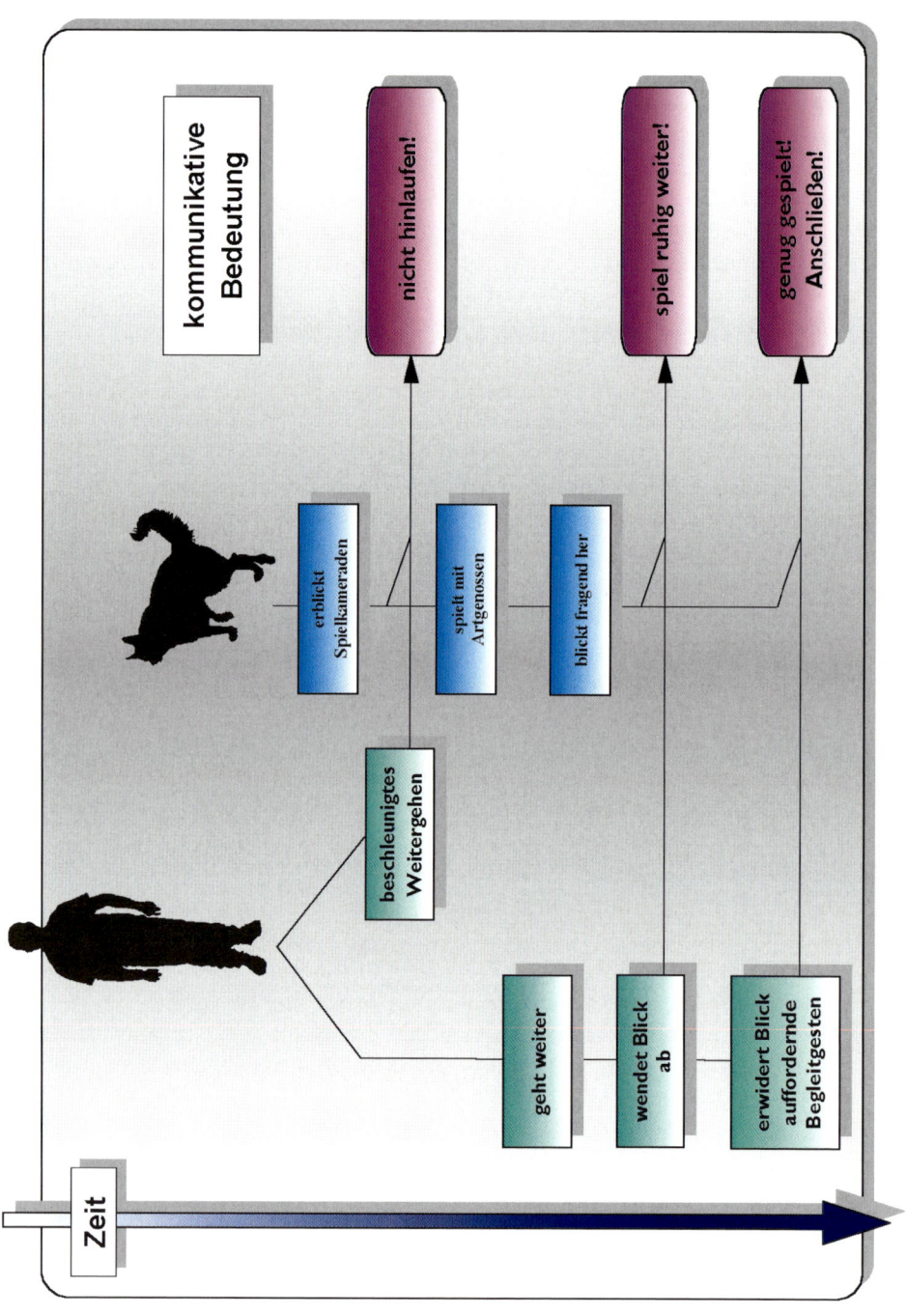

Der Zeitpunkt verschiebt die Bedeutung einer kommunikativen Handlung.

Erst durch den Blickkontakt wird die Kommando-Handlung als wirksam bestätigt. Diese Befehlskodierung funktioniert ebenso, wenn das Tier etwa allzu lange allzu interessante Stellen beschnuffelt.

Diese im ersten Augenblick kompliziert erscheinenden Spielchen brauchen Sie dem Hund nicht beizubringen, diese liegen seinem Kommunikationsverhalten zugrunde. Weiß er, dass Sie diese Umgangsformen ebenfalls beherrschen und ist noch nicht durch mangelndes Feingefühl dem Menschen gegenüber weitestgehend abgestumpft, wird er funktionell mitspielen.

Der Zeitpunkt der Aktion macht aus dem Herrn einen Diener

Bleiben Sie unterwegs stehen, weil Sie auf Ihren Hund warten - man muss dem Tier Zeit lassen, seine Umwelt zu erschnuffeln, deshalb ist man ja schließlich unterwegs - und Sie gehen in dem Moment los, wenn das Tier offen erkennbar auf Sie zu kommt oder Sie gerade eben erreicht, wird der Hund lernen: »Herrchen bleibt stehen und wartet auf mich!« Er wird künftig bestimmen, wie lange er wo herumschnuffelt - und Sie dürfen brav abwarten, bis er mit seinen Machenschaften fertig ist.

Geben Sie sich demonstrativ so, als hätten Sie sein Kommen gar nicht bemerkt und Sie seien ja sowieso lediglich deshalb noch da, weil Sie selbst beschäftigt waren, selbst etwas »beschnuffeln« mussten, vielleicht den eben angekommenen Hund ganz bewusst einige Augenblicke lang ignorieren und erst ein paar Sekunden später weitergehen, signalisiert das dem Tier das Miteinander des Herumziehens. Beide Parteien waren beschäftigt. Keiner hat »gnädig« auf den anderen gewartet.

Damit bekommt der Hund nicht die Garantie, dass Sie das nächste Mal, wenn er sich wieder einmal so lange Zeit bei seinen Erkundungen lässt, ebenfalls noch da sind. Vielleicht haben Sie anderswo interessantere Dinge entdeckt und sind schon weitergegangen, wobei Sie »den unaufmerksamen Hund glatt vergessen haben«. Hier entscheidet allein der Zeitfaktor über das Amt des Herren und des Dieners.

Muss man beim gezielten Lehren so konsequent wie möglich sein, sollte man etwa diese - eigentlich ja wirklich nur abwartenden - Stopps unterwegs so unregelmäßig wie möglich handhaben, damit das Tier eben gar nicht lernen kann. Mal geht man ungebremst weiter, mal wartet man ab, mal spielt man, wie beschrieben bis nach der Rückkehr des Hundes selbst das erkundende Tier. Damit bleibt der Hund in diesen Situationen aufmerksam und verlässt sich nicht aus Erfahrung auf Ihr Bleiben bis seine Erkundungen abgeschlossen sind.

»Dummer Zufall« als eingriffneutrales Lenkungsmittel

Mit der Wahl des korrekten Zeitpunktes Ihres Handelns können Sie dem Tier ganze Verhaltenskomponenten abgewöhnen.

Beschnuffelt der Hund eine interessante Stelle und Sie gehen jedesmal sofort weiter, wenn er beginnt, davon etwas zu fressen, wirkt dies dämpfend. Möglicherweise wird er die Aufnahme herumliegender Nahrung künftig ganz unterlassen. Allein weil er weiß, Herrchen geht bei Fressversuchen gleich weiter - und ich wollte ja eigentlich wenigstens noch ein wenig die Nase spielen lassen. Dies wird man unentwegt auffrischen müssen, aber man hat damit möglicherweise dem Hund bereits ein Verhalten abgefeilt, ohne dass ein direktes verbales Verbot (»Nein!«), ohne für das Tier spürbare, typisch menschliche Eingriffe (der Ruck an der Leine) nötig gewesen wären.

Das Tier kann kaum unterscheiden, ob der gezielte Aufbruch eine ebenso gezielte Aktion Ihrerseits oder eben ein dummer, sich aber stets wiederholender Zufall ist. Bei verbalen oder gar tätlichen Eingriffen lernt das Tier hingegen, dass das Verbot jedesmal eindeutig von Ihrer Seite ausgeht. Dass Sie auch in diesem Falle wieder der unverstandene Unterdrücker waren.

LEHREN DURCH SINNÜBERTRAGUNG

Den Befehl »Sitz« können Sie einem Tier, das sich unmittelbar bei Ihnen befindet dadurch beibringen, dass Sie »Sitz« sagen und im unmittelbaren Anschluss dem Hund das Hinterteil sachte auf den Boden drücken.

Kennt ein Hund hingegen die Bedeutung des »Komm« nicht, können Sie ihm diese in einer Trainingsstunde ohne Hilfsmittel, wenn der Hund unangeleint fünf Meter entfernt von Ihnen in der Wiese sitzt, hingegen kaum beibringen.

Bei solch einem Kommando empfiehlt es sich, dieses Wort im täglichen Umgang mit einem ungebildeten Schüler ständig zu gebrauchen. Bricht man von einer Brotzeitpause auf, schließt sich der ungebildetste Hund von sich aus in die Bewegungsrichtung des Menschen an. Sagen Sie dazu unmittelbar bevor Sie sich in Bewegung setzen immer »Komm«. Untermalen Sie den Aufbruch zu einem Ausflug von Zuhause in dem Moment, in dem Sie die Türe öffnen mit einem »Komm mit«. Rufen Sie den Hund mit »Na, komm«, wenn Sie unterwegs angehalten haben und wieder loslaufen, er aber noch zögert.

Hat man dies einige Zeit lang nebenbei praktiziert, bedeutet ein »Komm« dem Tier, sich in die Bewegungsrichtung von Herrchen anzuschließen. Rufen Sie einem solchermaßen vorbehandelten Tier im Stehen »Komm« zu, wird es zu Ihnen kommen und die Aufbruchsrichtung abwarten. Damit hat man den ursprünglich verknüpften Sinn des Hinweises von einer Anschlussfunktion zu einer Herkommaktion verbogen und ganz nebenbei eines der wichtigsten Kommandos gelehrt. Ohne Zwang, ohne Trainingsstunde. Die positive Motivation, solch ein »Komm« zu befolgen, schöpft der Hund jedesmal aus seiner freudigen Erwartung eines Aufbruches oder aus der Sorge, das aufbrechende Herrchen zu verlieren, wenn man sich nicht anschließt - ganz ohne tiefsinnige Konstruktionen von Seiten des Lehrers.

Ähnlich kann man andere Kommandos, etwa ein »Stopp« lehren. Hält man unterwegs an und das Tier befindet sich gerade in Greifweite, legt man ihm einfach beruhigend die Hand auf den Rücken und sagt vor dieser Aktion »Stopp«. Die Hand bremst das Tier auf natürlicher Basis. Andernfalls kann man sachte aber bestimmt zugreifen. Der Hund hat im Umgang sicher schon gelernt, dass Herrchens Hand auch entschieden grob zulangen kann und wird - sicherheitshalber - anhalten. Eine Verknüpfung zur Tonfolge »Stopp« wird das Tier nach einiger Zeit erstellt haben und in der Folge ebenfalls anhalten, wenn es einige Meter vorausläuft und die bremsende Hand nicht spürt.

Wenn ich mich bei einer Brotzeit in die Wiese setze und der Hund steht noch recht unternehmungslustig oder ratlos herum, spreche ich ihn mit »Komm, setz dich hin!« an und klopfe mit der Hand kurz neben mir auf den Boden. Je nach Wissenstand kann der Hund das »Komm« vielleicht schon einordnen, das »Wohin er kommen soll« zeigt meine Hand unmissverständlich an. Auf den Boden klopfen, wenn man selbst schon dort sitzt, untermalt von auffordernden Kopfbewegungen, bedeutet selbst einem unwissenden Tier, dass es ebenfalls näher auf den Boden runter soll. Die vordergründigsten Laute in »Setz dich hin« liegen im »Setz«, sodass das Tier später auf das klassische »Sitz« genauso reagieren wird.

Auf diese Weise erfolgt das Lernen im täglichen Leben, ohne eigentliche Dressur. Und für den Halter wirft sich nie die Frage auf, welche Kommandos verwende ich für welche Aktionen. Ich rede mit dem Tier einfach wie mit einem Freund in ganzen, kurzen, einfachen Sätzen. Der Hund pickt sich selbstständig die prägnantesten Laute heraus und ordnet diesen verschiedenste Aktionen zu. Dabei ist der Toleranzbereich recht groß. Sie können ja einmal selbst experimentieren, auf welche Wortfragmente und geänderte Buchstaben Ihr Hund den Befehl »Sitz« noch als solchen erkennt. Aus diesem Grunde ist, nebenbei bemerkt, das Loben des Hundes mit »Feiner Hund!« recht unbrauchbar, da das Tier das stimmlose »F« möglicherweise gegen ein ebenso lautloses »N« austauscht und man damit versucht hätte, das Tier mit einem Verbotsbefehl (»Nein!«) zu loben. Der Hund kann durchaus zwischen diesen beiden Worten unterscheiden. Gerade zwischen Lautäußerungen völlig konträren Inhaltes sollten aber ebenfalls klangliche Welten liegen.

Ich bin ein Typ, der unterwegs ständig vor sich hin schimpft. So ist auf mein gebrülltes »Fucking!«, als ich mit dem Rollstuhl einmal mehr im Dreck stecken blieb, der begleitende Schäferhund, namens »Falco« völlig verunsichert angedackelt gekommen und wusste nicht, was er mir für einen Grund gab, so lautstark, verbal auf ihn einzuhacken - für ihn ist zu Hause allein die Nennung seines Namens meist Vorbote größeren Unheils.

Selbiger Hund kennt und befolgt ein leises »Stopp« - etwa vor dem Überqueren einer Straße. Als ich vom Bürgersteig kommend selbst ungebremst über die Straße schoss, sich uns schon mehrere Pkws näherten und dem Hund noch ein großer Schneehaufen im Wege war, rief ich ihm lauthals »Hopp!« zu. - Und er bremste aus vollem Tempo ab, blieb vor dem Haufen auf dem Bürgersteig stehen, setzte sich umgehend, abwartend hin. Dass es nicht die sich nähernden Autos waren, die ihn bremsten, erkannte ich daran, dass er auf mein folgendes »Komm!« hin doch noch ohne zu schauen die Straße überquerte, so gemächlich, dass besagte Autos allesamt anhalten mussten. Er kennt »Stopp« wie »Hopp«. Aufgrund der beinahe aggressiven Lautstärke meinerseits pickte er sich offenbar »vorsichtshalber« lieber den Befehl, anstatt das klanglich sehr ähnliche Animationswort aus dem spielerischen Umgang mit ihm heraus.

HOCHMOTIVIERTES AUSWEICHEN

In hochmotiviertem Verhalten unterlässt der Hund wirklich immer nur das, was man ihm explizit verboten hat und weicht auf andere, zur Not für seine Interessen ebenfalls »noch passende«, aber bislang nicht untersagte Komponenten aus.

Eine äußerst eifersüchtige Hündin vertrieb anfangs laut bellend Artgenossen aus meiner Nähe. Als ich ihr nach einiger Zeit das Bellen erfolgreich untersagt hatte, ging sie eben laut jaulend auf alle Hunde los, die sich mir nähern wollten, oder die ich zu intensiv beachtete. Seit ich ihr auch dies untersagt hatte, vertreibt sie Konkurrenten aus meiner Nähe, indem sie mich fragend ansieht und laut winselt, in der Folge mit einem beinahe schreienden Winseln und einem angedeuteten Ausfallschritt auf den Konkurrenten vorstößt. Hunde, die ich nicht beachte oder die in einigen Metern Distanz zu mir bleiben, werden von ihr schwanzwedelnd begrüßt.

Ihre Eifersucht sagt ihr einfach, der andere Hund muss aus meiner Nähe fort, deshalb bezieht sie ein Verbot meinerseits immer nur penibel auf einzelne Komponenten, aber nie auf das Gesamtverhalten. Sie ändert lediglich die Ausdrucksform des verbotenen Verhaltens, unterlässt aber nicht das Verhalten an sich.

Beinahe ganz unterbinden konnte ich ihr Abwehrverhalten nicht durch Verbote, sondern durch Ursachenbeseitigung. Macht sie einen fremden Hund, der sich mir zu nähern versucht, leise grummelnd aus, ziehe ich sie demonstrativ zu mir her, wende den Blick ebenso auffällig vom »Konkurrenten« ab und beweise ihr kurzzeitig mit viel zusätzlicher Zuneigung, dass nur sie mein »Ein und Alles« ist. Dann wird der passierende Hund nur mit kontrollierend finstren Blicken verfolgt, meine Zuneigung dabei eigentlich gar nicht so richtig genossen, sondern beinahe als notwendige Selbstverständlichkeit weggesteckt. Zeige ich auch nur die geringsten Anzeichen, ich könnte mich für den anderen Hund interessieren, explodiert sie heulend wie eine Furie. Was ich aber nicht so weit gehen lasse, dass sie mir den Kontakt zu anderen, mir bekannten Tieren verbieten darf. Hier lasse ich die Hunde ohne Eingriffe von meiner Seite die Rangordnung ausbeißen. Was nach kurzer Zeit damit endet, dass ein Hund links und einer rechts von mir liegt, sich die Tiere über meinen Schoß hinweg fuchsteufelswild angiften, wenn ein Tier der Ansicht ist, ich hätte den Konkurrenten intensiver gekrault oder dieser hätte sich in allzu anbiedernder Form mir um weitere Zentimeter angenähert, oder gar den Kopf über meine Beine gelegt. Hier fand im wechselseitigen Miteinander eine ebenso wechselseitige Erziehung statt ...

Geht es bei dieser Hündin um ein Verbot mindermotivierten Verhaltens - dazu zählt bei ihr etwa die Katzenjagd oder das Angehen von Schafen - lässt sie sich im Gesamtverhalten mit einem leisen Schnalzen zuverlässig bremsen, bricht die Aktion global ab.

Die Motivation, die einem zu verbietenden Verhalten zugrunde liegt, bestimmt die Vehemenz, mit der man ein etwaiges Verbot durchsetzen muss. Eine Vehemenz, die nichts anderes als eine Gegenmotivation darstellt. Bis der Hund in einen Zustand gerät, in dem er sich abwägend »überlegt«: »Das Schaf zu beißen motiviert mich ja ganz schön stark. Aber so wie sich Herrchen gerade wieder einmal aufführt, motiviert es mich doch weitaus mehr, dies lieber zu unterlassen, um es mir mit dem Herrscher nicht zu verderben oder gar eine strafende Aktion von seiner Seite herauszufordern.«

Herrische Unterbindungsversuche führen zu einem ausweichenden Verhalten (»Ich unterlasse nur das, was du mir verbietest, mehr nicht!«) Sanftere Eingriffe nach betriebener Ursachenforschung korrigieren möglicherweise das Gesamtverhalten.

Je größer die Motivation, desto mehr »Gedanken macht« sich der Hund zur Problemlösung, umso detaillierter wird der Hund sein Verhalten der Situation anpassen und reagieren, desto differenzierter fallen seine Reaktionen aus. Bei geringer Motivation zur einer Tat, werden bei schlechten Erfahrungen möglicherweise komplette Funktionskreise unterlassen. Hat das Tier mit einem Menschen, der ihm viel bedeutet hin und wieder schlechte Erfahrungen gemacht, wird der Hund versuchen, sich nur in vergleichbaren Situationen von ihm fern zu halten oder Folgsamkeit zu zeigen. Macht er hingegen bei einem Menschen, der in seinem Weltbild lediglich »einer von vielen ist« Negativ-Erfahrungen, wird er nicht versuchen, punktuell die strafende oder unterbindende Aktion zu analysieren, sondern ihn einfach pauschal meiden. Er wird nicht versuchen, die Situation künftig durch Ausweichen oder umgelenktes Handeln zu bereinigen.

Die Motivation stellt also nicht nur den Antrieb sicher, überhaupt aktiv zu werden, bestimmt nicht nur die Spontaneität der Reaktion, sondern ebenfalls, wie detailliert, differenziert, vermenschlicht ausgedrückt »wie intelligent« der Hund auf Erlebnisse aus der Umwelt reagiert.

VERBALE BEFEHLE - DER UNTERSCHIED ZWISCHEN KLANG UND SYNTAX

Der Hund achtet - sofern er noch keine verbalen Befehlen von Ihnen gelehrt bekommen hat - ausschließlich auf den Klang und den Rhythmus Ihrer Stimme. Unabhängig davon, was Sie ihm sagen. Wenn Sie ihm unterwegs mit sanfter Stimme zumurmeln »Du kleiner verschissener Köter« wird er dankbar für die Aufmerksamkeit, sichtlich leichfüßig und stolz die nächsten Meter neben Ihnen hertraben. Wenn Sie ihn für einen befolgten Befehl mit eiskalter Stimme loben, wird er diesen Widerspruch nicht einordnen können, sofern er Sie nicht sowieso schon als »total plemplem« abgeschrieben hat.

Sinnlose Stimmfühlungslaute

Ich spreche Begleithunde unterwegs hin und wieder grundlos mit irgendwelchen Stimmfühlungslauten an, fahre ihnen mit der Hand an den Flanken entlang oder zupfe sie am Ohr. Sieht man genau hin, bemerkt man, wie diese Rempler einen erschöpften oder desinteressiert nebenher trabenden Hund erkennbar aufbauen. Ständiger Kontakt, sei er noch so überflüssiger Art, schweißt zusammen, drückt Gemeinschaft aus. Darüber hinaus kann man endlich den schon immer geführten Selbstgesprächen eine nutzbringende Funktion abringen ...

Dies gibt mir zudem die Möglichkeit, passiv zu strafen, indem ich ungebührliches Verhalten allein damit ahnde, dass diese verbindenden Rempler in den nächsten Minuten eben ausbleiben.

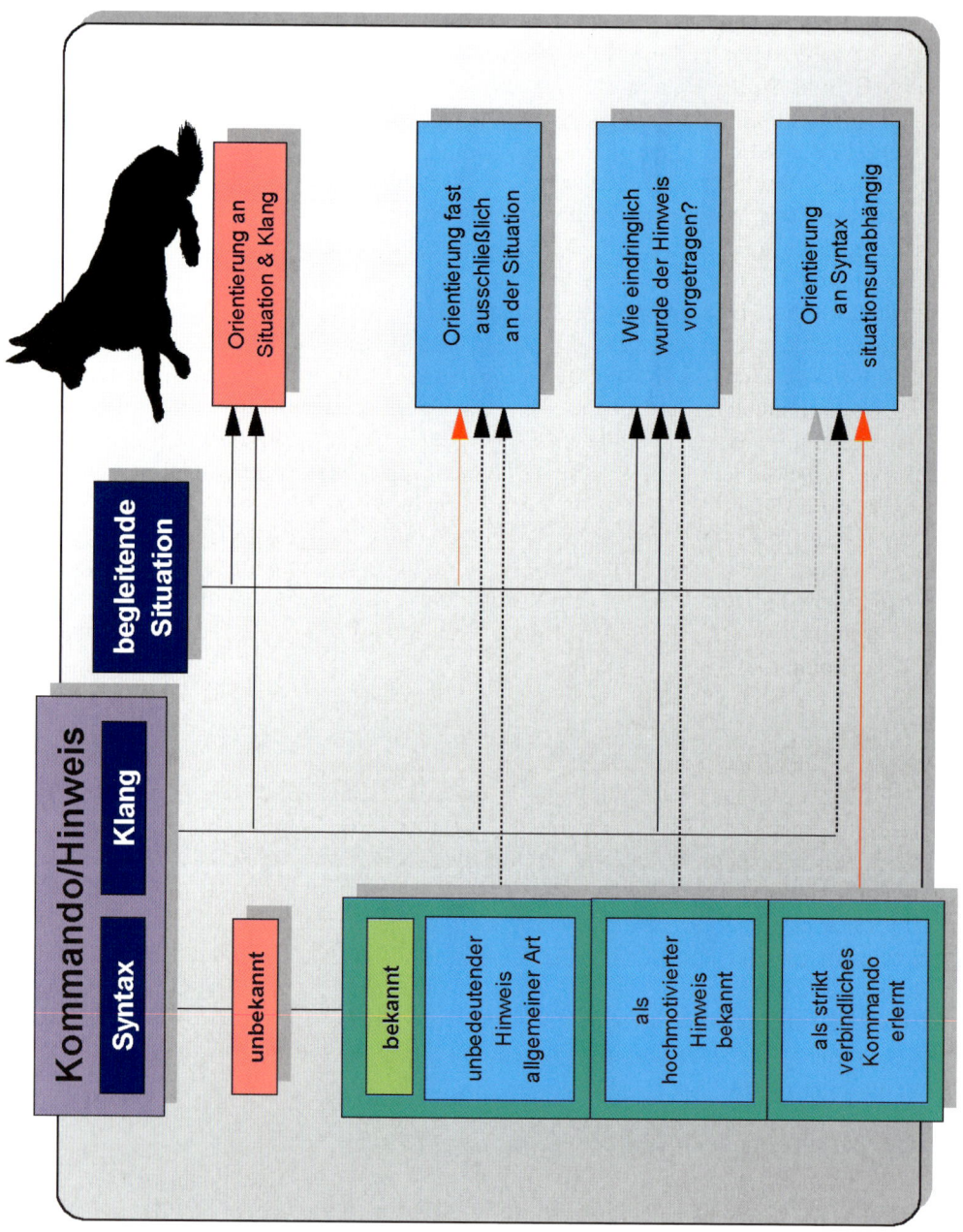

Verbale Kommandos.
Der Hund orientiert sich an Klang, Syntax und der begleitenden Situation.

Aggressiv und artübergreifend

Die Wortwahl ist auch dem ungebildeten Hund gegenüber jedoch nicht völlig gleichgültig. Es gibt Worte, die allein aufgrund ihrer Silbenfolge aggressiv klingen. Dazu zählen etwa alle kalten Zisch- , kehligen Knacklaute und »ausgespuckten« T-Laute. Ein Befehl der scharf klingen soll, lässt sich schlecht in das rund und harmlos klingende Wort »Wollpullover« verpacken. Hierfür wäre das aggressive »Scheißköter« schon wesentlich passender. Dem Hund ist dabei egal, ob Sie ihn in Deutsch, Japanisch, Russisch oder einer Ihrer Phantasie entsprungenen Sprache unterrichten.

Ein tiefes Grummeln Ihrerseits, das eigentlich als wohlwollender Stimmfühlungslaut für den Hund gedacht ist, kann anfangs vom Tier fälschlicherweise als Warnung oder Ablehnung eingeordnet werden, da es von der Tonlage her dem funktionsbehafteten Knurren ähnlich ist und dem »Sprachrepertoire« des Hundes entstammt.

Knurren, Fauchen, Zischen und Lautstärke drücken naturbehaftet Ablehnung oder Aggression aus. Wohlig-sanft verschliffene, unakzentuierte, leise Stimmlaute werden auch von unbekannten Tieren sofort als Zuneigung oder Zustimmung ausdrückende, untermalende Lautfolgen begriffen.

So wähle ich für hinweisende Lenkungslaute - etwa den Hinweis zum Aufbruch »Gehen wir weiter« - nicht nur Worte, die weniger hart klingen, sondern habe mir ebenso angewöhnt, Lautäußerungen, umso stärker verschleifend zu nuscheln, je weniger verbindlich sie gemeint sind, sie in der Betonung als Frage und nicht als Aussage zu formulieren. In diesem Beispiel: »Gehma weida?«

Diese Technik lässt mir für wirklich ernst gemeinte Kommandos ein breites Spektrum an Steigerungen in der Aussprache: Harte Wortwahl. Lautstärke. Harte Akzente. Gradlinige, befehlende Akzentuierung des Satzes.

Ein Lob sollte also mit sanfter, ruhiger Stimme ausgesprochen werden. Je abgehackter, lauter, zischender - je »schärfer« - die Ausdrucksweise, desto mehr wird Dominanz hervorgekehrt, desto einschüchternder ist die Wirkung. Lautfolgen, die man schlecht als Lob, sondern besser als Befehl oder Tadel einsetzt.

Das laut gebellte, ihm nicht bekannte »Hey!« mag den Hund sicherer stoppen, als das zu sanft geäußerte, gelernte »Steh«. Meist ordnet der Hund Lautstärke und Schärfe in der Stimme vorrangiger ein, als präzise Syntax oder korrekte Wortwahl. Je schärfer ein Hinweis geäußert wird, desto weiter kann das Kommando von der ursprünglich gelernten Tonfolge entfernt sein, desto unpräziser und pauschalierender ordnet der Hund das ein, was er hört.

Sinntragende Begleitumstände

Je länger die von Ihnen gewählten Tonfolgen, desto schwieriger ist es für das Tier, sie als Befehl unverwechselbar einzuordnen. Bei zu langen Befehlssequenzen wird sich der Hund dann entweder ihm vertraut erscheinende Lautfetzen herauspicken oder sich möglicherweise gar nur noch an der aktuellen Situation und Ihrer Stimmlage orientieren und der Lautfolge selbst gar keine definitive Bedeutung mehr zumessen. Auch wenn die gezielte Folgsamkeit bei Ihnen den Anschein erwecken mag, das Tier hätte durchaus auf die Syntax reagiert. Selbst bei einem knappen Befehl kann dem Hund die Situation, aus welcher heraus er gegeben wurde und vor allem der Klang der Lautäußerung selbst bindender erscheinen, als der gelehrte Inhalt des Befehlswortes. Ein zu sanftes »Aus« kann als nicht bindende Aufforderung, etwas herzugeben oder gar als sinnunbehaftetes Stimmfühlungs-Lob missgedeutet werden.

Reagiert das Tier immer erst auf einen scharf gesprochenen Befehl, so weist dies nicht unbedingt darauf hin, dass es erst die drohende Keule erkennen muss, um sich dazu zu bequemen, einen Befehl zu befolgen. Es hat meist schlichtweg gelernt, dass betreffende Lautfolge überhaupt erst eine Bedeutung gewinnt, wenn sie aggressiv geäußert wird. Wer bringt seinem Hund denn schon bei, bei einem sanften »Aus« alles fallen zu lassen. »Aus« wird meist von Anfang an laut und aggressiv gelehrt - fehlt später die stimmliche Aggressivität, geht dem Tier ein Großteil der (bindenden) Bedeutung verloren. Weshalb ich immer wieder betone, dass die Lenkung des Tieres auf freundlichster, sanftester Basis beginnen sollte. Lautstärke und Aggressivität sollte man sich für vereinzelte Notfälle aufheben.

Unbeabsichtigte Verknüpfungen

Der Mensch hat die dumme Angewohnheit, meist nur dann mit dem Tier zu reden, wenn er etwas von ihm will. Ein »Etwas«, das den Hund oft nicht sonderlich erfreut. So ist für manchen Vierbeiner der eigene Name nicht ein Kennungssymbol, das zunächst wertneutral anzeigt, wer angesprochen ist, sondern dermaßen negativ behaftet, dass man ihn beim Aufbau einer positiven Beziehung gar nicht mehr benutzen darf.

Der eigene Hund muss lernen können, dass auf ein namentliches Rufen hin durchaus eine positive Erfahrung, und nicht ausschließlich ein Verbot, eine Einschränkung, folgen kann.

Der Name an sich sollte lediglich die Aufmerksamkeit des Tieres wecken, darf diesem niemals als Befehl zu einer Handlung vermittelt werden. Viele Halter rufen allein den Namen ihres Vierbeiners, um ihn zu stoppen, um ihn zu sich zu beordern, ohne explizit dazuzusagen, was sie von ihrem Tier erwarten. »Stopp!« oder »Komm!«.

Bei einer Hündin musste ich eine traurige Erfahrung machen. Da ich den Hunden unterwegs Situationen in einfachen kurzen Sätzen wiederholt »erkläre«, wusste sie nach wenigen Wochen, was ein »Gehen wir heim!« bedeutet. Diese Tonfolge, von mir lediglich als Feedback für den Stand des aktuellen Ausfluges gedacht, entwickelte sich zu einem Schlüsselreiz, der unterwegs, auch kilometerweit von diesem »Heim« entfernt, das Tier zu einem zitternden Nervenbündel machen konnte. Begeistert von ihrem Zuhause ist sie also sicherlich nicht ...

Bei leicht erkennbar vorbelasteten Tieren lasse ich mir lange Zeit, bevor ich sie überhaupt das erste Mal mit artikulierten Verbalien konfrontiere. Zunächst benutze ich zu deren Lenkung ausschließlich Pfeif-, Schnalz- und Schmatzlaute, sowie Gesten. Ein solches Tier hat menschliche Stimmlaute möglicherweise schon pauschal als menschliches Drohverhalten eingestuft. Wenn das Leittier Zähne zeigt, legt man sich besser auf den Rücken. Wenn Herrchen den Mund auf macht - egal was es sagt -

erscheint dies manchem Hund wie das Zähnezeigen eines Artgenossen. Unter diesen Bedingungen kann es geschehen, dass der Hund einen kompletten Kommunikationskanal einer einzigen Funktion - Bedrohung der eigenen Existenz - zuordnet, obwohl man über denselben auch Lob oder Zuneigung ausdrücken könnte. Genauso wie in manchem geistigen Hundehorizont die Hand nur schlägt, würgt und festhält, obwohl sie doch auch den Hundepelz kraulen könnte. So weit sollte man die verbale Kommunikation mit dem eigenen Tier gar nicht erst verkommen lassen.

Ich bin mit allen Hunden beinahe ausschließlich nonverbal unterwegs und greife zwingend steuernd ausschließlich mit Lauten aus dem Repertoire des Tieres ein. Kein »Steh« vor dem Überqueren der Landstraße, sondern ein gebelltes »Hey« im Notfall, die am Rollstuhl entspannt herabhängende Hand als Standard-Stopp-Zeichen. Kein »Komm« zum Herbeordern, sondern ein Interesse auslösendes Winseln, in der Steigerung der Dringlichkeit mit Gesten und Mimik unterlegt.

Die anderen Komponenten des Umgangs regle ich durch kommunikative Verhaltensweisen, die ich den Tieren im Umgang untereinander abgeschaut habe. Sei dies die Abwehr von Aufsässigkeit, das Ausweichen oder Knurren bei Bettelei und vieles mehr.

Verbalien mit Wortbedeutung bringe ich in unsere Beziehungen nur aus Interesse am Experiment ein. Die meisten Tiere wussten alsbald, was unterwegs ein »Packen wir's!«, ein »Gehen wir heim!«, ein »Schau mal!« bedeutet. Sie konnten bald zwischen den Interesse weckenden Hinweisen »Wasser« oder »Hund« unterscheiden.

KOMMUNIKATIVE FEINABSTIMMUNG

Wiederholen Sie mit beinahe schon stupider Ausdauer konstant die gleichen, verbalen Lautäußerungen zu immer den gleichen Handlungen außerhalb spezieller Lehrstunden, im täglichen Umgang, können Sie dem Tier eine Unzahl (nicht notwendiger) verbaler Hinweise verständlich machen. Deuten Sie auf einen Bach, eine Pfütze oder einen See und sagen dazu immer »Wasser«, kann der Hund alsbald dieses Wort mit einer Trink- und Bademöglichkeit verbinden.

In einem diesbezüglichen Versuch habe ich einem Tier beibringen können, aus einer Kuhtränke zu trinken. Nach einigen Ausflügen wusste er - ein richtiger Säufer - was das Wort »Wasser« bedeutet.

Diesmal deutete ich jedoch, was ich noch nie zuvor getan hatte, auf eines dieser Metallfässer auf Rädern, aus denen die Kühe aus einer kleinen angebrachten Schale trinken können. Obwohl der Hund noch nie ein solches Vehikel benutzt oder auch nur beachtet hatte, vertraute er auch diesmal auf die Korrektheit meines Hinweises - die brütende Hitze war mir sehr hilfreich -, untersuchte das, von mir als »Wasser« bezeichnete Fass von allen Seiten, bis er nach minutenlanger Suche endlich das von mir »versprochene« Wasser in der Schale, die deutlich oberhalb seine Blickfeldes lag, gefunden hatte und sich auf den Hinterläufen stehend bedienen konnte.

Zu einer Hündin, die bei allem und jedem einen Grund zum Bellen fand, sagte ich jedesmal recht leise »Psst!« und zog sie behutsam am Schwanz zu mir her, wenn sie dennoch bellte. Da sie einiges auf eine von Zwistigkeiten ungetrübte Gesellschaft mit mir gab, mich nicht verärgern mochte und ihren Schwanz lieber ausschließlich selbst bedienen wollte, reichte nach einigen Kontakten mein »Psst!«, wenn sie die ersten Ansätze geplanten Verbellens zeigte aus, um sie stumm zu schalten.

Die wohl sanfteste Form des Lehrens eines Unterbindungsbefehles ähnlich einem »Aus«.

EIN BEISPIEL FÜR NON-VERBALE KOMMUNIKATION: DER HINWEIS AUF EINE TRINKMÖGLICHKEIT

Bietet sich neben der aktuellen Wanderroute eine Möglichkeit für den Hund, zu trinken - an kalten, feuchten Novembertagen etwa wird er nicht von sich aus sofort jede sich bietende Möglichkeit selbstständig nutzen - dann stoppen Sie einfach. Der Hund wird dies ebenfalls tun, aber möglicherweise nicht zum Bach hinunterlaufen. Dazu können Sie ihn veranlassen, weil dies vielleicht - was nur Sie wissen - für lange Zeit die letzte Trinkmöglichkeit darstellt, indem Sie aufmerksam in Richtung Wasser blicken.

Eine Steigerung der Hinweisdringlichkeit, die dem Hund nicht mehr nur die Möglichkeit zu Trinken nahe legt, sondern beinahe schon einer Aufforderung gleichkommt, besteht darin, dass Sie den, Sie aufmerksam beobachtenden Hund, der darauf wartet, dass Sie endlich weitergehen, kurz in die Augen blicken und daraufhin demonstrativ den Blick zur Bademöglichkeit führen. Wiederholen Sie dieses Wechselspiel drei- oder viermal.

Als weitere Steigerung können Sie den Blick zum Bach mit einem leisen, freundlichen akustischen Laut untermalen.

Wohlgemerkt stellt all dies keinen Befehl an den Hund dar, sondern lediglich einen Hinweis, eine Aufforderung, diese Trinkmöglichkeit im eigenen Interesse und bei Bedarf zu nutzen.

Bei Desinteresse wird der Hund Ihren Blick nicht erwidern, sondern rasch ausweichen und etwa in die bisherige Fortbewegungsrichtung sehen, womöglich ein paar Schritte in diese Richtung weitergehen, bevor er Sie seinerseits mittels eines Blickkontaktes, vielleicht untermalt mit einem verhaltenen Bellen darauf hinweist, er möchte nicht trinken, sondern weitergehen. Dies stellt nicht versuchte Dominanz dar, sondern ist reine wechselseitige Kommunikation zur Lösung eines Problems.

Strafen Sie solches scheinbar rebellisches Verhalten niemals als ungebührlichen Ungehorsam. Der Abbruch der laufenden Handlungen - hier das Stehen bleiben - erregt dabei die Aufmerksamkeit des Hundes - in der Funktion dem Rufen des Hundenamens vergleichbar. Der Blick in seine Augen signalisiert, dem Tier, das Sie nicht grundlos stehen bleiben, sondern eine Reaktion von ihm erwarten.

Ihre Blickrichtung bedeutet den Vektor, in dem sich etwas befindet, was Ihre Aufmerksamkeit erregt hat und auf das Sie die Aufmerksamkeit des Hundes lenken möchten.

Wollen Sie den Hund bei einer Pause auf etwas hinweisen, können Sie seine Grundaufmerksamkeit allein dadurch wecken, dass Sie etwa das momentane Streicheln plötzlich unterlassen oder den neben Ihnen liegenden Hund unvermittelt anstupsen. Der Rest läuft wie in obigem Beispiel ab. Die Wichtigkeit Ihrer Beobachtung, die Dringlichkeit des Hinweises können Sie untermauern, indem Sie Ihrerseits aufgeregtes Gebaren an den Tag legen.

Dies ist die Standardsituation eines naturverstandenen Hinweises an den Hund auf einen Gegenstand oder eine interessante Situation im näheren Umfeld. Dies sind kommunikative Wechselspielchen, die mit dem eigenen Hund ebenso wie mit nahezu völlig fremden, aufgegriffenen Tieren unabhängig von deren Wissensstand in derselben Weise informationsaustauschend funktionieren.

Eine detaillierte, verbale Dressur stellt keine Notwendigkeit dar, erleichtert und intensiviert das Zusammenleben aber ganz erheblich. Für hilfreiche Hinweise (Wasser, Hund) ist der Hund immer dankbar. Weshalb er sich in der Folge verstärkt an Ihnen orientiert: Es könnte ja schon wieder ein interessanter Tipp von Ihnen kommen. »Reden« Sie gar nicht oder sehr wenig mit dem Tier, wird es Sie als recht uninteressanten Begleiter einstufen. Fällt Ihre Kommunikation dem Tier gegenüber ausschließlich befehlend aus, wird der Hund bei jeder Gelegenheit versuchen, Sie als interessehemmenden Störfaktor zu meiden. Sie müssen noch mehr interessehemmend eingreifen, das Tier unter Ihre Gewalt zwingen. Aus dem möglichen Miteinander wird eine militärische Rangordnung mit ebenso militärisch »freundschaftlichen« Umgangsformen.

SO ANTWORTET DER HUND

Ist der Hund am Objekt Ihres Hinweises nicht interessiert, wird er Sie kurz ansehen und dann demonstrativ in eine andere Richtung starren, als die, in die Ihr Blick und Ihre Hand deuten. Dies ist keine Verweigerung, die geahndet werden müsste. Sie gaben lediglich einen Hinweis auf den hin der Hund körperliche Bedürfnisse befriedigen könnte, wenn er denn Lust dazu verspürte. Fremden Hund kennen lernen. Wasser trinken. Sich durch ein Bad abkühlen. Hinweise beinhalten eine Entscheidungsfreiheit auf Seiten des Hingewiesenen. Sie sind keine einzuhaltenden Kommandos.

Der Hund mag dann irgendwann versuchen, ein »Komm« auf die gleiche Weise zu beantworten. Er guckt einfach demonstrativ von Ihnen weg, anstatt zu Ihnen zu kommen. Dies sollten Sie ihm, um der Funktionalität des »Komm« willen, nicht durchgehen lassen. Der Gehorsam bezüglich Kommandos muss absolut bleiben.

Verhalten Sie sich konsequent »fehlerfrei«, wird der Hund die Worte, die Sie ihm sagen, in zwei Kategorien einordnen: Zum einen gibt es Laute, deren Bedeutung er kennt, die aber lediglich als optionale Hinweise gelten. Tipps, denen er nachgehen kann oder nicht, seine Absichten dazu Ihnen gegenüber aber wenigstens äußern sollte. Hierzu müssen Sie die kommunikativen Verhaltensmuster kennen, achten und erwidern.

Zum anderen gibt es Worte, zu deren Befolgung er nicht befragt und Herrchen möglicherweise böse oder gar zwanghaft wird, wenn er versucht »abzulehnen«. Das

Zulassen optionaler Komponenten in der Folgsamkeit vernichtet nicht automatisch strikten Gehorsam in anderen Teilbereichen des Zusammenlebens. Praktizieren Sie eine reiche Kommunikation mit vielen Hinweisen, wird der Hund sich schon allein deshalb stärker an Sie binden, weil Sie ihm einfach so viele schöne Dinge zeigen. Manchmal hat man als Mensch allein aufgrund der größeren Körperhöhe den besseren Überblick. Er wird von sich aus seine Kommunikation in seinen Ausdrucksweisen zu Ihnen intensivieren. Er wird lernen, seinerseits Hinweise auf Dinge aus der Umwelt zu geben, wird auf seine Art fragend um Erlaubnis zu seinen Absichten nachsuchen. Er wird sich in ausgeprägterer Form verständlich und einschätzbar in seinem Ausdruck von Stimmungen und Wünschen geben.

PERSONENSPEZIFISCHES LERNEN

Hunde lernen sehr personenspezifisch. Sie wissen zwar, wenn sie es erst einmal kapiert haben, personenübergreifend, dass man sich bei dem Befehl, der da lautet »Sitz«, hinsetzen soll. Ob sie diesen Befehl strikt oder gar nicht befolgen, hängt immer vom Verhältnis des betreffenden Menschen zum Tier ab. Davon, wie der Hund diesen Menschen in sein Weltbild integriert hat. Als brauchbares Leittier? In diesem Falle mag er willens sein, die Beziehung nicht mit einer Lappalie, wie dem Verweigern einer Spielhandlung aus reiner Sturheit heraus zu belasten. Stuft er Sie als Tyrannen ein? In diesem Falle wird das Tier seine Motivation aus der Angst vor Strafe kombiniert mit dem Wissen, dass er seinem Herren ja doch nicht entkommen kann, schöpfen. Oder sieht er in Ihnen den harmlosen Schreihals, der sich sowieso nicht durchsetzen kann? Dann wird der Hund gar nicht dran denken, sich folgsam zu geben. Einem rangniedrigeren Gruppenmitglied gehorcht man prinzipiell nicht. Oder sind Sie einfach der Fremde, der als Außenstehender sowieso keine Bedeutung hat und rangordnungstechnisch völlig irrelevant ist? In diesem Falle mag man als Antwort des Hundes lediglich auf Aggression stoßen, wenn man ihn kommandotechnisch binden möchte.

Hier resultieren Unterschiede im Verhalten bedingt durch Motivationsgründe. Ein Freund motiviert positiv, der Tyrann negativ, der Niemand gar nicht. Keine Motivation - keine Reaktion. Lenkungsimpulse des Fremdlings werden als versuchte Provokation durch ein Mitglied einer konkurrierenden Fremdgruppe mittels Aggression abgeschmettert.

Ich kann als außenstehende Person Sachzusammenhänge lehren, dem Hund beibringen, was mit einem »Sitz«, »Platz«, »Komm« oder »Steh« gemeint ist. Ich kann ihm eine Grundtendenz vermitteln, wie ernst und verbindlich diese Kommandos einzustufen sind. Wie strikt er diese Anweisungen umsetzt, wie sein Gehorsam ausfällt, macht der Hund mit jeder einzelnen Person, die mit ihm Umgang hat, individuell aus.

Sicher könnte ich beim Einbläuen der Kommandos so hart zulangen, dass das Tier einem Befehl, allein aus Angst um die eigene Unversehrtheit, eine gewisse Zeit lang von jedweder Person geäußert nachkommt, weil der Hund einfach so arge Negativ-Erfahrungen gemacht hat und die Lautäußerung in seiner Verzweiflung so stark pauschaliert, dass er speichert: Wenn ich irgendwoher, sei dies vom Menschen, aus dem

Radio oder aus der leeren Luft auch nur eine ähnliche Lautkombination vernehme, reagiere ich in der gelehrten Weise - weil ich sonst beschädigt werde. Dies sind jedoch keine akzeptablen Trainings- und Ausbildungsmethoden, da sie den Hund in zerstörerischer Weise einschüchtern. Zudem wird man selbst bei solcher Behandlung um ein gelegentliches Auffrischen der Lehrinhalte und des Gehorsam ebenso wenig herumkommen, wie bei der Anwendung freundlicherer Erziehungsmethoden. Wenn ein solcher Lernschock zunächst auch erst einmal tiefer sitzen und länger anhalten mag.

Hält ein Mensch dem Hund eine Wurst vor die Nase, schöpft das Tier die Motivation zu reagieren allein aus dem Bestreben, bei jeder sich bietenden Möglichkeit den eigenen Hundemagen zu füllen. Lediglich sein folgendes Verhalten wird er an den Erfahrungen, die er mit der Person sammeln konnte, orientieren: Dem gütigen Herrenwesen wird er die Wurst nicht aus der Hand schnappen, dem Tyrannen gegenüber vielleicht nicht einmal zu betteln wagen. Dem Fremdling oder rangtechnischen Niemand mag er vor lauter ungehemmter Respektlosigkeit wohl nebst der Wurst auch noch einen Finger abbeißen.

Ein Hund, der von einer Person bei Tisch immer wieder Bröckchen abbekommt, wird nicht generell zum Bettler. Sein Bettelverhalten wird durch seine Stellung zur essenden Person bedingt.

Lassen Sie ein fremdes Tier zur Begrüßung an sich hochspringen, hat dies nicht zwangsläufig zur Folge, dass es diese - in den Augen anderer Menschen - Unsitte sich auch bei den eigenen Leuten wieder angewöhnt.

Das immer auf eine bestimmte Person bezogene Lernen mag so weit gehen, dass Papi mit der Familienhündin eben die Fährtensuchprüfung erfolgreich absolviert hat, der Hund bei einem Badenachmittag am See, zusammen mit der erwachsenen Tochter, jedoch keines der Kommandos befolgt. Für Außenstehende gerade so, als hätte dieser unfolgsame Köter nie die Bedeutung von »Platz« oder »Komm« gelernt.

Bei einer Hündin, die von den eigenen Leuten in strafender Absicht in übelster Weise an Schnauze und Nacken gepackt und recht gemein behandelt wird, die in diese Richtung weisende Bewegungen von Herrchen zu fliehen versucht, darf ich die gleichen Handlungen in gemilderter Form als Zuneigungsbekundung ausführen. Ohne dass sie ausweicht, lässt sie dieses »Zupacken« von mir im Zuge einer Massage oder Streichelei genussvoll »über sich ergehen«.

Ein schon handscheuer Hund muss nicht bei jedem Menschen handscheu bleiben. Baut man als neuer Herr, oder wie ich als »Eindringling« von außen, eine Beziehung auf vertrauensvoller Basis auf, vergisst dabei bewusst jede strafende Funktion der Hand, mag der Hund wieder Zutrauen finden. Beim alten Herren wird er erwartungsgemäß handscheu bleiben.

TÄUSCHUNG SCHWER MÖGLICH - GEBEN SIE SICH SCHLÜSSIG
Mittels seines ausgeprägten Geruchssinnes kann der Hund über die Schwankungen in Ihrem Körperchemiehaushalt wie aus einem aufgeschlagenen Buch Ihre Stimmungen ablesen.

Eine Hündin konnte nach wenigen Wochen des Kontaktes zu mir meine diabetesbedingten Blutzuckerschwankungen besser erkennen, als mir dies nach vielen Jahren als Betroffener selbst möglich war.

Es dauerte eine ganze Weile, bis ich erkannte, warum sie manchmal nicht von meiner Seite wich, in bestimmter Weise unruhig wurde und sich in zahlreichen anderen Verhaltensfacetten seltsam benahm, bis ich dieses Verhalten schlüssig meinen Blutzuckerwerten zuordnen konnte.

Sie können einen Hund kaum verarschen. Ein ängstlicher Mensch riecht nicht wie ein zorniger. Ein kranker, schwacher Mensch riecht völlig anders als ein ausgeglichener, gesunder.

Gefühlsregungen wie körperlicher Gesamtzustand spiegeln sich für die Hundenase deutbar im Geruch des Menschen wider. In dieser Form nach außen getragen sind deshalb die »wahren Zustände« des Menschen vom Hund leicht durchschaubar. Versuchen Sie mit sanfter Stimme eine aktuelle aggressive Grundhaltung Ihrerseits zu übertünchen, wird sich das Tier kaum täuschen lassen. Eher wird der Hund sich Ihnen nur zögerlich nähern, da er diesen Widerspruch nicht einordnen kann. Präsentieren Sie sich ihm öfters in dieser zerrissenen, unlogischen Form, geht er mehr und mehr auf Distanz, da er nicht abschätzen kann, ob Sie ihm im nächsten Augenblick das Genick kraulen oder ihn in die Nase beißen werden.

Diese Schilderungen mögen Ihnen als reine Spinnerei eines Hundenarren erscheinen, doch gerade diese für den Menschen unwichtig erscheinenden Randdetails sind dem Hund sehr wichtige Orientierungshilfen. Sie schweißen in kurzer Zeit Hund und Mensch derart zusammen, dass viele auf Rangordnung und Gehorsam bedachte Halter in der direkten Befehlskonfrontation mit mir bei ihrem eigenen Tier den Kürzeren zogen.

Um das Tier nicht zu verwirren wäre es also gut, nicht nur mitleidig zu reden, sondern Mitleid zu empfinden, wenn man ein solches Mitgefühl ausdrücken möchte. Man sollte sich nicht aufgesetzt ablehnend oder zornig geben, sondern versuchen, diesen Zorn wirklich zu empfinden.

Dann sendet man ganz automatisch einen vom Hund leicht deutbaren, unmissverständlichen, schlüssigen Mix aus chemischen Signalen und bis ins Detail stimmungskonformem Verhalten.

Wie oft redet man doch freundlich und riecht dabei zornig. Versucht man sich schlüssig zu geben, indem man den eigenen Ausdruck ganz bewusst mit den inneren Wünschen synchronisiert, wenn man das ausdrückt, was man empfindet, keine emotionale Stimmung durch rational bestimmtes Handeln zu kaschieren versucht, vermeidet man Verwirrung im Umgang mit dem sensorisch sensiblen Wesen Hund.

Obwohl man mit diesen Signalen Verhalten und Stimmungen bekräftigend untermauern könnte, hat das Tier wohl weitaus öfter erfahren müssen, dass der Mensch nahezu schizophren handelt. Dass das, wie Sie sich geben und wie Sie sich fühlen, beinahe nie richtig übereinstimmt. So mag der Hund alsbald diese Signale nicht mehr als Unterstreichung von Zorn, Zuneigung oder Furchtlosigkeit werten, sondern gegebenenfalls eher ein zufällig schlüssiges Zusammentreffen darin sehen. Es treibt einen Keil in die Beziehung, wenn man sich andauernd widersprüchlich gibt, der Gesichtsausdruck zwar Liebe, der chemische Körperhaushalt und kleinste unscheinbare Bewegungen aber Ablehnung ausdrücken.

Agiert man überzeugt, Wille, Empfinden und Handeln im Gleichklang, ginge man ganz anders auf ein Tier zu.

Wer mit zuckersüßer Stimme seinem Hund die Freundschaft versichert, während er ihm das Genick krault, aber sofort angewidert zurückweicht, wenn dieser in seiner Form Zuneigung auszudrücken, ihm dankbar über die Hand oder gar das Gesicht zu lecken versucht, wer den Hund in Angst um die saubere Kleidung zurückweist, wenn er ihm eine Pfote in den Schoß legen möchte, sendet damit gerade die für das Tier lesbaren Signale in einer Form, die das Gegenteil der offenkundigen Handlungen ausdrücken.

Dieses Synchronisieren setzt ein Arbeiten an den eigenen Fertigkeiten voraus, bringt aber nicht nur Vorteile im Umgang mit anderen Wesen, sondern harmonisiert ebenso das personeninterne Miteinander zwischen Körper und Psyche. Wenn die Ratio den Körper immer das ausdrücken lässt, was man in der Seele schon empfindet, beseitigt man oftmals einen internen, in der eigenen Person angesiedelten Widerspruch.

Funktioniert es schlecht, den Hund aufgrund der ständig gesandten chemischen Signale über den eigenen Gemütszustand grundlegend zu täuschen, so gibt es im Lernverhalten einen Bereich, in dem diese Täuschung durchaus funktioniert, die man aber nicht, und wenn schon, dann sehr, sehr selten anwenden sollte, weil sonst der betroffene Befehl seine Funktion mehr und mehr einbüßt.

Beinahe jeder Hund kennt den Satz »Schau mal, ich hab was für dich«. Damit wird von seiten des Halter meist erbarmungslos Schindluder getrieben.

Da »hat man was für Hundchen«, wenn man den Hund mit Flohpulver bestäuben will, wenn man ihm das Halsband anlegen möchte oder wenn man ein das »Komm« verweigerndes Tier einfach ohne größere Zeremonie zu sich ordern möchte. Die Aussicht auf Futter hinterlässt beim Tier eine nachhaltige Wirkung, sodass man einen solchen Hinweis, ein eigentlicher Befehl ist dies ja nicht, recht oft ohne anschließend dargereichte Nahrung missbrauchen kann, ohne dass er seine Wirksamkeit verliert. Viel öfter als einen trockenen Befehl wie »Komm« oder »Sitz«, dem das Tier sowieso nur mehr oder weniger widerwillig nachkommt.

Jedoch kann es geschehen, dass das Tier von sich aus irgendwann extrapoliert, dass, wenn dieser eine Hinweis nicht einmal in der Hälfte aller Fälle stimmt und die gelernte Bedeutung hat, auch alle Ihre anderen Äußerungen ebenfalls nur in der Hälfte aller Fälle korrekt gemeint und strikt zu befolgen sind.

So wird das »Komm« immer löchriger, das »Platz« immer unzuverlässiger, das Verhalten des Tieres immer rebellischer, da der Hund glaubt, sich Ihnen generell nur noch zu weniger als zu 50% unterordnen zu müssen.

Hier löst die Durchschaubarkeit einer überstrapazierten Lüge in einem Bereich die globale Folgsamkeit auf. Wie bei Menschen untereinander gilt: Wer sich allzu oft gegenseitig anlügt, zerstört die Vertrauensbasis nicht nur in diesem Teilbereich der Lüge.

2.7 NACH DEM LERNVORGANG - UNTERSCHIEDE IN DER MOTIVIERUNG EINES SCHÜLERS UND EINES WISSENDEN

Selbst wenn der Hund weiß, was der Befehl »Komm« bedeutet, wird er nicht reagieren, wenn er keine Motivation verspürt, das angeeignete, ihm verfügbare Wissen umzusetzen. Motivation auf Seiten des Tieres ist im späteren Leben wichtig, damit ein geäußerter Befehl beachtet und die verknüpfte Handlung ausgeführt wird. Je geringer die Motivation, desto inkonsequenter wird ein Kommando befolgt - desto konsequenter muss man auf Einhaltung bestehen und künstliche Motivation schaffen.

Als Halter muss man sich nach Möglichkeiten umsehen, eine erlöschende (Erhaltungs-)Motivation wieder aufzufrischen, da der Hund naturgegeben immer wieder versuchen wird, mehr oder weniger an seiner aktuell niedrigen Rangordnung zu rütteln. Etwa indem er versucht, unterwürfiges Verhalten - und nichts anderes ist Folgsamkeit - zu verweigern.

Eine Auffrischung der Motivation kann durch strikt hartes Durchgreifen erfolgen, durch ein direktes Bedrohen oder Misshandeln des verweigernden Hundes. Dies zeigt dem Tier Ihre Stärke, verdeutlicht ihm seine Minderwertigkeit im Verband. Eine zusätzliche Vermeidungsmotivation, die auf Dauer sicherlich funktionieren mag, aber nicht die optimalste Voraussetzung für ein Zusammenleben darstellt.

Sie können im positiven Sinne einmal mehr den Animateur hervorkehren, dem Hund verstärkt klarmachen, wie positiv die Gesamtbeziehung doch ist. Was die Möglichkeit schafft, Verweigerungsphasen allein durch Abwendung, durch vorübergehende Verminderung der Zuneigung zu beantworten. - Bis das Tier irgendwann von sich aus wieder auf Sie zugekrochen kommt und um Zuneigung bettelt.

Ich zapfe als Umsetzungsmotivation beherrschter Zusammenhänge im täglichen Umgang, die von Tier als erstrebenswert erkannte Basis des Zusammenlebens an. Wenn der Hund weiß, im Umgang mit mir bekommt er interessante Dinge zu sehen, die Beziehung ist von großer Freiheit, scheinbarer Zwanglosigkeit und ehrlicher Zuneigung geprägt, wenn er aber zudem erfahren konnte, dass, wenn er nicht folgt ich ablehnender und weniger unternehmungslustig werde, ist dies als Grundmotivation für seine Folgsamkeit durchaus zu gebrauchen.

Sicher sind hin und wieder härtere Akzente meinerseits nötig. Unterstreicht man den Ernst eines »Stopp« an einer Kreuzung, indem man den zu zögerlich bremsenden Hund vehement an einer Genickfalte oder am Schwanz festhält, bekräftigt man den Ernst des »Komm«, wenn der Hund beim Spiel mit einem Artgenossen ein Herkommen verweigert oder nur zögerlich ausführt, indem man ihn in der Folge - so man ihn denn erwischt - unerbittlich mit der Leine abschleppt, bekommt er gezeigt, nur wenn er die wenigen wichtigen Kommandos bereitwillig befolgt, funktioniert unsere Beziehung ohne erkennbaren Zwang. Durch solche Begebenheiten erfährt das Tier, auch das gutmütigste Herrchen »könnte ganz anders«, wenn Hundchen zu aufmüpfig wird.

Dies setzt natürlich eine sehr solide, positive, wechselseitige Beziehung zwischen Herr und Hund voraus.

UNNACHGIEBIGE KONSEQUENZ - NICHT UNERBITTLICHE HÄRTE

Der »Weichling« in Erziehung und Lenkung muss sich mindestens ebenso schlüssig und konsequent geben wie die »starke Hand«. Nur die Methoden und Ergebnisse unterscheiden sich grundlegend. Egal ob ich positiv oder negativ motiviere, egal aus welchen Bereichen ich im Einzelnen die Motivation zu lernen beim Hund ziehe, ob ich kontinuierlich infiltrativ oder punktuell gezielt lehre, ebenso wie für die Folgsamkeit in der Umsetzung der gelehrten Inhalte gilt: Ich muss mich als steuernder Faktor möglichst lückenlos konsequent fehlerfrei geben. Jede Unstimmigkeit im Lehrvorgang zögert diesen in die Länge. Jede versuchte oder praktizierte Verweigerung, die ich ansatzweise oder gänzlich unkommentiert durchgehen lasse, löst den Gehorsam und damit meine Befehlsgewalt auf.

Ich betone »unkommentiert« durchgehen lassen, denn es gibt, wie beschrieben und wie ich im Weiteren immer wieder beschreiben werde, die verschiedensten Möglichkeiten, auf Verweigerung zu reagieren.

Man braucht den Hund nicht immer gleich halbtot zu schlagen, nicht niederzubrüllen, wenn er sich bei einem »Platz« nicht sofort oder nicht richtig hinlegt. Es gibt eine ganze Reihe von Abstufungen in der Reaktion, nur, in irgendeiner tadelnden Weise muss man reagieren, um sich nicht selbst im Laufe der Zeit das Wasser abzugraben.

Als Welpe pinkelte er mir aus Angst stets auf den Bauch. Außer Streicheln nichts gewesen. Er war Studienobjekt, wie man sich einen Wüstling erzieht.

3 DAS LEHRVERHALTEN DES MENSCHEN

An dieser Stelle müsste ich jetzt eine Kopie des Kapitels »Lernverhalten« einfügen. Denn daran, wie der Hund lernt, muss der Lehrer seinen Lehrplan ausrichten. Der Lehrvorgang durch den Menschen muss sich an den Möglichkeiten und Eigenheiten des Tieres, an seinen Bedürfnissen und Verhaltensweisen orientieren.

VORTEILHAFTER MÜLL

Zunächst ein Wort zum Charakter des Hundes. Das für den Zivil-Gebrauch günstigste Tier wird von den Profis sowie den Züchtern teils preisgünstig buchstäblich hinausgeworfen. Den zurückhaltend-ängstlichen Schäferhund fürchtet der Profi als unverkäuflichen Ballast. Der gutmütige Hund, der sich »auf scharf« weder prügeln noch tackern lässt, fliegt bei der Ausbildung zum Polizeidienst frühzeitig hinaus, landet auf der Straße oder als Niete wieder beim Züchter.

Doch gerade dies ist das Tier, mit dem Sie als Zivilist glücklich werden. Was wollen Sie mit dem anschlagfreudigen, bissigen Reißwolf anfangen, den Sie für den Zivilgebrauch erst einmal weich prügeln müssten? Dessen Sturheit, dessen Triebhaftigkeit, dessen überstarkes Selbstbewusstsein öfter als hier geschildert den Knüppel erfordert, um auf brauchbare Maße gezügelt zu werden?

Als Begleiter für die tägliche Jogging-Runde, den Radausflug, den Zelturlaub ist der zurückhaltende Hund, der sich schutzsuchend an Sie lehnt, nur vorteilhaft. Ein Tier, das Sie aufgrund seines Charakters gewaltlos und zwangfrei innerhalb weniger Tage zu einem allen Anforderungen des Zivil-Gebrauches gerecht werdenden Freund formen können.

Ein zurückhaltendes Tier ist deutlich einfacher aufzubauen, als ein dominant-aggressives Biest zu zügeln. Vergessen Sie also die »charakterlichen Qualitätsmerkmale«, die von den Profis propagiert werden. All die für Profi-Anwendungen benötigten Charaktereigenschaften sind die Verhaltensweisen des Hundes, die man für den Hausgebrauch von Anfang an bekämpfen müsste.

VORURTEILE UND SCHUBLADENDENKEN

In Lebensgemeinschaften, etwa auf Höfen, auf denen die freilaufenden Tiere unterschiedlichster Art in direktem Kontakt zueinander leben, entpuppen sich zahlreiche so genannter Verhaltensregeln und Beurteilungen der Tierwelt durch den Menschen als reine Gerüchte, sofern die Grundbedürfnisse aller Tiere gesichert sind, was artgerechte Haltung und Futterversorgung anbelangt.

Es gibt keine grundsätzliche Feindschaft zwischen Katze und Hund. Ein Schäferhund hat sich die überfahrene Katze, mit der er bislang zusammen gespielt hat, recht verwirrt ob ihres desolaten Zustandes, weil sie nun so seltsam riecht und einfach nicht mehr toben mag, zu sich in den Garten geholt und immer wieder versucht, sie durch vorsichtiges Anstupsen mit Nase und Pfote und mit verhaltenem Bellen zum Spiel zu animieren.

Das Huhn wird zwar verscheucht, wenn es versucht, sich am Futter des Hofhundes zu vergreifen, aber nicht verletzt. Andererseits wird der gleiche Schäfer-Bernersenn-Mix-Rüde ständig von einer Ente gebissen, wenn diese sich durch seine Anwesenheit in ihrer Ruhe gestört fühlt.

Möchte dieser Hund in der Sonne ruhen, beißt er nach einiger Zeit zähnezeigender Drohmimik der sich nähernden, glotzenden und schnuffelnden Kuh in die Nase, macht sich aber lieber selbst davon, wenn ihn der Bulle besucht.

Mit Katzen wird gebalgt, gespielt oder man geht sich nach gegenseitigem Drohen aus dem Weg. Ein Hofdackel schnappte sich immer mal wieder eine der herumlungernden Katzen und verging sich in rammelnder Manier an ihr. Was diese sich überraschend oft gefallen ließen, sich irgendwann auf den Rücken und unter dem Hund wegrollten und diesen in eine mehr oder weniger ernst gemeinte Schlägerei verwickelten.

Vieler Beispiele kurzer Sinn: Herrscht keine rein körperliche Not, sind die unterschiedlichsten Tierarten durchaus in der Lage, artübergreifend friedlich miteinander umzugehen.

Der Hund ist keineswegs die Bestie, die ständig versucht in der Gruppe alle Vorteile und Initiative an sich zu reißen, sofern kein Zwang von außen herrscht. Er ist vielmehr ein Wesen, das es versteht, sich mit unterschiedlichsten Lebewesen - so auch mit dem Menschen - reibungslos zu arrangieren, wenn er von diesen nicht übermäßig unter Druck gesetzt wird oder ihn periphere Faktoren, wie Mangel an Futter, Wasser oder Unterkunft in Zugzwang bringen.

Auf dieser Basis kann die Beeinflussung des Hundes durch den Menschen ansetzen. Offenbart in solch einem Nebeneinander eine Partei plötzlich - ohne dabei Zwang auszuüben - intelligente Führungsqualitäten, die dem Hund, wie er alsbald selbst erkennen kann, noch mehr Spiel, Spaß und Bewegung bringen, als wenn er eigeninitiativ den Tag vertrödelt, wird er sich diesem Wesen bereitwillig anschließen und sich ihm alsbald aus eigenem Antrieb unterordnen, ungelehrt und unerzogen freiwilligen Gehorsam zeigen, soweit er in der jeweiligen Situation begreifen, kann, um was es geht, was man von ihm möchte.

Dermaßen schleicht sich Unterordnung und Gehorsam ganz automatisch in die Beziehung zum Menschen ein, wenn man dem Hund Führungsqualitäten beweist und diese nicht einfach für sich beansprucht und bei Nicht-Anerkennung durch den Hund, diesen mittels Strafe und Schlimmerem zur Anerkennung zwingt. Über das Hintertürchen »Mit-mir-geht-es-dir-gut-und-wenn-du-hin-und-wieder-tust-was-ich-möchte-geht-es-dir-noch-viel-besser« schleicht man sich ins Vertrauen des Hundes über dessen ureigenstes, egoistisches Vorteilsdenken und muss ihm nicht den »Vorteil« der Gruppe einprügeln.

HINDERLICHE ERWARTUNGSHALTUNG

Gehen Sie niemals mit einer überzogenen Erwartungshaltung an die Erziehung Ihres Hundes heran, besonders wenn Sie schon Vorerfahrungen mit anderen Tieren, gar einem eigenen Hund gemacht haben. Versuchen Sie nicht, aus Ihrem Collie in einem Vierteljahr eine »Lassie« zu formen, erwarten Sie nicht den »K. Rex« in Ihrem Schäferhundwelpen zu erkennen - diese TV-Vorbilder sind völlig unrealistisch und dürfen niemals Ihr am Hund zu verwirklichendes, geheimes Ziel sein.

Gehen Sie zunächst einmal davon aus, dass Ihr Hund das dümmste, ignoranteste, provokanteste Biest auf dieser Welt ist. Ein behaartes Monster, das nichts kann, nichts will und nichts tut - schon gar nicht Dinge, die Sie von ihm wollen. Von dieser miserablen Basis aus werden Sie im Zusammenleben mit Ihrem Vierbeiner jeden Tag ausschließlich freudige Überraschungen erleben - und diese ständige Freude zeichnet automatisch Ihre Umgangsformen mit dem Hund.

Vergleiche mit einem Vorgängerhund mögen Ihnen rational als Orientierungspunkte dienen. Sie sollten sich aber niemals emotional in einer Erwartungshaltung niederschlagen.

In diesem Kapitel möchte ich nun einige Techniken ansprechen, die Ihnen das Wesen des lernenden Hundes öffnen, Ihnen leichter Zugang zum Tier verschaffen und den Lehrvorgang für beide Parteien erheblich vereinfachen, ohne dass man deshalb am Spektrum der Lehrinhalte Abstriche vornehmen müsste.

3.1 SICH WÖLFISCHES VERHALTEN ANEIGNEN UND EINSETZEN

Eine funktionierende Beziehung zu einem Tier fußt in der Einhaltung vieler unwichtig erscheinender Details. Je mehr Details zwischen Mensch und Hund übereinstimmen, desto stimmiger und verlässlicher ist die Partnerschaft, desto bereitwilliger lernt der Hund von seinem Vorbild. Dann wird das auf zwanzig Meter Entfernung leise gesprochene »Stopp«, der verhaltene Pfiff oder die Geste mit der Hand zum verlässlichen Werkzeug.

Recht rasch und einfach kann man dem Tier Dinge beibringen, wenn man von einer Körpersprache ausgeht, die das Tier naturgegeben einzuordnen versteht. Der Lehrvorgang an sich sollte nach Möglichkeit von angeborenen Verhaltenswesen und Äußerungsformen des Tieres ausgehen. Blickrichtungsspielchen. Sinnunterstreichende Betonung der menschlichen Lautäußerungen durch Gestik wie Mimik. Ein, die Situation betonendes, bewusst aufgeregtes oder ruhiges Gesamtverhalten. Der kommunikative Hampelmann ist für den Hund transparenter als der ausschließliche Verbal-Akteur.

BEKANNTE AUSDRUCKSFORMEN WÄHLEN

Wählen Sie zur Erziehung, so weit möglich, dem Tier von Natur aus vertraute Verhaltensweisen, dann braucht es nicht doppelt zu lernen.

Ein Knurren versteht der Hund als Unmutsäußerung, ohne dass der Mensch hierzu ein Lernen vorschalten muss. Der Hund muss diese Unmutsäußerung lediglich mit

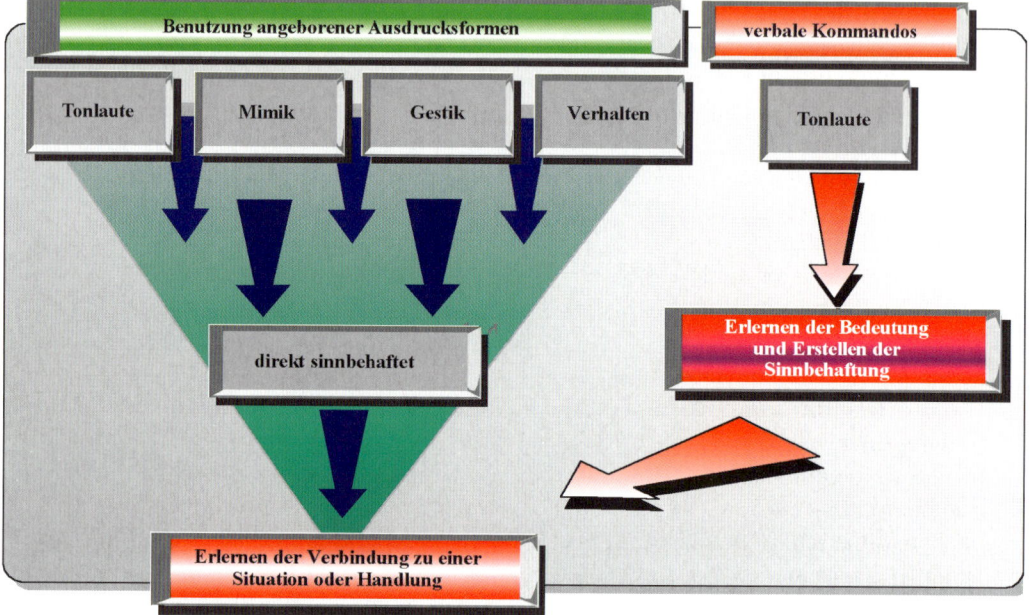

Angeborene Kommunikationsformen greifen direkter als verbale Kommandos.

den Situationen verknüpfen lernen, die bei Herrchen den Unmut verursachen. Ein »Nein« hingegen - die »Unmutsäußerung verbaler Art« des Menschen - muss zudem erst einmal als menschliche Ablehnung eingeordnet werden, bevor der Hund dieses Verbot durch weiteres Lernen auf spezielle Situationen beziehen kann.

Setzt man naturverstandene Kommunikation ein, muss das Tier nicht erst die Bedeutung der Lautäußerungen seines Lehrers erlernen, sondern kann direkt an der zu erlernenden Situation arbeiten. Eine beruhigende Hand im Rücken bremst einen Hund, ohne dass er dies lernen müsste. Er kann seine geistigen Kapazitäten ausschließlich darauf verwenden, die Situationen selbst, ebenso wie das »Warum« er überhaupt gebremst wird, zu analysieren. Kann sich auf die Konsequenzen konzentrieren, die ein Verweigern oder eine allzu zögerliche Reaktion zeitigen. Er muss jedoch nicht zuerst eine Verbindung, etwa eines akustischen »Steh« mit der Handlung »Stehen bleiben«, knüpfen.

Zähnezeigen, Knurren, Winseln und ein an Winseln erinnerndes Pfeifen kann vom Menschen nachgeahmt werden und entstammt dem Kommunikationsrepertoire des Hundes. Mit der Verwendung dieser Signale kann man ein Lernen natürlich nur dann beschleunigen, wenn man diese vertrauten Lautäußerungen ausschließlich im naturgegebenen Zusammenhang einsetzt. Ein Knurren als Lob wäre der gleiche Nonsens wie ein Winseln zum Ausdruck eines Verbotes. Wenn auch solcher Quatsch vom Hund durchaus zu erlernen und später zielgerichtet zuzuordnen wäre.

Wählen Sie sich einen möglichst hellen, abgehackten Tonlaut, vergleichbar mit dem Bellen, als Fernstopp-Befehl. Der Hund wird einfach interessiert zu Ihnen zurückschauen, um zu sehen, was Sie da treiben und dadurch ganz automatisch stehen bleiben. Fechten Sie dann außerhalb einer sinnvollen Akustik-Distanz die Kommunikation mittels Blick-Kontakt und Körperhaltung aus. Somit haben Sie die Situation mittels eines Befehlsrepertoires geregelt, dessen Sinn der einzelnen Kommunikationskomponenten Sie dem Hund nicht erst vermitteln mussten.

Ein heller, abgehackter Laut wird als Warnung eingestuft. Blickt der Hund zurück und Sie erwidern diesen Blick ohne auszuweichen, vielleicht unterstrichen von einem herrischen Kopfnicken, weiß der Hund, dass er zurückkommen soll - ob er dies tut, hängt davon ab, was er auf Sie gibt. Hätten Sie den Blickkontakt durch sofortiges seitliches Abwenden Ihre Kopfes abgebrochen, hätten Sie dem Tier damit signalisiert. Warnruf war ein Irrtum. Tu was du willst!

Um einen Hund, der durch Folgsamkeit gefallen möchte, zum Aufschließen zu bewegen, reicht es unterwegs meist schon aus, ohne Geschwindigkeit oder Richtung zu ändern, aus 5-15 Metern Distanz zum zurückgefallenen Hund kurz zurückzublicken, ohne ihn zu taxieren. Dies signalisiert dem Hund: »Ich bin schon weiter und langsam etwas ungeduldig, weil du noch immer nicht aufschließt! Wo bleibst du denn nur?« Sieht er diese Ihre mahnenden Blicke, mag er geplante Schnuffeleien oder das Vorhaben, in die Wiese hineinzulaufen, abbrechen.

Gleiches Verhalten finden Sie seinerseits beim Hund wieder: Ist er ein Stückchen voraus und »Sie schnuffeln zu lange an irgendwelchen Bäumen herum«, wird der Hund irgendwann anhalten - sofern er nicht diese willkommene Unaufmerksamkeit für eigene Unternehmungen nutzt -, sich zu Ihnen umdrehen und beinahe schon vorwurfsvoll beobachten, was Sie eigentlich treiben. Bei einem Hund aus wechselseitiger, sanfter Erziehung mag dies so weit gehen, dass er Sie schließlich mit verhaltenem Bellen - man darf ja den Vorgesetzten eigentlich nicht kritisieren! - auffordert, sich bitte umgehend wieder der Gruppe anzuschließen.

Bauen Sie Ihr Aggressionsverhalten wie ein Hund schrittweise auf. Knurren Sie den Bettler am Esstisch erst mit geschlossenem Mund an, den Kopf ihm zugewandt, aber den Blick am Hund vorbei gerichtet. Weicht er nicht zurück oder kommt kurz darauf wieder, knurren Sie lauter und sehen Sie ihm dabei in die Augen. Als nächste Steigerung folgt das Zähnezeigen, worauf als vierter Akt, wenn sich das Tier immer noch nicht davongemacht hat, ein angedeutetes Schnappen in seine Richtung, Ihren deutlichen Unmut ausdrückt. Vielleicht erwischen Sie dabei sogar eine Ohrenspitze. Sie brauchen Sie ja nicht abzubeißen. Aber spätestens diese Lektion sitzt, selbst wenn sie dem Tier nicht sonderlich weh tut und sofern Sie nicht all diese Aktionen allzu halbherzig durchgezogen haben. Das versuchte Beißen muss schon in einer Art erfolgen, dass der Hund deutlich erkennt, Sie hätten ihn auch erwischt, wäre er nicht schleunigst ausgewichen.

Die Erziehung mittels vertrauter »Befehle« sollte ebenfalls recht extensiv betrieben werden, auch dabei sollte nicht die Freude am Zurechtweisen Ihre Hauptmotivation sein. Überaggressives Verhalten auf natürlicher Basis vernichtet eine positive Partnerschaft ebenso wie herrisches Verhalten menschlicher Ausprägung. Für den Hund mag ein Beißversuch sogar größerer Ernst sein, als ein lautes »Nein«. Bei zu häufigem Gebrauch dieses simulierten Aggressionsverhaltens, lernt das Tier im Zuge einer Gewöhnung immer mehr, dass Herrchen halt einfach ein aggressiver Pimmel ist. Zu häufiger Einsatz nimmt auch der Lenkung mittels dem Tier vertrauter Handlungen rasch die Schärfe und Wirksamkeit.

Daneben sollte bei Verwendung von »vertrauter Sprache« gleichfalls gelten: Lieber positives Lob zur rechten Zeit, als zu viel Beißerei im Nachhinein. Lieber das Wesen des Hundes positiv beeinflussen, anstatt es negativ zerfräßen.

Die Benutzung dem Tier vertrauter Umgangsformen ist ein wichtiger Schritt in die Gemeinsamkeit. Der Hund erkennt, man sieht zwar anders aus und der Mensch riecht ganz fürchterlich anders, aber man spricht immerhin die gleiche Sprache. Dies stellt die erste wirkliche Gemeinsamkeit dar, die das Tier näher an den Menschen heran-rücken lässt.

HINWEISEN,
NICHT BEFEHLEN

Sie können einen Hund, der sich in einigen Meter Entfernung befindet, sicher stop-pen, wenn Sie in Ihrem Geräusche-Repertoire eine Art Winseln hinbekommen. Ich habe ein solches Geräusch zu einem hochfrequenten Pfeif-Winseln umfunktioniert, das für den Hund über große Distanz hörbar ist. Damit drücke ich dem Tier gegen-über aus - wenn ich dies einmal so vermenschlicht sagen darf - dass mich seine Pläne oder begonnenen Taten buchstäblich zum Winseln bringen. Der Hund möchte mir »nicht weh tun«, ihm ist in einer guten Beziehung daran gelegen, dass ich seine Taten billige. Zudem ist er an solchen Geräuschen interessiert, weil er einfach neugierig ist. Ist die Neugierde an diesem Pfeifen nach einigen Wochen erloschen, hat er bereits den hinweisenden Sinn - ich möchte ihn damit ausbremsen - begriffen und zu befolgen gelernt.

Wenn mir der Hund vertraut, mag er dieses Winseln sogar als Warnung einordnen. Nicht vor einer Strafe von meiner Seite. Sieht er in mir ein erfahrenes Wesen, mag er fürchten, dass ich mich aufgrund seiner begonnenen Taten um sein Wohlergehen sorge und ihm diese meine Sorge als Warnung mitteile. Möglicherweise ist das Jagen eines Rehs, so schön es sein mag, in der derzeitigen Gesamt-Situation unpassend, ja gefährlich.

In diesem Sinne funktionieren alle meine Kommandos eigentlich als Hinweise. Der Hund braucht auf ein »Stopp« meinerseits nicht stehen zu bleiben, der unmittel-bar über seine Füße rauschende Pkw wir ihm jedoch zeigen, dass meine Hinweise hilfreiche Schutzfunktion besitzen. Der Hund braucht unterwegs auf mein »Komm« hin nicht zu mir zu kommen, wenn er mit meinem darauf folgenden Unmut, meiner ablehnenden, aber nicht direkt strafenden Art zufrieden ist - was er als Freund nicht sein wird.

Ich versuche, das Tier Folgsamkeit zu lehren, indem ich es so weit als möglich die Auswirkungen seiner Unfolgsamkeit nicht durch strafende Aktionen meinerseits, sondern durch die »strafende« Außenwelt spüren lasse. Schlimmstenfalls entziehe ich ihm nach einer Verweigerung für Minuten meine spürbare Zuneigung und gebe mich erfahrbar ablehnend. Dann fehlen die begleitenden Stimmfühlungslaute, der permanent aufrechterhaltene Körperkontakt, die schützend-tröstende Hand auf dem Rücken, wenn die Eisenbahn vorbeidonnert.

Dem Hund erscheine ich dadurch als erfahrenes Wesen, das seinen dummen Begleiter nicht aus Herrschsucht kommandiert, sondern aus Zuneigung hilfreich lenkend im Umgang mit einer existenzbedrohenden Welt unterstützt. In meiner Herrscherfunktion zeige ich mich lediglich etwas ablehnend, wenn der Hund für ihn nicht nachvollziehbaren Hinweisen nicht nachgekommen ist. Wirkliche Strafe kommt immer aus der Umwelt, nie von mir.

Setzt man zudem konsequent vor solche abzusehende »Umweltstrafen« ein Kommandowort - donnert aus der Ferne ein Lkw heran sagt man »Fuß«, und zieht den Hund in »bei-Fuß-Art« neben sich; nutzt man den sich nähernden Düsenjet für ein »Komm« und kommt der Hund nicht, kann er auch vor dem folgenden Lärm keinen tröstenden Schutz bei Herrchen finden -, kann man solche Kommandos im Alltag lehren, die Verbindlichkeit unterstreichen oder auffrischen, den Nutzen von Gehorsam dem Hund vermitteln.

Der Irrglaube der Freiwilligkeit

So lernt der Hund mein »Komm mit«, oder in der Steigerung den Pfiff nicht als Übung, nicht als Kräftemessen oder Schikane einzuordnen, sondern als Hinweis, dass ich aufbreche. Wobei der Hund seine Motivation zur Folgsamkeit nicht aus Sorge vor Strafe oder aus bereitwillig gezeigter Unterwürfigkeit schöpft, sondern aus der Sorge, mich zu verlieren. Damit erzwingt dieses »Kommando« keine Gefolgschaft, sondern nutzt den vorhandenen Willen zur Folgschaft als Antrieb.

Ich denke, dass die Hunde im Umgang mit mir im ständigen (Irr-)Glauben leben, all ihre Folgsamkeit beruhe ausschließlich auf Freiwilligkeit. Da dieser Umgang funktioniert, brauche ich nicht auf Zwang zurückzugreifen und die Funktionalität bleibt, trotz dem sie auf einem scheinbar sehr wackeligen Fundament steht, gewährleistet.

Damit kommt es höchst selten zu einer rein provokant motivierten Befehlsverweigerung. Denn folgt der Hund sowieso nur »freiwillig«, sieht er in der Möglichkeit der Verweigerung keine Chancen für ein Kräftemessen - und unterlässt sie. Zögerlichkeiten auf Seiten des Hundes - um in diesem Beispiel des »Komm« zu bleiben - bügle ich damit aus, dass ich nach geäußertem Signal rücksichtslos weitergehe, im Sumpf, Schilfgürtel oder Wald, hinter der nächsten Hausecke verschwinde. Nur wenn mich der Hund in der Folge wirklich verzweifelt sucht, lasse ich eine weitere hinweisende Lautäußerung los. Beim nächsten Mal schon erfolgt seine Reaktion wesentlich unmittelbarer.

FALSCHE SIGNALE VERMEIDEN

Es gibt zwischen Hund und Mensch ein paar Ausdrucksformen, Überschneidungen unterschiedlicher Sprachen, die sehr konträre Stimmungen und Absichten ausdrücken.

Tiefes Brummen bei geschlossenem Mund ist vom Menschen vielleicht als tröstende, versöhnliche Geste gemeint. Bis das Tier umgelernt hat, wird diese Lautäußerung von ihm jedoch eher als abwehrendes, drohendes Knurren eingeordnet.

Freuen Sie sich bei der Begrüßung zusammen mit dem Hund, werden Sie womöglich grinsen - und dabei Zähne zeigen! Das Tier wird sich fragen, was es falsch gemacht hat, dass Sie schon wieder herumgiften.

Der Hund kann ohne große Mühe lernen, dass das Zähnezeigen beim Lachen Ausdruck Ihrer menschlichen Freude ist. Die Freude wird er aus Ihrer Haltung, Ihren Handlungen und Ihrem Chemiehaushalt ableiten, das Zähnezeigen als eigentlich sinnbehafteten Ausdruck wegstecken, dem bei Ihnen offenbar keinerlei kommunikativer Charakter anhaftet.

Dennoch sind unscheinbare Reibungspunkte vorprogrammiert. Da das Zähnezeigen ein dem Hund angeborenes fixes Bild mit der Bedeutung »Bedrohung« verkörpert, wird er bei einem Lachen erst einmal die Bedrohung empfinden und zögern, bevor sein kleiner Verstand die tröstende Erfahrung »Nix Bedrohung, nur dämlich danebenliegender Ausdruck von menschlicher Freude!« vorschaltet.

Dies ist nur eine kleine, aber doch eine von vielen Unstimmigkeiten im Zusammenleben, die mit Tausenden anderen zusammen die Beziehung so verbiegen kann, dass sie brechen mag. Unstimmige Überschneidungen verursachen Unsicherheit, erzeugen zusätzliche (Sicherheits-)Distanz: Wer andauernd aufgrund der eigenen Programmierung widersprechender Signale vom Partner verunsichert wird, bleibt lieber auf Distanz.

MENSCHLICHE MIMIK EINSETZEN

Kopierte wölfische Ausdrucksformen kann der Hund rascher einordnen als typisch menschliche Mimik und Gesten. Bewusst ausdrucksstark zur Schau getragene Mimik, Körperhaltung und Bewegungsformen unterstreichen aber in jedem Falle die eigenen Wünsche und Absichten.

Setzen Sie deshalb auch Ihre typisch menschlichen Ausdrucksformen im Umgang mit dem Hund verstärkt in Szene. Zeigen Sie bei Freundlichkeit ein ganz betont freundliches Gesicht. Lassen Sie eine ablehnende Haltung in Ihren Zügen lesbar erscheinen. Ziehen Sie, wenn Sie auf das Tier zornig sind, zornige Grimassen.

Im Laufe des Zusammenlebens lernt der Hund, diese Ihre persönlichen Signale einzuordnen. Geben Sie sich zornig in den Bewegungen, im Körpergeruch und in der Mimik, zeigt dies dem Tier, dass Sie wohl wirklich durch und durch zornig sind.

VON NATUR AUS VERSTANDENE GESTEN

Ein Klaps auf den Hintern und ein leichtes Vorwärtsschieben bedeutet dem Tier, ohne dies erlernen zu müssen, es geht weiter, zögere nicht länger, laufe schneller in die Richtung des angedeuteten Schubses.

Die aufgelegte Hand im Genick oder auf dem Rücken stellt eine unausgesprochene Aufforderung zur Zurückhaltung, zum Stehen bleiben dar. Sie bremst den Hund in seinen Absichten und Bewegungen.

Knurren, Beißen, Umkippen und auf den Rücken werfen - dies sind alles natürliche Abwehr- und Umgangsformen, die man weitaus effektiver, etwa als Mittel zur Bestrafung, einsetzen kann, als ein Schlagen oder gar unverstandenes Einsperren des Tieres.

Sicher ist es für den Menschen bequemer, seinem Unmut mit einem Tritt Luft zu verschaffen, als sich auf das Tier zu stürzen und sich mit ihm zusammen beißend im Schlamm zu wälzen. Wirkungsvoller und unmissverständlicher wäre jedoch letzteres.

Klopft man mit der Hand neben sich auf den Boden, wenn man selbst schon sitzt, bedeutet dies dem Tier, sich ebenfalls dem Boden anzunähern, sich also entweder an diese Stelle hinzusetzen oder hinzulegen. Klopft man mit der Hand sich selbst ans Bein während man das Tier mit »Komm« ruft (oft reicht allein diese Geste aus, das Tier ohne zusätzliche Akustik herzurufen), unterstreicht dies nicht nur die Ernsthaftigkeit der Order - der Hund sieht, man hat nicht nur gerufen, sondern bewegt sich auch noch unterstreichend, hängt sich also richtig rein, um den Befehl rüberzubringen -, sondern bezeichnet zudem den Ort, zu dem man kommen soll.

Das Nicken mit dem Kopf, aber nur einmal schnell nach oben und wieder langsam nach unten, unterstreicht ebenfalls die Bedeutung eines Kommandos, sofern das Tier zu Ihnen hersieht.

Dies ist aus dem Verhaltensrepertoire des Hundes abgeguckt. Ein Tier, das den Menschen zu irgendetwas auffordern möchte, mag erst ein paar Mal verhalten bellen, diese Lautgebung zur Steigerung dann mit einer vergleichbaren Kopfbewegung betonen. Ein »Nein« oder »Aus« kann in offensiver Form durch eine schnelle kurze Bewegung auf das Tier zu unterstrichen werden.

Eine schnelle Kopfbewegung zur Seite hin bekräftigt wenn das Tier zu direktem Körperkontakt auf einen zukommt eine Ablehnung dieser Absicht von Menschenseite. Damit kann man etwa simple Interesselosigkeit, man möchte jetzt nicht spielen, nicht über das Gesicht geleckt werden, ausdrücken. Aber Achtung: Ein solches Abwenden des Blickes bedeutet dem Hund im Grunde genommen, dass man nicht daran interessiert ist, was er gerade tut oder plant, sodass man damit dem Hund, der gerade lossprinten möchte und aus zehn Metern Entfernung nochmals fragend zu Herrchen zurücksieht möglicherweise ungewollt die Erlaubnis dazu gibt. Man teilt ihm mit dieser Geste ja wiederum mit, dass man nicht an seinen Plänen und Taten interessiert ist. Weder in bekräftigender noch in verwehrender Form. Folglich tut der Hund, was er tun wollte, im Wissen um Ihre indirekte Zustimmung. Dies ist geradlinige Logik, die aber für den Menschen hin und wieder scheinbar widersprüchliche Ergebnisse liefert.

Man sollte sich unterstützende Gesten aber wirklich zur Bekräftigung eines Befehles aufheben und sie nicht permanent mit der Lautäußerung zusammenlegen. Sie werden ungelehrt vom Tier verstanden und müssen damit nicht aufgefrischt werden.

Verlieren aber bei permanenter Verwendung ihren unterstreichenden Charakter durch Gewöhnung. Irgendwann gehört das Nicken, das Abwenden, das Herumhampeln von Herrchen einfach zu jedem verbalen Befehl dazu. Der Hund wird diesen zusätzlichen Aktionen alsbald keine bekräftigende Funktion mehr zuordnen.

REMPELEIEN

Zum Zusammenleben gehört das Ausloten, wie weit man beim anderen gehen, in wie weit man ihn ungestraft reizen darf. Der Hund macht dies automatisch und permanent.

Ärgern und provozieren auch Sie das Tier hin und wieder ganz bewusst. Nicht in hinterhältiger oder schikanöser Form. Aber loten Sie ruhig aus, wie leicht sich der Hund seinen Knochen wegnehmen lässt, ob Sie seinen eben gefüllten Fressnapf plündern dürfen, wie lange Sie ihn an Ohr und Bein ziehen dürfen, wenn er sich ausruhen möchte - irgendwann wird er sich in menschlicher Manier tief schnaufend entfernen.

Dies alles muss ohne Befehle in spielerischer Ausprägung erfolgen. Akzeptieren Sie die vom Hund gezogenen Grenzen. Dies zerstört nicht Ihren Herrscherstatus, zeigt dem Tier lediglich Ihr Entgegenkommen. Sie wollen Freund sein. Ein wirklich autoritärer Herrscher würde keine wie immer geartete Grenze, gezogen von einem Untergebenen, dulden, sondern vehement zuschlagen, um damit alle künftigen Grenzziehungsversuche zu unterbinden.

Solche Rempeleien zeigen dem Tier, dass Sie sich mit ihm beschäftigen. Es verdeutlicht ihm das Miteinander anstelle eines distanzierten Nebeneinanders. Ihnen selbst zeigen die darauffolgenden Reaktionen des Hundes den aktuellen Stand der Beziehung auf. Reagierte das Tier schüchtern, ausweichend oder offensiv? Da Sie damit selbst scheinbar an einer bestehenden Rangordnung zu rütteln versuchen, erscheint dem Hund das ganze Stellungssystem mit Ihnen nicht starr festbetoniert. Und dies kann nur eine ungefähre Gleichstellung zu Ihnen bedeuten. Herrschertiere rangeln nicht, sie schlagen vernichtend zu. Rempeleien gibt es nur in den unteren Schichten.

ERST AUSWEICHEN, DANN ABWEHREN, DANN ZURÜCKSCHLAGEN

Wie bei Hunden untereinander sollte die Erziehung durch den Menschen zunächst einmal in defensiver Form ansetzen, bevor sie offensiv wird. Möchte der Hund die Annäherungsversuche eines Artgenossen nicht, so wird er zuerst versuchen, sich ihm zu entziehen. Möchte der Hund spielen, Sie aber nicht, dann wenden Sie sich einfach ab. Erst in zweiter Instanz, wenn der Aufdringling sein Vorhaben nicht aufgibt, wird er möglicherweise angeknurrt. Geben Sie erst in zweiter Instanz verbale Befehle. Und werden Sie erst in dritter Instanz handgreiflich und laut, wenn der Hund immer noch keine Ruhe gibt.

Aus dieser Form der Erziehung wird ein ruhigeres, gesitteteres Miteinander resultieren, das nicht gleich zur Klärung jeder kleinen Unstimmigkeit Keule und Megaphon benötigt.

AGGRESSION IN VERTRAUTER SPRACHE ERWIDERN

Giftet mich ein Hund in provokanter Manier an, nehme ich mir hin und wieder die Freiheit heraus, diese Aggression ebenso giftig zu erwidern.

Die meisten Hunde sind gewohnt, dass der Mensch beim ersten Zähnezeigen erschrocken zurückschreckt. Sie sind deshalb umso überraschter, wenn ein sofortiger »Gegenschlag« mit ähnlichen Mittel erfolgt, wenn der Mensch ohne zu zögern seine Zähne entblößt und mit Gebrüll den Hund überrennt.

Besitzt man die Fähigkeit, sich in Sekundenschnelle in überzeugte Aggression hineinzusteigern, sendet man nicht durch zu zaghaft ausgeführte Bewegungen, die nichts als Unsicherheit ausdrücken, oder durch den eigenen Chemiehaushalt verräterische Angstsignale. In der Folge kann man mit einer Entschlossenheit auf das Tier zugehen, die der Hund vom Menschen nicht gewohnt ist. Ohne, dass man mehr als Drohgebärden zeigen muss. Dies zeigt dem Tier für spätere Zwischenfälle dieser Art, dass Sie sich sowas nicht bieten lassen. Ein im Schrecken unbedachtes Zurückweichen setzt falsche Akzente und provoziert eine Wiederholung der Aggression in nächster vergleichbarer Situation.

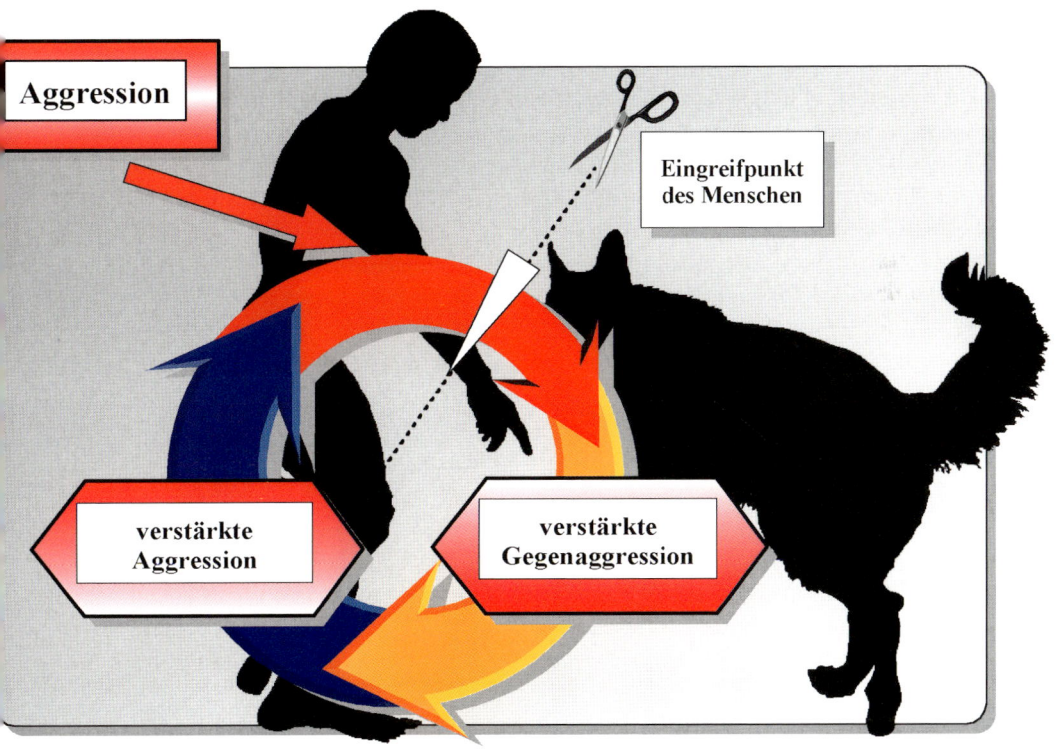

Die Aggressionsspirale.

Alles nur Bluff!

Größere Verletzungen hat mir einmal nur eine eindeutige Unterwürfigkeitsgeste erspart, als ein mir fremder Schäferhund die Rangordnung unbedingt mit mir ausbeißen musste. Hat man keine spezielle Kampfausbildung, ist man als Mensch einfach zu langsam.

Vor größerem Schaden bewahrte mich damals nur der Umstand, dass ich mich sofort auf den Rücken warf, jede Gegenwehr einstellte und mich zehn Minuten lang nicht bewegte. Bis der Hund von sich aus abzog. So kam ich mit einigen Bisswunden an den Armen davon. Als die Rangordnung »ausgemacht« war, entfernte sich der Hund nicht allzu schnell vom »Tatort«, aber ich durfte mich wieder bewegen, mich aufsetzen, ohne dass mir erneutes Aggressionsverhalten entgegengeschlagen wäre. In einem ausgleichenden Racheakt konnte ich dem Köter deshalb zum Dank einen großen Ast ins Kreuz schleudern. Menschliche Logik eben ...

Die übergeordnete Rangstellung des Menschen basiert unter Berücksichtigung solcher Ereignisse und der daraus erkennbaren Kräfte des Hundes wohl wirklich nur auf einem Bluff, den man über das ganze Hundeleben hinweg konsequent aufrecht erhalten muss. Man ist im Fall der Fälle zu langsam, von der Natur ungenügend bewaffnet und ungeschützt. Die menschliche Oberfläche ist verglichen mit einem Hundepelz wesentlich attackenempfindlicher. Der Mensch ist rein körperlich betrachtet absolut nicht zum Herrscher über Hunde geboren.

Ich kann mir nicht vorstellen, dass der Hund im Laufe seines Zusammenlebens mit Menschen deren eigentliche körperliche Schwäche und Unterlegenheit in einer möglichen direkten Auseinandersetzung nicht erkennt. So steht das Verhältnis zum Hund wohl auf recht tönernen Füßen. Denn sollte das Tier, aus welchen Gründen auch immer - dies hört man dann einmal im Jahr in den Medien - es wirklich auf ein Kräftemessen ankommen lassen, ist fast jeder Hund jedem Menschen, bis hin zur Möglichkeit, ihn zu töten, überlegen.

Sehen Sie diese Zeilen nicht als Warnung vor der Gefährlichkeit des Hundes an. Es »passiert« fast nie etwas. Ich führte dies hier nur als interessantes Faktum auf. In diesem Zusammenhang interessant, weil eigentlich die ganze Beziehung zum Tier auf Täuschung basiert.

Sicher schöpft der Mensch seinen Herrscherstatus, neben dem Fakt, dass der Hund immer als Fremdling in einen bestehenden Familienverband integriert wird und auf Futter und Logis seines Herren angewiesen ist, aus seinem zur Schau getragenen Erfahrungspotenzial, das sich im Umgang mit der Welt, in der wir und das Tier leben, offenbart.

Geistige Überlegenheit wird offenbar genauso wie körperliche Stärke erkannt und ein höherer Rang zugestanden. Und für dieses Privileg dem Hund gegenüber benötigt man keinen Doktortitel. In diesem Falle hätten mich die Hunde meines Umfeldes schon vor langer Zeit als körperlich wie geistig unfähiges Wesen beseitigt, vergraben und sich meine Knochen als Nachtisch einverleibt.

Doch wage ich zu behaupten, dass auch der Hund seinerseits blufft.

Die unentdeckten Rudel - Täuscht uns der Hund?

Sehr selten, meist spät nachts oder frühmorgens kann ich kleinste Rudelstrukturen aus drei oder mehr Hunden beobachten, die sich, wie sich hinterher oftmals herausstellt, aus Tieren, die teils seit mehreren Tagen verschwunden waren, und anderen die erst am Vorabend ausgerissen sind, zusammensetzen. Dabei konnte ich fasziniert und mit großer Beruhigung feststellen, wie weit sich ein Hund trotz menschlicher Fehllenkung im natürlichen Umfeld noch wölfisch geben kann.

Da kommt der im menschlichen Umgang aggressive Beißer dem zum Folgsamkeitswrack zerbrochenen Schäfer-Rüden mit besänftigenden Unterwürfigkeitsgesten entgegen. In solchen Gruppen wird nicht blöde-kindisch gespielt und getobt, wie dies dieselben Hunde unter den Augen ihrer wachsamen Herren, kurz von der Leine gelassen, tun. Da wird rasch die Rangordnung ausgemacht, oder eine bestehende Struktur bestätigt und dann als Gruppe, nach außen sichernd, gemeinsam umhergezogen - was immer diese Viecher dabei auch suchen mögen... Als den meisten Tieren vertrauter Mensch werde ich vielleicht noch begrüßt, zum Mitkommen aufgefordert, aber bei Zögern auf meiner Seite letztlich zurückgelassen.

Dies zeigt mir, wie blitzschnell ein seit Generationen im verfremdenden menschlichen Umfeld aufgewachsener Hund auf seine ureigensten Verhaltensweisen zurückgreifen kann, wenn sich eine passende Situation bietet. So mancher Halter würde sich wundern, was für ein Wolf sein ach so unterwürfig an der Leine dahinkriechender Hund in seinem autarken Zweitleben doch geblieben ist, könnte er solche Szenen miterleben.

Was bei mir wiederum die Frage aufwirft, wie viel von dem, was der Hund im Umgang mit dem Menschen äußert, wirklicher Ausdruck von Emotion und was rein zielorientiertes Verhalten ist. Der unterwürfige Kriecher wird - wenn er sich erst außer Herrchens Kontrolle weiß - genauso zum vollwertigen Wolf, wie der vorbildliche, selbstzufriedene Hofhund. Wie oft täuscht uns der Hund also eine global andere Weltsicht, ein völlig differentes Wesen vor? Zu seinem eigenen Vorteil im temporären Umgang mit seinem derzeitigen Herrscher-Menschen? Ist alles Verhalten dem führenden Menschen gegenüber zweckorientierte Schein-Anpassung ohne wirkliche Deformation im Wesen, die der Hund entgegen seinem wahren Charakter solange vorlebt - meist bis zu seinem Tod - wie es die aktuelle Situation erfordert? Ist wirklich alles dem Menschen offenbarte Verhalten reiner Bluff?

REVIERGRENZEN UND HEIMVORTEIL ACHTEN

Die von mir beobachteten Hunde achten die Reviergrenzen ihrer Artgenossen. Selbst aggressive Typen erkunden, egal ob der hündische »Hausherr« daheim ist oder nicht, dessen Hofeinfahrt und Garten oft nur am Rande und sehr zögerlich, obwohl sie ungebremst hineinlaufen könnten.

Dieses Verhalten habe ich mir im Umgang mit Hunden ebenfalls zu eigen gemacht. Ich halte an der Hofeinfahrt an, bis der Hund mich bemerkt. Sein innerstes, eigenstes Revier betrete ich nur dann, wenn ein angeketteter Hund mir seine Erlaubnis zu ihm zu kommen deutlich gezeigt hat, oder mich ein freilaufendes Tier nach der Begrüßung auffordernd zum Spielen in seinen Garten lockt.

Genau wie der »Gasthund« bei Meinungsverschiedenheiten im fremden Revier nahezu unabhängig von seiner Rangstellung von sich aus den Rückzug antreten muss, lasse ich meine Befehlsgewalt an den Reviergrenzen enden. Im heimischen Bereich gibt es von meiner Seite keine Befehle. Ich bin hier nur Gast, ich habe keine Kommandogewalt, beherrsche den Hund aber dennoch in gewissem Umfang, da er weiß, dass sein »Gast« verschwindet, sollte er sich als »Gastgeber« zu ruppig zeigen.

Gleiches Verhalten kann ich an Tieren beobachten, die nach vielen Kilometern gemeinsamer Ausflüge zu mir nach Hause kommen: Das Zögern an der Tür. Das unsichere Herumtasten in den Räumen. Die verschüchterte Reaktion auf alle Gesten meinerseits, die andeutungsweise eine ablehnende oder dominante Funktion dem Tier gegenüber beinhalten könnten. Ohne Zögern wird das Teil, das man sich gerade zum Spielen aus dem Wäschekorb geschnappt hat fallen gelassen, wenn das Gasttier meinen angedeuteten Unmut erkennt. Was in ähnlichen Situationen draußen, »auf neutralem Grund« lange nicht so bereitwillig geschieht.

Bei zu forschem Eindringen in den Kern-Lebensbereich bekommt man vom Tier nicht nur eine möglicherweise böse Abfuhr verpasst (Briefträgersyndrom). Ebenso wird »höfliches« Verhalten mit Einladung belohnt. Was mir die Auswirkungen solcher vom Menschen als unwichtig erachteter Höflichkeitsfloskeln verdeutlicht. Kleinste Gesten, mit deren Einhaltung man sich als Mensch aber offenbar beim Tier beliebt machen kann.

Die Grenzachtung von meiner Seite führte bei manchen Tieren dazu, dass sie sich nach einigen Kontakten außerhalb ihres Territoriums plötzlich in Kleidung und Hand verbissen und mich tiefer in ihr Revier hineinzerrten. Sie legten sich erst dann wieder entspannt neben mich, wenn wir uns mitten in ihrem Territorium befanden.

Welchem Zweck dient der Aufwand vermeintlicher Höflichkeit von meiner Seite? Hier lebe ich wieder nach dem Grundsatz: Je mehr ihm vertraute Verhaltensweisen der Hund an mir entdeckt, desto transparenter erscheint ihm mein ganzes Wesen, desto fester entwickelt sich eine Bindung. Besonders, wenn man Verhalten aus Bereichen kopiert, in denen selbst wichtige soziale Strukturen, wie etwa das feste Rangordnungsschema, temporär aufgelöst werden. Womit man Wissen um Unterwürfigkeit in Aktion und Reaktion, Wissen um einen angeborenen Verhaltenskodex dem Hund gegenüber zum Ausdruck bringt. Diese Spielereien implizieren keinen Autoritätsverlust, zeigen aber, dass ich tierische Umgangsformen beherrsche und Hund und Mensch sich, trotz einiger unleugbarer Unterschiede, gar nicht so fremd sind. Was die Bereitschaft, von mir zu lernen, mir gar zu gehorchen beim Tier verstärkt. Wer die gültigen Umgangsformen beherrscht und aktiv umsetzt, kommt nicht nur im zwischenmenschlichen Umgang mit seinen Artgenossen besser zurecht.

Man hätte als Herrscher zwar die Machtbefugnis, beinahe alle Regelungen der Umgangsformen außer Kraft zu setzen, man wird aber bei gelebter Rücksicht auf den wölfischen Verhaltenskodex, in kürzester Zeit weitaus mehr geachtet. Genauso, wie man als Herrscher dem Tier dargebotenes Futter wieder wegnehmen dürfte, dies aber nicht täglich als Autoritätsbeweis praktizieren sollte, sollte man das Kernrevier, die Hütte im Garten oder die Decke im Wohnraum als Hoheitsgebiet des Tieres achten, es nur nach Einladung belegen und bei Unmutsäußerungen zu einem »Eindringen« das Tier nicht gleich erschlagen.

Damit erzieht man sich keinen aufmüpfigen Sturkopf, sondern achtet lediglich Regelungen des Umganges. Was Zuhause, beim vertrauten Hund, nur eine »Ruhestörung« darstellt, mag durch das fremde Tier, das man nur hin und wieder oder gar das erste Mal sieht, als Grenzverletzung durch das Mitglied eines Fremdrudels berechtigterweise blutig geahndet werden.

Mehr als fehlgeleitete Tierliebe

All die von mir verwendeten Verhaltenskomponenten aus dem Naturrepertoire des Hundes dürfen Sie nicht als den Versuch eines Hundenarrens werten, der sich aus fehlgeleiteter Tierliebe heraus auf tierisches Niveau, rangordnungstechnisch am besten noch unterhalb seines aktuellen Begleithundes, hinab begeben möchte. All diese kleinen Facetten der Übereinstimmung festigen und harmonisieren die Verbindung zweier so unterschiedlicher Wesen, wie dies Hund und Mensch nun einmal sind.

Mit ihrer Hilfe wird aus einem unbefriedigenden Nebeneinander - sofern man das übliche Übereinander mit dem Menschen an der Spitze gedanklich überhaupt schon ad acta gelegt hat -, das als einzige Verbindung die Hundeleine kennt, ein zwang- wie gewaltloses Miteinander, dessen Verlässlichkeit auf gegenseitigem Verstehen basiert. Eine Verbindung, die auf beiden Seiten mit Überzeugung und aus beiderseitigem Antrieb aufrecht zu erhalten versucht wird.

Das Verstehen und Reflektieren hündischen Verhaltens, hündischer Gesten und Lautäußerungen baue ich nicht aus Spaß in Erziehung und Lenkung ein, sondern eigentlich allein aus Bequemlichkeit: Ich kann mit diesem »Werkzeug Natürlichkeit« mit weniger Aufwand auch mir völlig unbekannte Tiere sehr rasch und sehr gezielt lenken.

Je kongruenter das wechselseitige Verhalten - und als der intelligentere Part muss eben ich mich in vielen Belangen dem Tier anpassen -, desto schlüssiger ist die Beziehung, umso detaillierter kann man gemeinsame Kleinigkeiten ausarbeiten, die das Zusammenleben weiter verbessern.

3.2 BEWUSSTES ABBAUEN DER KLUFT MENSCH - TIER

Beinahe alle bislang beschriebenen Lenkungspraktiken dienen in erster Linie dem Ziel, die Distanz zwischen Mensch und Hund zu verringern. Mittels hündischer Mimik, Lautäußerung und Verhaltensweisen, der Einhaltung verschiedener Komponenten eines wölfischen Verhaltenskodex, versuche ich den Graben, der mich vom Tier trennt zuzuschütten und Brücken, die mir das Tier als gleichwertiges Wesen zugänglich machen, zu bauen. Nutzen Sie Ihre geistige Überlegenheit nicht zum Ausbau der Distanzierung. Setzen Sie Ihre Intelligenz vielmehr dazu ein, die trennende Kluft zu überbrücken, Wege zu finden, dem Tier gleichwertiger Freund zu sein, ohne dadurch die teils nötige Kommandogewalt gänzlich zu verlieren.

Die Kluft zwischen Mensch und Hund.

Der Nutzen der Gleichstellung

Warum betrachte ich eine Gleichstellung als wichtig? Zum einen öffnet sie mir das Wesen des Hundes, womit ich das Tier einfacher lenken kann. Ohne mir dadurch meine Machtbefugnis zu einer solchen Lenkung zu rauben, da alle Versuche nie zu einem wirklich gleichen Rangniveau führen und mich ein Hund allein aufgrund meiner Erfahrung und meines gesamten Verhaltens immer noch als »übergeordnetes Wesen« einstuft.

Zum anderen - dies sei hier nur am Rande erwähnt - fasziniert mich die Erfahrung, von Tieren als Tier betrachtet und behandelt zu werden. Wenn auch als ein Tier »aus den oberen Herrscherschichten«. Ich finde es beachtenswert, wenn mich fremde Hunde nach wenigen Kontakten mit extra hierfür ausgegrabenen Knochen versorgen, mir ihr Futter vor die Füße spucken, mir ihre neugeborenen Jungen in den Schoß legen, mich diese Tiere unaufgefordert aus Wasser und Schlamm zerren, nachdem sie einige Zeit beobachtet haben, dass ich momentan offenbar mit einem Problem kämpfe, mit dessen Bewältigung ich mir aus eigener Kraft sichtlich schwer tue.

Ist der störende Damm der Distanzierung erst gebrochen, entwickelt sich zu einem sozial orientierten Wesen erstaunlich schnell ein erstaunlich intensives Miteinander. Man wird nicht nur gefüttert, sondern unter Einsatz der eigenen Existenz, selbst wenn das Tier dabei vor Furcht schlottert, gegen »angreifende Menschen«, andere Hunde, Kühe und Pferde verteidigt. Und wenn mir ein ausgewachsener Schäferhund-Collie-Mix-Rüde eine gleichgroße läufige Hündin über weite Strecken hinweg vor die Füße zerrt, sich hinsetzt, mich ansieht und einige Male auffordernd bellt, und, als ich kein Interesse zeigte, weil ich schlichtweg nicht wusste, was er von mir erwartete, sich im Anschluss selbst mit ihr paarte, frage ich mich schon, was manche Tiere eigentlich in mir zu erkennen glauben. Ein gebrechliches Wrack, das man mit allen nur denkbaren körperlichen Genüssen aufpäppeln muss? Einen Gott, der sich erniedrigt und zu seinen Geschöpfen in deren Sprache spricht, dem man deshalb unter eigenem Verzicht Opfer bringt? Oder einfach einen Kumpel, dem man versucht, hin und wieder eine Freude zu bereiten?

Habe ich die Tiere gar lediglich ungewollt und indirekt zu solch kumpelhaftem Verhalten erzogen, weil ich ihnen in solchen Situationen meine Freude zeige? Und es einem Hund gefällt, wenn der Mensch, mit dem er zusammenlebt, sich freut? Nicht aus einer freundschaftlichen Haltung heraus, sondern aus ganz eigennützigen Motiven: Ein wohlgesinnter Herrscher muss weniger gefürchtet werden, zweigt aus seinen Schätzen vielleicht einmal eine größere Portion schmackhaften Futters ab und krault einem den Nacken. Dies zu erreichen ist dem Tier trotz Futterneides durchaus einen halben Hundekuchen wert, oder ein Junges, oder eine läufige Hündin, die man erst nachdem Herrchen seine Interesselosigkeit bekundet hat, selbst zu besteigen wagt.

Komplizierter, oberflächlicher Umgang durch große Distanz
Daneben regelt ein enger Kontakt, eine erkennbare Vertrautheit im Wesen den sozialen Umgang.

Woraus ergeben sich denn die Probleme bei einer Erziehung? Sie liegen einerseits in der Verschiedenheit der Wesen Mensch und Hund begründet. Gravierende Unterschiede, die sich nicht allein auf die reinen Äußerlichkeiten beschränken, sondern sich bis tief in die Sicht der Dinge hinein erstrecken, in alle Wünsche und Absichten, mit dem daraus resultierenden Verhalten. Dazu kommt, dass man eine sehr unterschiedliche Sprache spricht, mit der man weniger als notdürftig versucht, diese Differenzen auszubügeln.

Die wenigen Möglichkeiten, das Kommunikationsproblem zu entschärfen, habe ich bereits beschrieben. Man muss die Ausdrucksformen des Hundes studiert haben und deuten können, sollte nach Möglichkeit angeborenes Verhalten imitieren und anwenden. Was man Schritt für Schritt in immer menschlichere Kommandos umwandeln kann.

Das Problem der völlig differenten Wesen mit völlig anderer Weltsicht bleibt bestehen. Diese Kluft kann man dadurch verringern, dass man die teils nicht nachvollziehbaren Verhaltensweisen der anderen Seite, wenn schon nicht versteht, so doch toleriert.

Herrchen mag unterwegs den Hund langweilen, indem er mit Passanten schwätzt. Der Hund wird die Geduld von Herrchen strapazieren, wenn er mit Artgenossen spielt und Duftmarken inspiziert. Beide Verhaltenskomponenten sollten von der jeweils anderen Partei respektiert werden. Hat sich durch zurückhaltendes Lenken bereits ein Miteinander herausgeschält, werden Sie den zum Weitergehen bettelnden Hund nicht allzu lange betteln lassen. Seinerseits wird sich der Hund gegen Ihren Wunsch, weiterzuziehen an interessant riechenden Stellen dann nicht allzu lange sträuben. Je lockerer (nicht inkonsequenter!) Sie Ihre Kommandogewalt ausüben, desto mehr wird Ihnen das Tier - beispielsweise in solchen Situationen - von sich aus entgegenkommen.

Es liegt an Ihnen, mit dieser enormen Interessenskluft gekonnt umzugehen. Hier gilt wiederum: Besser behutsam lenken als gewaltsam unterbinden. Das Tier, dem Sie seine Interessen ständig verbieten, wird sie, sobald sich ihm die Möglichkeit bietet, rigoros ausleben. Besser ist es, etwa in überlanges Beschnuffeln von Duftmarken regulierend einzugreifen. Dabei darf man die Vorbildfunktion nicht unterschätzen und sollte die eigenen Verhaltenskomponenten, die das Tier nerven, ebenfalls auf eine in Gemeinsamkeit duldbare Länge herunterschrauben. Das Tier argumentiert sicher nicht nach dem »Wie-du-mir-so-ich-dir!«-Prinzip. Je mehr Sie es jedoch gegen seine Wünsche beanspruchen, desto rebellischer gibt es sich seinerseits im Laufe der Zeit.

DER HUND ALS LEBEWESEN
In erster Linie ist es wichtig, wie Sie den Hund als Gesamtwesen annehmen.

Wenn Sie ihn immer nur hinter den Ohren kraulen, weil der Rest »schmutzig« ist, wenn Sie die meisten hier genannten Zusammenhänge in Kommunikation und Verhalten missachten, kann dies schon der erste Schritt in eine künstlich verstärkte Distanzierung sein.

Wer etwa Angstverhalten als Drohverhalten missdeutet und entsprechend ahndet, zerstört ein Zusammenleben. Der Hund wird die Reaktion des Herren nicht einordnen können und sicherheitshalber auf erhöhter Distanz bleiben.

Man muss den Hund ein wenig in seinem ureigensten Verhalten akzeptieren. Ausgiebiges Schnuffeln gehört ebenso dazu, wie das Beinheben an dem unmöglichsten Stellen. Man sollte zwar regulierend eingreifen, aber den Hund als Gesamtwesen soweit als möglich unverändert belassen.

KOMMUNIKATIVE WELTEN TRENNEN UNS
Wenn ein 50-Kilo-Rüde bei der Begrüßung zitternd und schlotternd halb auf mir sitzt - zitternd deshalb, weil er an meinem Rolli einmal einen elektrischen Schlag bekam, mich aber trotzdem, wie ein anständiger Hund dies eben tut, begrüßen möchte -, dann wünsche ich mir, ich könnte ihm irgendwie klarmachen, dass dies damals ein Ausnahmefall war und er nicht ständig in der Angst vor einer Wiederholung leben muss.

In solch einem Falle kann man die Sprachkluft in exzessiver Ausprägung erleben und nur durch langwieriges, schlüssiges Handeln in der Zukunft überbrücken. Wenn er mich hundertmal begrüßt hat und sich die schlechte Erfahrung von damals nicht wiederholt, wird er umgelernt haben und nicht mehr zwischen Freude und Angst hin- und hergerissen sein.

Mein Beitrag hierzu kann darin bestehen, dass ich weiterhin konsequent den Kontakt zu ihm pflege und ihn nicht vorschnell als doofes, ängstliches Tier abtue. Hier kann ich nur, indem ich ihm viel positive Erfahrung »am verrufenen Objekt« ermögliche, das einmalige schmerzliche Ereignis auslöschen.

Solche Begebenheiten zeigen mir, wie behutsam man in der Beziehung zu einem Wesen umgehen muss, von dem man nicht nur durch kommunikative Welten getrennt ist. Schlechte Erfahrungen, seien sie gewollt oder ungewollt, erzieherische Maßnahmen oder Unfälle, erfordern eine enorm lange Zeit, bis sie vom Tier als Einzelereignis eingeordnet werden und es in analogen Situationen keine Angstreaktionen mehr zeigt. Einem Menschen könnte ich erklären, du hast nur deshalb einen Schlag bekommen, weil du mich bei der Begrüßung in den Elektro-Zaun gedrängt hast. Dieser Mensch wäre beim zweiten Kontakt, selbst wenn er keine Ahnung von unserer Zivilisation und deren technischen Errungenschaften hätte, vielleicht noch etwas vorsichtig, würde aber - sofern er die Erfahrung gemacht hat, dass man meinen Aussagen trauen kann - rasch alles Misstrauen ablegen. Der Hund kann Ihnen noch so stark vertrauen, Sie haben keine Chance ihm ein unglückliches Einzelereignis als solches in kurzer Zeit begreiflich zu machen, wie dies bei einem Menschen in verbaler Form möglich wäre.

Tu was ich will! - Tu was du willst! Mit einem Blick entschieden

Andererseits kann nonverbale Kommunikation - sofern beide Parteien alle Signale korrekt zu deuten in der Lage sind - einen sehr detaillierten Datenaustausch ermöglichen.

Ein Beispiel: Sie kämpfen sich mit dem Fahrrad einen steilen Berg hinauf. Der Begleithund bleibt etwa 25 Meter vor Ihnen quer zur Laufrichtung stehen und blickt aufmerksam zu Ihnen zurück.

Sehen Sie ihn kurz an und wenden den Kopf dann demonstrativ ab, ist dies die Bestätigung »Alles okay. Bleib voraus. Geh weiter. Tu, was du willst.«

Erwidern Sie den Blick, wird der Hund sich abwenden - und gleich darauf wieder zu Ihnen her sehen. Damit signalisieren Sie ihm »Abwarten. Keine unbedingte Freigabe für weiteres selbstständiges Erkunden der Welt.« Der Hund mag unschlüssig abwarten, bis man bei ihm auf gleicher Höhe angelangt ist.

Senden Sie unmissverständliche Zusatzsignale, beispielsweise indem Sie zum Blickkontakt begleitend anhalten, wird dies in diesem Falle dazu führen, dass der Hund zu Ihnen zurückkommt. Sie haben ihm seine Selbstständigkeit unterbunden und ihn durch Ihr bewusstes Anhalten aufgefordert, Ihnen gegenüber aufmerksam auf weitere Lenkungsinformationen zu warten. Dazu »schauen viele Hunde bei Herrchen mal vorbei«.

Dies sind Reaktionen auf allgemein gültige Kommunikationssequenzen, die der Hund unbelehrt versteht und auf die er in etwa dieser Form, sofern er schon etwas auf Ihre Meinung gibt, reagieren mag.

Pauschalierend kann man zusammenfassen: Den Blick kurz erwidern und danach sofort den Kopf seitlich abwenden heißt: »Ich habe bemerkt, dass du um meine Meinung ersuchst. Tu was du willst, es interessiert mich nicht!«. Den Blick ausdauernd erwidern, vielleicht in Kombination mit anderen Aktionen, bedeutet dem Tier hingegen: »Tu was ich will! Und informiere dich gefälligst selbstständig darüber, was genau ich will!«

Hierbei existieren teils störende Überschneidungen zu menschlichen Konventionen. Besitzt Ihr Hund schon soviel Anstand und Glauben an den Nutzen Ihrer führenden Lenkung, dass er Sie, bevor er allein ins Gebüsch losstürmt nochmals fragend über einige Meter Distanz hinweg ansieht und quasi um Erlaubnis für seine geplante Tat ersucht und Sie antworten mit der menschlichen Verneinung, einem demonstrativ ausgeprägten Kopfschütteln, wird der Hund das Signal »Blick abwenden, heißt: Tue was du willst« erkennen und mit gutem Gewissen, Ihre scheinbare Erlaubnis im Kopf, im Wald verschwinden, obwohl Sie ihn eigentlich bremsen wollten ...

Mit den scheinbar wenigen und sehr groben Klötzen hündischer Kommunikation kann man sehr feine Details ausdrücken. Durch das Aneinandersetzen verschiedener Handlungskomponenten in bestimmter zeitlicher Reihenfolge kann ich etwa dem angeketteten Hofhund, der mich schon entdeckt hat, klar machen, ich gehe vorbei, ohne zu ihm zu kommen, nicht weil ich ein Ignorant bin, sondern weil ich aus irgendwelchen nicht näher geäußerten Zwängen heraus mich ihm gar nicht nähern kann, mich ihm nicht zu nähern traue. Für den Fortbestand einer Partnerschaft ist es oft vorteilhafter als Feigling, denn als arroganter Ignorant dazustehen.

Auf diese Weise tauschen die Hunde untereinander unentschlüssel und unbemerkt wohl weitaus mehr Informationen aus, als der Mensch vermutet.

Fehlerhaft vermenschlicht und doch zielführend

In der Beziehung zum Hund gibt es nicht das billige Wort »Entschuldigung!«, mit dem man zwischenmenschlich versucht, ach so viele Verfehlungen, Unbedachtsamkeiten und Fahrlässigkeit zu bereinigen. Habe ich dem Tier ungewollt eine unangenehme Erfahrung vermittelt, muss ich mich in die Erklärung, dass dies keine Absicht war, vehement hineinhängen.

Ich kann etwa dem in Schreck und Schmerz davonstürzenden Tier selbst so lauthals und wehleidig hinterher heulen und -pfeifen, dass er vor lauter Überraschung, möglicherweise aus Sorge, was denn mit mir passiert ist, stehen bleibt, den Kopf schräg legt und schließlich zurückgetrottet kommt, um mich zu trösten - und darüber den eigenen Schmerz glatt vergisst, den Schmerzimpuls möglicherweise als Attacke von außen einordnet, die mich genauso unangenehm getroffen hat, wie ihn und gar nicht - gewollt oder ungewollt - von mir ausging.

Kommt es nur zu einem ausweichenden Schritt fort von mir, worauf mich der Hund aus einigen Metern Entfernung sitzend mit enttäuschtem bis vorwurfsvollem Blick taxiert, nachdem ich ihm etwa unbeabsichtigt das kalte Wasser von der Regenplane über unserem Lagerplatz in den Pelz gekippt habe, das Klappklo an den Kopf geworfen oder sonstwie in der Hektik des Outdoor-Tages ein unangenehmes Erlebnis vermittelt habe, dann gehe ich auf den Hund zu, mit der deutlichen inneren

Überzeugung, dass ich ihm nicht wehtun wollte, dass ich traurig bin, weil er sich veranlasst sah, sich vor mir zurückzuziehen. Ich beginne, den Hund zu knuddeln, klammere mich regelrecht an ihn. Eine Form der Entschuldigung die der Hund anscheinend versteht. Und wenn schon nicht versteht, so doch toleriert, da man sich für zusätzliche Knuddeleien dieser Ausprägung doch gerne einmal auf die Pfote treten, sich einen Sack Wasser über den Pelz gießen oder eine Dose Futter an den Kopf werfen lässt.

Diese Entschuldigungsform, vermenschlicht ausgeführt, vom Hund möglicherweise unverstanden, kann somit dennoch zielsicher situationsbereinigend eingesetzt werden. Dies als Beispiel, dass selbst über einen großen, trennenden emotionalen wie verstandesmäßigen Graben hinweg, durch mögliche Fehlinterpretationen des Gegenparts verfälscht, eine situationsbereinigende Verständigung möglich sein kann, wenn wenigstens die großen Blöcke der Handlungen halbwegs verständlich und in einer sinnvollen Reihenfolge vorgetragen werden.

Mancher Halter wird empört aufschreien, was er sich denn überhaupt bei seinem Hund zu entschuldigen habe. Der Hund habe alles zu dulden, zu gehorchen und mehr nicht. Doch hat mir der Kontakt zu mehreren Dutzend Hunden stets aufgezeigt, dass der Hund weit mehr ist als ein emotionsloser Befehlsempfänger und sich deshalb eine funktionierende Beziehung zu ihm, die über das Vermitteln von Kommandos hinausgeht, nur ergibt, wenn das Tier als ein fühlendes wie verletzbares Wesen akzeptiert und behandelt wird.

Ich rede hierbei nicht über Funktionalität. Auch die Ich-Mensch-du-Hund-Ich-alles-du-nichts-Beziehung funktioniert - auf ihre Weise. Sie wird aber nicht den vorhandenen Entfaltungsmöglichkeiten des Hundes gerecht. Wer mehr als sterile Funktion aus der Beziehung herausholen möchte, muss mehr als gelebte Distanzierung investieren.

Einbahnstraße oder Gegenverkehr?

Das Problem der eingeschränkten Kommunikation könnte einerseits dadurch gelöst werden, dass sich der Mensch in althergebrachter Manier zum ausschließlichen Sender erhebt, dem Hund eine ganze Menge unverstandener Kommandos einbläut, deren Einhaltung er ohne Rücksicht auf die Reaktionen und Absichten des Tieres im täglichen Umgang unnachgiebig durchboxt. Dabei werden beide Parteien für sich separat leben und nur durch die einseitig lancierten Steuersignale vom Menschen kurzzeitig Verbindung erfahren.

Die andere Möglichkeit wäre, alle verfügbaren Kanäle zu einer wechselseitigen Kommunikation zu gebrauchen, das Tier zwar begleitend einige typisch menschliche Ausdrucksformen zu lehren, aber ebenso die Signale des Hundes zu lesen und zu erwidern lernen. Nur wer wirklich miteinander redet, kann sich austauschen. Aus der herrischen, einseitigen Sender-Empfänger-Beziehung kann keine Form des Zusammenlebens erwachsen, die detailliert auf die Wünsche und Bedürfnisse beider Parteien eingeht.

NICHT DIE KOMMUNIKATION UNTERBINDEN

Als sozial lebendes Tier ist der Hund auf die Fähigkeit angewiesen, sich seinen Mitwesen mitteilen zu dürfen. Die wenigen kommunikativen Möglichkeiten, die verbleiben, werden von vielen Haltern aber unglücklicherweise nicht genutzt und die Signale des Hundes - meist in Sorge um die eigene Rangstellung - als unbotmäßiges Verhalten fälschlicherweise sogar bekämpft.

Es wird gelehrt, man dürfe niemals auf die Kommunikationsversuche des Hundes reagieren. Man mache sich damit lediglich zum Hampelmann. Etwa ein zum Spiel aufforderndes Bellen müsse man rigoros ignorieren und dürfe frühestens Minuten später ein Spiel beginnen.

Genau dieses Verhalten ist für einen funktionierenden Umgang mit dem Tier grundfalsch. In erster Linie versucht der Hund zu kommunizieren, um Absichten, Wünsche und Stimmungen auszudrücken und nicht um zu testen, inwieweit er Herrchen manipulieren kann. Im praktischen Umgang wird der Hund gar nicht die Möglichkeit bekommen, zu lernen, seine kommunikativen Signale könnten irgendwelche, den Menschen steuernde Funktionen besitzen.

Man wird ganz automatisch nicht jedesmal bei einer Aufforderung von Seiten des Hundes mit einem Spiel beginnen (können). Man wird nicht jeden Rückzug des Hundes, mit dem er einer aggressiven Auseinandersetzung mit seinem Herren aus dem Wege zu gehen versucht, nachgeben, sondern sich hin und wieder entschieden durchsetzen (müssen). Auch wenn ich, wie schon erwähnt, dem Hund die Mitbestimmung der Wegwahl zugestehe, wird dies nie dazu führen, dass der Hund stets die Gesamt-Route bestimmt. Da er, dies zu lernen, keine ausreichend konsequente Haltung von meiner Seite - ich gebe immer nach, oder: ich gehe nie auf seine Wahl ein - erfährt. Das Tier wird im täglichen Umgang lernen, in seinen Kommunikationsversuchen eine Äußerung von eigenen Vorstellungen und Wünschen zu sehen, die manchmal sogar berücksichtigt werden, sich dadurch aber keine sicher-funktionelle Steuerung von Herrchen erwarten.

Unmutsäußerungen

Sie müssen dem Tier seine Mitteilungsversuche wenigstens ansatzweise belassen.

Wenn der Hund Zuhause vom Treten Ihrer Füße unter dem Esstisch buchstäblich die Schnauze voll hat und sich entfernen möchte, sollten Sie ihn nicht allein aus dem Grund »Ich herrsche hier und habe dir nicht erlaubt, den Raum zu verlassen!« zurückzwingen. Er möchte damit einer Konfliktsituation kampflos ausweichen und Ihnen gleichzeitig auf gewaltfreie Weise zeigen, was er von Ihren derzeitigen Handlungen hält. Die härteren Formen einer ablehnenden Haltung - Knurren und Beißen - haben Sie ihm ja sicher auch schon verboten.

Ein selbstbewusstes, vollwertiges Tier mag im Umgang mit dem vertrauten Menschen ein Knurren wagen oder gar die Zähne zeigen. Konnte es seinen Begleiter schätzen lernen, ist es jedoch selbst in diesem bedrohlich erscheinenden Verhalten noch weit vom Zubeißen entfernt. Selbst wenn man ganz bewusst die zugrundeliegende Provokation nicht abbricht und es wirklich zum Zuschnappen kommt, ist dies meist lediglich ein symbolischer Beiß-Akt und nicht der Versuch, gezielt zu verletzen.

Knurren und dieses symbolische Schnappen sind keine Unart, kein ahndungspflichtiges Vergehen des Hundes, sondern seine Art der Unmutsäußerung, die ich allen Tieren stets als Kommunikationsform belassen habe. Wirkliches Zubeißen braucht sich auch der abgebrühteste Tierfreund aus der »antiautoritärsten Beziehung« nicht gefallen zu lassen. Da werde selbst ich grantig. Aber dazu kommt es in den seltensten Fällen.

Bei fremden Hunden kann hingegen eine wirklich vehemente Beißattacke schon wenige Sekunden auf das Zähnezeigen folgen, da hier das Drohverhalten aus dem Bereich Feindabwehr oder Ausmachen der Rangordnung mit einem hinzugekommenen Fremdtier, einem potenziell neuen Gruppenmitglied, kommt. Aktionen bei all denen man sich kein Zögern erlaubt, keine Blöße geben darf. Nur in der eigenen Gruppe geht man etwas kulanter und gesitteter miteinander um.

Man muss dem Hund eine Ausdrucksform erlauben, mit der er seinen Unmut kundtun darf. Wie soll er zeigen, dass ihm das, was gerade geschieht, nicht gefällt, wenn Sie ihn wegen jedem angedeuteten Knurren zur Schnecke machen? Hat der Hund gelernt, ein Zähnezeigen ist bereits tabu, aber Grummeln mit geschlossener Schnauze geht als Abwehrreaktion in Ordnung, wird er dies als Unmutsäußerung gebrauchen, ohne in Versuchung »zu mehr« zu geraten.

Verbieten Sie Ihrem Hund jegliche aggressive Ausdrucksform, dann können Sie zwar vieles mit ihm anstellen, ohne auf Flucht oder ablehnende Haltung zu stoßen, doch sind Sie in keiner Weise mehr über den Gemützustand des Tieres informiert. Damit rauben Sie sich eine breite Palette von Signalen, die das Zusammenleben vereinfachen und gewaltfrei regeln.

Sie wissen nie, wie weit es im Tier schon kocht. Dies sind dann die Tiergeschichten aus Rundfunk und Fernsehen, in denen Herrchen vom eigenen Hund »ganz ohne Vorwarnung« zerfleischt wurde. Ganz ohne Vorwarnung, weil beseitigtes Herrchen seinem Tier jegliche Vorwarnung verboten hat. Und jedes Tier hat irgendwo eine Toleranzgrenze, bis zu welcher - aber niemals darüber hinaus - es sich reizen lässt.

Belassen Sie dem Hund einen Ausdruck des Unmuts, sind Sie wesentlich besser über seinen Gemützustand informiert, als wenn Sie ihm beigebracht haben, man muss Herrchen immer blöde grinsend anwedeln, egal wie es sich benimmt und wie hund sich fühlt. Es darf nicht so weit gehen, dass Sie sich permanent von Ihrem Hund in die Schranken verweisen lassen. Was Sie ihm erlauben und was nicht, steht auf einem anderen Blatt. In einer kommunikativen Beziehung wissen Sie aber immer genau, wo es zu Reibungspunkten kommen mag, die man dann in mäßigender Form frühzeitig entschärfen kann.

Ich reagiere ganz bewusst auf beinahe alle Versuche des Tieres, Informationen auszutauschen. Ich antworte darauf durch schlüssiges Handeln, durch Sprache oder Mimik. In jedem Falle wird das Tier eine Reaktion von meiner Seite erfahren. Und diese meine Reaktionen orientieren sich hauptsächlich an meinen Wünschen und den äußeren Notwendigkeiten, nicht an der Absicht, dem Tier alle mir mitgeteilten Wünsche zu erfüllen. Es regt den Hund zu einer Intensivierung der Mitteilsamkeit an, wenn er hin und wieder einen »Erfolg« in seinem Sinne verbuchen kann.

Eine Chance zur Dominanz erkennt das Tier erst durch weiterreichendes Fehlverhalten des Halters. Wenn dieser versucht, dem Hund jeden Wunsch von den Augen abzulesen und ihn erfüllt. Auf Kommunikationsversuche an sich einzugehen ist nötige Voraussetzung für eine wechselseitige Beziehung und stellt kein Ausfechten der Rangordnung, keine Umstrukturierung der Beziehung dar.

Kritikwürdiges Verhalten

In einer wechselseitigen Partnerschaft sollte man die Meinung des anderen Parts zum eigenen Verhalten möglichst genau kennen, um sich nicht insgeheim unbemerkt immer weiter zu entfremden. Dem Hund werden solche Äußerungsformen jedoch meist als ungebührliches Verhalten generell verboten. Eine arrogante Fehlhaltung unter der keine Freundschaft entstehen kann. Der Hund sollte sich trauen, an Herrchens Verhalten Kritik zu üben und Herrchen sollte auf diese Kritik reagieren, wenn auch wohl meist ablehnend.

Einen eben gereichten Knochen oder den gefüllten Futternapf sollte man dem Hund nicht umgehend wieder wegnehmen. Hier übt der Hund in Form von Knurren oder gar Zuschnappen »Kritik«. Ich belasse dem Hund etwa das Betteln bei Tisch insoweit, dass er mir mit einem Winseln, großen Augen oder der Pfote auf dem Schoß den Hinweis geben darf: »Du haust dir schon wieder den Magen voll. Ich möchte auch was davon!« Was mich ganz praktisch daran erinnern mag, Mensch, du hast ja diesem Streuner schon seit zwei Tagen nichts mehr zu knabbern gegeben.

Das Winseln des Hundes, wenn man sich zwei Stunden lang in einer Gaststätte aufhält ist nicht Schikane, sondern Aufforderung: »Du hast dir jetzt genug Zeit gelassen. Jetzt tue mal wieder was mit mir. Gehen wir endlich weiter?«

Kann der Hund einen zuverlässigen Erfolg all seiner Kritikversuche erkennen, hat er Sie als Halter in kurzer Zeit hervorragend erzogen. Reden Sie selbst bei Ablehnung seiner Kritik freundlich auf das Tier ein, lernt der Hund, dass seine Meinung, wenn auch abgelehnt, so doch durchaus verstanden worden ist. Er kann sich keine zuverlässige Erfolgs- und damit Erziehungschance ausrechnen, bleibt seinerseits kommunikativ und Sie stets über seine Gemütszustände informiert.

TYRANNEN SIND OUT

Besehe ich mir das Zusammenleben zwischen Mensch und »abgerichtetem« Hund, kommt mir oftmals das kalte Grausen, wenn ich versuche, mich in die Rolle des Tieres hineinzuversetzen.

Wie ein Gespenst umschleicht der Schäferhund die Position von Herrchen, sofern er nicht sowieso bei Fuß laufen muss. Desinteressiert schnuffelt er in einem zwangsweise auf wenige Meter Umfeld begrenzten Areal herum, ohne interessante Dinge zu entdecken oder zu erleben. Es mag für den Menschen ja ganz praktisch sein, wenn

sich der Hund auf Befehl hinlegt und neben dem passierenden Artgenossen vor innerer Anspannung zwar beinahe platzt, aber doch aus Furcht Herrchens unsinnigen
Wünschen Folge leistet. Einem nicht in diesem Ausmaß gedrillten Hund sieht man
hingegen allein schon in seinen Bewegungen die ungehemmte Lebensfreude, den
Spaß am Ausflug an, wenn er sich, ohne mich um Erlaubnis bitten zu müssen, fünfzig Meter in die Felder zu den wirklich interessanten Dingen entfernen darf, wenn es
ihm freigestellt ist, schwungvoll aufzuholen oder vorauszurennen.

Möchte ich einmal unterbinden, dass er zu einem Artgenossen geht, kann ich ihn
immer noch zurückbeordern und rein mechanisch inhaftieren, wobei er meine tröstende, beruhigende Hand in seinem Rücken spürt. Zudem, wenn ich von klein auf mit
Partnerschaft und Vertrauen und ohne Folgsamkeits-Drill arbeite, selten die
Notwendigkeit besteht, den Hund etwa vor einem Artgenossen zurückzuhalten.

Sicher mag die Drill-Form des Zusammenlebens selbst für den zivilen Halter vorteilhaft sein. Sicher wird der Hund dadurch als Lebewesen nicht vernichtet - dann
gäbe es ja beinahe nur noch tote Hunde. Doch wo bleiben seine Interessen? Sein Spaß
am Leben? Dass der ausgebildete Hund ebenso viel lieber mit jemandem unterwegs
ist, der ihm größtmögliche Freiheit gönnt, konnte ich in all den Jahren meines Um-

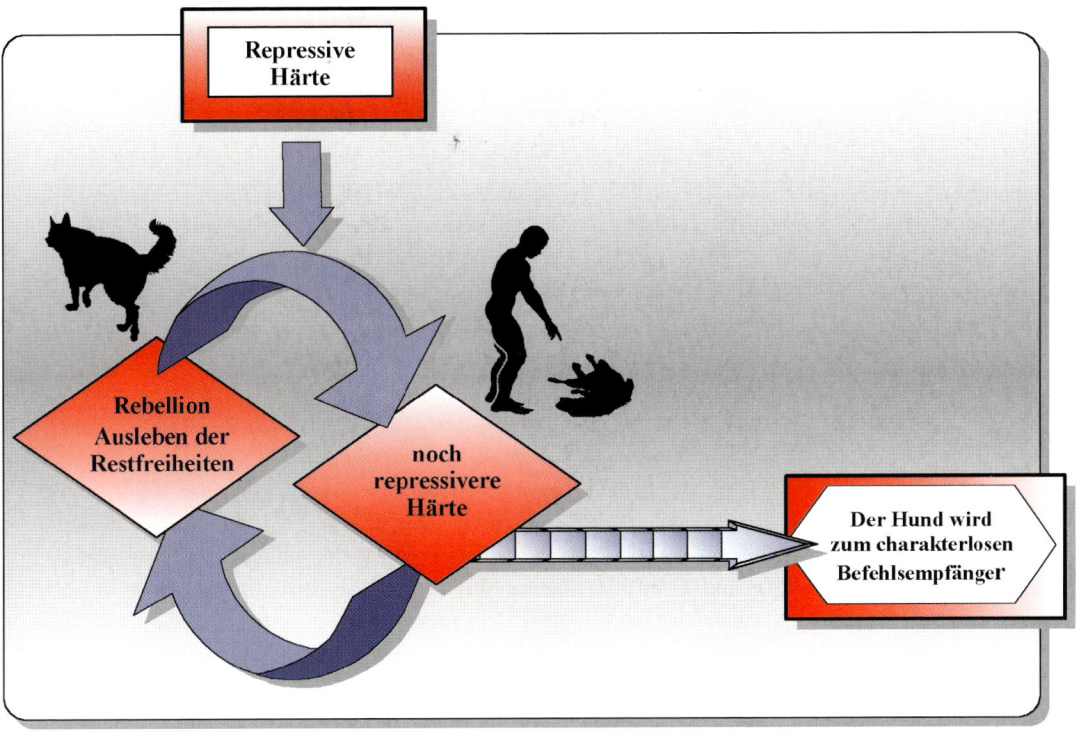

Repression provoziert Rebellion.

ganges mit fremden Tieren erfahren. Warum also dem (Familien- und Gebrauchs-) Hund den Spaß am Leben in Bereichen beschneiden, in denen dies gar nicht nötig ist?

Es ist nicht wahr, dass der Hund durch das Aufzeigen von Grenzen überhaupt erst lebensfähig wird. Kein Hund gibt sich natürlicher, ausgeglichener und freundlicher - wenn man das Sozialverhalten anderer Wesen gegenüber betrachtet - als der weitestgehend vom Menschen verschonte Streuner, der sein ganzes Leben lang alle seine Handlungen selbst bestimmen, alle Kontakte selbstständig, ohne das Wissen um einen »starken Herren« im Rücken ausmachen musste. Eine Führung durch ein anderes Wesen wird nur insoweit vom Hund wohlwollend akzeptiert, als sich dadurch vielleicht eine Strategie in das eigene recht kopflose Umherziehen bringen lässt, ohne dass man sich als Hund Gedanken um die Planung, um das »Wie« machen müsste. Er versucht jedoch, wie jedes vernünftige Wesen, einer Führung auszuweichen, die allein von Unterdrückung der Interessen und von Drangsale gezeichnet ist, die das Tier handlungstechnisch wie sozial beschränkt.

Der Hund benötigt keinen Tyrannen, sondern einen Partner, an den er sich in seinen Ängsten wenden kann. Hartes und immer noch härteres Durchgreifen ersetzt dem Hund nicht den Freund, den er achtet.

Er schätzt den Menschen, dem er Vertrauen schenken kann, weil er ihn immer schützend geführt hat. Findet er diesen Freund nicht Zuhause, sucht er ihn sich gar, etwa durch wahlloses Anschließen an fremde Personen, aus eigenem Antrieb in dem ihm zugänglichen Umfeld.

Gruppenspiele und gemeinschaftliche Unternehmungen machen auch dem Menschen Spaß, nicht nur dem Hund. Jede funktionierende Gruppe erfordert eine gewisse Hierarchie mit den daraus resultierenden Erfordernissen eines restriktiven Druckes, der Über- und Unterordnung. Durch übermäßige Härte und übermäßig viele Restriktionen kann man jedoch eine eigentlich funktionierende Gruppe zerstören, tot organisieren und ihrer Funktionalität berauben, weil man damit jede eigene Entscheidung, jede situationsorientierte Handlung, jede Flexibilität der Mitglieder unterbindet.

Wer meint, seinem Hund gegenüber permanent den durchgreifenden Tyrannen herauskehren zu müssen, handelt genau in dieser Hinsicht falsch. Durch das überzeichnete Einbringen von Hierarchie, dem eigentlich gutgemeinten Versuch, die Struktur der Gruppe Hund-Mensch zu stärken, werden einzelne Gruppenteile - in diesem Falle der Hund - zu rein reaktiven Funktionen degradiert. Der notwendige, leicht regulierende Rangordnungsdruck zerstört, übersteigert ausgelebt, eine ohne ihn möglicherweise durchaus funktionierende Partnerschaft. Er erfordert immer weitreichendere Eingriffe der Führungsspitze in die Individualität der Gruppenmitglieder, sowie eine immer konsequentere Überwachung, da es sich eben um Individuen handelt, die durch ein Übermaß an Restriktionen eher zu Rebellion, denn zu einsichtigem Gehorsam angeregt werden.

Bliebe nur, jedes Individuum als eigenständiges Wesen zu zerstören, was die Gruppe wiederum schwächt, gar in ein infunktionelles Gebilde aus einem bestimmenden, herrschenden Element und viele auf reine Funktion reduzierte Faktoren, zerfallen lassen kann.

Nicht unbedingt eine Form des Zusammenlebens, die ich mit dem Hund als Partner anstrebe.

Ein Tier, das ständig Härte vom Halter erfährt, wird rasch lernen, dass man im Leben hart sein muss. Dieses aufgepfropfte Wissen wird es in seinem Verhalten rigoros umsetzen. Es wird anderen Hunden bei Begegnungen zeigen, dass man hart sein muss. Es wird Pferd und Reiter zeigen, dass das Leben wirklich hart ist. - Und bei allen Begegnungen der harten Art wird Herrchen in einer Spirale der Aggression noch härter zuschlagen (müssen).

Das Zusammenleben wird zwar sicher von Funktion geprägt sein, da der Hund seinen Herrn viel zu sehr fürchtet, um ihm gegenüber aufzubegehren und ein solch vorbildlicher Gehorsamkeits-Hund bei Ausflügen sowieso meist an der Leine hängt. Der mögliche Spaß einer Beziehung zum Hund wird jedoch einer unnötigen Fehlhaltung geopfert.

Der Erfolg: Man wird zwar nirgendwo anecken (dass das Pferd genauso scheut, wenn ein angeleinter Hund droht, der Reiter in den Stacheldraht fällt und dies ebenso ein ganz gewaltiges »Anecken« bedeuten kann, lasse ich getrost unter den Tisch fallen). Man ist jedoch permanent gezwungen, das Tier zu überwachen, hart durchzugreifen, alles Verhalten hart zu ahnden. - Und wehe, dem Tier gelingt es einmal dieser harten Überwachung zu entrinnen ...

MEHR ALS KNUDDELEIEN

Lässt man den Hund die eigene Zuneigung spüren - der ruppigste Rüde ist sehr liebesbedürftig -, zerstört dies weder Folgsamkeit noch Rangordnung. Der enge Körperkontakt ist der Partnerschaft förderlich, das »Verhätscheln« im volkstümlichen Sinne, mit Schmackos hier und Belohnung dort, wenn man dem Tier jede Sturheit, sowie alle eigenen Interessen unkritisiert durchgehen lässt, zerstört genauso wie gelebte Distanz rasch eine funktionierende Beziehung.

Es schädigt nicht den Charakter des Hundes, wenn er weiß, er steht im Mittelpunkt. Diesen »Mittelpunkt« darf der Hund jedoch nicht wegen aus Zuneigung gelebter Schwäche seines Herren als »höchste Stufe der Rangordnung« verstehen.

Haben Sie schon einmal beobachtet, wie der Hund diese »Knuddeleien« in seinen Ausdrucksformen erwidert? Es beeindruckt, wenn sich ein ausgewachsener, sonst recht eigenwilliger und sturer, stets auf Rangeleien erpichter Schäferhund nach wenigen Kontakten bei einer Brotzeitpause auf dem Boden an mich herankuschelt, mit einer hartnäckigen Ausdauer die Hand leckt, dabei immer langsamer wird und im Vertrauen auf mich und den Schutz, den ich ihm biete, langsam wegdöst.

Geht man hin und wieder spontan auf das Tier zu, drückt es an sich, knuddelt und streichelt es, wenn es bei einer Pause erschöpft neben einem liegt, ist dies ebenfalls eine Form der Erziehung. Das Tier bekommt gezeigt, dass man es mag, dass man es grundlos mag und nicht nur streichelt, wenn es irgendwelche Leistungen erbracht,

Befehle befolgt hat, sondern dass man ihm Zuneigung zeigt, einfach weil es da ist.

Streicheleinheiten dürfen nicht ausschließlich rational gesteuerte Handbewegungen im Pelz des Tieres bleiben. Die Zuneigung muss gelebter Form sein, muss ihre Wurzeln tief in Ihrer eigenen Überzeugung haben. Man muss sie empfinden, sonst wird sie rasch als unecht entschlüsselt. Dies erhöht die Grundtendenz beim Tier, verschiedene Freiheiten abzugeben, bereitwilliger auf Kommandos zu reagieren. Was seine Form ist, Zuneigung, Vertrauen und Zusammengehörigkeit auszudrücken.

Massieren Sie dem Hund beim gemeinsamen Lagern die Beinmuskulatur. Langen Sie dabei ordentlich zu. Lassen Sie Muskelstränge und Sehnen durch Ihre Finger schnappen. Das Tier liebt es »auf die harte Tour«. Es braucht ja gar keine professionelle Reflexzonenmassage zu sein. Langen Sie einfach beherzt zu. Zu laschem Gefummel mag der Hund bald ausweichen. Bei zu grob geführten Griffen wird er Sie vorwurfsvoll ansehen. Mit Körperhaltung und geschlossenen Augen wird er Ihnen zu verstehen geben, wo Sie weitermachen sollen und ob Sie es richtig machen.

Dies sind neben Stöckchenwerfen und dem Entfernen von Zecken aus dem Pelz die wenigen Dinge, die man als Mensch dem Hund besser geben kann, als ein Artgenosse, die deshalb überaus dankbar akzeptiert werden. Mit denen man nicht nur bei fremden Tieren rasch in der Achtung steigt, da dies Erlebnisse sind, die sich selbst der engagierteste Streuner eben nicht allein beschaffen kann.

*»Mir ist völlig wurscht, wie ich gestreichelt werde.
... Hauptsache ich werde gestreichelt!«*

Nicht nur der rational korrekte Umgang auf beiden Seiten ist bestimmend für eine funktionierende Beziehung. Der kontinuierliche Körperkontakt darf nicht missachtet werden. Diesen darf das Tier nicht nur als Negativerfahrung - die Bindung durch die Leine, das Reißen am Pelz, vielleicht sogar Schlagen - erleben. Benutzen Sie an einem Sommertag, beim Ausruhen im schattigen Gras ruhig den Hundebauch als Kopfkissen. Konnte das Tier im Umgang mit Ihnen bereits seine Scheu ablegen, wird es nichts dagegen einzuwenden haben. Möchte Ihnen der Hund ausweichen, lassen Sie ihn ziehen. Er sollte Herr über seinen Körper und dessen Fremdbenutzung bleiben dürfen.

Eine Labrador-Mix-Hündin zweckentfremdet mich in beinahe schon obszöner Weise als Ganzkörperliegeunterlage, indem Sie sich auf meinem Bauch lang ausstreckt. Warum nicht, wenn es ihr gefällt? Würde ich mich strikt rangordnungstreu verhalten, müsste ich sie sofort davonscheuchen. Womit ich sie mir wesentlich negativer entfremden würde, als ich durch Abwehr dieser »Regelüberschreitung« seinerseits Positives in Form eines Autoritätsgewinnes für mich verbuchen könnte.

Der Mensch als Artgenosse
Der gegenseitige Umgang gestaltet sich einfacher, wenn man vom Hund aufgrund vieler vertrauter Verhaltensgesten nahezu schon als Artgenosse eingeordnet und nicht als total fremdes Wesen mit einem naturgegebenen Misstrauen beäugt wird.

Würden Sie einem Ihnen völlig fremdartigen Wesen vertrauen, dem Sie aus irgendwelchen Gründen ausgeliefert sind? Ihr Gehorsam würde sich doch eher aus Sorge vor dessen Überlegenheit, aus Sorge um die eigene Existenz, ergeben. Das Verhältnis würde von Spannungen und Ängsten gekennzeichnet, bestenfalls ein steriles Nebeneinander sein, in dem beide Parteien aneinander vorbeileben.

Versucht dieses Wesen jedoch in Ihnen verständlicher Weise auszudrücken, dass es Ihre Handlungsweisen, Ihr ihm fremdartiges Äußeres akzeptiert, den direkten Kontakt nicht abweisend unterbindet, sondern in teils Ihnen vertrauter Form erwidert, wenn es zeigt, dass es Sie verstehen möchte, kann aus diesem von Unsicherheit geprägtem Nebeneinander trotz aller Fremdartigkeit eine von Vertrauen gezeichnete Partnerschaft erwachsen.

Schwellenängste überwinden - der gemeinsame Feind von außen
In Notsituationen werden viele Vorbehalte gegenüber dem Anderen, egal ob Mensch oder Tier, zumeist vorübergehend hintangestellt. Dauerregen bei fünf Grad die ganze Nacht hindurch bei Außenübernachtungen ohne einem Dach über dem Kopf schmiedet den ansonsten auf eine körperliche Mindestdistanz von zwei Metern bedachten Schäferhund-Rüden aufs Engste an mich, nur damit das doofe Frieren aufhört. Der Schneesturm lässt begleitende Hündin und Rüde alle gegenseitig auszubeißenden Eifersüchteleien um mich vergessen. Im engen Biwaksack können wir plötzlich ohne eingreifende Autorität meinerseits zu dritt eng aneinandergekuschelt völlig friedlich den Wettersturz abwarten.

Solche Ereignisse helfen nicht nur, Schwellenängste abzubauen - der Hund kann dabei erkennen, Herrchen beißt und schimpft nicht, wenn Hundchen angetapst kommt und sich halberfroren zum Aufwärmen eng an den Menschen drückt. So etwas festigt eine innige Beziehung oder baut diese überhaupt erst auf.

Ebenso kann der Hund eine weitere Grundregel hündischen Zusammenlebens als vom Menschen praktiziert erkennen: In Notfällen fällt man nicht übereinander her, drangsaliert sich nicht gegenseitig mit der Aufrechterhaltung einer Rangordnung, erzieht und straft den Anderen nicht. Da versucht man einfach, gemeinsam zu überleben. Die Ohren kann man sich hernach bei schönerem Wetter abbeißen.

Touren über mehrere Tage, bei übelstem Wetter, ohne Zelt und sonstige großartigen Hilfsmittel, die ich zusammen mit verschiedensten Hunden unternommen habe, sind stets ein adäquates Mittel gewesen, einen mehr oder minder fremden Hund aufs Engste an mich zu binden. Bei solchen Unternehmungen gab ich mich ganz bewusst weniger als Mensch, denn vielmehr als Artgenosse zu erkennen: Man schläft in gleicher Höhe im gleichen Dreck. Man ist dem Klima in gleicher Weise beinahe schutzlos ausgeliefert - dass die dünne Haut des Biwaksackes den Menschen recht passabel trocken und warm hält, kann der Hund nicht ahnen. Man wäscht und kühlt sich im gleichen See, isst zusammen im Sitzen auf dem Boden - man muss ja nicht aus einer gemeinsamen Schüssel fressen. Und so zeigt das Leben auf gleichem Niveau unter Erleidung der gleichen, teils extremen Widrigkeiten, dem Hund, dass man so verschieden doch gar nicht ist.

Dass solche Events für den Hund, selbst wenn er unterwegs nächtelang im Regen geschlottert hat, offenbar keine Qual darstellen, zeigt mir die noch überschwänglichere Begrüßung, wenn ich einen solchen Hund wenige Tage nach einer Tour möglicherweise erneut im strömenden Regen treffe, er sich mir noch freudiger als sonst anschließt, obwohl er doch eigentlich »befürchten« müsste, dass ihm somit wieder einige unangenehme Nächte bevorstehen. Wo er doch daheim in einem trockenen, warmen Raum auf einer komfortablen Matratze schlafen könnte. Offenbar sind den meisten Hunden aber Nähe und die persönliche Bindung weitaus wichtiger, als das komfortabelste Zusammenleben mit einem bedauerlicherweise aber sehr auf Distanz bedachten Halter.

Selbstbewusste Hilfeleistungen ohne konkrete Schulung

Hat der Hund seinen Halter erst einmal verstehen und lieben gelernt, erwachen Beschützerfunktion ebenso wie der Wille zu aktiver Mithilfe in allen möglichen Lebenslagen ganz automatisch.

Dann werden Passanten, die sich zu offensiv geben ebenso abgewehrt, wie Hunde, Kühe oder Pferde. Man wird beim Schwimmen aus dem Wasser »gerettet«. Unterwegs und beim Richten des Lagers werden im Unterholz verkeilte Äste, die ich kaum bewegen kann vom begleitenden Schäferhund aus dem Weg gerissen und entfernt, wenn er erst gesehen, hat, dass ich dies meinerseits ebenfalls versuchte, wenn auch recht erfolglos. Da werde ich ohne Aufforderung beim Wasserfiltern aus dem betreffenden Bach oder Schlammloch gezerrt, weil der Hund denkt, ich stecke fest und versuche mich freizukämpfen. Dass ich in Wirklichkeit mit dem widerspenstigen Handfilter kämpfe, kann das Tier nicht wissen. Hat der Hund erkannt, dass ich ständig Schilf und Gestrüpp aus dem Weg wegschlage, drückt auch er sich nicht mehr wenige Meter voraus einfach nur elegant durchs Unterholz, sondern beginnt dieses irgendwann in beinahe genauso effektiv zerstörerischer Weise zu bearbeiten, wie ich selbst. Gerade als warte der Hund ständig darauf, beweisen zu können, dass er Acht gegeben hat und starkes Interesse an Zusammenhalt und Vorwärtskommen der Gruppe hegt, er sich ständig Gedanken darüber macht, wie er dies mit seinen Mitteln und Fähigkeiten unterstützen kann. Erkennt der Hund, um was es bei den derzeitigen Aktionen geht, wird er selbstständig, ohne vorausgehende Schulung in die aktuellen Handlungen eingreifen und oftmals wirklich brauchbar mithelfen.

Wer solche Erlebnisse mit seinem Hund einheimsen möchte, muss ihm sein agierendes Wesen weitestgehend belassen, darf nicht überproportional stark auf Unterordnung und Rangordnung pochen, sondern nur situationsabhängig punktuell lenkend eingreifen. Er darf das Wesen des Tieres nicht im Grundsatz zu brechen versuchen.

Man muss als Halter entscheiden, inwieweit man dem eigenen Hund sein agierendes Wesen aufgrund peripherer Zwänge belassen kann. Ebenso wie man stets aufmerksam bleiben muss, ob man das selbstständige Handeln des Tieres gegebenenfalls überhaupt noch zu beeinflussen oder zu zügeln in der Lage ist. Erfährt der Hund aus dem täglichen Leben ständig, er kann eigentlich alles viel besser als dieser komische Mensch, der da Herrschaftsansprüche über ihn geltend machen möchte, muss er hin und wieder bewiesen bekommen, dass »dieser unfähige Mensch« ebenfalls seine Fähigkeiten hat, dass sich die Gruppe für den Hund also dennoch weiterhin lohnt. Etwa, weil der Mensch anscheinend immer Futter verfügbar hat, er das trockenere Nachtlager bauen kann und er vor allem als Einziger überhaupt Antrieb, Planung und Strategie in die Gruppe einbringt. So sieht der Hund, dass er zwar in vielen Situationen der leistungsfähigere, der geschicktere Partner ist, das ganze Grundkonzept der Gruppe in für beide Parteien befriedigender Weise aber letztlich allein vom Menschen ausgeht. Ein Ideenreichtum, dem sich der Hund gerne anschließt und bereitwillig unterordnet.

DIE BEDEUTUNG EINER STARKEN, PERSÖNLICHEN BINDUNG

Eine stark ausgeprägte, personenbezogene Bindung erleichtert nicht nur Erziehung und Lenkung, sondern wird vom Tier selbst offenbar als überaus wertvoll eingestuft. Sie erst ermöglicht einen mehr oder minder reibungslosen Umgang. Bekommt der Hund diese Bindung nicht zu Hause, sucht er sie sich anderweitig - massive Probleme sind vorprogrammiert.

Hunde an die man mich »freiwillig« heranließ, waren oft Tiere, die von verschiedenen Familienmitgliedern, deren Freunden, Verwandten und Bekannten ausgeführt wurden. Bereits einem Hund, der durch mehrere Familienmitglieder zu etwa gleichem Anteil »beschäftigt« wird, geht jedoch die notwendige, starke Bindung an ein Vorbild- und Leit-Individuum verloren.

In bestgemeinter Absicht wird sie dem Hund ungewollt verbaut: Schon der gut-gemeinte Versuch, dem Hund im Schichtbetrieb unter Mitwirkung aller Familien-mitglieder viel schönen Auslauf zu verschaffen, muss in dieser Hinsicht als kritisch betrachtet werden. Streicheln, Spielen, Schmusen durch wer weiß wie viele Leute geht völlig in Ordnung. Die nötige starke personenspezifische Bindung entsteht je-doch gar nicht erst, wenn sich mehrere Personen etwa gleichberechtigt in Form von größeren Abenteuern mit dem Tier beschäftigen.

Zu solch einem Hund kann jeder Außenstehende seinerseits recht leicht eine enorm stabile, personenorientierte Bindung etablieren - sehr zum Leidwesen des Hundehalters. Aber sehr zur Freude des Hundes, da meist unterschätzt wird, wie wichtig dem Tier eine alles andere ausschließende Bindung an ein Wesen ist. Ein Tatbestand, den ich in zahllosen Kontakten zu verschiedenen Tieren aus sehr schlech-ter bis recht guter Haltung, jedoch ohne eine persönliche Fixierung, bestätigt finden konnte. Tiere, die sich in ihrer Suche nach einem emotionalen Zuhause deshalb stär-ker an mich, einen Außenstehenden, später Hinzugekommenen, völlig Fremden ban-den, als an den seit Monaten oder gar Jahren vertrauten Halter Zuhause, der zwar Futter und Obdach garantiert, aber in seinem oberflächlichen Umgang eben nie eine persönliche Bindung aufbaute.

Viele Halter, die sich ohne großartige theoretische Studien, auf ganz natürlicher Basis eine enge Freundschaft zu ihrem Hund aufbauten, berichteten mir, dass der Hund sehr gerne mit ihnen ausgeht, mit dem Sohn vielleicht noch zögernd mitkommt, aber bei allen anderen Familienmitgliedern bereits stur den Anschluss verweigert. Solche Tiere kann auch ich bestenfalls mittels Leckerli, ständiger Aufforderung, dem symbolischen Schwenken der vertrauten Ausführleine, selbst bei dem Hund bewuss-ter Billigung durch seinen Halter, zu einem Ausflug mit mir »überreden«. Solche Tiere neigen in ihrer Zufriedenheit mit ihrem Umfeld nur selten zur Rebellion gegen die eigene Gruppe, lassen sich bereitwillig lenken, ohne übermäßige Unterwürfigkeit zu zeigen. Sie entwickeln sich nicht zu Flüchtlingen oder herumirrenden Streunern.

Eine fest zementierte Bindung auf positiver Basis, die man mit etwas Geschick zu einem neuen, jungen, aber ebenso zu einem »gebrauchten«, alten Hund aus fremder Haltung aufbauen kann, überbrückt soziale Krisen innerhalb der Gruppe, genauso wie lange Zeit der Trennung, ohne dass sich der Hund in dieser Zeit nach einem andere Wesen umsieht, an das er sich binden könnte.

Ich habe teils innerhalb weniger Wochen, mit nur sehr seltenen, kurzen Kontakten so enge Freundschaften zu Fremdtieren aufgebaut, dass der Hund, nachdem er mich nach über acht Monaten der Trennung - nach einer Unterbrechung, die länger währ-te, als die Zeit, die wir uns zuvor überhaupt gekannt hatten - einen alten oder gewech-selten Halter stehen ließ, als er mich das erste Mal wieder entdeckte. Oft wurde mir berichtet, dass solche Tiere ständig seltsam verschlossen und unzugänglich gewesen seien und der Halter sie noch nie zuvor so ausgelassen aufblühen sah, wie gerade eben mir gegenüber. Kurze Zeit später machten solche Hunde, zurück bei sich Zuhause, ohne mich, jedoch meist sofort wieder »dicht«.

Eine Form beinahe schon zerstörerischer Treue, die aber nur erwächst, »wenn man wirklich gut ist«. Ansonsten sucht sich der Hund rasch »was Besseres«, dem er sich in seinem Streben nach enger Zweisamkeit dann in, dem ursprünglichen Halter gegenüber recht treuloser Manier, anhängt.

In jedem Falle konnte ich feststellen, dass beste Haltungsbedingungen, reichlich bestes Futter, die weiche Matratze als Schlafstatt und täglich drei schöne Ausflüge, vom Hund ohne Zögern gegen weitaus schlechtere Mahlzeiten, bei weitaus schlechterem, teils schon gesundheitsschädigendem Obdach, mit weitaus weniger Ausflügen aber einer starken persönlichen Beziehung zum Partner eingetauscht wird. Solch einen Tausch startet der Hund eigeninitiativ, sofern sich ihm eine erkennbar realistische Möglichkeit dazu bietet. Ohne anderweitigen Zwang oder Notwendigkeit, sogar gegen den massiven Druck seines derzeitigen, intervenierenden, eifersüchtigen Halters. Weshalb ich eine funktionierende Bindung im Hundeleben guten Gewissens als höchstes Gut einzustufen wage.

»Ich will keine Bindung. Ich will Auslauf. Alleine!«

3.3   BEHUTSAMES LENKEN, NICHT GEWALTSAMES ERZIEHEN

Man kann das Zusammenleben mit dem Hund allein dadurch regeln, dass man ihn permanent zwischen den beiden Extrema »Angst vor Strafe« und »Freude auf Futterbelohnung« hin und her reißt. Eine ausgeglichenere Beziehung erwächst, wenn man detaillierter auf die Absichten und Wünsche des Tieres eingeht, ohne sich dabei in universelle Nachgiebigkeit zu verlieren. Behutsames Lenken kann an die Stelle von autoritärem Folgsamkeitstraining gesetzt werden. Nichtsdestotrotz behält dabei der Mensch das Ruder in seinen Händen.

Wer sein Tier mit Härte attackiert, wird auf Lebzeiten darauf angewiesen sein, diese Härte konsequent beizubehalten, alle Lebensbereiche mit Härte zu regeln. Zudem wird er alsbald Härte und Aggression von seinem Tier zu spüren bekommen. Im Umgang mit dem eigenen Tier, im Verhalten seines Hundes zu allen anderen Lebewesen.

Lehrte man das Tier behutsam im täglichen Umgang, wird der Hund solches Lernen, in seinen Augen überflüssiger Handlungsverknüpfungen nicht als Rangordnungskampf einordnen, es nicht als ermüdende Schulung mitbekommen und sich schon gar nicht während des Lehrvorganges aus Stress in Angstgesten und Unterwürfigkeitsverhalten zu retten versuchen.

»Sitz!«, »Platz!«, »Aus!« und vieles mehr mag man dem Tier als Unterordnungstraining angedeihen lassen. Diese Kommandos regeln das Zusammenleben aber lediglich durch Äußerlichkeiten, durch aufgesetzte Handlungen, nicht durch nachvollziehbare Einsicht in die zugrunde liegenden Notwendigkeiten auf der Seite des Hundes. Orientiert sich der Hund aus Überzeugung am Leittier Mensch, brauche ich ihn nicht verbal auf den Boden zu zwingen, um ihn davon abzuhalten, dem Artgenossen auf der anderen Straßenseite nachzulaufen. Ein solches Tier ist mittels einer unauffälligen Geste mit der Hand zu stoppen oder es erkundigt sich gar unaufgefordert durch einen fragenden Blick bei Herrchen, wie dieses zu seinen Plänen, sich dem Artgenossen zu nähern, steht.

Eine globale, ebenso sanft-anstoßende wie aber auch konsequente Lenkung, greift flächendeckender und schonender in den Charakter des Hundes ein, als punktuell erzwungene, durch Unterwürfigkeitsverhalten motivierte Folgsamkeit.

KRIEG UND FRIEDEN

Man mag argumentieren, das strikt autoritäre Verhalten des Menschen sei doch allenfalls der Natur abgeschaut und nachempfunden. Wölfe untereinander hacken doch auch ständig aufeinander herum, da gäbe es ebenfalls kein Miteinander, kein rangfreies Nebeneinander, sondern ein strikt getrenntes Übereinander.

Ein Wolfsrudel lebt jedoch ständig im Einsatz, im Kriegszustand. Im Kampf gegen Hunger, widrige Lebensbedingungen und andere Verbände. Ein Kampf, der im zivilisierten Umgang mit dem Menschen nicht ausgetragen werden muss. Warum also den militärischen Drill ins zivile Leben übernehmen? Hier kann der Mensch, sofern er sei-

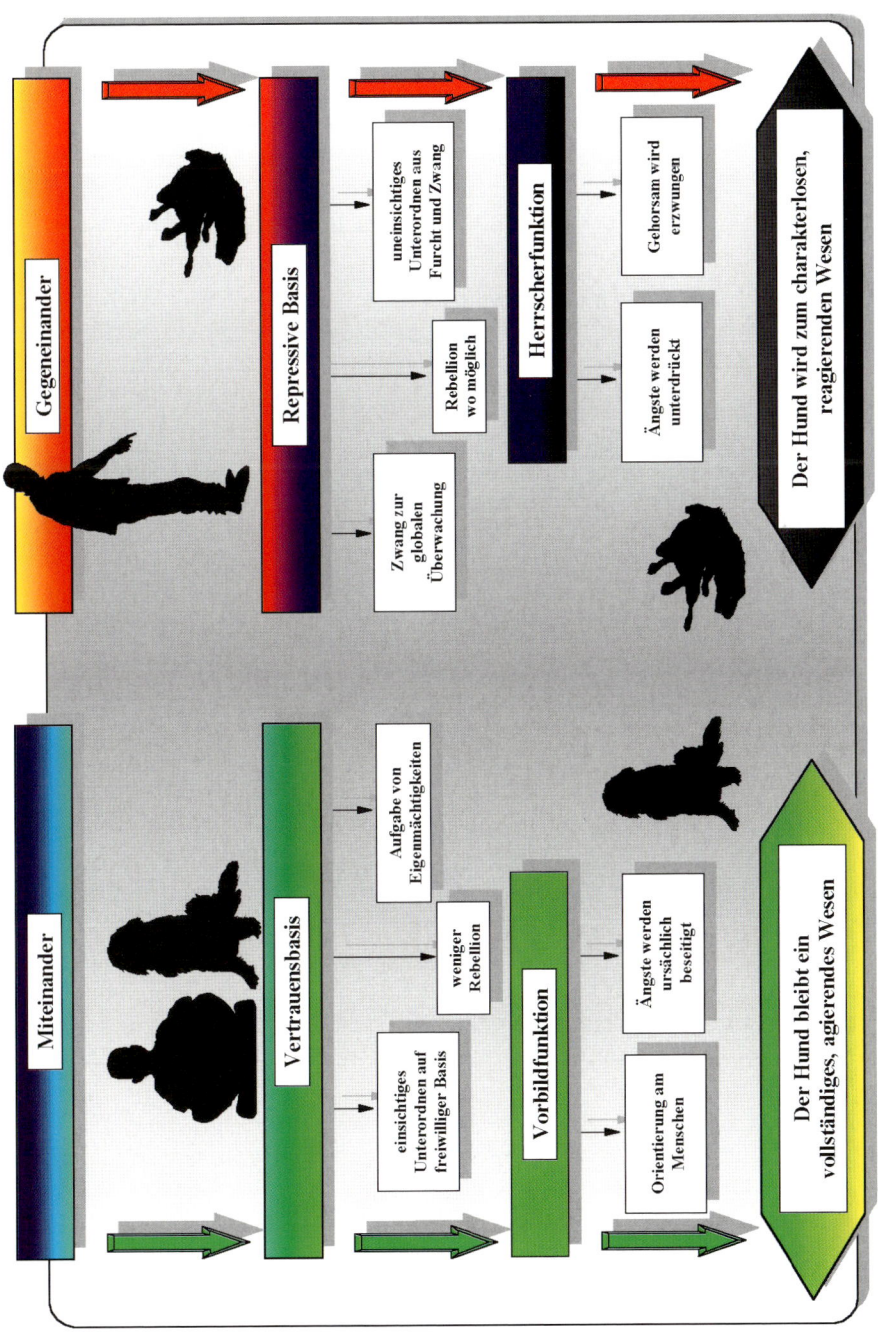

Vergleich: Lenken im Miteinander - Repressives Erziehen.

nen Verstand gebraucht, naturgegebene Grundprogrammierungen zur Überoptimierung seiner Beziehung zum Tier nutzen. Der Hund braucht unleugbar immer wieder einmal einen Dämpfer seines Selbstbewusstseins, sonst entgleitet er der Kontrolle des Halters. Jedoch kann man sich durch Transparenz im eigenen Verhalten das Tier aus Überzeugung gefügig machen, ohne allein auf Rang und Recht des Herrschers zu pochen.

Schafft man neben der Erfordernis eines leichten Rangordnungsdruckes eine breite Vertrauensbasis, zeigt man für das Tier erlebbares Einfühlungsvermögen - wofür in der harten Natur einfach zu wenig Zeit und Raum bleibt -, dann greift eine Fixierung des Hundes auf den Menschen nahezu gewaltfrei. Sie wirkt zudem bindender, als eine Beziehung, bestehend nur aus der Natur abgeguckter, hierarchischer Verhaltensweisen.

FRÜHZEITIGE EINGRIFFE GREIFEN GEWALTLOSER

Eine Lenkung sollte bei jeder sich abzeichnenden Handlung des Hundes sehr frühzeitig und nur leicht korrigierend eingreifen. Dann braucht keine verspätete, brachiale Gewalt zuzuschlagen.

Redet man auf einen Hund, der gerade die ersten Ansätze zeigt, ein Pferd zu verbellen, sofort beruhigend ein, stellt einen tastenden Körperkontakt zu ihm her, kann man damit einen Ausbruch im Keim ersticken, dieses Verhalten durch ständige Intervention irgendwann ganz unterbinden.

Der heftige Ruck an der Leine, ein scharfer Befehl, bewirkt lediglich, dass der Hund künftig die Erscheinung »Pferd« mit »unangenehme Erfahrung« verbinden wird. Seine (Angst-)Bellerei mag sich zu wirklicher Aggression wandeln. Diese darf er - obwohl dies für das Tier der direkte Weg wäre - Herrchen gegenüber nicht äußern, also schiebt er die Ursache der schlechten Erfahrung dem Pferd »in die Schuhe« und gibt ersatzweise ihm die aggressive Antwort auf Herrchens aggressives Fehlverhalten.

Ist der Hund noch in Greifweite und möchte einem eben entdeckten Reh hinterher spurten, ist ein leises »Ne, ne!« und die beruhigende Hand auf dem Rücken wirkungsvoller und bremsender als ein gebrülltes »Nein«, zu einem Zeitpunkt, zu dem er sich schon losgesprintet in einigen Metern Entfernung befindet. Hat das Tier gelernt, dass Herrchen seine beruhigende Hand auch »zupackend bremsend« einsetzen kann, wenn Verbalien nicht zur Bremsung ausreichen, weiß es um die Entschiedenheit, mit der sein Verhalten von seinem menschlichen Begleiter abgelehnt wird.

Reagiert man in solch einer Situation nicht rechtzeitig, ordnet der Hund dies möglicherweise sogar als Unaufmerksamkeit des Leittieres ein und handelt selbstständig, »um die Situation noch zu retten«: Wenn Herrchen so vernagelt ist und Futter davonlaufen lässt, muss ich als Hund doch versuchen, diese miese, artgefährdende Jagdhaltung auszubügeln.

Auch in der Erziehung gilt: Wehret den Anfängen. Es ist bedeutend einfacher, einen ruhigen Hund gar nicht erst zum ständig anschlagenden Beller werden zu lassen - etwa indem man ihm »Indoor« jeden Beller mit einem entschiedenen »Nein!«

quittiert und die Hundenase sanft aber bestimmt umfasst -, als einen erfahrenen Lärmer nachträglich erzieherisch ruhig zu stellen. Hier würden dann nur noch entschlossenere Methoden zielführend wirken; ertränken etwa ...

Weniger störende Lebenserfahrung

Neben der alltäglichen Lenkung, die frühzeitig regulierend in anlaufende Handlungen des Hundes eingreifen sollte, gilt natürlich der Grundsatz, dass ein junges Tier bereitwilliger lernt als ein älteres.

Ein erwachsener Hund hat schon viele eigene Erfahrungen gesammelt, weiß, wie schwach und träge der Mensch ist, wie schnell er selbst doch ausweichen kann. Ein älterer Hund kann die Möglichkeiten des Menschen besser einschätzen und daraufhin sein eigenes Verhalten ausrichten. Hat er den Menschen erst einmal als unfähiges, herrschsüchtiges Wesen »zu schätzen« gelernt, tut man sich mit der Erziehung wesentlich schwerer, als bei einem, in dieser Hinsicht nahezu »unbeschriebenen Blatt«, dem jungen Hund.

Ebenso darf ich auch unter Anwendung höflichster und freundlichster Umgangsformen nicht erwarten, dass ich einen durch Kettenhaltung über Jahre hinweg ins Aggressive verbogenen Hund in seinem Wesen innerhalb weniger Wochen auf ein brauchbares Niveau zurückführen kann.

Je älter ein Hund ist, desto weiter steigt er zudem die Rangordnungsleiter hinauf. Ganz automatisch. Ohne sich bewähren zu müssen, ohne wirklich der stärkere zu sein. Wie ein Beamter. Der mittelgroße, ältere Mischling darf den ausgewachsenen, 15 Monate alten Schäferrüden ungestraft auf den Rücken legen und bedrohen, obwohl er körperlich unterlegen wäre.

Deshalb wird sich ein alter Hund dem Versuch des Menschen, den ranghöheren Lehrer, das Leittier herauszukehren, beharrlicher widersetzen, sich verstockter beim Lernen und sturer im Umgang geben.

VERSCHIEDENE BEFEHLSGRADE

Der Hund reagiert, sofern er vom Menschen nicht schon andauerndes Gebrüll und mechanische Gewaltakte gewohnt ist, ausgesprochen sensibel auf Blickkontakte, Gesten, Mimik und leiseste Tonlaute - wenn er denn will. Will er nicht, hilft übermäßige Lautstärke meist ebenfalls nicht verlässlich weiter.

Gewöhnungen

Regle ich Standardsituationen mit Äußerungen, die der Hund wirklich hören und sehen wollen muss, um sie überhaupt mitzubekommen, erhöhe ich damit seine Aufmerksamkeit. Verschwende ich die Macht von Lautstärke schon für harmloseste Befehle, entferne ich durch Gewöhnung des Hundes an meine rabiaten Umgangsformen die Notbremse aus meinem Befehlsrepertoire. Dann bleibt mir für Notfälle wirklich nur die Schreckschusspistole, der Raketenwerfer, oder - wenn ich Gefahr rundherum ausschließen möchte - eben der strikte Ausgang unter Leinenzwang.

Was Gewöhnung an ängstigende Situationen für Auswirkungen zeitigen kann, sieht man etwa daran, dass manche Hofhunde, wenn im Frühjahr bei uns auf den Feldern die Holzabschnitte angezündet werden, so gut wie keinen Respekt vor Feuer und Rauch zeigen. Sie setzen sich in die dichtesten Rauchwolken so nahe ans Feuer, dass man schon Angst haben muss, dass sie sich Schwanz und Nase versengen. Wohingegen ein Hund, der offenes Feuer kaum kennt, sich schon in den Pelz macht, wenn man ihm eine Feuerzeugflamme zeigt. So kann eine Gewöhnung ohne gezieltes Training selbst tief verwurzelte, kreatürliche Ängste überschreiben.

Ebenso gewöhnt sich der Hund an Schärfe und Lautstärke in der Stimme, an unterstreichend eingesetzte, einschüchternd gemeinte Gesten und Handlungen in Erziehung und Lenkung. Man kann durch Gewöhnung einen Hund »schussfest« machen. Die unerwünschte Gewöhnung an ein kommunikativ wie erzieherisch »scharfschießendes« Herrchen erfordert rasch immer einschüchterndere Maßnahmen von Seiten des Menschen.

Tastende Abstufungen
Die Dringlichkeit Ihrer Lenkungsimpulse sollte sich nicht ausschließlich in unterschiedlicher Lautstärke und Schärfe der Aussprache verbaler Kommandos niederschlagen. Reicht zielgerichtete Bewegung - etwa um den Hund zum Weitergehen in Ihre Richtung aufzufordern - nicht aus, helfen oftmals unterstreichende Gesten - ein auffordernder Blick, ein animierendes Nicken mit dem Kopf -, um das gewünschte Ergebnis in der Reaktion des Hundes doch noch zu provozieren. Erst danach sollten Stimmlaute eingesetzt werden. Anfangs nur mit begleitendem Charakter, bei höherer Dringlichkeit erlernte Kommando-Verbalien in Unterhaltungslautstärke.

Scharfe, laute Befehle sollten immer der letzte Rettungsanker bleiben, für Situationen, in denen die äußeren Umstände selbst ein nur wenige Sekunden dauerndes Herantasten, welche Kommunikationsform bereits ausreichend zielführend ist, nicht zulassen.

Auch unter tastender Abstufung der Lenkung darf man nicht den Fehler machen, dem Hund Verweigerung durchgehen zu lassen. »Rufe« ich einen Hund zu mir, spule ich eben geschildertes Ablaufschema in Sekundenschnelle herunter und breche eine weitere Steigerung im Ausdruck in dem Moment ab, in dem der Hund in gewünschter Weise reagiert - aber reagieren muss er!

Wie bei der Kette »Knurren-Zähnefletschen-Zubeißen«, in der das Zubeißen ebenfalls unabwendbare Folge ist, wenn der andere Part nicht in irgendeiner Form auf die Vorformen des Drohverhaltens reagiert hat, kann ich nebenbei jeweils ablesen, wie groß die ablenkende Motivation, das Bestreben war, sich mir in diesem Kommandofalle zu widersetzen. Kam das Tier unaufgefordert? Nach einem Nicken? Nach einem Blickduell? Oder nur, weil ich es niederbrüllte und mit der Leine abschleppte?

Weiß der Hund um meine Unnachgiebigkeit, wird er auf immer sanftere Lenkungsvorstufen reagieren, da ihm ja die Steigerung, die in diesem Beispiel im unliebsamen Leinenzwang endet, bewusst ist.

Kurzschließen der Befehlskette im Notfall

Hat man sich für einen Befehl eine Steigerungskette aus verschiedenen Komponenten unterschiedlicher Priorität aufgebaut, kann man im Notfall den Hund völlig überraschen, wenn man ohne Steigerung sofort mit der Komponente höchster Priorität »zuschlägt«.

Entfernt man sich als Aufforderung an den Hund, sich anzuschließen (»Komm!«), nicht erst nur zögerlich, fordert in zweiter Instanz das Tier mittels Blickkontakt nicht erst zum Anschließen auf, lässt kein freundliches »Komm mit!« los, sondern schlägt sofort mit höchster Intensität, einem scharfen Pfiff zu, findet der Hund im Notfall weniger Muße, sich im einzelnen zögerlich zu überlegen ob ihn die aktuelle Befehlsqualität in diesem konkreten Falle diesmal schon zu Folgsamkeit überredet.

Ist der Hund im Menschengetümmel zwanzig Kilometer zu früh aus dem Zug gestiegen und sieht mich aus fünfzig Meter Entfernung erwartungsvoll aber abwartend vom Bahnsteig aus an, bleibt keine Zeit für Höflichkeit. Hier kehre ich ohne Ankündigung die Kommandostruktur für »Herkommen« in höchster Priorität hervor - und überrasche den verdutzten Hund mit dieser »Unfreundlichkeit« völlig, was zu nahezu »kopfloser« Folgsamkeit führt.

Dieses Überspringen muss man sich jedoch für seltene Notfälle aufheben, da man ansonsten der funktionellen Steigerungskette alsbald verlustig geht.

Abstufung, Ursachenforschung, Irrungen

Die Vehemenz der vom Menschen ausgehenden Lenkungsimpulse sollte sich stets an der Sturheit orientieren, mit der der Hund ein Verhalten, das dem Menschen nicht brauchbar erscheint, beibehält. Sicher kann man unerwünschtes Anschlagen des Hundes von Grund auf dadurch korrigieren, dass man ihn einfach erschießt. Doch könnte man zunächst noch versuchen, ob nicht sanftere Methoden bereits zielführend sind. Nebenbei sollte man eine genaue Ursachenforschung betreiben, warum der Hund überhaupt übermäßig viel und anhaltend bellt, überraschend sensibel mit Gebell antwortet: Aus Angst? Aus Gründen der Revierverteidigung? Aus peronenschutztechnischen Gründen?

Ängste kann man dem Hund möglicherweise nehmen, den ihn zügelnden Wünschen einer Person, die der Hund von sich aus verteidigt, wird er meist bei sanftester Vermittlung bereitwillig nachkommen. Einem übertriebenem Objektschutzgebaren Herr zu werden, bedarf es dagegen schon intensiverer Umfeldstudien oder härterer Eingriffe.

Grundlage all dieser Überlegungen kann immer sein, dass der Hund mit seinem Halter, an den er ja immer in irgendeiner Form gefesselt ist, eigentlich schon gerne gut auskommen möchte. Er ist nicht daran interessiert, dass sich die Mitglieder der Gruppe an internen Zwistigkeiten andauernd aufreiben. So wird der Wunsch des Halters eigentlich immer Anlass sein, kritisiertes Verhalten zu ändern. Was aber nicht bedeuten muss, dass das resultierende andere Verhalten dem Halter in der Folge auch nur um einen Deut gelegener kommt. Der Hund mag in gutem Einvernehmen seine

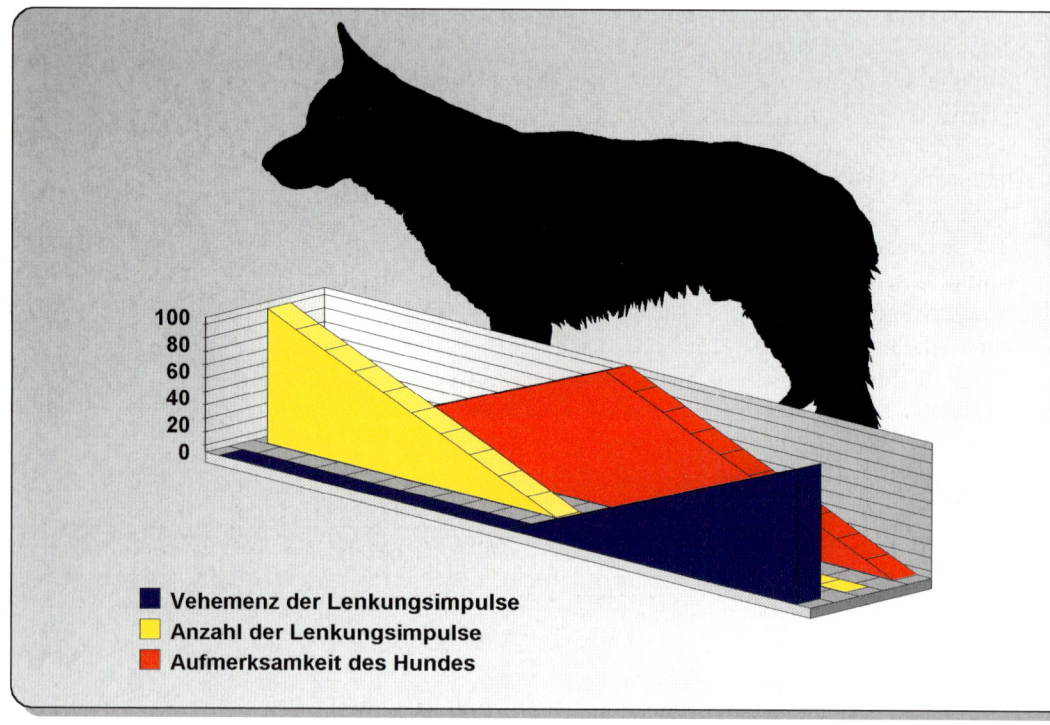

Die Aufmerksamkeit des Hundes in Abhängigkeit der Anzahl und Intensität der menschlichen Lenkungsimpulse.

Bellerei beenden - und möglicherweise auf unangekündigtes Beißen ausweichen; schließlich muss er seinen angeborenen Verhaltensweisen - hier Schutz der Gruppe, des Leitwesens - nachkommen, möchte dabei aber die Wünsche seines Vorbildes - Kein Bellen, bitte! - berücksichtigen. So bleibt einem nur, dem Hund alle resultierenden Verhaltensweisen immer wieder und solange weiter zu verbieten, bis er schließlich irgendwann, wohl eher zufällig, auf ein Verhalten ausweicht, mit dem beide Parteien leben können. Eine Entwicklung, die meist nach zwei bis drei Schritten sowieso abgeschlossen ist. Die man allein dadurch beschleunigen kann, dass man dem Hund nicht nur zu unterlassenes Verhalten verbietet, indem man es ständig ablehnend quittiert, sondern ihn auf gewünschtes Alternativverhalten in verständlicher Form hinweist.

Eine korrigierende Erziehung erfordert viel Zeit, Geduld und Aufmerksamkeit. Spätere Korrekturen früherer Fehler werden jedoch immer weitaus aufwändiger und zerstörerischer ausfallen, als frühzeitig korrekt gelenkter Aufbau. Ständig leicht verschiebende Korrekturen des Hundeverhaltens durch den Menschen werden jedoch bei jeder Form des Umganges auf Lebzeiten hin und wieder nötig werden.

Zu viel des Guten

Nachdenklich stimmt mich das Verhalten einiger eifriger Hundehalter etwa auf offener Flur, an einem See: »Wuffi komm!«, »Wuffi hier!«, »Wuffi nein!«, »Wuffi aus!«, »Wuffi dies, Wuffi das, Wuffi, Wuffi, Wuffi, ...!«

So manch einer deckt seinen Vierbeiner - durchaus wohlwollend und im vermeintlich besten erzieherischen Interesse - mit einem solchen Hinweis- und Befehlsdauerfeuer ein, dass sich bei mir glatt die Vermutung breit macht, er wolle seinem Tier das Sprechen beibringen. Lassen Sie in unbedenklichem Areal den Hund doch schnuffeln, wo er will. Heben Sie sich das »Wuffi xy« für den Fall auf, wenn Wuffi beabsichtigt, sich genüsslich in Kuhfladen zu wälzen. Rufen Sie ihn nicht ständig zum Spielen, zum Stöckchenwerfen zu sich. Werfen Sie das Stöckchen, wenn der Hund zu Ihnen hersieht. Sie werden überrascht sein, mit wie wenig Eingriffen in das Verhalten des Hundes Sie allein schon deshalb auskommen, wenn Sie dem Tier einen Aktionsradius von etwa 20 Metern, mit Ihnen als Mittelpunkt, zugestehen. Ob Sie anhalten, weitergehen, von Schritt in Trab wechseln, innerhalb dieses Handlungsspielraumes wird sich der ungebildetste Hund selbstständig und unaufgefordert an Ihnen orientieren und sich Ihren Aktionen anpassen. Unnötige Befehlsquantität bewirkt beim Hund lediglich einen Gewöhnungseffekt. Derart, dass er früher oder später speichert: Dummes Herrchen ist nicht fähig seinen ständig plappernden Mund zu halten! Verhaltensvorschlag: Plappern lassen und sich nicht daran stören!

Befehlsquantität ermüdet. Wichtiger ist die Qualität weniger und dezent gesetzter Kommandos, bei denen man auf konsequentes Befolgen achten, die Qualität der Hinweise, mit denen man die erweckte Aufmerksamkeit des Hundes möglichst selten enttäuschen sollte.

Der angesprochene, kontinuierliche, verbindende Lautkontakt unterwegs, darf niemals über hinweisende oder gar bindende Verbalien geführt werden.

Der kreischende Überwacher

Mit je weniger Lautstärke Sie arbeiten, desto aufmerksamer wird der Hund. Je weniger Sie herumkommandieren, desto bereitwilliger befolgt der Hund die wenigen notwendigen Kommandos.

Weiß der Hund, dass Sie mit Habichtsaugen über jede seiner Handlungen wachen, wird er sich wenig um Sie kümmern - Sie passen ja auf! Konnte er hingegen aus dem Umgang mit Ihnen lernen, dass er Sie beobachten muss, um etwaige Lenkungsgesten, die hin und wieder ihm willkommene Hinweise sind, zu sehen, dass er Sie mindestens »in einem Ohr behalten muss«, um Ihre Lenkung verbaler Art nicht zu verpassen, wird er sich ausgeprägter an Ihnen orientieren, Ihnen buchstäblich Absichten und Wünschen von Augen und Lippen ablesen.

Arbeitet man wenig mit Lautstärke, wird der Hund öfter mal hersehen, ob man ihn wenigstens mit irgendwelchen Gesten lenkt. Eine ständig leise Kommunikation mag das Tier schon rein räumlich näher an den Herren fesseln, es dazu bewegen, öfter mal bis auf Tuchfühlung vorbeizuschauen, nachdem es aus den Feldern zurückkommt.

Herrchen könnte ja was gesagt haben, vielleicht ist es gar irgendwo abgebogen, hat dies auch angekündigt, aber ich als unaufmerksamer Hund, habe diesen Hinweis schon wieder verpasst. Und vielleicht ist dieser Mensch schon wieder sauer und krault mir bei der nächsten Pause wieder kaum den Bauch!

Je mehr Sie herumhampeln, um Ihren Befehlen den nötigen Nachdruck zu verleihen, je lautstarker Ihre Kommandos ausfallen, desto mehr Distanz kann sich der Hund hingegen gönnen, wenn Sie ihn nicht schon vorsorglich zum Beifußgänger an der Leine degradiert haben. Denn sieht er aus der Ferne, Herrchen führt ja noch gar keinen Veitstanz auf, Herrchen tönt ja noch gar nicht wie ein Bomber im Sturzflug kurz von dem Aufschlag, wird er keine Dringlichkeit in Ihren Äußerungen erkennen. Hierbei gilt wiederum: Wie gelehrt, so gelernt - und gelebt. Tanzen Sie immer wie der Derwisch ums Lagerfeuer, wenn Sie mit kreischender Stimme ein »Komm« hinausposaunen, erlernt der Hund genau diese Kombination aus Ton und Tat als das Kommando »Herkommen«. Tanzen und Kreischen gehört dann einfach dazu, sonst ist Ihre Aufforderung nicht korrekt und bindend vorgetragen ...

Punktuell effektlos - langfristig regulierend
Ruhige Lenkung mag vielleicht nicht punktuell ein Verhalten unmittelbar beenden, greift aber langfristig regulierend ein.

Verbellt Ihr Hund jede Kuh, die ihm unterwegs begegnet, nehmen Sie einfach eine dem Hund in ihrer ablehnenden Bedeutung bekannte Geste und Lautäußerung aus Ihrem Repertoire her. Kommentieren Sie damit in ruhiger Lautstärke dieses unerwünschte Verhalten. Tun Sie dies regelmäßig, auch wenn der Hund darauf scheinbar gar nicht reagiert.

Kommentieren Sie das Verbellen gar nicht, mag der Hund dies als stille Zustimmung auffassen. Stauchen Sie das Tier zusammen, wird dies punktuell das Verhalten unterbinden, vielleicht später aber sogar als unterstützende Aggression verbaler Art gegen den äußeren Feind - in diesem Falle die Kuh - betrachtet werden.

Im Laufe einiger Vorfälle wird der Hund, selbst wenn er nie konkret auf Ihre Lenkung reagiert hat, Ihre unterschwellige Missbilligung achten und in sein künftiges Verhalten einbauen.

Teilen Sie dem Hund immer Ihre Meinung zu beinahe allen seinen Taten mit, ohne ihn direkt zu dirigieren, zu packen, zu schütteln oder sonst wie typisch »haltermäßig« einzugreifen. Man nähert sich dadurch in Verhalten und Wünschen innerhalb einiger Wochen sehr präzise gegenseitig an.

Reden Sie in solchen unterschwelligen Lenkungssituationen mit dem Hund wie mit einem menschlichen Freund. Er wird zwar die Syntax nicht verstehen, aber aus Klang und Betonung die Tendenz Ihrer Äußerung ablesen können. Wobei explizit gelehrte, sinnbehaftete Kommandolaute ausgespart werden sollten. Ein »Komm, hör auf!« in der richtigen Betonung, bringt die Message einer besänftigenden Missbilligung zwar zum Hund rüber. Das anderweitig schon sinnbehaftete »Komm« am Anfang ist als Kommandolaut in diesem Falle jedoch für den Hund recht verwirrend.

IGNORANZ UND AUTOMATISCHES UNTERORDNEN

Es ist günstig, wenn man den Hund erfahren lassen kann, nicht ich als Mensch möchte etwas vom Tier, sondern der Hund möchte - und bekommt - etwas von mir. Ausflüge. Zuneigung. Futter.

Dauert mir das Spiel mit dem Artgenossen unterwegs zu lange, gehe ich weiter. Verliert mich der Hund dabei - sein Problem. So sollte es dem Tier wenigstens erscheinen. Dass ich ihn eigentlich gar nicht verlieren möchte, weiß der Hund ja nicht. Hat er mich anderweitig genervt oder meine Geduld überstrapaziert, folgen keine negativen Reaktionen meinerseits. Ich entziehe ihm vielmehr das, was er von mir möchte: Zuneigung.

Daraus resultiert eine Art der Erziehung, bei der dem Hund nicht eine Form von außen mit mehr oder minder großer Gewalt aufgepresst wird. Vielmehr versucht der Hund - mit innerer Überzeugung - sich selbst in die Form, die durch seinen Charakter, durch Herrchen und das gesamte Umfeld in vielen Belangen vorbestimmt wird, bereitwillig einzupassen.

Damit formt man sich ein verlässlich lenkbares Tier unter größtmöglichem Erhalt seines Charakters. Komponenten im Verhalten, die sich als störend oder gar untragbar herauskristallisieren, kann man in der Folge mit konsequentem Einsatz von sanfter Härte in eine brauchbare Form umlenken.

Ich habe allen Hunden bei den ersten Kontakten große Freiheit, ja beinahe Ignoranz zukommen lassen. Keine Tipps, keine Lenkung, keine Hinweise. Bei entsprechender Routenwahl ist dies möglich. An Problemzonen hilft der Griff nach Schwanz und Genick.

Nach kurzer Zeit orientierten sich die Tiere von sich aus an mir. Nicht ich musste ihnen dann eine Kommunikationsform beibringen, sondern sie haben meine Gesten und Lautäußerungen einzuordnen versucht, um sich besser orientieren zu können »wo's langgeht«. Ein Hund schließt sich gerne an und lässt sich lieber die Welt zeigen, als sie aus eigenem Antrieb zu erkunden.

Beginnt man nach einiger Zeit, unentwegt Signale aus dem Repertoire des Hundes begleitend zu allen Aktionen zu senden, wird der Hund diese Informationen begierig aufsaugen und sich mehr und mehr nach diesen »Tipps« richten. Im Anschluss kann man weiterreichende Befehle und Hinweise verbaler Art in die Beziehung einbringen.

Damit wird aus dem anfänglichen »Ich möchte wissen, was Herrchen will« über ein »Wir reden miteinander« der Mensch mehr und mehr zum lenkenden Lehrer. In seine untergeordnete Rolle ist der Hund dabei völlig nebenbei »hineingeschlittert«, ohne dass er von Anfang an erfahren musste, der Mensch möchte ihn doch eh nur unter seine herrschende Knute zwingen.

Selbstverständlich dauert diese Form der Erziehung bedeutend länger. Sie berücksichtigt jedoch das individuelle Wesen des Hundes und greift angepasster ein. Sie macht aus dem Hund kein verängstigtes Nervenbündel. Eine Verstörtheit, die im Laufe der Zeit in Aggressivität umschlagen mag. Was man mit einer Erziehung, allein ausgerichtet auf Gehorsam und Unterordnung, geradezu herausfordert. Steht der Hund unter Ihrem harten Kommando, kastrieren Sie ihn psychisch. Auch wenn die »Lobe-und-Hau-rein-Methode« verlockend einfacher und zielführender erscheinen mag. Sie erfordert von Herrchen keinerlei Einfühlungsvermögen, keinerlei Aufmerksamkeit, sondern lediglich konsequent ausgelebtes Machtdenken und ein paar theoretische Abende in der Hundeschule.

Mittels passiver Lenkung wird der Hund nicht zur ausschließlich spielerischen Folgsamkeit erzogen, unter der nur Gehorsam gezeigt wird, wenn er sich in einer Spielsituation wähnt, da er alle Kommandos eben im Spiel gelehrt bekommen hat. Der Hund hat um Hinweise gebeten, die Lehrsituation ist der Alltag selbst, die Motivation, der Lenkung Folge zu leisten, schöpft das Tier aus der Vertrauensbasis zum Menschen. Eine etwaige Bestrafung erfolgt durch die Umwelt. Funktioneller kann Lernen kaum gestaltet werden. Andererseits kann ich bei aller Liebe durchaus zum Ekel werden, wenn ein Hund seinen sturen Tag hat. An solchen Tagen lasse ich den Hund ganz bewusst nach meiner Pfeife tanzen und bestehe auf die korrekte Ausführung meiner Wünsche. Da lasse ich kein »Komm«, das zwei Meter vor meinen Fußspitzen endet, als »befolgt« durchgehen.

Solche Schikane hat weniger mit »den Willen des Hundes brechen« gemein, als dass sie dem Tier vielmehr aufzeigt, ich könnte mich ihm gegenüber auch ganz anders benehmen. Der Hund erkennt dabei, dass »wenn er nicht will« Herrchen seinerseits noch viel mehr will als sonst. Also will er lieber mal so tun, als wolle er, dann braucht er nämlich nicht so viel zu tun, was er eigentlich gar nicht tun möchte.

Doch selbst ein solchermaßen schikanös gehaltener Tag ist in seiner Ausprägung immer noch mit weniger Befehlsquantität behaftet, als der eines als »normal« betrachteten Umganges Mensch-Hund.

UNTERSCHIEDLICHE BEURTEILUNG

Punktuelle (Negativ-)Erfahrungen werden von unterschiedlichen Hunden unterschiedlich beurteilt und unterschiedlich ausgeprägt in das eigene künftige Verhalten integriert.

Eine Schäferhund-Riesenschnauzer-Hündin, die einmal unfreiwillig mit mir zusammen unter einen fahrenden Sattelschlepper geriet, bedrohte in für Frauchen auffälliger Weise - obwohl ich die Halterin nicht von unserem Erlebnis in Kenntnis setzte - von nun an alle größeren motorisierten Fahrzeuge.

Ein Collie-Schäferhund-Mix-Rüde hingegen, der als Halbstarker von einem Lkw angefahren wurde, lernte, obwohl der Unfall immerhin bewirkte, dass der Hund bei längeren Ausflügen bis zu seinem Tod leicht zu hinken begann, aus dieser Negativerfahrung überhaupt nichts. Sein Respekt vor Autos änderte sich nicht erkennbar.

Manche Tiere mögen Mimosen sein, was Kritik an ihrem Verhalten anbelangt. Einmal geschimpft, ziehen sie sich den restlichen Tag traurig und ängstlich zurück, außer man tröstet sie ganz massiv durch Zuneigung. Andere verdauen Ermahnungen rein situationsbezogen und beginnen schon Minuten später freudig mit anderem

Unsinn. Der eine Hund wird schon handscheu, wenn man ein paar mal von oben herab zu schnell zugepackt hat, weicht allen beweglichen Dingen, die sich über seinem Kopf befinden geduckt aus. Ein anderes Tier wird geschlagen, mit der Leine verprügelt und zeigt dennoch kaum Respekt - eher noch die Zähne - vor der erhobenen Hand. Manchem Hund kann man kaum die Futterbelohnung schmackhaft machen, ein anderer macht für einen Futterkringel den Affen.

Eine Erziehung mittels harter, punktueller Akzente mag sich bei den einzelnen Tieren recht unterschiedlich, möglicherweise unberechenbar auswirken. Ein permanentes, behutsames Lenken mittels kleinster Hinweise und Anstöße schlägt zuverlässiger in beabsichtigter Weise, ohne unerwünschte Nebeneffekte bei den unterschiedlichsten Charakteren an. Stetes, vom Hund nahezu unbemerktes Infiltrieren ist zielsicherer, als die deutlich sichtbare, vom Herren geschwungene, bedrohliche Keule.

POSITIVIEREN NEGATIV BEHAFTETER ERFAHRUNGEN

Bringt man dem Neuling, gleich welchen Alters, die Bedeutung der Worte »Komm« bei, wird man sie in ihrer Funktion einsetzen, wenn man sie benötigt. Damit wird man sehr rasch eine Negativ-Bedeutung schaffen, der der Hund schon nach wenigen Wiederholungen auszuweichen versucht. Denn kommt der Hund nicht ganz bis zu Ihnen in Greifweite hergelaufen, damit Sie ihn am Halsband etwa über eine vielbefahrene Straße führen können, werden Sie ihn sich mit einem schnellen Schritt auf ihn zu schnappen. Der intelligente Hund lernt nach wenigen Wiederholungen deshalb, ein »Komm« lediglich bis außerhalb der Reichweite seines Halters auszuführen, vielleicht wird er einfach nur dort stehen bleiben, wo er sich gerade befindet und aufmerksam, aber bewegungslos gucken, obwohl er genau weiß, was er tun sollte, oder gar den Schwanz einziehen und rasch so weit wegrennen, dass man ihn sich nicht mehr so einfach schnappen kann.

Schon schlittert man in einen Teufelskreis hinein. Man wird immer lauter und zorniger, lässt sich auf Einfangspielchen, möglicherweise regelrechte Verfolgungsjagden ein, oder leint den Hund gar generell an, damit man in Gefahrensituationen die Sicherheit der »Befehlsgewalt« über den Hund hat. In jedem dieser Fälle wird das Kommando ein Negativ-Begriff für den Hund bleiben.

Deshalb ist es wichtig, in der Anfangslehrzeit das Komm mindestens genauso oft, wenn nicht gar öfters, »sinnlos« (neutral) oder positiv einzusetzen. Unterwegs einfach hin und wieder stehen zu bleiben und den Hund mittels Befehl sanft zu sich her zu beordern. Ihn für Folgsamkeit mit viel Streicheleien, meinetwegen auch mit Futter zu belohnen.

Dabei sollte man ebenfalls immer andeutungsweise all die zugehörigen unangenehmen Handlungen ausführen: Den Griff ans Halsband. Das Herziehen des Hundes bis auf »bei-Fuß-Position«. Den Hund einen Meter sanft am Halsband führen. Damit er künftig das Komm nicht eindeutig als negativ oder positiv zu unterscheiden lernen kann, er nicht lernen kann, dass es ein »harmloses Komm« mit Futterbelohnung und eben ein »unangenehmes Komm«, ausschließlich mit anschließendem Zwang garniert, gibt.

In gleicher Wiese können Sie »kritische Gegenstände« entschärfen. Etwa die Leine, mit der Sie den Hund stets vor dem Supermarkt arrestieren. Sieht der Hund dieses Teil immer nur, wenn Sie es auspacken, um ihn festzubinden, sich anschließend davonzumachen und das arme Hundchen allein sitzen und heulen lassen, wird er sehr rasch einen ziemlichen Horror vor diesem Teil entwickeln.

Legen Sie diese Leine deshalb einfach zu seinen Spielsachen dazu, sodass er sie den ganzen Tag über immer wieder sieht. Dann wird der Schock, die Bereitschaft, beim Auspacken dieser Leine sofort abzuhauen lange nicht so groß sein. Weil dadurch wiederum die Ausschließlichkeit durchbrochen wird: Der Hund kann lernen, meist liegt diese Leine nur völlig harmlos irgendwo herum. Nur hin und wieder bleibt man komischerweise an ihr hängen und sie wird zum ängstigenden und unangenehmen Instrument.

Das ebenfalls vorbelastete Halsband - der Hund lernt sehr schnell, dass man ihn nur an diesem Teil sicher festbinden, festhalten kann, er ohne dieses Ding Ihnen im Falle eines Falles immer auskommt - kompensiert sich allein dadurch, dass Sie es dem Hund wohl stets vor Verlassen der Wohnung anlegen und es somit ebenfalls mit den weit positiveren Dingen wie »Auslauf«, »Schnüffeln«, »Bewegung«, »Spaß« verbunden wird.

Die Vernichtung der Umwelt durch den Hund

Dies alles sind Überlegungen, die etwa beim Befehl »Nein!« irrelevant sind. Quittiere ich als Mensch eine Aktion des Hundes mit »Nein«, muss das Tier nur wissen, dass es notwendig ist, mit dem, was es gerade tut, sofort aufzuhören. Ob der Hund durch meine verbale Intervention Furcht vor mir empfindet, ob dieses Wort also rein negativ behaftet ist, ist in diesem Falle egal. Er muss sich ja nicht mir, der Person, die in diesem Falle die Furcht erzeugt, nähern, sondern darf meinetwegen auch den Schwanz einziehen und flüchten - Hauptsache er unterlässt die kritisierte Aktion. Deshalb kann man den Inhalt dieser Verbalie mit wesentlich weniger Feingefühl vermitteln, ohne dadurch möglicherweise deren Funktion zu gefährden.

Hat der Hund im Haushalt gerade meinen Lederstiefel zerstört, ist es zwar alles andere als freundlich und sanft, ihm mit Gewalt die Nase auf sein Vernichtungswerk zu drücken und ihn dann an einer Genickfalte zu packen und fluchend quer durch den Wohnraum an die Wand zu klatschen. Diese Akzente, die dem Hund aber gar nicht sonderlich weh tun, sind jedoch die wenigen nötigen Punkte im Zusammenleben, die ihm zeigen, dass man bei aller sonstiger Freundlichkeit »ganz anders könnte«, wenn sich Hundchen nicht benommen hat.

Meist ist das schlechte Gewissen beim Hund über eine solche, vermutlich von Herrchen nicht geduldeter Aktion schon vor der Bestrafung vorhanden und so ausgeprägt, dass die Bestrafung zielführend wirksam bleibt, selbst wenn man das Malheur erst Minuten später entdeckt und nicht sofort strafend, oder besser noch unterbindend, eingreifen konnte. Schreit man den Hund dann mit »Nein!« nieder, hält ihm das vor die Nase, »was Nein ist«, reißt ihm die Füße unter dem Leib weg, wirft sich auf ihn und nagelt ihn auf dem Rücken liegend mit bösen Blicken eine Minute auf den Zimmerboden fest, sitzt die Lektion. Finden Sie nach dieser Auseinandersetzung irgendwo unter dem Hund noch eine kleine Urinpfütze, können Sie sicher sein, dass der Hund diese Aktion richtig verstanden und nicht als freundschaftliche Balgerei missgedeutet hat, er künftig keine Trekkingstiefel mehr fressen, sondern lediglich Hauspantoffeln zerfetzen wird - Hunde lernen einfach verdammt spezifisch ...

Solche, dem Menschen spielerisch erscheinende Bestrafungen sind für den Hund verständlichere und tiefergehende Bestrafungen, als menschliches Gebrülle oder der Schlag mit Zeitung oder Hand.

Dass nicht generell »Vernichtung« in Ihrem Haushalt verboten ist, können sie dem Hund dadurch vermitteln, dass Sie ihm etwa den eben abgerissenen Kopf von seinen Spielzeug-Stoffhasen unaufgefordert zum Weiterspielen vor die Pfoten werfen. Wenn Sie genau hinsehen, wird der Hund in dem Moment, in dem Sie den eben zerstörten Hasen begutachten, gar nach ihm greifen, sehr verunsichert, möglicherweise ängstlich reagieren, wenn er Ihre Reaktion über anderweitig von ihm zerstörte Dinge schon kennt. Er wird aber sofort freudig und erleichtert mit dem ihm zugeworfenen Teil spielen, wenn er sieht, dass Sie diese Zerstörung billigen.

So kann der Hund rasch lernen, Dinge, die Sie ihm gegeben haben, darf er behandeln, wie es ihm beliebt. Misshandelt er hingegen Dinge, die er sich einfach selbst geholt hat, werden Sie sehr, sehr sauer. So lernt der Hund rasch zu unterscheiden, dass nicht das Zerstören an sich schlecht ist und von Ihnen kritisiert wird, sondern dass es vielmehr darauf ankommt, was er zerstört.

Konstruierter »Zwang von Aussen«

Lassen Sie es doch einmal drauf ankommen, wie viel Sie Ihrem Hund bedeuten, indem Sie, etwa wenn er mit einem Artgenossen tobt, ihn nicht herrufen, sondern irgendwann einfach zögernd weitergehen, in der Folge dann etwas schneller, mit normalem Schritttempo. Orientiert sich Ihr Hund automatisch an Ihnen? Versucht er, das Spiel in Ihre Bewegungsrichtung zu ziehen? Oder kümmert er sich nicht die Bohne um Sie? Frei nach dem Motto: »Herrchen habe ich sowieso den ganzen Tag um mich herum. Sieht der Doofie denn nicht, dass ich mit einem Kumpel beschäftigt bin?«

Fast alle Halter rufen ihr Tier unnötigerweise viel zu frühzeitig zu sich. Möchte der Mensch nach einem kurzen Small-Talk das Spiel der Hunde beenden, geht einfach jeder seiner Wege. Die Hunde schließen sich fast immer selbstständig den jeweilig zugehörigen Haltern an. Ohne Befehl.

Ruft man ihn sofort, merkt der Hund jedesmal, der beschränkende Faktor, der das Spiel beendet, der das Schöne beschneidet, heißt Mensch. Geht man einfach weiter, reagiert der Hund lediglich auf den äußeren Zwang, den Anschluss an seine Gruppe nicht zu verlieren. Ein seinen momentanen Interessen gegenläufigen Zwang, den er aber nicht dem Menschen als willkürlich ausgeübten Herrschaftszwang unterschieben wird.

Ein Tier, das gelernt hat, dass man zusammengehört, wird früher oder später das Spiel abbrechen und Ihnen folgen. Sieht der Hund, dass Herrchen schon weitergegangen ist, nimmt er bereitwillig eine kleine Meinungsverschiedenheit mit seinem Spielkameraden dazu her, das Spiel abzubrechen. Diese Freiwilligkeit ist das Ausschlaggebende. Folgt Ihnen das Tier und Sie haben es nicht gerufen, so kam der Zwang, das Spiel mit dem Artgenossen zu beenden, nicht von Ihnen, sondern entstand aus einem gewissen Rudelzwang heraus. Das Tier glaubt, aus eigener Entscheidung gehandelt zu haben. Das Rudel zieht weiter, Mitglieder kommen mit, Außenseiter schließen sich entweder an oder werden zurückgelassen.

Ein Weg auf dem man sich einmal mehr davor drücken kann, sich beim Tier offen erkennbar unbeliebt zu machen. Der Zwang kam nicht direkt vom Menschen, sondern entsteht in der Grundprogrammierung des Hundes. Dass Sie aus ebenso freier wie egoistischer Willensentscheidung weitergegangen sind, dem Hund gegenüber eigentlich »hinterhältig und gemein« waren, kann das Tier nicht abschätzen. Der Hund betrachtet Ihr Verhalten sicher als genauso zwanghaft bedingt wie sein eigenes. Sie mussten aus irgendwelchen Notwendigkeiten heraus weiterziehen und konnten gar nicht darauf eingehen, dass ein Rudelmitglied noch unwichtigerweise spielen wollte. Damit ist Ihre Weste reingewaschen.

Eine Methode, mittels der man den Eindruck umgehen kann »Herrchen verbiete doch alles Schöne!« Hier hat Herrchen zwar nichts ausdrücklich untersagt, verboten oder abgebrochen, sich aber geschickt und unerbittlich in seinen Interessen durchgesetzt.

Vorhandene Furcht einsetzen, nicht neue Ängste generieren

Folgende Beispiele mögen belegen, dass ich zwar weitestgehend gewaltfrei erziehe, aber ebenfalls die Ängste des Hundes vor irgendetwas, jedoch nicht vor meiner Person, einsetze.

Ich zwinge den Hund, der nach einem Ausflug vor der Haustüre recht provokantspielerisch das Hereinkommen verweigert, nicht in die Wohnung. Ich biete ihm die geöffnete Haustüre an. Kommt er nicht, fällt sie vor seiner Nase ins Schloss. Sehen Sie nur zwei Minuten später wieder bei ihm vorbei, werden Sie überrascht sein, wie schnell er durch die einen Spalt breit geöffnete Türe hereinflitzt, nur um nicht noch länger allein draußen sitzen zu müssen.

Damit kann man genauso die Angst des Tieres vor der schweren dunklen Türe, dem dunklen Gang dahinter effektiv bekämpfen. Denn solch ein Tier hat meist noch viel größere Verlassenheitsängste und wird auf Ihr erneutes Erscheinen, nachdem es Sie kurz zuvor durch das Zuschlagen der Haustüre »verloren« hat, im zweiten Anlauf dann doch lieber die ängstigende Türe und den furchteinflößenden Gang flugs hinter sich bringen.

Unterwegs mag es immer wieder Situationen geben, in denen der Hund aus Angst ein Weiterkommen verweigert. Die nah am Weg liegenden Baumstämme, die großen Felsen, die den Weg auf zwei Metern Länge zum Nadelöhr verengen. Sie könnten das Tier selbstverständlich an der Leine vorbeizwingen - und sich ihm gegenüber einmal mehr zum ignoranten Tyrannen abstempeln. Sie können aber auch einfach weitergehen. Irgendwann wird die Sorge, Sie zu verlieren die Angst vor diesen (harmlosen) Umweltfaktoren übertreffen. Der Hund wird sich Ihnen nach einigem Zögern doch direkt anschließen oder sich selbstständig einen Weg um diese Situation herum suchen, um schleunigst wieder zu Ihnen aufschließen zu können.

Man kann beim furchtsamen wie beim verweigernden Tier die Angst, den Anschluss zur Gruppe zu verlieren, ausnutzen. Der furchtsame Hund fürchtet ebenso, Sie zu verlieren. Der Provokateur hat sich mit Ihnen immerhin schon so weit arrangiert, weiß Sie schon so weit zu schätzen, dass er die Beziehung mit Provokation zu seinen Gunsten zu verschieben versucht und ist deshalb gar nicht daran interessiert, Sie einfach so zu verlieren.

Damit setzen Sie Ihre Ziele gewaltfrei durch. Zwangsfrei darf ich nicht sagen, denn der Zwang kommt zwar nicht direkt von Ihnen, ist aber durch Ihr geschicktes Verhalten beim Hund so ausgeprägt, dass er selbst starke Furcht des Tieres übertüncht. Ich spanne das Tier genau wie der harte Erzieher zwischen zwei gegenläufigen Motivationen ein. Aber es erfährt keinen direkten Zwang durch mein Handeln. Ich spiele selten Autorität aus, bin aber in meinen Konstrukten beinahe noch erbarmungsloser, als der mit für den Hund direkt erlebbarem Zwang eingreifende Herrscher. Nur wird sich mir der Hund bei meinen Praktiken freudig wedelnd anschließen, wenn er sein Problem mit der Umwelt gelöst hat, springt mich nach dem kurzen Warten vor der verschlossenen Türe freudig wedelnd an. Der am Halsband an diesen Angstsituationen vorbeigezerrte Hund wird geknickt, geduckt und mit eingezogenem Schwanz am Halsband hängen, noch in der Wohnung lange Zeit verunsichert sein und künftig wieder etwas bereitwilliger versuchen, der nach ihm greifenden Hand auszuweichen. Was man dann wieder mit etwas mehr Autorität bekämpfen müsste ...

Ich generiere beim Hund somit nicht neue Ängste vor mir und meinen Strafen bei Unfolgsamkeit, sondern nutze ihm innewohnende Angst aus, um zum Erfolg in meinem Sinne zu gelangen. Ich bin ihm als handelndes Wesen immer der Freund, der eben keine Furcht vor herumliegenden Bäumen und Türen zeigt, an diesen vorbeigeht und in seiner Selbstsicherheit doch glatt den dummen, ängstlichen Hund vergessen hat. Eine selbstsichere Leitfigur, die gar nicht daran denkt, dass der Hund gleich verloren geht. So jedenfalls mag es dem Hund erscheinen ...

Sicher gibt es Situationen, in denen auch ich den Hund per Leine inhaftiere. Ich kann ihn nicht auf die Überholspur der Ringstraße ausweichen lassen, nur weil er sich »seinen eigenen Weg« um die am Radweg stehende, ihn ängstigende Bank sucht. Doch meist greift man viel zu rasch und unüberlegt auf direkte Zwangsmaßnahmen zurück.

Situationen nutzen

Die Schutzfunktion eines »Komm« kann ich beim Tier beispielsweise bei Schnee und Regen nebenher einschleifen. Rufe ich bei einer Pause den Hund, und er kommt zu mir in den Biwaksack geschlüpft, wird er rasch begreifen, dass »Komm« eine Einladung von Herrchen ist, die ihm - in diesem Falle - Schutz vor Kälte und Nässe bietet.

Im buchstäblich »sonnigen« Alltag wird er diesen positiv vorbelasteten Befehl befolgen, bis er umgelernt und erkannt hat, dass dieses Kommando von Herrchen oft auch ohne für den Hund einsehbare, schützende Funktion, ja teils gar zum Unterbinden eines Spieles, eingesetzt wird. Bis dahin haben sich aber sicher etliche Möglichkeiten ergeben, die erlebbare Schutzfunktion aufzufrischen.

Möchten Sie das Tier dazu erziehen, dass es näher bei Ihnen bleibt, dann verschwinden Sie zum Beispiel bei einer Stadt-Tour ein paar Mal schnell in einem Aufzug oder einem Geschäft. Der Hund wird umgehend nicht mehr von Ihrer Seite weichen. Aus Sorge, er könne wieder ausgesperrt werden und Herrchen nur mehr durch die verschlossene Glastüre beobachten können, müsse seinen Leitmenschen über sein Rufen irgendwo im verwirrend hallenden Treppenhaus wiederfinden.

Da Sie dies das Tier im lauten, stressigen Stadtbetrieb gelehrt haben, beschneiden Sie ihm mit dieser Lektion nicht die Erlaubnis, bei Wanderausflügen ungefragt weit in die Wiesen rennen zu dürfen. Da der Hund ländliches Areal weit überblicken kann, ist er sich gewiss, dass Sie gar nicht so schnell verschwinden könnten, wie »damals in der Stadt«.

Für den Stadtbetrieb benötigt man einen Hund, den man nicht unentwegt zwischen Tausenden Menschenbeinen verliert. Um ein Tier, das schon fast aufdringlich am Halter klebt, braucht man sich an Kreuzungen und Ampeln nicht zu kümmern, da es stoppt, wenn Herrchen stoppt. Bei Wanderungen wäre es hingegen ungeschickt, den Hund durch ein striktes »bei Fuß« auf den Wanderweg zu binden.

Um dem Hund die Schutzfunktion der Lenkungsimpulse zu verdeutlichen, muss man passende Situationen zum eigenen Vorteil ausnutzen. Lärm und schnelle Geschwindigkeit - etwa im Straßenverkehr - ängstigen das Tier. Nasskalte, schneereiche Witterung begeistert auch den naturliebenden, freilaufenden Streuner nicht sonderlich. Der Elektro-Zaun und der Stacheldraht schmerzen bei Berührung, weshalb man ihn unterstreichend für ein »Stopp« missbrauchen kann; später wird der Hund gelernt haben, dass man sich einfach unter allen Drähten besser flach durchduckt.

Macht man dem Hund die eigene Schutzfunktion deutlich, baut sich ein Vertrauen auf, alles Handeln, alle Aktionen des Menschen dienen dem Vorteil des Hundes und der (Zweier-)Gruppe und sind nie gruppenschädigend gegen den Hund gerichtet.

Einsicht ist der erste Schritt zur Folgsamkeit

Ein Hund, der aus Einsicht in die Kommandos und aufgrund seiner Erfahrung des Nutzen der Kommandos folgt, gehorcht bereitwilliger und zuverlässiger, als wenn er dies nur aus Angst vor Strafe bei Verweigerung oder die Aussicht auf Futterbelohnung bei Gehorsam tut.

Die Einsicht in die Notwendigkeit eines Anhaltens vor dem Überqueren einer Straße, das Sich-aufmerksam-über-die-Straße-tasten, fördert sogar ein Beibehalten dieses Verhaltens, wenn das Tier einmal allein unterwegs sein sollte, oder wenn Herrchen unterwegs den Hund nicht überwacht und dieser aus irgendwelchen Gründen selbstständig auf die andere Straßenseite wechselt.

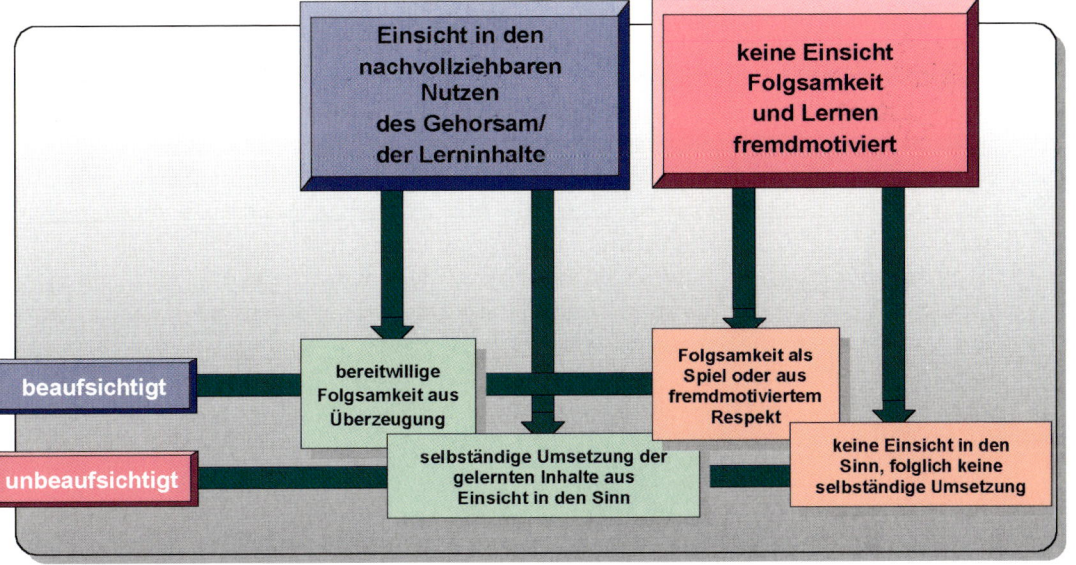

Einsichtiger Gehorsam, einsichtiges Lernen.

Straft Herrchen ohne dem Hund die Einsicht zu vermitteln, warum er eigentlich am Straßenrand stehen bleiben soll, weiß der Hund, wenn er allein unterwegs ist, kann Herrchen ja gar nicht strafen, Herrchen ist ja gar nicht da. Also wozu zögern? Weiß der Hund jedoch, nicht Herrchen wird unangenehm, sondern die lauten Autos sind der strafende Faktor, ist nicht die Nähe des Halter nötig, damit sich das Tier (nach seinen eigenen Methoden) vorsichtig den Weg über die Fahrbahn sucht.

Ein reaktives Verhalten auf ein Kommando hin, das der Hund in manchen Situationen aus Einsicht gar selbstständig lebt, kann in anderem Zusammenhang verlässlich eingesetzt werden. Kann der Hund das »Stopp« vor jeder Straßenüberquerung als sinnvoll einstufen, wird er einem »Stopp« des Halters in völlig anderen Situationen bereitwillig Folge leisten. Damit hat man die Möglichkeit, einem Befehl, den man vielleicht nur in einer bestimmten Situation wirklich einsichtig vermitteln konnte, eine »pauschale Einsichtigkeit« unterzuschieben. »Folgsamkeit, die in einer Situation sinnvoll ist, kann doch in einer anderen nicht völlig unsinnig sein!«

Bei aller Freiheit schadet es dem Zusammenleben aber nicht, wenn der Hund zwei oder drei Befehle kennt, die er zwar weder als Spiel einordnen, noch als sinnvoll einstufen kann. Befehle von denen er aber weiß, ich werde furchtbar grantig, wenn er sie nicht befolgt.

LÜGST DU? - SO SCHALTE ICH BETTELEI AUS

Am besten greifen Hinweise und Kommandos, von deren Nutzen sich der Hund sofort selbst überzeugen kann. Geben Sie dem Hund die Möglichkeit, sich von der »Korrektheit« Ihres Hinweises zu überzeugen.

Unterwegs mache ich zusammen mit den Hunden Brotzeit. Einen Krümel für den Hund, eine Scheibe Brot mit Butter und Wurst für mich. Ist alles aufgegessen und der Hund sitzt immer noch stumm und mit großen Augen erwartungsvoll vor mir, sage ich »Nix mehr«. Dazu zeige ich in typisch menschlicher Manier dem Tier meine beiden leeren Handflächen. Es verlässt sich anfangs aber nicht auf diese Geste, sondern wird diese Handflächen ausgiebig untersuchen und sich danach, nun überzeugt, dass wirklich nichts mehr zu holen ist, einen Regenwurm suchen und aus der Pfütze trinken.

Habe ich dies öfters gemacht, schenkt mir der Hund alsbald ohne Kontrolle meiner Hände Glauben und bricht seine zurückhaltende Bettelei allein aufgrund meiner Verbalien ab.

Damit hat man sich nebenbei einen verbalen Hinweis geschaffen, mit dessen Hilfe man auch Bettelei bei Tisch abstellen kann. Sie brauchen nicht laut zu werden, müssen kein »Nein!« oder »Aus!«, was Sie sich besser für größere »Notfälle« aufsparen, für diese Lappalie verfeuern. Sagen Sie zum Hund nur das gewohnte »Nix mehr«, zeigen Sie ihm zusätzlich Ihre leeren Hände. Er wird Ihnen glauben, dass nichts Essbares mehr übrig ist und seine Bettelei beenden. Sie werden ihn nicht mit knurrendem Magen und nichts als Hass auf Herrchen im Bauch unter den Tisch scheuchen müssen, wo er vor sich hinschmollt, während Sie sich die Wampe füllen. Nur durch Zwang unter den Tisch gefesselt oder aus dem Raum verbannt. Der Hund macht sich vielmehr aus Überzeugung davon, denn wo nichts mehr zu holen ist, lohnt sich auch kein Betteln, durch das man bestenfalls Ärger mit Herrchen erntet.

Diese Lüge funktioniert durchaus, da der Hund das Wurstbrot, auch wenn es wirklich aufgegessen ist, anhand der Spuren an Ihren Händen, am Brotzeitbeutel, ja im ganzen Rucksack, noch lange riecht. Deshalb mag der Hund Zuhause diesen Widerspruch zwischen Nase, Optik und Hinweis ebenfalls schlucken. Die ganze Küche riecht schon seit einiger Zeit nach Essen, der Geruch hängt in der Kleidung. Diese Geruchskulisse bleibt noch lange nach dem Abschluss der Mahlzeit erhalten. Sodass das Tier nicht eindeutig entscheiden kann, ob Sie es anlügen oder die Wahrheit sagen. Natürlich sollten Sie sich nach einem »Nix mehr«, während der Hund Sie noch fragend ansieht, nicht schon den nächsten Leberknödel in den Mund schieben. Je öfter das Tier Ihre Hinweise so deutlich als reine Lüge entlarven kann, desto wirkungsloser werden solche Tricks. Dies meist hundertmal schneller, als das Vertrauen in die Lüge gelernt wurde.

Ein böse verzerrtes Gesicht und dreimal in Richtung des Hundes mit den Zähnen geklappert ist in solch einer Situation beim hartnäckigen Bettler gegebenenfalls effektiver als ein laut gebrülltes »Nein«. Diese Ihre Reaktion stammt aus einem sozialen Bereich, den der Hund versteht - Futterneid - und wird ihm in einer Sprache vermittelt, die er ebenfalls versteht: ein recht wenig beeindruckendes Schnappen nach ihm, von dem er aber weiß, dass es zum schmerzhaften Beißen wird, wenn er sich nicht trollt. Dass Sie ihm mit Ihren mickrigen Zähnen beim Zubeißen bestenfalls zum Lachen reizen könnten, weiß er ja (noch) nicht. Aktionen in Sekundenbruchteilen, die so leise und unauffällig vermittelt werden, dass sie möglicherweise nicht einmal ein Außenstehender in einer Gaststätte, der Sie dabei beobachtet, mitbekommt.

Schieben Sie zudem dem Hund immer erst dann einen Brocken zu, wenn die Bettelei aufgehört hat, der Hund vielleicht völlig desinteressiert neben Ihrem Stuhl am Boden liegt. Dann hat der Bettler alsbald gelernt, dass es zwar vorteilhaft sein mag, Herrchen mit großen, lieben Augen anzusehen, aber ihm nicht auf dem Tisch sitzend den Braten wieder aus dem Mund zu ziehen, sondern diese Bettelei lautlos vom Boden aus zu starten. Was den menschlichen Tischsitten äußerst zuträglich ist.

Überzeugungsarbeit

Der Hund sollte sich nach Möglichkeit selbst von der Unsinnigkeit seiner Wünsche überzeugen können.

Bleiben wir beim Beispiel Bettelei bei Tisch. Möchte er unbedingt am Frühstückstisch betteln, lasse ich ihn seine Nase schon einmal in die Früchteteereste im Teesieb hineinstecken, reiche ihm eine »schmackhafte« Süßstofftablette, gebe ihm am Abendtisch die Peperoni zum Kosten. Die Dinge, die er bereitwillig schlucken würde, braucht man ihm ja nicht zu reichen. Warum er gute Sachen riecht, aber nie gezeigt bekommt, wird ihm wohl nicht sofort klar, da ja auch der ganze Kühlschrank nach Wurst, Käse und Braten riecht, ohne dass der Hund diese Dinge jemals zu Gesicht bekommt. Die ganzen ungenießbaren Dinge, die er angeboten bekommt, machen ihm im Laufe der Zeit aber klar, dass Herrchen offensichtlich nur scheußliches Zeug frisst, worum zu betteln es sich wirklich nicht lohnt. Ergebnis: Das Bettelverhalten wird aus Überzeugung ohne autoritären Eingriff des Menschen eingestellt ...

Ihr Hund drängt ständig mit ins Badezimmer und Sie müssen ihn immer hinausschubsen? Lassen Sie ihn doch einfach einmal mitkommen. Schließen Sie die Türe hinter ihm und lassen Sie ihn bei Ihren Tätigkeiten unbeachtet zusehen. Lassen Sie möglichst die laute Waschmaschine rumpeln. Duschen Sie so, dass der Hund klatschnass wird. Nebeln Sie sich so mit Parfum ein, dass auch die Hundenase genügend abbekommt. Leben Sie einfach etwas ungeschickter als sonst. Der Hund wird nach diesem Erlebnis wahrscheinlich nie mehr den Kopf in die Badezimmertüre stecken, sich künftig eher auf seine Schmusedecke verziehen, wenn er sieht, wie Sie sich zum Duschen entkleiden ...

Man kann für viele Wünsche und Absichten des Hunde Situationen ausnutzen oder verstärkend schaffen, die ihm klarmachen, dass seine Absicht in einer Form mitzumischen, die dem Halter ungelegen kommt, lediglich unangenehm und gar nicht wie vom Hund geglaubt erstrebenswert ist. Damit wird einmal mehr eine Erziehungssituation nebenher bereinigt. Ohne für den Hund erkennbares, ihn beschränkendes menschliches Handeln.

Diese Technik lässt sich weitaus öfters einsetzen, als man denkt. Vergeht sich der Hund an Dingen, die er nicht antasten soll, dann sprühen Sie etwa den Hauspantoffel, den er sich immer wieder schnappt, einfach mit einem Deo ein. Das riecht für die Hundenase widerlich, schmeckt noch schlimmer. Belohnen Sie Futterbettelei allerorts und allzeit mit irgendwelchen Scheußlichkeiten. Das spielerische Beißen in den Rad- oder Rollstuhlreifen unterwegs wird der Hund alsbald unterlassen, wenn Sie ihn erst einmal über den Kopf gefahren sind. Der zentrale, selbstgewählte Liegeplatz mitten in der Wohnung, an dem der Hund effektiv alle Ihre Hausarbeiten blockiert, wird sich ihm als untragbar erweisen, wenn sie die Stelle mit dem »Allheilmittel Deo« ein- sprühen, oder ihm ständig auf den Schwanz treten, ihm Dinge an den Kopf werfen, weil er eben einfach Ihren Arbeiten im Wege ist. Vielerorts kann man den Hund ziel- führend austricksen, ohne sich ihm direkt als Spielverderber zu erweisen.

NOTWENDIGE BEFEHLE - NICHT ALLUMFASSENDE DRESSUR

Man benötigt für den funktionierende Umgang mit dem Hund lediglich ein Signal, mit dessen Hilfe man das Tier zu sich zurückbeordern kann. Ein Kommando, mit dem man dem Hund gegenüber zum Ausdruck bringt, dass man mit seinen derzeitigen Aktionen und Planungen nicht einverstanden ist. Für alle Fälle sollte man sich eine Notbremse bereithalten, mit der man alle momentanen Aktionen des Hundes unterbrechen kann.

Weitere Befehle sind überflüssig und ergeben sich meist zwanglos im Laufe des Zusammenlebens und gemeinsamen Spieles als ergänzende Kommunikation von selbst. Solche Facetten runden die Kommunikation zum Tier ab, präzisieren und intensivieren die Wunschäußerungen auf beiden Seiten, sind aber nicht notwendige Voraussetzung für das Zusammenleben.

Darüber hinausgehende, gezielte Schulung überstrapaziert das Tier in unnatürli- cher Weise und mag lediglich zu gesteigerter Sturheit führen, die ein bewusstes Ver- weigern darstellt, sich weiteren unbrauchbaren Nonsens beibringen zu lassen. Der Hund hat buchstäblich »die Schnauze voll«. Uneinsichtige Kommandos sind im Lern- vorgang wie in der späteren Folgsamkeit nichts weiter als (unnötiges) Spiel. Und ein Hund möchte nicht 24 Stunden am Tag spielen. Besonders dann nicht, wenn diese Spielereien mit seinen Interessen meist fast gar nichts gemein haben. Ebenso wenig, wie er nicht ständig seine Minderwertigkeit in Rang und Funktion vor Augen geführt bekommen mag.

GELEGENTLICHER ZWANG

Bei aller Liebe muss man dem Hund doch hin und wieder ein wenig Gewalt antun. Ihn mit der Leine vom Spiel mit Artgenossen abschleppen. Ihn von interessant rie- chenden Stellen fortschieben und sich nötigenfalls selbst draufsetzen. Auch mal rich- tig hinlangen, zupacken und festhalten. Sei dies, weil er ungebremst über die Straße sausen oder sich schon wieder zum Spiel, von wo man ihn eben erst abgeschleppt hat, davonmachen möchte.

In der Folge folgt ein Tier, das solches Durchgreifen nicht gewohnt ist, wieder vor- bildlich. Bekommt der Hund solche gelegentlichen Dämpfer nicht, wird er hingegen einfach zu dominant. Nach einer gelegentlichen »Zwangsmaßnahme« zeige ich ihm aber ganz bewusst, dass die Hand, die ihm unterwegs »Gewalt angetan hat« mindes- tens dreimal mehr streicheln und massieren kann.

So wird man plötzlich am nächsten Morgen und in den Tagen danach wieder überschwänglich am Bett begrüßt, obwohl der Hund in den Tagen zuvor nur faul auf seinem Lager liegen blieb und herüberschielte, wenn ich aufstand. Dies nur, weil ich ihn am Vortag zum Zeckenziehen regelrecht vergewaltigt habe, ihn einklemmte und nicht mehr losließ, bis ich die Zecke erwischt und entfernt hatte - und so etwas wird von mir mit aller Härte durchgesetzt, selbst wenn sich diese Prozedur über eine halbe Stunde hinzieht und der Hund letztlich nur noch versucht, sich mit eingezogenem Schwanz in eine Zimmerecke zu verkriechen.

Solcher Zwang, der sich aus täglichen, notwendigen Handlungen ergibt, der gar nicht absichtlich künstlich inszeniert wird, bewirkt eine Intensivierung der Beziehung. Der Hund sieht dabei, man lebt nicht nur einfach so nebeneinander dahin, bekommt täglich den vollen Futternapf herüber geschoben. Sondern auch dieser ach so freundliche Mensch tut hin und wieder dem Hund Dinge an, die er gar nicht mag, die er nicht versteht und deshalb einfach als willkürliche Rangordnungsgeste auffasst. Genau wie im Rudel, wo dem Rangniedrigeren hin und wieder grundlos aus reiner Dominanzschikane übel mitgespielt und er bis zu absoluter Unterwürfigkeit heruntergebissen wird. Woraufhin solche Tiere wieder weitaus motivierter dem Ranghöheren gegenüber unaufgefordert kuschen.

Manchmal kann Ihre Vorbildfunktion als Star des Hundes einfach nicht ausreichend sein, um Vorbehalte des Hundes gänzlich zu löschen. Kurzer Zwang kann solche Situationen insofern bereinigen, als der Hund etwa erkennt, dies oder jenes ist gar nicht so schlimm und er hat mehr Ängste, als angebracht gewesen sind.

Sei dies das Hineinzwingen des Hundes in den Zug - Sie können ihn am Geschirr hineinschleifen oder als Schal um den Hals gelegt tragen. Schon nach dem dritten Mal wird er erkennen, die Fahrt ist an sich nicht so schlecht, der Ausflug hinterher noch viel besser als die sonstigen Touren, nur das Einsteigen macht in der derzeitigen Form überhaupt gar keinen Spaß. Also gehe ich mal lieber selbstständig auf meinen vier Pfoten in dieses komische, laute Unikum hinein.

Sei dies der Schubs in den Bach oder seichten Tümpel, wenn sich der Hund seiner körperlichen Fähigkeiten noch nicht bewusst ist. Dies kann bewirken, dass sich der Hund künftig in anderen Situationen ebenfalls eine steile Böschung hinauf wie hinunter traut, dass er weiß, seichtes Wasser ist gar nicht so schlimm und es trinkt sich einfach besser, wenn man erst einmal drin steht, als vom Ufer aus, beinahe im Kopfstand.

Hier könnte man in der Lenkung ebenfalls »ganz sanft« darauf warten, dass sich diese Probleme von allein lösen. Klar wird im Hochsommer der halbvertrocknete Hund irgendwann alle Ängste überwinden und zum Bach hinunterschleichen, selbst wenn er sich dabei überschlagen sollte. Aber kleine zwanghafte Anstöße Ihrerseits eröffnen in Sekundenbruchteilen neue Horizonte beim Hund, sorgen für frühzeitige Problemlösungen zum Vorteil für beide Parteien.

Es ist oft nicht einfach, individuell korrekt zu entscheiden, bei welchem Tier solch kurzer Zwang problemlösend wirkt, wo er das Problem möglicherweise verschärft oder nur verlagert. Der kurze Schubs über den letzten halben Meter in den seichten Bach, nachdem man zusammen mit dem Tier die Böschung hinuntergekrabbelt ist, der durstige Hund rasch wieder sicher steht, Ihre tröstenden, stabilisierenden Hände an der Flanke, mag problemlösend wirken. Der Zwang in den Zug mag den Hund handscheu machen, vielleicht nicht generell, aber deutlich spürbar in der Situation Bahnhof. Der Schubs vom Bootssteg am Weiher mag dem überhitzen aber wasserscheuen, schwimmunfreudigen Hund zwar die abkühlende Wirkung des Wassers ebenso deutlich aufzeigen, wie seine Fähigkeit, sich über Wasser halten zu können, mag ihm aber vielleicht auf Lebenszeit die Freude am Schwimmen vermiesen. Zumindest aber wird er sich lange Zeit nicht mehr freiwillig mit Ihnen zusammen einem diesem Bootssteg vergleichbaren Bauwerk in der Nähe eines Gewässers nähern. Schubsen Sie den Hund einfach vom Radweg die Böschung in den Bach hinunter, wird er nur panisch versuchen, wieder auf die Beine zu kommen um die Böschung zu erklimmen - das Trinken dabei wohl völlig vergessen. Auch hierbei hat er gezeigt bekommen, dass er durchaus fähig wäre, einen solchen kleinen Steilhang unverletzt zu bewältigen - nur die Form der Vermittlung war deutlich daneben.

Hier ist stets der Nutzen gegen den möglichen Schaden individuell abzuwägen; ist der Schaden nicht abschätzbar, sollte man lieber den Nutzen vergessen und auf die Radikalkur dieser Form in diesem einen Fall verzichten. Wie in den meisten Lehrsituationen gilt: der Hund darf nicht erfahren, dass die unangenehme Erfahrung absichtlich von Ihnen ausging. Bestenfalls, dass sie auf Ihrer Unbedachtsamkeit beruhte. Oder noch besser: Dass er gar nicht erkennt, dass es eigentlich Sie waren, der da »getrickst« hat.

Bei freilaufenden Hofhunden, aber auch bei regulär abgeholten Tieren konnte ich feststellen, dass gelegentliche, vom Tier sicher unverstandene, gezielte Ablehnung die Bindung an den ablehnenden Menschen stärkt. Nimmt man den Streuner unterwegs nicht mit, weist den sich anschließenden Hofhund schon am Hof wieder zurück - die meisten Hunde schleichen mir dann einfach die ersten paar hundert Meter versteckt hinterher, bevor sie sich mir zeigen und ich sie doch mitkommen lasse -, besucht man hin und wieder nicht nur den Hund, sondern einmal nur die bei ihm wohnenden Leute, ohne den Hund dabei in den Mittelpunkt des Besuches zu stellen, schließen sich beim nächsten Mal all diese Tiere deutlich bereitwilliger, folgsamer, ja unterwürfiger an.

Solche Akzente untermauern wohl die vom Hund unverstandene Unnahbarkeit des Herrschers. Enttäuscht man hin und wieder die Erwartungshaltung, erhöht man damit, wenn auch in einer in meinen Augen hinterhältigen Weise, das Anhänglichkeits- und Unterwürfigkeitsverhalten. Ein guter Herrscher ist so erhaben, dass er sich über seine Programmierungen hinwegsetzen kann. Der einfache Hund freut sich, wenn man sich sieht und versucht in der Folge alles gemeinsam mit diesem Freund zu unternehmen. Das (menschliche) Leittier hat die abgehobene Fähigkeit, diese Programmierung zum Gruppenerhalt zu durchbrechen. Möchte das Tier eine ihm positiv erscheinende Beziehung nicht verlieren, wird es sich nach temporär begrenzten, ablehnenden Phasen von Herrchen noch enger an dieses zu binden versuchen.

Rufen Sie das Tier hin und wieder einmal grundlos zu sich her. Dabei muss es bis dorthin kommen, wohin Sie möchten. Dies zerstört sich unterschwellig aufbauendes Dominanzverhalten. Es zeigt ihm, dass Sie zwar im Allgemeinen kein Arschloch sind, aber eines sein könnten, wenn sich der Hund nicht benimmt. Dies verhindert ein »Vergessen« beim Tier, dass man Ihnen folgen sollte. Vergessen setze ich in Anführungszeichen, da es kein eigentliches Vergessen ist. Das Tier hat einfach umgelernt. Es hat neu erfasst, dass man Ihnen eben nicht konsequent zu gehorchen braucht und hat mit dieser neuen Erkenntnis die alte Erfahrung »Ich muss strikt gehorchen« im Laufe der Zeit einfach überschrieben.

Ein Wechselspiel gegenseitig ausgeteilter »Schikanen« wiegt sich im Laufe der Zeit zu einem rangordnungsneutralen Umgang auf. Sollte ich übersteigerte Dominanz beim Hund beobachten können, gehe ich einfach weniger intensiv auf die Wünsche des Tieres ein, versuche mich anderseits selbst strikter durchzusetzen. Ein gegenseitiges Entgegenkommen oder »Schikanieren« gefährdet die Rangordnung nicht entscheidend. Solange Sie dem Tier nicht gleich ein Beißen, mit dem es Ihnen ja auch »nur« etwas mitteilen möchte, ungesühnt durchgehen lassen.

Im täglichen Umgang ergeben sich jedoch automatisch so viele zivilisatorische Zwänge, jede Menge Situationen, in denen man strikt durchgreifen und sich hin und wieder erzwungenermaßen abweisend geben muss - etwa wenn man den Hund vor dem Supermarkt abstellen, ihn vielleicht anleinen muss -, dass zusätzliche gezielte Ablehnung und oben angesprochene, bewusst schikanöse Tage meist gar nicht nötig sind.

SANFTES LENKEN IM BEISPIEL: EIN UNIVERSALBEFEHL

Da ich kein Fan von Lautstärke bin und meine Begleithunde am liebsten unbemerkt von umstehenden Personen durch die Welt lotse, konfrontiere ich ein Tier, bei dem sich in nächster Zeit ein ausgeprägtes Zusammensein entwickeln könnte, gleich beim ersten Treffen mit einem dem Winseln nachgeahmten Pfeifen. Der Hund reagiert auf ungewöhnliche menschliche Lautäußerungen mit Neugier und kommt leicht verunsichert auf mich zu.

Bei jeder weiteren Begegnung wende ich dieses verhaltene Pfeifen an, um das Tier auf mich aufmerksam zu machen, es hinter der Scheune hervorzulocken, ohne dass ich mich in sein Revier begeben müsste. Schon nach wenigen Kontakten hat der Hund meinen Ton als eindeutiges Kennungssymbol eingeordnet.

Verwendet man nun dieses Pfeifen beim ersten gemeinsamen Ausflug, verfügt man schon über ein Kommando, dem »Komm« vergleichbar. Das Tier hat diese Lautäußerung immer mit der Freude verbunden, mich zu sehen. Freut man sich über etwas, das man sieht, versucht man hinzugelangen - dies funktioniert ebenso unterwegs. Der Hund kommt zu mir.

Damit habe ich einen funktionierenden Kombi-Befehl von »Stopp« und »Komm« an der Hand. Sieht das Tier unterwegs etwas Interessantes und möchte beinahe schon durchgehen, wird es von meinem Pfeifen zunächst einmal gebremst. Wiederhole ich

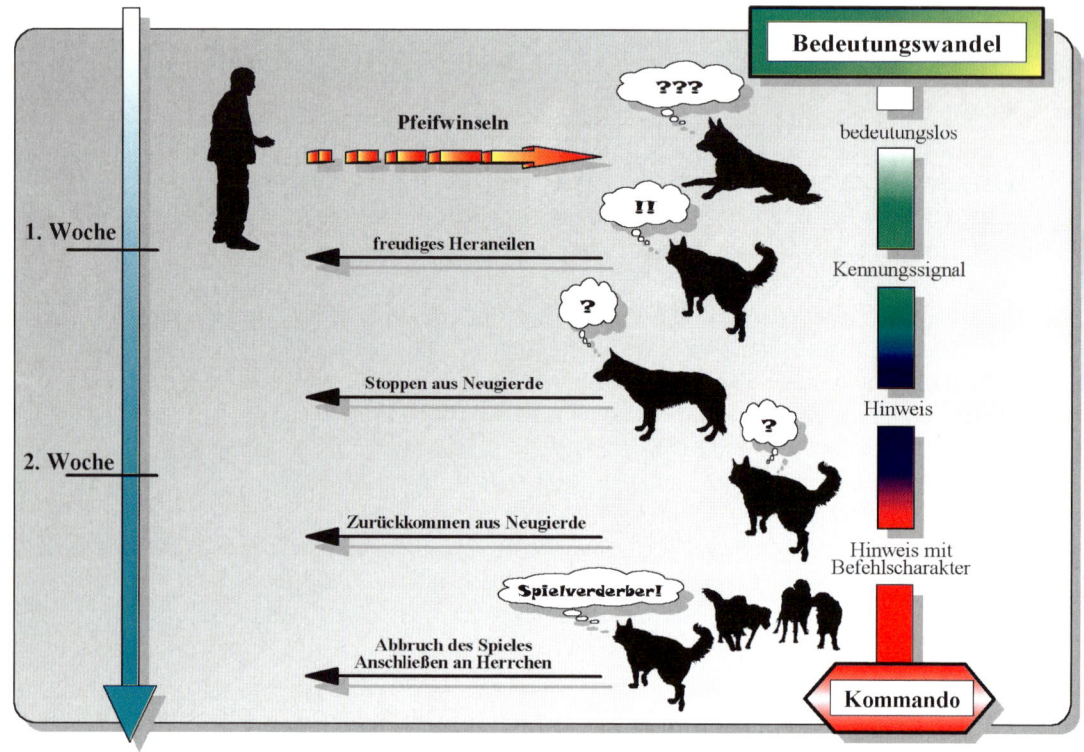

Ein Universalbefehl.

den Laut, wird der stehende Hund zu mir zurückkehren. So habe ich mit einer Laut-äußerungen ein Kommando zur Verfügung, das die beiden wichtigsten Funktionen des Zusammenlebens, das Notbremsen und Zurückkommen, regelt.

Wie verbindlich ich diese Aufforderungen meine - bei den ersten Ausflügen wird das Tier kaum Rebellion zeigen, und allein aus Freude an der Bewegung gehorchen - muss ich bei weiteren Touren durch unterstreichende Handlungen klarmachen. Bleibt der Hund auf den »Steh«-Pfiff hin stehen, kommt er auf den wiederholten Pfiff zu mir gelaufen, lobe ich ihn je nachdem, wie spontan und bereitwillig dieses Kommen geschehen ist mehr oder weniger intensiv. Sollte der Hund ein Herkommen verwei-gern, oder erst nach mehrmaligem Hin und Her reagieren, wende ich mich einfach in beleidigter Manier einige Minuten ab und lasse mich auch durch Bettelverhalten, »wieder gut zu sein«, nicht erweichen. Zeige aber Minuten später von mir aus grund-los wieder Freundlichkeit.

Im späteren Gebrauch können Sie, sofern Sie dies für notwendig erachten, die Komm-Variante des Pfeifens mit anderen eindeutigen Gesten oder Lautgebungen untermalen. Irgendwann können Sie auf die Komm-Version des Pfiffes verzichten und hierfür die beharrlich nebenher eingeführte Ausdrucksform - diese dann in eindeutiger, nur für ein Kommando zuständiger Form - verwenden. Wieder haben Sie dem Tier einen neuen Befehl beigebracht. Ohne Strafe, ohne Belohnung, ohne direkte Trainingsstunden.

Sollte der Hund einmal hartnäckig verweigern, können Sie sich nun mit sanfter Härte durchsetzen. Die Bedeutung des Befehles ist ihm jedenfalls klar. Hierbei ist hilfreich, dass ich diesem Pfeifen einen ganz jämmerlichen Klang geben kann. Auf diesen Ton hin kommen selbst viele Verweigerer doch noch angelaufen, allein um zu sehen, ob ich gerade krepiere, wo ich doch so in hündischer Manier herumjammere.

Und wenn wirklich gar nichts weiterhilft, schleppe ich den Hund mit der Leine ab. Nicht grob, aber bestimmt. Selbst bei eindeutig gegen mich gerichteter Provokation versuche ich mir immer noch ein Hintertürchen offen zu halten, bevor ich es auf ein Kräftemessen ankommen lasse.

Schritt für Schritt

Dass diesem Pfeifen ein Befehlscharakter zu eigen ist, können Sie dem Tier Schritt für Schritt beibringen. Nehmen Sie das vertraute »Lock-Pfeifen« einfach dazu her, Ihren Hund vom Spiel mit einem Artgenossen zurückzurufen. Das Tier wird Sie anschauen - und vermutlich weiterspielen. Versuchen Sie es nochmals. Untermalen Sie den Ton mit Gesten, herzukommen, sobald der Hund guckt. Schleppen Sie den Hund per Leine ab, wenn er immer noch nicht freiwillig zu Ihnen kommt.

Schon dem nächsten Pfiff in vergleichbarer Situation haftet in den Augen des Hundes ein gewisser Kommando-Charakter an.

Sich Autorität ergaunern

Nebenbei haben Sie sich damit ein Stück Autorität regelrecht erschlichen. Reagierte das Tier bei den ersten Kontakten auf diese Ihre Lautäußerung nur aus Neugier, in der Folge aus Freude, so schält sich im weiteren Miteinander mehr und mehr der Kommando-Charakter heraus, dem sich das Tier auch weiterhin unterwirft, weil es sich die gute Beziehung, die schönen Ausflüge nicht vermasseln möchte.

Mit solch individueller Lautgebung entwickeln sich ganz individuelle Umgangsformen. Kaum ein Außenstehender wird mit klassischen Befehlen Ihren Hund beeinflussen können. Auf das herrische »Hierher« eines Menschen mögen zwar viele Hunde der Gruppe herangeeilt kommen. Ihr Hund mag höchstens folgen, weil er sich den anderen Tieren anschließt. Die Bedeutung des »Hierher« hat er nie gelehrt bekommen. Bei ausgeliehenen und fremden Mitläufer-Hunden verbiegt man damit in keiner Weise den Sinn ursprünglich vom »wahren Herrn« benutzter Befehle, obwohl man alsbald über ein vergleichbares Repertoire an Lenkungsimpulsen verfügen wird.

Ausgehend von Natur aus sinnbehafteten Lautäußerungen können Sie über einige Wochen eine Ihren Bedürfnissen gerecht werdende Optimierung vornehmen. Auf ein Winseln von Ihrer Seite wird der Hund, sofern er dieses recht leise Geräusch akustisch hört, zu Ihnen kommen, um nachzusehen, warum Sie winseln. In der Anfangszeit wird er dabei den typischen, fragenden Gesichtsausdruck zeigen - große Augen, gestellte Ohren und schräggelegten Kopf.

Erhöhen Sie den hochfrequenten Pfeifanteil dieses Winselns allmählich, wobei Sie bei jedem Schritt im Toleranzbereich des Erkennens durch das Tier bleiben müssen, wird er weiter das Winseln als solches erkennen, auch wenn es sich im Laufe der Zeit von der ursprünglichen Lautgebung völlig entfremdet hat, durch den höheren Pfeifanteil eine größere Fernwirkung bekommt und vom Halter nutzbringender eingesetzt werden kann, Sie den Hund mittels des modifizierten Lautes über hundert Meter zurückbeordern können.

Man kann das Tier die Bedeutung eines Pfiffes natürlich auch von Grund auf lehren, ebenso wie ein »Nein« oder »Komm«. Aber nach obigem Schema hat man als Mensch so gut wie nichts zu tun, das Tier nichts grundsätzlich Neues zu erlernen. Man muss weder den nervenden Lehrer, noch den strafenden Tyrannen herauskehren, den Hund nicht mit Trainingsstunden ermüden.

Nach diesem Schema habe ich beinahe alle Tiere durch unsere Landschaft ebenso wie durch hektischen Stadtbetrieb gelotst. Verbalien stellten immer nur zusätzliche Spielerei ohne genutzten Kommandocharakter dar.

Spiel im Schnee - ein Flüchtling und ein Fremdling.

3.4 FORMEN STATT DEFORMIEREN

Hunde sind als Rudeltiere von der Natur gemeinschaftsfähig ausgerichtet. Da eine Gruppe eine Struktur benötigt, einen Anführer braucht, ordnet sich ein Hund zunächst einmal recht bereitwillig unter. Er wird mit steigendem Erfahrungshorizont versuchen, das Ruder der Gruppenlenkung in die eigenen Pfoten zu nehmen. Der Hund benötigt deshalb jedoch keinen unnahbaren Herrscher. Man muss ihm lediglich einige wenige Lenkungsimpulse, die er mit großer Verlässlichkeit berücksichtigen muss, verständlich machen. Niemals sollte man den Hund vorsorglich zum Niemand zerbrechen, der nur zu gehorchen, nur zu reagieren, niemals aber zu agieren hat. Ebenso wie ich das Tier in körperlicher Hinsicht nicht auf meine Wünsche zuschneide, sollte ich die Heckenschere von seinem Charakter lassen.

Der Legebatterie-Hund

Wer Menschen betrachtet und dabei auf die Gruppe der Soldaten stößt, mag zu der »Erkenntnis« gelangen, der Mensch sei zum Befehlsempfänger geboren und nur zufrieden zu stellen, wenn er kuschen kann. Wer Menschen betrachtet und auf den Beruf des Kellners stößt, des Arbeiters, des Angestellten, des Verkäufers, wird diese Erkenntnis scheinbar bestätigt bekommen: Der Mensch fühlt sich offenbar nur wohl, wenn er sich an von anderen aufgestellte Regeln halten, sich unterordnen kann, wenn er nicht selbst entscheiden muss, sondern stets stupid-blöde den Wünschen anderer nachkommen kann. Der Kellner bringt, was man bei ihm bestellt, der Arbeiter tut, was ihm aufgetragen wird, der Verkäufer verkauft Dinge, die ihm nicht gehören, kassiert dafür Geld, das er nicht ausgeben darf, unter einer Firmenpolitik, die nicht seinen Ideen entstammt. Und dennoch wären wohl beinahe all diese Menschen mit ein wenig mehr Selbstbestimmung glücklicher.

Analog ist dies beim Hund: Er ist als reiner Befehlsempfänger lebensfähig. Doch wurde er von der Natur mit allen notwendigen Voraussetzungen ausgestattet, als selbstbestimmtes Wesen zu entscheiden, zu agieren, zu handeln und nicht nur in reaktiver Form zu existieren. Sicher ist ein reiner Befehlsempfänger leichter zu führen. Ein Vorteil, den der Mensch allzu gerne in Anspruch nimmt.

Facettenreicher, wenn auch aufwändiger ist jedoch die Beziehung zu einem vollwertigen, agierenden Wesen, mit dem man die Kompetenzverteilung im Einzelfalle ausgemacht hat und nicht pauschal postuliert: Ich befehle und du gehorchst!

Ich fordere keine Menschenrechte für Vierbeiner, aber einen ihrem Wesen gerechten Handlungs- und Entscheidungsspielraum, in dem höchsten Maß, wie es die peripheren Zwänge gerade noch zulassen. Ob ich dem Hund mit dieser Forderung in jedem Falle etwas Gutes antue, ist schwer zu beurteilen. Das Huhn in der Legebatterie »lebt« auch. Der Hund in seiner Legebatterie aus Verboten, Einschränkung und Unterwürfigkeit ebenso. Doch zeigt das freilebende Huhn deutlich mehr nachvollziehbare Lebensäußerungen, offenbart in seinem ganzen Verhalten mehr Lebensfreude und Agilität, teils Genuss an seinen Handlungen. So auch der Hund, wenn man dessen klassische, repressive Legebatterie wenigstens in ein mehr oder minder voluminöses, erziehungstechnisches Freigehege umwandelt. Ein völlig schrankenloses Dasein kann man ihm nicht ermöglichen - dies erwartet er auch nicht.

Warum möchten Sie einen Sturkopf von einem Schäferhund charakterlich zerstören, wenn Sie mit ihm gar nicht auf Trüffel- oder Rauschgiftsuche gehen möchten? Ein solches Tier erscheint auf den ersten Blick vielleicht als »unbrauchbar«. Es mag auf gewisse Distanz zur menschlichen Begleitung bestehen. Wendet sich aber, wenn Sie ihm Vertrauen schenken, bei Unsicherheit und Angst genauso schutzsuchend und anhänglich an Herrchen, wie ein Hund ohne die Macke »Sturheit« in seinem Verhalten. Mit etwas mehr Geduld ist er genauso lenk- und beherrschbar.

Warum sollte ich einen solchen Hund mit vollständig funktionsfähigem Charakter zerstören, nur damit er irgendwann einer idealisierten Charakter-Norm entspricht, nur damit er Komm und Sitz-Befehle in einer ebenso althergebrachten wie für Begleithunde überflüssigen Form detailliert festgelegter Folgsamkeit ausführt? Woraus - selbst vom Profi durchgeführt - weitaus gravierendere Verhaltensstörungen in anderer Ausprägung resultieren, als es die dann beseitigte Sturheit gewesen wäre.

Die meisten menschlichen Eingriffe in komplexe natürliche Strukturen haben überwiegend negative Folgen gezeigt.

Doch möchte ich mich gar nicht auf irgendwelche Schwarzmalereien herausreden. In meinen Augen sollte man einen Freund charakterlich zu akzeptieren versuchen und nur die das Zusammenleben wirklich gefährdenden Aspekte korrigieren. Dazu zähle ich etwa eben erwähnte zögerliche Folgsamkeit mit dem individuellen Makel der Sturheit wirklich nicht.

Legt man Wert auf bestimmte Charaktereigenschaften, sollte man sich vorab mit Fachleuten beraten und nicht versuchen, ein gewähltes Tier im Nachhinein charakterlich um 180 Grad zu verbiegen. Aggressiv selektierte Hunderassen lassen sich bei »bester Erziehung« schwerlich in einen verschmusten Familienhund überführen. Ein großer, träger Lagerhund wird selbst bei höchster Motivation wohl kaum als Begleithund des begeisterten Mountain-Bike-Aktivisten glücklich werden.

ABBAUEN UND FÖRDERN

Der charakterliche Umbau des Hundes sollte sich auf ein behutsames, aber konsequentes Unterdrücken wirklich unbrauchbarer Komponenten beschränken, sowie von aktiver Förderung brauchbarer Äußerungen und gezieltem aber zwanglosem Abbau von (unbegründeten) Ängsten des Tieres geprägt sein.

In jedem Hund steckt der Jäger. Ein totes Reh nach jedem Ausflug betrachte ich durchaus als unbrauchbare Situation. Den Jagdinstinkt zu beeinflussen ist ein tiefer Eingriff in das Wesen des Hundes. Gewaltlos kann ich als Mensch beinahe nur punktuell dämpfend eingreifen. Hat der Hund eine riesige Angst vor meinen Strafen, mag er auf einen Pfiff hin vom Reh ablassen. Setze ich allein auf die gute gemeinschaftliche Basis zwischen mir und dem Hund, muss ich frühzeitig bremsend eingreifen - notfalls per Leine. Ist mein Begleiter ein begeisterter Schaf-Jäger, brauche ich ihn nicht durch mein zusätzliches, bremsend gemeintes Befehls-Gebell beinahe mehr zur

Jagd motivieren als ich ihn damit hemme. Nehme ich mir Zeit für eine Problemlösung, führe ich den Hund immer wieder einmal kontrolliert zu einem Schaf hin und lasse ihn - meine Macht, aber auch meinen Schutz im Rücken - die Situation erkunden.

Bremse ich den Katzen-Jäger noch vor dem Spurt und zeige ihm mit einer aufgelegten Hand im Nacken, dass ich mit so was eigentlich nicht einverstanden bin, korrigiere ich damit nicht den Charakter, dämpfe lediglich dessen Ausdrucksformen, die ich als nicht erwünscht einstufe. Ich verändere damit nicht das Verhalten des Tieres an sich, sondern zügle lediglich den Ausdruck in einzelnen Situationen.

In all diesen Fällen wäre ein zerbrochenes Tier für den Menschen sicher die bequemere Lösung. Man braucht nicht zu reagieren, nicht zu denken, nur ohne Rücksicht auf die Situation zu befehlen. Man erhält damit einen Hund, der das Reh zwar entdeckt, aber aus Angst vor Herrchens Strafe nicht verfolgt. Der die Katze nicht spielend jagt, weil Herrchen kein Spiel zulässt, das er nicht ausdrücklich erlaubt hat. Ein Hund, der am steilen Ufer hinab zum reißenden Wasser nicht nach seinen Möglichkeiten und Fähigkeiten zu handeln wagt, sondern nur Herrchens Befehle ausführt, sich bergab überschlägt, ein Bein bricht, im reißenden Fluss verschwindet.

Weil man ihm nicht seine Vorbehalte abgebaut, seine Fähigkeiten behutsam und selbstständig hat trainieren lassen, sondern ihm zusätzlich die Furcht vor Herrchens Unmut aufbürdet und allein mittels, nicht an den Realitäten orientierter, stupider Herrschergewalt zum Wasser gezwungen hat.

Zu ausgiebiges Beschnuffeln einzelner Duftmarken versuche ich unterwegs etwas abzubauen, dem Hund seine Ängste vor dem Gewitter in meiner Funktion als Vorbild zu nehmen. Andererseits versuche ich die Aufmerksamkeit des Hundes zu mir wie beschrieben durch gelebte Ruhe zu fördern, ebenso wie die Aufmerksamkeit der Umwelt gegenüber, indem ich das Tier weitgehend selbstständig agieren lasse und etwa auf seine eigenen Entdeckungen - eine Katze, ein Reh, ein Fuchs, ein Hase - deutlich erkennbar reagiere.

Dies setze ich an die Stelle von unterbindendem, charakterschädigendem Machtmissbrauch, der, um in diesen Beispielen zu bleiben, dem bei Fuß laufenden Hund ein Beschnuffeln irgendwelcher Dinge sowieso völlig verunmöglicht, der gar nicht auf die Ängste des Tieres eingeht, da dem Hund keine Angstreaktionen zugestanden, sondern in jeden Falle Gehorsam gefordert wird. Ebenso wie die Aufmerksamkeit Herrchen gegenüber sowieso schon von Anfang an unter der Lautstärke und Schärfe selbst der unwichtigsten Kommandos gelitten hat, der Hund in keinem Falle selbstständig agieren darf und man auf Hinweise des Tieres prinzipiell nicht eingeht, wie manche Menschen meinen, gar nicht eingehen darf.

Damit hat man in althergebrachter Manier in keinem der geschilderten Fälle regulierend, sondern lediglich unterbindend in den Charakter des Tieres eingegriffen, ohne den Eingriff quantitativ an seiner Individualität zu orientieren. Was keinesfalls eine Methode ist, mit der man die Ursprünglichkeit des Hundes, in eine für das Zusammenleben brauchbare Form gebracht, erhält.

Wobei sich sicherlich mancher Zeitgenosse fragen wird, was ich denn hier von »Ursprünglichkeit« rede, wo doch ein Hund nur funktionieren müsse. Wer legt schon Wert auf Persönlichkeit, wo doch der Hund nur Unterwürfigkeit und Gehorsam zeigen darf und alles andere für die Haltung indiskutabel ist?

INDIVIDUELLE FORMUNG

Bekommt der Hund von klein auf weder beabsichtigt noch unbeabsichtigt Feindbilder gelehrt, darf er etwa Artgenossen, wenn auch kontrolliert, so doch leinenlos erkunden und wird nicht vor jeder Begegnung barsch zurückgerissen, lässt man ihn zu Menschen hinlaufen, darf er eigentlich den Kontakt zu fast allen Lebewesen seines Umfeldes selbstständig ausmachen, hilft dies, teils unmotiviert erscheinende Aggression in seinem späteren Umgang zu vermeiden.

Der Hund, der bei Begegnungen mit Artgenossen immer grob an der Leine zurückgerissen wird, ordnet fremde Hunde alsbald zu einem gewissen Teil einer »schlechten Erfahrung« zu. Er wird entsprechend negativ und abweisend aggressiv bei künftigen Begegnungen reagieren. Ohne weiteres, gezieltes Abrichten wird er Artgenossen nicht generell zum Feindbild abstempeln, aber künftig doch scheinbar unverständlich aggressiv reagieren.

Deshalb möchte ich nochmals betonen: Eingriffe in Verhaltensweisen des Hundes sollten weitestgehend regulierend und nicht unterbindend erfolgen. Was ich als Mensch nicht verstehe, sollte ich nicht beseitigen, sondern nur in eine Form zu bringen versuchen, in der ich das Unverstandene durchgehen lassen kann. Damit vermeide ich viele unbeabsichtigte Fehler in meiner Funktion als lenkendes Element.

Vorrangig bei erzieherischen wie formenden Eingriffen sollte immer die Überlegung sein: »Stört mich das, was mein Hund da tut?« Und wenn ja, wie kann ich es mit möglichst wenig Intervention in meinem Interesse variieren?

Man sollte sich nicht in erster Linie an fiktiven Vorgaben »ein Hund hat in dieser oder jener Form zu sein und zu funktionieren«, sondern direkt am eigenen Tier, dem Umfeld und den Notwendigkeiten orientieren. Damit unterlaufen auch dem relativ unerfahrenen Halter wesentlich weniger grundsätzliche Fehler, als wenn man versucht, dem Tier irgendwelche Macken, die eigentlich nicht sonderlich störend sind, nur der »Vollständigkeit halber« in unprofessioneller Weise auszutreiben.

So individuell wie der Charakter des Hundes, so spezifisch wie sein Lebensumfeld, müssen auch die Eingriffe durch den Menschen ausfallen.

TIEFE EINGRIFFE BERGEN GEFAHREN

Die Erziehung an sich, ebenso wie die Lenkung im Zusammenleben sollte korrigierend, nicht formend eingreifen.

Je tiefer die Eingriffe in das Verhalten des Hundes ausfallen, desto ausgeprägter verfälschen Sie sein Wesen, was sich bis hin zu wirklichen Verhaltensstörungen steigern kann. Da die Lenkungseingriffe des Menschen meist unnatürlicher Ausprägung sind, mögen sich immer größere Komplikationen einschleichen, können dem Hundehalter immer weittragendere Fehler unterlaufen. Die letztlich aus dem gesunden Tier mit gesundem Charakter einen verkorksten, scheinbar unberechenbar bösen Hund machen.

»Tiefe Eingriffe«, die zu Störungen im Gesamtverhalten des Tieres führen mögen, sind meist jene Eingriffe, mit denen man dem Tier naturgegebene Aufträge unterbinden möchte. Mit denen man das Tier zwischen Grundprogrammierung und aufgesetzter Folgsamkeit einklemmt. Dies muss gar nicht gleich die Kettenhaltung sein, die dem Hund beinahe alle naturgegebenen Verhaltensweisen unterbindet. Schon bei in menschlichen Augen als Kleinigkeiten zu bezeichnenden Lappalien führt der Weg langsam aber beharrlich in den Konflikt. Je naturnähere und komplexere Verhaltenskomponenten man beseitigen oder korrigieren möchte, desto zerstörerischer greift man in das gesamte Wesen des Hundes ein. Desto unsachgemäßer zerrüttet man möglicherweise seinen Charakter, desto unberechenbarer und rebellischer wird das Tier. Man muss in der Folge mit noch mehr belastender Härte durchgreifen, womit man Charakter wie berechenbar-natürliches Verhalten weiter zerstört.

Durch geschicktes Verhalten kann man den Hund in vielen Belangen, die man lieber nicht autoritär regeln möchte, konfliktvermindert durch die Welt lotsen. Wobei Sie sich nie sagen dürfen: »Hey, ich bin doch der Mensch! Das Tier hat mir zu folgen und nicht ich habe mir Gedanken darüber zu machen, wie ich mich für den Hund am günstigsten verhalte!«

Ziel meiner Erziehung des Gebrauchshundes ist es, dass ich ein paar Werkzeuge in der Hand habe, mit denen ich den Hund bei Bedarf lenken kann. Ich möchte mir aber kein autoritätsgeschädigtes Tier erziehen, das sich unterwegs jedesmal aus Angst vor mir auf den Rücken rollt, wenn ich die Hand hebe, um mir den Schweiß von der Stirn zu wischen.

EIN SCHERBENHAUFEN

Allzuoft greift der Mensch in das Verhalten des Hundes nicht global lenkend, sondern partiell vernichtend ein, indem er versucht unbrauchbare Komponenten aus dem Charakter völlig zu eliminieren. Damit zerteilt er in sich schlüssige Verhaltensstrukturen in ebenso unzusammenhängende wie unberechenbare Einzelkomponenten.

Wer, wie bereits erwähnt, seinem Hund alle Unmutsäußerungen strikt untersagt, schafft sich damit möglicherweise einen scheinbar unberechenbar bösen Beißer, obwohl der Hund damit, streng betrachtet, lediglich anerzogene Lerninhalte umsetzt. Die Vorstufen der Ablehnung - sich Abwenden, Knurren oder ein Zähnezeigen - wurden ihm strikt verboten. Zum Beißen kam es noch nie. Irgendwo ist jedoch eine gewisse Schwelle in der Reizbarkeit des Hundes überschritten und das Tier wird beißen. Es hätte ja vorher in konfliktvermeidender Absicht seinen Unmut ausgedrückt, eine mögliche Eskalation angekündigt und mit seinem Ausweichen oder seiner Drohung zu umgehen gesucht - aber das wurde ihm ja »erfolgreich« untersagt.

Man sollte, um bei diesem Beispiel zu bleiben, besser Ursachenforschung und -beseitigung betreiben, als einzelne Komponenten auszulöschen. In welcher Situation wollte der Hund Herrchen ausweichen und hat, als man ihn nicht gewähren ließ, in der Folge geknurrt?

»Warnt« das Tier seinen Herren wegen jeder Lappalie? Dann sieht er in Herrchen nicht mehr als irgendeinen dahergelaufenen Mit-Köter, den man, allein schon um irgendwelche unbedeutenden eigenen Interessen ausleben zu können, in seine Schranken verweist. Dann wäre es angebracht, sich ein anderes Machtpotenzial aufzubauen, die Beziehung auf eine völlig andere Basis zu stellen. In diesem Falle ist das Verbieten des Knurrens in keiner Weise zielführend. Dadurch, dass der Hund vielleicht dieses eine Verbot befolgt, wächst nicht sein Respekt vor seinem Leittier, verbessert sich nicht die Beziehung zu Herrchen. Die grundlegende Ursache bleibt bestehen. Der Mensch hat nur an den Ausdrucksformen der Reaktion des Hundes auf eine falsche Haltung des Menschen zum Tier herumgebastelt und damit das Zusammenleben auf ein noch unbrauchbareres, weil nunmehr zusätzlich unberechenbares, Niveau geschoben.

Wer den Ausdruck einzelner Komponenten in kommunikativen Handlungssequenzen autoritär löscht, beraubt sich selbst wichtiger, das Zusammenleben regelnder Informationen. Wer versucht ganze Verhaltensgruppen, die ihm nicht behagen - etwa das gesamte Aggressionsverhalten, alle Verweigerungstendenzen, resultierend aus dem Rangordnungsverhalten des Tieres - vernichtend zu unterbinden, wird wohl durch härteste Erziehung den kompletten Charakter des Tieres auf ausschließliche Unterwürfigkeit reduzieren müssen. Wiederum ist man dann beim charakterlosen, unselbstständigen Marionetten-Hund angelangt ...

HERRCHENS CHARAKTER FÄRBT AB

Der Hund versucht die Verhaltensweisen seines Lebensgefährten, sei dies ein Artgenosse oder der Mensch, zu kopieren.

Eine Hündin knotet sich bei der Begrüßung jedesmal in unverwechselbarer Manier in meinen Rollstuhl hinein. Als sie eines ihrer Jungen behalten durfte, begrüßte mich Monate später dieser Nachwuchs in exakt derselben Weise. Wobei ich deutlich erkennen kann, dass es sich dabei nur um ohne wirkliche Überzeugung abgespulte, von Mami abgeguckte Verhaltensweisen handelt.

Ihrerseits übernahm die Mutter die übersteigerte Aggression ihrer Tochter zu einem gewissen Teil.

Es ist nicht nur bedeutend, in welcher Form Sie sich direkt dem Hund gegenüber verhalten, sondern ebenso zukunftsweisend, wie Sie auf die Reize aus der Umwelt reagieren, wenn Sie mit dem Tier zusammen unterwegs sind.

Wird Herrchen beim Ausflug immer nervös, wenn ihm andere Hunde begegnen, ruft er seinen eigenen Hund umgehend herbei und leint ihn gar an, signalisiert er damit seinem Tier, dass andere Hunde als Feinde, zumindest aber als Übel einzustufen sind. Damit zieht man sich im schlimmsten Falle einen Raufer heran.

Werden Sie bei der Begegnung mit Pferden von Unsicherheit befallen, können Sie sich noch so beherrscht geben, Ihr Hund entschlüsselt Ihre Körperchemie und damit Ihre wahren Emotionen. Er wird im Pferd künftig eine Bedrohung sehen, vor der man sich ebenfalls fürchtet. Er mag sich, je nach Charakter, aber auch schützend vor Sie stellen und den von Ihnen als Bedrohung signalisierten »Feind« zu bekämpfen versuchen.

Ihr konkretes Verhalten der Umwelt gegenüber in Einzelsituationen, ebenso wie Ihre gesamte charakterliche Grundstimmung wird sich im Wesen des Hundes niederschlagen. Dies kann man bewusst zur infiltrativen Erziehung hernehmen. Geben Sie sich bewusst ruhig, in jeder Situation beherrscht und selbstsicher, wird auch Ihr Hund kein nervöses, hektisches, ängstliches Wesen. Er lernt sicher viel durch eigene Erfahrung, aber ebenso massiv durch Sie als sein Vorbild.

Welche Auswirkungen das Verhalten des Leitmenschen seiner Umwelt gegenüber auf den begleitenden Hund zeitigt, verdeutlicht mir etwa folgende Erfahrung: Bleibe ich bei einem Ausflug im Winter unentwegt mit dem Rolli im Schnee stecken und bin stimmungsmäßig schon wieder kurz vor dem Super-Gau, nach außen aber - nach meiner eigenen Meinung - immer noch »beherrscht«, ist eine Begleithündin aufs Äußerste verunsichert. Sie bleibt deutlich auf Distanz zu mir und kommt nur immer wieder einmal hektisch zu mir gelaufen, um mit tastendem Anstubsen und unterwürfigem Verhalten meine Aggressivität abzuschätzen, gegebenenfalls zu mildern. Im späteren Verlauf eines solchen Ausfluges ist sie selbst ebenfalls zu anderen Menschen und Tieren deutlich aggressiver als sonst.

Offensichtlich bezieht der Hund die Stimmungen seines Herren immer zu einem Großteil ursächlich auf sein eigenes Verhalten, ordnet sie nach einiger Zeit als tagesaktuelle Grundhaltung ein, die er selbst übernimmt und reflektiert.

Aus solchen und ähnlichen Erfahrungen heraus wage ich zu behaupten, dass ein cholerisch orientierter Mensch sich auch bei freundschaftlichster Haltung und Erziehung einen mehr oder minder aggressiven Hund formen wird. Ganz unabhängig davon, dass er sich wohl schon bei der Wahl seines Tieres eher zu den aggressiveren Rassen hingezogen fühlen mag.

EIN ABBILD DER INDIVIDUALITÄT IN DEN EIGENEN CHARAKTER INTEGRIEREN

Im Zuge einer geglückten Einstimmung auf das Tier gehört für mich immer dazu, individuelle Facetten in seinen Ausdrucksformen und seinem Verhalten zu kopieren, in meine eigenen Handlungen zu integrieren. Dies nicht nur im direkten Umgang mit dem Tier, sondern auch - bei Anwesenheit des Hundes - im Umgang mit der Umwelt.

Jeder Hund lebt angeborenes Verhalten in individueller Weise aus. Sei dies die eigenwillig schräge Kopfhaltung, mit schielendem Blick bei aufmerksamem Misstrauen gegenüber sich nähernden Kühen, seien dies Haltung und Bewegungen bei Begegnungen mit Menschen oder Artgenossen. In diesen Situationen versuche ich, in brauchbaren Teilbereichen, nicht etwa indem ich die Aggression eines notorischen Beißers kopiere, mich ein wenig so zu geben wie der Hund, mit dem ich unterwegs bin.

Übernehme ich dabei anfangs nur mehr oder weniger auffällige Äußerlichkeiten im Verhalten des Begleittieres, so schlagen diese, anfangs nur (unpassend) aufgesetzten Handlungen bei konsequenter Fortführung, bis in mein Denken hinab durch und werden - dann schon viel passender und recht schlüssig - in mein Verhaltensbild dem Begleithund gegenüber integriert. Selbstverständlich sind sie leider mit dem zugehörigen menschlichen emotionalen Background behaftet. Doch selbst wenn ich mit dieser neben den Tatsachen liegenden, weil verbogen interpretierten Weise auf das Verhalten des Hundes teilweise analog antworte, unterstützend oder hemmend reagiere, treffe ich damit meist recht gut ins Schwarze, auch wenn ich dabei mehr auf Intuition denn auf rationales Denken zurückgreife.

Inwieweit das Ganze lediglich eine effektlose Macke meinerseits ist, kann ich nicht beurteilen, da ich mich im Umgang mit jedem Hund so verhalte, mir also ein Vergleichswert fehlt. Allein auf meiner Seite hat ein solcher Kopierversuch unbestreitbar die Konsequenz, dass ich mich noch intensiver mit dem Tier beschäftige, auf seine Ausdrucksformen und Verhaltensweisen eingehe, mich noch detaillierter mit der Individualität des Tieres auseinandersetze. - Und dieses gewonnene Datenmaterial wenigstens - ganz ohne »esoterischen Hintergrund« - in mein rational bestimmtes Handeln und Lenken integrieren kann.

Nach gemeinsamer Flucht, Siesta am See - bei 35° C.

Ein Mustercharakter (?)

Folgende bewusst gelebte Charakterstruktur hat sich bei mir für den Umgang mit Hunden bewährt.

Einerseits versuche ich, eine schon an Lethargie grenzende, stoische Ruhe auszustrahlen. Beginnt es unterwegs zu stürmen und zu gewittern, beschleunige ich nicht einmal mein Tempo. Begegnet uns ein geifernder Straßenhund, reagiere ich nicht auf diese Anmache. Man versucht nicht auszuweichen, zu fliehen, sich zu verstecken, sondern zeigt dem Hund, dass man sogar Blitz und Donner - und blöden Artgenossen - gewachsen ist. Man sucht keinen Unterschlupf. Man ist so erhaben, dass ein Rückzug vor Naturgewalten, sowie vor dem vorbeirasenden Zug und dem Düsenjet über dem Kopf völlig indiskutabel erscheint.

Zusammen sind der Hund und ich eine Gruppe. Es gibt nur uns und den Rest der Welt. So werden »die anderen« auch behandelt. Untereinander hingegen herrscht Zuneigung, gegenseitiges Interesse. Man gibt sich Tipps und Hinweise, hilft sich. Man teilt Nahrung, läuft gemeinsam, rastet gemeinsam, nimmt deutlich erkennbar Rücksicht auf die Bedürfnisse, Möglichkeiten und Wünsche des anderen.

Aggressionen werden untereinander, wie nach außen hin, nicht aktiv begonnen, sondern lediglich reaktiv beantwortet. Schlägt sie mir entgegen, schlage ich vehement zurück. Nach außen wie nach innen.

Ich beweise dem Tier Können und Erfahrung in Belangen, die für mich als Mensch kein Problem darstellen, für den Hund aber von schrecklich bis lebensbedrohlich reichen, wie etwa das simple Überqueren stark befahrener Kreuzungen. Zeige Können, indem ich einen dreifach gespannten Stacheldraht, ohne mich dabei zu verletzen, mit zwei Fingern für den Hund soweit hochziehe, dass er unten durchschlüpfen kann. Für mich eine Bagatelle, für den Hund eine (bewunderte?) Unmöglichkeit.

Nie kehre ich dem Tier gegenüber eine Herrscherposition hervor, die mir dann konsequent weitergeführt, ein Miteinander, ebenso wie ein simples Spiel mit dem Tier eigentlich verbieten würde. Nach außen abwehrend und schützend gelebte Härte, nach innen ein fürsorgliches Miteinander, sehr dezent garniert mit teils unerbittlicher Unnachgiebigkeit, wenn es um die Einhaltung meiner spärlich eingesetzten Steuer-Kommandos geht. Untereinander wird kommuniziert, nicht kommandiert. Unter den hier geschilderten Bedingungen, die man dabei berücksichtigen sollte, um nicht jede Stimmgewalt in der Beziehung einzubüßen. Zeigen Sie dem Hund im Umgang mit der Umwelt, dass Sie »der King« sind, dann müssen Sie sich nicht in niederträchtiger Weise Ihrem Hund gegenüber als Herrscher beweisen.

Ich lasse neue Hunde im Umgang mit mir zunächst einmal in ein indifferentes Charakterloch stürzen: Von allem biete ich etwas, äußere jedoch keinen Charakterzug hervorstechend ausgeprägt. Bis ich nach einigen Dutzend Stunden des Umganges ein auf den Hund zugeschnittenes Charaktergerüst auslebe. Teils bestehend aus Kopien der Individualität des Tieres, teils mit korrigierenden Gegenkomponenten versehen. Einem aggressiven Tier lebe ich weniger Aggression vor. Einem der Umwelt recht ängstlich gegenüberstehenden Hund zeige ich Aggression und Selbstsicherheit in meinem eigenen Umgang mit der Umwelt.

Dieses Bild, das in allen Belangen vom Hund registriert und in seiner Bedeutung eingeordnet werden kann, gibt offenbar eine recht passable Leitfigur ab, der sich Rüde wie Hündin teils schon exzessiv bereitwillig anschließen.

PRÄGENDES UMFELD

Charakterformende Auswirkungen zeitigt das gesamte Umfeld, in dem der Hund aufwächst und lebt.

Ein Tier, das auf dem Land bei Ausflügen um den Hof herum von allen Leuten gestreichelt wird, das frei entscheiden kann, ob es sich im Heustadel, im Stall oder auf den Feldern aufhält - solange es dabei nur in der Nähe des Hofes bleibt - wird zutraulicher und umgänglicher werden, als ein Tier in einer fiktiven gleichen Situation, das aber von allen Nachbarn angegiftet und fortgescheucht wird, weil sie etwa einen freilaufenden Schäferhund generell als vermeintliche Bedrohung für ihren Nachwuchs betrachten und abwehren.

Landhunde, die sich spielenden Kindergruppen anschließen und ins Spiel integriert werden, entwickeln dem Menschen gegenüber eine viel offenere Einstellung, als Stadttiere, die schon eine deutlich spürbare Anfeindung in Gestik, Haltung und Geruch bei all den sie umgebenden Menschen wahrnehmen, wenn sie nur das Bein zum Pinkeln heben.

Dem Landhund können die Menschen aller Altersgruppen seiner Umgebung beinahe ein natürliches Rudel ersetzen. Ein solchermaßen aufgewachsener Hund sieht dann in seinem »Hauptherrchen« mehr als einen ihn ausschließlich einengenden Faktor. Hat er doch das soziale Miteinander mit dem Menschen nicht durch aufgepfropfte Erziehung, sondern durch erlebte Erfahrung bis in den Feinschliff hinab »passiv«, durch Erleben, gelehrt bekommen.

Dieses Makro-Umfeld können Sie kaum großartig beeinflussen. Erzeugen Sie aber doch wenigstens ein positives »Mikro-Umfeld« in Ihrem persönlichen Zusammensein mit dem Tier unter den hier geschilderten Aspekten der Partnerschaft. Ein Hund der erfahren kann, dass er seinem Halter Partner ist, dass er in der Familie Mitglied und nicht Haustier ist, lässt sich bereitwilliger in den notwendigen Bereichen lenken. Einfach im Vertrauen auf die Fähigkeiten und das Wissen seines »Vorgesetzten«.

SEIEN SIE EINFACH SIE SELBST!

Viel öfter als man denkt, führt unüberlegte Natürlichkeit weitaus effektiver zum gleichen erzieherischen Ziel, als ein unnatürliches, vom Lehrer selbst erst zu erlernendes Lehrverhalten.

Bleibt der Hund am Straßenrand nicht selbstständig stehen, sondern macht noch einige Tapper auf die Straße hinaus, werden Sie automatisch sehr schnell sehr laut und sehr zornig eingreifen, sich den Hund am Halsband schnappen, zu sich her reißen.

Dazu brauchen Sie keine Bücher lesen, keine Hundeschule besuchen. Je öfter der Hund diese Ihre natürliche Reaktion auf seine Aktion erfahren konnte, desto genauer wird er sich künftig in solchen Situationen an Ihnen orientieren.

Sie werden ihn am Straßenrand immer noch am Halsband festhalten. Er wird alsbald - noch am Halsband inhaftiert - ohne Zerrerei beinahe vorbildlich bei Fuß die Straße überqueren. Klar, weil er derzeit gar nicht anders kann.

Etwas später werden Sie vielleicht das erste Mal schlichtweg vergessen, ihn am Straßenrand festzuhalten. Sie sind unachtsamer, aber auch freundlicher geworden. Der Hund wird sich deshalb vorbildlich zentimeterweit von Ihnen entfernt bei Fuß orientieren, weil er gesehen hat, nur dann bleiben Sie freundlich und er leinenlos frei.

So führte diese Lernsituation einfach aufgrund der natürlichen Reaktionen beider unterschiedlicher Wesen aufeinander und ohne explizit erlernter, aufgesetzter Verhaltensweisen zu einem für beide Parteien brauchbaren Konsens - ohne dass man sich großartige Gedanken über das Wie der Erziehung, über das Lernverhalten des Hundes und das Lehrverhalten des Erziehers machen musste.

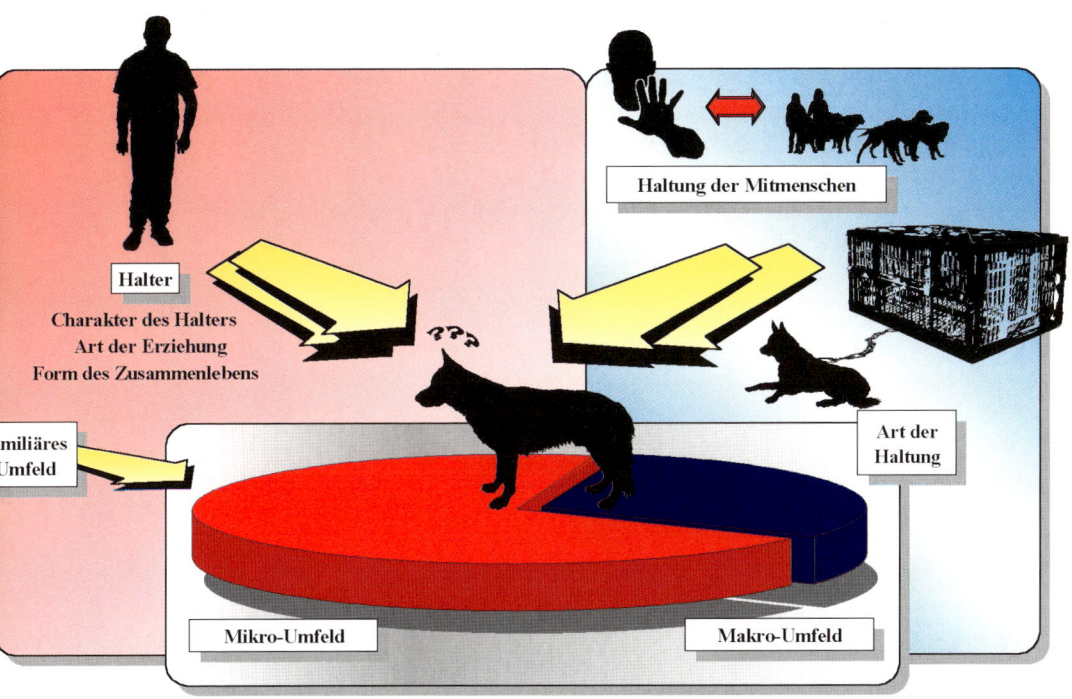

Prägendes Umfeld.

3.5   DIE KLEINEN SIGNALE

Anhand vieler kleiner, zumeist unbeabsichtigt vom Menschen gesandter Signale kann der Hund öfter als man denkt die Gemütszustände seines Herren sehr verlässlich ablesen.

Die größten »kleinen Signale« sind die der chemischen Art. - Ich sprach sie schon im Kapitel 'Täuschung schwer möglich' an.

Ebenso zuverlässig vom Tier lesbar ist das, in Abhängigkeit des emotionalen Zustandes geänderte Gesamtverhalten des Menschen. Das ein wenig zu schnelle Zurückweichen, das der zur Schau getragenen Selbstsicherheit, mit der man seine Ängste zu kaschieren versucht, widerspricht. Die hektischeren, rastloseren Bewegungen, die nichts anderes als eine unterschwellige Bereitschaft zur Flucht und Abwehr ausdrücken. Selbst aus leichtem, unterschwelligem Zittern, was sich bis in die menschlichen Tonäußerungen hinein niederschlägt, erkennt der Hund folgerichtig eine Unsicherheit seines Gegenüber.

Gerade diese von der Ratio des Menschen oft unkontrollierten Signale sind die teils speziesübergreifenden Mitteilungen, die der Hund, ohne die Bedeutung gelehrt bekommen zu haben, korrekt interpretieren kann. Man sendet sie kontinuierlich, was zu einem kontinuierlichen Lernen beim Tier führt. Woraus es seine Möglichkeiten zur Rangordnungsverbesserung abzuleiten versucht, indem es Zurückweichen oder gar Furcht bei Herrchen ohne dessen Wissen entschlüsselt. Ein permanentes Lernen, das man aber ganz gezielt zur Stärkung des Tieres einsetzen kann. Fürchtet man sich als Mensch vor dem lauten vorbeidonnernden Lastwagen, dem Heißluftballon über dem Kopf eben nicht, bekommt das Tier über die kleinen von Ihnen gesandten Verhaltensfacetten vermittelt, dass man sich vor solchen Dingen wohl wirklich nicht zu fürchten braucht, wenn Sie als Vorbild dies schließlich auch nicht tun.

Da man die Körperchemie und kleinste Verhaltenskomponenten nur sehr schwer unter willentliche Kontrolle zwingen kann, bleibt einem als Mensch, um schlüssig zu erscheinen, nur der Versuch, ganz bewusst zu empfinden, was man ausdrücken möchte. Ein Loben des Hundes - obwohl er sich vielleicht gerade wirklich vorbildlich verhalten hat - sollte man besser unterlassen, wenn man aus anderen Gründen gerade buchstäblich »stink«sauer ist. Hier hat sich bewährt, lieber keine rational verbogenen Signale zu senden, als dem Hund eine gewaltige Diskrepanz zwischen Emotion und Verhalten vorzusetzen.

3.6   EIN BEISPIEL FÜR WECHSELSEITIGE
KOMMUNIKATION UND INTERAKTIVES LENKEN

Wie Sie die bisher besprochenen Ausdrucksformen und Verhaltensweisen im praktischen Gebrauch einsetzen können, soll Ihnen das folgende Beispiel ein wenig verdeutlichen. Die Details einer kontinuierlichen Erziehung müssen sich immer am aktuellen Verhalten des Tieres und seinem Grundcharakter orientieren und situationsbezogen stark variiert werden. Hierzu muss man in der Lage sein, die vom Tier aktuell gesandten Signale einzuordnen. Ich möchte dies am Befehl »Komm« näher erläutern.

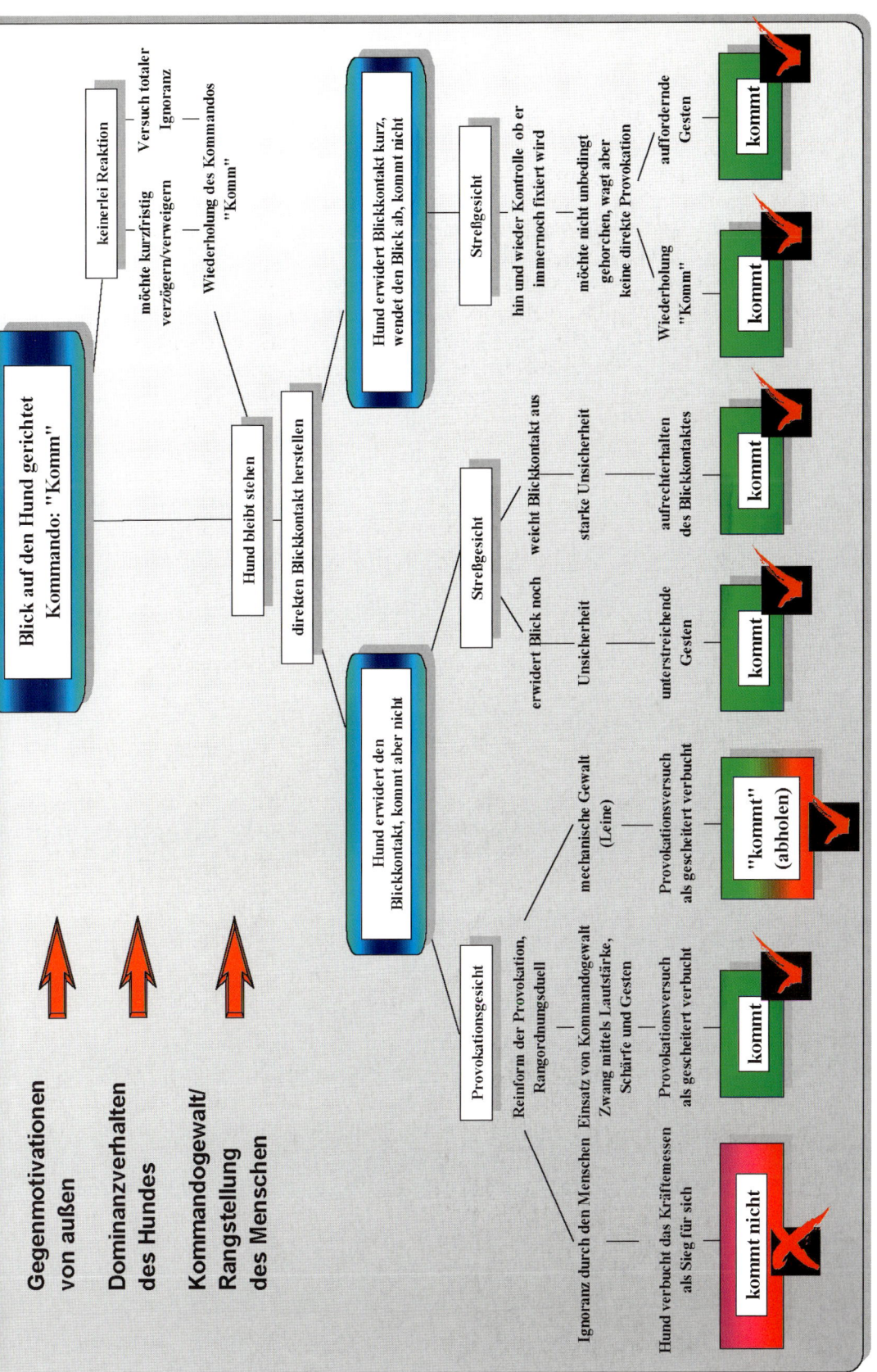

Wechselseitige Kommunikation.

Sie haben den Befehl »Komm«, dessen Bedeutung das Tier kennt, unterwegs mehr oder weniger grundlos gegeben, weil Sie den Hund zu sich herbeordern möchten.

Während Sie »Komm« sagten, haben Sie sich möglicherweise zum zurückgefallenen Tier umgedreht und es angesehen. Ist der Hund stehen geblieben und erwidert Ihren Blick ohne ihm auszuweichen, legt er es auf Ärger an. In diesem Falle wäre ein Abwenden und Weitergehen Ihrerseits - meine Ignoranz-Behandlung - ein Fehler. Das Tier wird sich zwar anschließen, aber auf der gehabten Distanz bleiben und das Kräftemessen als Sieg für sich verbuchen. Hier wäre es sinnvoller, den Hund mit Lautstärke und Gesten, vielleicht mit Leine, zu sich zu zwingen, um solche bewusste Provokation im Keime zu unterbinden.

Bleibt das Tier nach dem Kommando »Komm« stehen, sieht Sie an, blickt aber sofort zur Seite, wenn Sie seinen Blick erwidern, kontrolliert in der Folge nur flüchtig, ob Sie ihm immer noch in die Augen blicken, deutet dies auf den Gedanken »Ich habe schon verstanden, was du willst und ich sollte auch kommen. Aber lass es mir doch durchgehen, nicht zu kommen, wenn es nicht unbedingt sein muss!« hin. Welche Gründe der Hund dafür auch immer haben möge. Hier kann schon eine Wiederholung des Befehles in freundlichem Tonfall, untermalt mit unterstreichend auffordernden Gesten zum Erfolg führen.

Befindet sich der Hund in wenigen Metern Entfernung und reagiert auf Ihr »Komm« in keiner sichtbaren Weise, versucht er »auf doof« zu machen. Nach dem Motto »Was ich nicht gehört habe, kann ich auch gar nicht befolgen!« Dies mag er versuchen, weil er einfach noch schnell fertig schnuffeln wollte und er sowieso plant, sich nach kurzer Verzögerung ohne weitere Aufforderung zu Ihnen zu gesellen. Es kann aber ebenso versuchte totale Ignoranz sein, was bei Wiederholung des Befehles zum Stehen bleiben und einem der beiden ersten Fälle führen mag.

Sieht der Hund kurz auf und führt seine unterbrochenen Handlungen umgehend unbeeindruckt weiter, ohne versuchte weitere Kommunikation von seiner Seite, betrachte ich dieses Verhalten hingegen als offene Provokation. Drückt der Hund doch damit nichts anderes aus als »Ich habe schon gehört was du willst, es stört mich aber gar nicht. Ich zeige dir sogar, dass ich deine Wünsche mitbekommen habe. Ich habe es aber gar nicht nötig, einen auf dumm oder taub zu machen, sondern kann ganz demonstrativ provokant verweigern.«

Totale Ignoranz ohne Reaktion ist meist von recht kurzer Dauer, von einem unaufgeforderten Anschließen gefolgt.

Das anschließende, oft entschuldigend unterwürfige Verhalten steht einer bewussten Provokation in diesem Falle eigentlich entgegen.

Ein völliges Ignorieren der Verweigerung wäre in jedem Falle falsch. In allen Fällen sollten Sie das Tier loben, wenn es doch noch gekommen ist. Je nachdem wie spontan es reagierte, mehr oder weniger ausgeprägt. Genauso sollten Sie, wenn Sie den Hund wirklich zwangsweise abschleppen mussten, ihn Ihren Unwillen spüren lassen. Nicht indem Sie schlagen oder schimpfen. Stinken Sie einfach grantig vor sich hin.

Etwas mehr Details ...

Haben Sie gelernt, feinere Signale bei Ihrem Tier zu lesen und zu interpretieren, können Ihnen diese Aufschluss darüber geben, ob Sie sich in der aktuellen Phase der Auseinandersetzung auf dem richtigen Weg befinden.

Nochmals zum allererstem Fall, in dem das Tier stehen bleibt und stur den Blick-Kontakt erwidert. Diesmal etwas genauer unter die Lupe genommen.

Trägt der Hund dabei den Kopf hoch aufgerichtet, die Ohren gestellt, die Augen weit geöffnet, den Mund geöffnet, mit nicht allzu weit nach hinten gezogenen Mundwinkeln, ist dies die eindeutigste Form der Kommunikation, mit der er ausdrückt: »Wenn du mich willst, musst du mich schon abholen, du Weichei!« Hier wird Ihnen wirklich nur (Leinen-)Zwang oder Drohung weiterhelfen.

Sind die Ohren seitlich abgestellt oder angelegt, der Kopf auf Halbmast, zeigt er damit seine Unsicherheit. Er möchte sich schon gerne stur geben und sich mit Ihnen anlegen, ist sich seiner Sache aber nicht ganz sicher. Der Hund ringt mit sich selbst, ob er nicht vielleicht doch kommen sollte. Hier greift ein Weitergehen Ihrerseits und ein Ignorieren der Verweigerung. Haben Sie das Tier schon einmal »abgeschleppt«, mag ein schneller Schritt auf den Hund zu, mit vielleicht auffällig demonstrierter, pendelnder Leine vor seiner Nase, ihn dazu bewegen, doch noch von sich aus zu Ihnen zu kommen. Oft reicht ein zusätzliches aufforderndes Nicken mit dem Kopf in dieser Situation aus, sich durchzusetzen.

Sieht der Sie aufmüpfig anglotzende Hund zur Seite weg und zieht die Mundwinkel bei leicht geöffnetem Kiefer weit zurück, signalisiert er, dass er bereits so weit unter Stress steht, dass er möglicherweise schon freiwillig angetrabt kommt, wenn er wenige Sekunden später wieder zu Ihnen hersieht und bemerkt, dass Sie seinen Blick immer noch erwidern. Vielleicht demonstrativ böse.

In jedem Falle haben Sie deutlich mitgeteilt bekommen, wie Sie in der Meinung des Tieres dastehen. Damit haben Sie für jeden einzelnen Fall die Möglichkeit, angepasst und moderat, aber nichtsdestoweniger situationspassend entschlossen zu reagieren.

Nach dem Duell

Die Form des Verhaltens, nachdem das Tier zu Ihnen gekommen ist, gibt ebenfalls gewaltige Aufschlüsse über seine Motive, weshalb es zögerte, über sein derzeitiges Befinden und darüber, was Sie für den Hund - aus seiner Sicht - darstellen.

Der aggressive Verweigerer, der sich nur »kulanter Weise« auf Befehl hin zu Ihnen gesellt, mag ganz bewusst nicht bis direkt in Ihre Greifweite kommen und mit seiner Verweigerungs-Provokation auf dem letzten Meter vor Ihnen nach gleichem Schema erneut beginnen. Ihm gehört der Kopf gewaschen.

Das Zeigen von Unterwürfigkeit, wenn der Hund nach kurzer Verzögerung kommt, kann beinahe schon als Entschuldigung eingestuft werden. »Ich weiß ich muss kommen. Ich wollte aber noch zu Ende schnuffeln. Jetzt bin ich da. Kommt nicht wieder vor. Dafür muss ich mich auf den Rücken rollen und du darfst mich in den Bauch beißen!«

Zeigt das Tier solche Unterwürfigkeit, nachdem es spontan bereits Ihrer ersten Aufforderung Folge leistete, sollten Sie ihm gegenüber verstärkt den gleichgestellten Freund herauskehren. Solche Unterwürfigkeit mag zwar brauch- und benutzbar, ebenso wie ausnutzbar sein. Diese Kriecherei berührt mich aber peinlich. Ich möchte einen Freund, keinen Sklaven.

Der provokante Verweigerer wird von mir für den Rest des Ausfluges völlig ignoriert, außer er beginnt unterwegs, intensiv um Zuneigung zu betteln. Dass solch »globale Ignoranz« wirkt, zeigt sich zudem in einer stürmischeren Begrüßung zu Beginn des nächsten Ausfluges, gepaart mit vorbildlicher Folgsamkeit unterwegs.

DETAILS OHNE ENDE

Man könnte dieses Beispiel bis zum Exzess weiterführen. Noch detailliertere Informationen über Gemütszustand und Absichten erfährt man beispielsweise dadurch, dass man den Zeitraum betrachtet, in dem der Hund dem Blickkontakt ausweicht, wann und in welcher Form er die Ohren anlegt, wie das Wechselspiel all dieser Detail-Komponenten in welcher Quantisierung zusammengestellt ist. Wie sich Schwanz-, Ohren- und Körperhaltung im Verlauf eines solchen Kräftemessens verändern. Dies sind jedoch Details, die man schwer theoretisch studieren und für den Praxisgebrauch sowieso nicht alle im Kopfe behalten kann. Die man einfach intuitiv nach Jahren des Umganges mit Hunden erfasst und nutzbringend beantwortet.

DIE VORGESCHICHTE - GEGENMOTIVATIONEN VON AUSSEN

Nicht nur die Ausdrucksformen, mit denen der Hund seine Sturheit untermalt, sind ergebnisbeeinflussend für den Ausgang eines solchen Duells. Bereits die unmittelbare Vorgeschichte kann den Verlauf einer solchen Konfrontation massiv beeinflussen, erfordert bei gleichen Signalen von Seiten des Hundes andere Reaktionen von Seiten des Halters.

Verweigert der sonst folgsame Rüde das Kommen in einer der beschriebenen Formen, weil er Duftmarken einer läufigen Hündin entdeckt hat, dann ist dies dem Tier eher nachzusehen, als ein Verweigern aus reiner Sturheit. Stehen der Folgsamkeit im ersten Falle naturgegebene Programmierungen im Wege - hat man eine Spur entdeckt, ist der Versuch an die läufige Hündin heranzukommen naturgegeben höher motiviert, als eine Folgsamkeit dem Herren gegenüber -, handelt es sich im zweiten Falle um die weitaus weniger motivierte, doch deutlich störendere Grundprogrammierung, an der Rangordnung zu rütteln, was man mit scharfem Befehl leichter durchbrechen kann und im eigenen Interesse tun sollte.

Die Vielzahl zu berücksichtigender Faktoren, die dem Menschen sensorisch teils gar nicht zugänglich sind - War da eine Hündin? -, lässt den Hund in seinem Verhalten oftmals inkonsequent, unlogisch und unberechenbar erscheinen. Wäre man in der Lage, wirklich alle Facetten zu berücksichtigen, würde man feststellen, dass er meist vorausbestimmbarer handelt, als dies manche moderne Computer tun. Diese scheinbare Unberechenbarkeit verwenden viele Leute als Argument, man müsse dem Hund alle eigenmächtigen Handlungen untersagen. Hier beginnt aus Unwissenheit das Miteinander massiv zu bröckeln. Ich versuche, manche Reaktionen des Hundes, die ich nicht verstehe, auch nicht zu »ahnden«.

Dies stellt wieder eine gewisse Gratwanderung dar. Man kann oft kaum entscheiden, inwieweit das Tier einer Programmierung folgen musste und inwieweit es sich - einer anderen Programmierung gehorchend - lediglich mit mir anlegen wollte. Weshalb ich wieder betonen muss, dass es sich lohnt, mit Vertrauen eine auf Gegenseitigkeit beruhende, offene Basis zu schaffen. In einer solchen wird unverständliches Handeln des Tieres nur äußerst selten ausschließlich vom Versuch der Provokation geleitet sein.

Wie stark situationsabhängig die Aussage einzelner Kommunikationskomponenten im Handeln ist, mag etwa folgendes Beispiel verdeutlichen.

Mein »Pfeifwinseln« wird von den Hunden als Äquivalent zum »Komm«, als Hinweis, nicht als verbindliches Kommando gelernt, verstanden und bei Ausflügen im Handeln beantwortet. Nun kann der oben beschriebene Fall, in welchem der Hund auf das »Komm« stehen bleibt aber nicht herkommt, den Blick sofort zur Seite abwendet und immer wieder kontrolliert, ob ich versuche, den Blickkontakt aufrecht zu erhalten, wenn ich ihn aus seinem häuslichen Bereich zum Herkommen zu mir auffordern möchte, bedeuten: »Habe schon verstanden. Möchte auch gerne kommen. Traue mich aber nicht.«

Dies Verhalten stellt dann keine Provokation mehr dar, keine Verweigerung, sondern ist lediglich Ausdruck des Zwiespaltes, ob der Hund meinem Hinweis auf einen möglichen schönen Ausflug Folge leisten und zu mir kommen soll, oder ob er Herrchens einschreitende Autorität mehr fürchtet, falls er sich unerlaubt entfernt.

Eigentlich ist dieser kommunikative Ausdruck seines Konfliktes dennoch kein eigenständiger Sonderfall. Mit diesen Handlungen drückt der Hund - wie im vorangegangenen Text dargestellt - wiederum aus: »Habe schon verstanden, was du willst, aber erlaube mir doch ausnahmsweise, nicht zu gehorchen!« In diesem Falle, weil er die drohende Knute eines repressiven Herren im Genick weiß und mit diesem nicht in Konflikt geraten möchte. Die Verweigerung ist also ursächlich von Gegenmotivationen durch äußere Umstände provoziert und nicht intern gegen die Gruppe, gegen mich, die hinweisende Person, gerichtet.

Lasse ich eine solche Form der »Verweigerung« ohne weitere Aufforderungen oder Konsequenzen »ungesühnt« durchgehen, hatte dies nie einen Autoritätsverlust bewirkt, dem Tier bestenfalls signalisiert, dass ich mich der höheren Gewalt - und nicht seinem Willen - ebenfalls gebeugt habe.

Wohlgemerkt sind dies alles angeborene Verhaltensweisen der Kommunikation, kein erlerntes Verhalten. Diese non-verbale Beschreibung seiner momentanen Situation, seiner eigentlichen Wünsche, seiner diesen entgegenstehenden Ängste verklausuliert in das beschriebene Verhalten, finde ich beim eineinhalbjährigen Schäferrüden genauso wie bei der vierjährigen Labrador-Mix-Hündin oder dem siebenjährigen Bernersenn-Schäfer-Mix-Rüden.

VORAUSSETZUNG: DER VOLLWERTHUND

All diese Detail-Spielchen funktionieren nur dann in korrekter informationsaustauschender Weise, wenn Sie das Tier nicht von Grund auf fürchtet und eigentlich nur deshalb mit Ihnen unterwegs ist, weil Sie es - möglicherweise mittels Leine - dazu gezwungen haben.

Das Argument, dass ein »hart erzogener«, eingeschüchterter Hund einen »Komm«-Befehl gar nicht ignorieren wird, lasse ich nicht gelten - die Praxis lehrt anderes. Ein solches Tier wird Ihnen im Falle einer Verweigerung aber keine Signale senden, keine Hinweise übermitteln, die auf seine Motivationen schließen lassen. Sie können nicht erkennen, ob dies reine Provokation oder was immer sonst war. Alle Ausdrucksformen werden sich auf geduckte Fortbewegung und angelegte Ohren reduzieren, die jeglichen Mitteilungscharakter über die aktuelle Lage eingebüßt haben. Womit Sie sich jeder Möglichkeit berauben, adäquat auf das Verhalten des Tieres zu reagieren und auch künftig gezwungen sind, weiterhin nach der Brecheisen-Methode zu arbeiten. Ein Teufelskreis, aus dem man versuchen sollte, schleunigst auszubrechen oder auf den man sich besser gar nicht erst einlässt.

3.7   WANN MIT DER ERZIEHUNG BEGINNEN?

Lernen kann der Hund in jedem Lebensalter. Da es sich bei den hier beschriebenen Methoden weder um ein Ausbilden noch um ein gezieltes Abrichten, sondern um ein behutsames Lenken handelt, können Sie damit jederzeit beginnen, sobald der Welpe seiner Mutter weggenommen wurde.

In den ersten Lebenswochen stellt der Hund ein unbeschriebenes Blatt dar, das man einfacher nach eigenen Interessen beschriften kann. Ein erwachsener Hund hat eine Unzahl eigener Erfahrungen gemacht, die man möglicherweise erst ausradieren muss, bevor man sie behutsam überschreiben kann. Deshalb greift auch meine sanfte Lenkung im jungen Alter effektiver. Bei einem erwachsenen Tier muss ich unliebsame Erfahrungen erst durch eine langfristige Vorbildfunktion und viele gute Erfahrungen, die ich dem Tier vermittle, ausbügeln.

Allerdings lebt man in den ersten Lebenswochen etwas aneinander vorbei. Der Welpe zeigt noch kein großartig individuelles Verhalten, keine Drohmimik, kein Verlegenheitsgesicht. Er saugt vielmehr mit großen Augen und einer an Fahrlässigkeit grenzenden Weltoffenheit alle Informationen aus seiner Umgebung in sich hinein. Durchläuft dabei einige Prägungsphasen, die der Mensch ihm sowieso, etwa durch zeitlich unsachgemäße Trennung von Mutter und Geschwistern, versaut hat.

In diesen ersten Wochen benötigt er von Menschenseite eigentlich nur Knuddeleien und abwartende Freiheit. Tut er etwas, was er nicht tun soll, schubst man ihn sacht beiseite, nimmt ihm den Gegenstand, den er nicht zerkauen soll, einfach weg. Geht er irgendwo hin, wo er nicht sein soll, schiebt man ihn zurück.

Man braucht nicht den jungen Hund gleich an das Schwimmen, das Eisenbahnfahren, das Fliegen mit dem Hubschrauber zu gewöhnen. Erschwert wird das Lernen im Alter nur dadurch, dass das Tier mit steigendem Alter mehr Möglichkeiten hatte, zu diesem und jenem Thema schlechte Erfahrungen zu sammeln und es der Welt generell nicht mehr so offen und unbelastet gegenübersteht wie der Welpe. Aber auch einen erwachsenen Hund können Sie noch nachträglich an das Schaukeln im Schlauchboot gewöhnen. Auch einen erwachsenen und auf Verbalien ausgebildeten Hund können Sie problemlos auf eine Kommunikation mittels vertrauter Körpersprache »zurückschulen«.

Fast alle Hunde jeden Alters sind mittels dieser sanften Methoden im Verhalten meist korrigierbar.

DAS ANTIAUTORITÄRE VERSTÄNDNIS DES AUTORS

Wenn ich auch scheinbar unentwegt ein antiautoritäres Miteinander betone, so ergibt sich dennoch in jeder Form des Zusammenlebens aus verschiedensten Situationszwängen heraus die Notwendigkeit, Autorität hervorzukehren.

Man muss einem Tier, das an allen Unternehmungen teilhaben darf, beibringen, wie man ohne Herrchen allein vor dem Supermarkt wartet. Gegebenenfalls muss man den Hund ganz »autoritär« und unerbittlich die ersten Male anleinen und heulen lassen. Man muss das Tier vor der Straße, auch gegen seinen Willen, stoppen können. Oftmals wird man ihm ein Spiel mit einem Artgenossen vermasseln und es aus Termindruck unter Befehls- oder Leinenzwang abschleppen müssen.

Man ist im täglichen Umgang so oft gezwungen »durchzugreifen«, dass das eigentliche, ebenso bewusste wie unnötige Ausleben von Macht, rein um des Erziehens willen, nicht nötig ist. Sehen Sie mein »antiautoritär« als »antiautoritär soweit als möglich« an. Bauen Sie keine zusätzlichen künstlichen Situationen auf, um dem Tier Ihre Autorität zu beweisen. Man sollte den Hund nicht mittels Autorität an sich binden, sondern ihm viele (mögliche) Freiheiten lassen. Ihm solche nicht allein deshalb verbieten, »weil man einem Hund immer beweisen muss, wer der Herr ist«.

Mit »antiautoritär« meine ich also keineswegs, dass der Hund unentwegt entscheidet, was er tun und lassen darf. Es darf nicht bedeuten, dass man dem Hund eine Verweigerung wichtiger Kommandos durchgehen lässt, nur um den ganzen Tag im »Friede-Freude- Eierkuchen«-Modus zusammenleben zu können. Ich habe die (wenigen) Grenzen, die ich dem Tier auferlegen muss, nachdrücklich zementiert. In einzelnen Bereichen muss ich in sanfter Unnachgiebigkeit eingreifen. Andererseits braucht man aber ebenfalls nicht explizit herauszukehren, dass alles Wollen und Dürfen immer erst die Zwischenstation über Herrchens Zustimmung durchlaufen muss, dass jede Handlung des Hundes einer menschlichen Erlaubnis bedarf.

Ein anderes Wesen leiden lassen, ihm gezielt Schmerzimpulse zukommen zu lassen, nur damit es mich als höherrangige Lenkungsfigur akzeptiert und meinen ihm unverständlichen Wünschen nachkommt, ist nicht mein Stil. Jahrelange Erfahrung zeigt, es geht auch anders. Heult der Hund laut auf, leidet er sicher nicht immer schon Höllenqualen. Jeder Hund weiß, dass man sicherheitshalber schon viel früher losschreit, damit der Widerpart seine Gemeinheiten einstellt noch lange bevor es wirklich weh tut. Man kann aber nahezu alle Formen der Folgsamkeit allein mittels

Freundschaft erzwingen, ohne auf die Gewalt- und Unterdrückerschiene zurückgreifen zu müssen, ohne dass es jemals zu solchem Präventiv-Heulen überhaupt kommt.

Ich wähle ganz bewusst das Wort »erzwingen«, denn auch im freundschaftlichen Umgang tut der Hund Dinge, die er eigentlich nicht tun würde - der Mensch nennt dies dann Folgsamkeit - nur aus einem Zwang heraus. In diesem Falle dem Zwang, sich die Freundschaft nicht leichtfertig zu verspielen, die vorteilsbringende Gruppe nicht wegen der Verweigerung einzelner Handlungen zu zerstören.

Zwang ist in jedem Falle notwendig. Kein Lebewesen auf diesem Planeten tut irgendetwas ohne Zwang. Der Mensch geht nur auf die Toilette, weil die Blase drückt und nicht weil ihm das Urinieren Spaß macht. Selbst die Dinge, die man unternimmt, scheinbar allein »weil sie eben Spaß machen«, tut man aus einem Zwang heraus, das innere Bedürfnis nach Spaß zu befriedigen. Nur meine Formen, den Hund unter Zwang zu setzen, unterscheiden sich um Welten von denen der althergebrachten Umgangsformen in der Hundeerziehung. Mein Umgang unterscheidet sich also keinesfalls im Grundsätzlichen an sich, sondern lediglich darin, wie ich diese in unserer Zivilisation unvermeidlichen Grundsätzlichkeiten in Folgsamkeit und Unterordnung vermittle und die Einhaltung verschiedener Notwendigkeiten durchsetze. So gesehen übe ich ebenfalls Zwang auf den Hund aus und kehre Autorität hervor.

In meinem »Miteinander« herrscht nicht weniger Unerbittlichkeit, nur weniger Härte. Nicht weniger Konsequenz, nur weniger Aggression, weniger Überwachung und quantitativ weniger ausgeübte Lenkung. Ich versuche damit eine Gruppe zu etablieren, deren Zusammenhalt nicht darauf basiert, dass ein Part sich schlichtweg nicht traut, diese Gruppe zu verlassen. Ganz davon abgesehen, dass ein »gruppenloser« Hund sowieso keine Chancen hätte, das Tier dies auch weiß, deshalb enorm viel zu erdulden bereit ist und sich erst unter schlimmsten Misshandlungen aufmacht, sich selbst eine neue Gruppe zu gründen oder sich anderweitig anzuschließen. Der Gruppenzusammenhalt muss aus dem gegenseitigen Interesse der Individuum untereinander erwachsen.

Das »antiautoritär« darf also nicht als zügelloses, lenkungs- wie kontrollloses Zusammenleben verstanden werden. Viel mehr umschreibt es, mit wie viel Einfühlungsvermögen, Rücksicht, um nicht zu sagen Eleganz, man die zwingenden Zügel führen kann, um zu einer Form des Zusammenlebens zu gelangen, die auf Gegenseitigkeit basiert.

Ente oder Seehund?
Sie kommt an keinem Gewässer vorbei
ohne wenigstens einmal abzutauchen

216

4 GUTE UMGANGSFORMEN UND GEGENSEITIGE RÜCKSICHTNAHME

Die Beziehung zum Hund besteht nicht allein aus Lehren und Erziehen. Diese Aktionsfelder sollten vielmehr zeitlich begrenzte Events und punktuelle Ereignisse sein. Eine Partnerschaft wird davon gekennzeichnet, was man in welcher Form miteinander unternimmt, wie man - nicht nur in Auseinandersetzungssituationen - miteinander umgeht und sich gegenseitig akzeptiert.

Man kann die Beziehung zum Tier nicht allein durch falsche Erziehung oder Haltung zerstören. Ebenso effektiv wird sie durch Ignoranz, mangelnde Rücksichtnahme und überzeichnete Herrschergebaren vernichtet. Ein Umstand, der manchem Halter erst gewahr wird, wenn sich das Tier trotz scheinbar vorbildlicher Haltungssituation, trotz bester Erziehung immer widerspenstiger, ablehnender oder ängstlicher gibt.

Mein praktiziertes Miteinander setzt sich aus einer Unzahl von Verstößen gegen die klassische Form des Zusammenlebens mit dem Hund, wie man sie allerorts gepredigt bekommt, zusammen. Meine Form des Zusammenlebens mit dem eigenen Hund sowie mit zahllosen Fremdhunden muss für den Hundetrainer in den meisten Bereichen eine mittlere Katastrophe darstellen, ist aber dennoch von überraschender Funktionalität geprägt und führt zu einer überaus engen wie stabilen Bindung.

Ich versuche den Hund niemals zu zwingen, sondern stets zu überzeugen. Selbst das hauseigene Tier soll glauben, es lebe freiwillig mit mir zusammen. Deshalb setze ich ihm keine uneinsehbaren Lehrstunden vor, sondern lasse ihn infiltrativ aus dem Alltag lernen, direkt an den Notwendigkeiten und seiner Individualität orientiert, nicht mittels eines Pauschalprogrammes aus Hundeschule oder Erziehungsbuch.

Teils gezielt von mir provozierte Extremerlebnisse mit dem Hund zusammen machen aus einer Haltungssituation eine Partnerschaft, verwandeln eine lockere Partnerschaft in ein untrennbares Team. Sei dies die zeltlose Übernachtung im Allgäuer Schneesturm oder der Mehrtagestrip mit Biwak-Sack. Situationen, in denen der Hund Natur wie ein wildes Tier erleben (erleiden?) kann, in denen viele Vorbehalte gegenüber der anderen Seite bei Hund wie Mensch aufgelöst werden, da man kurzzeitig gegen den gemeinsamen Feind Natur und ums Überleben kämpft. Doch ebenfalls bei den alltäglichen Routineausflügen entscheide ich zusammen mit dem Tier. Wie lang die Pause ausfällt. Wie lang die Tour wird. Ja, sogar - sofern ich dies zulassen kann - welche Abzweigung wir unterwegs wählen. Ich bin mit dem Hund unterwegs, nicht gegen ihn. Deshalb orientiere ich mich sehr detailliert an der aktuellen Konstitution des Hundes unter den aktuellen Temperaturen und anderen peripheren Einflüssen. Ein anhänglicher Hund läuft, bis er auseinander bricht. Ein Kollaps jede

Woche verdirbt ihm jedoch den Spaß an den Ausflügen. An mir, dem intelligenteren und führenden Part liegt es deshalb, den Hund nicht ständig zu überfordern. Leistungsgrenzen möchten ausgelotet und hin und wieder ausgeschöpft werden - das freut auch den Hund.

Ständige Überforderung des Tieres durch Streckenlänge, Tempo oder Temperatur ist dem gemeinschaftlichen Umherziehen äußerst abträglich. Ich lasse mich nicht vom Hund ausbremsen oder überfordern, überfordere aber ebenso den Hund nicht. Der Hund muss sich selbstständig an mir orientieren, aber nicht all sein Handeln bedarf einer expliziten Genehmigung durch mich. Je mehr Unsinn man dem Tier verbietet, desto mehr Unsinn staut sich in seinem Kopf an, der ausgelebt werden will - und wird! Und dieser Rückstau bricht sich, sofern man ihn nicht rechtzeitig kanalisiert, meist im unbrauchbarsten Moment Bahn. Und nur der Hund selbst kann zeigen, wann er welchen Unsinn ausleben möchte. Ich raube ihm nicht durch ständige Überwachung seine Selbstständigkeit und Eigenständigkeit im Handeln, beschneide beides erziehungs- wie lenkungstechnisch aber soweit, dass wir in unserer dichtgedrängten Zivilisation nicht ständig anecken. Ich greife in sein Handeln nur in Situationen ein, in denen ein Eingreifen überlebensnotwendig ist, das Spiel zweier Hunde entgleitet oder der Halter, der uns begegnet bissiger noch ist, als sein Vierbeiner. Niemals schreite ich jedoch aus reiner Lust am Herrschen oder allein zum Frust des Hundes ein. Ich bin dem Hund Heimathafen, in dem er sich sicher fühlen darf. Er muss erfahren können, dass er sich stets mit seinen Wünschen und Ängsten an mich wenden darf. Er findet dann bei mir Spiel, Schutz aber auch Ablehnung.

In jeder Beziehung zu jedem Hund ziele ich stets auf Aggressionsabbau ab, ohne mich dadurch vom Hund dominieren zu lassen. Der intelligente Mensch braucht Zähnezeigen nicht mit Erschießen ahnden. Ebenso verstoße ich gegen den vermeintlichen Grundsatz, man müsse dem Hund verschiedene schikanöse Spielchen antun. Ihm etwa dargereichtes Futter oder einen Knochen allein aus Lust am Frust sofort wieder wegnehmen, den jungen Hund im Festzelt bewusst vor der 100.000-Watt Box stationieren oder ihn gezielt in der Sonne im Pkw überbacken, damit er für die nächste Wüstentour atombombensicherer Begleithund ist. Ein präventives Training für alle denkbaren Extremsituationen ist für den Gebrauchshund ebenso überflüssig wie schikanöses Unterordnungstraining. Man geht gemeinsam durchs Leben, nicht in den Einsatz.

In vielen Einzelfällen zeige ich dem Tier, dass ich ihm Freund, Helfer und Vorbild bin, dass ich ihn allein aufgrund meines größeren Überblickes hin und wieder lenke und nicht zum Ausleben meiner Herrscheralüren durch die Welt dirigiere. Ich motiviere positiv und erzwinge nicht Gefolgschaft, zeige Interesse an seinen Hinweisen, ebenso wie er sich über meine Tipps freut.

All diese Rücksichtnahme schlug sich stets rasch in einer eisernen Bindung, sowie in einem extremen Beschützerinstinkt nieder. Man wird vom Hund regelrecht vereinnahmt. Beachtet man diese Kleinigkeiten der Rücksichtnahme nicht, bringt dies das Tier nicht um. In ihrer Summe missachtet können sie den Menschen aber zu einem für den Hund unbrauchbaren Wesen machen, mit dem das Tier nur erzwungenermaßen zusammenlebt. Ich unternehme lieber Ausflüge mit einem Freund, als mit einem für alle unwahrscheinlichsten Fälle vorbereiteten Tier, im Wesen zerbrochen, im Verhalten gestört, als einzig sozialem Signal noch der Zeichen der Unterwürfigkeit mächtig.

4.1   RÜCKSICHT NEHMEN - NICHT VERZIEHEN

Mein Miteinander darf nicht mit einem allumfassenden »Verhätscheln« gleichgesetzt werden. Es gibt immer klare Grenzen zwischen dem, was ich will und was der Hund in eigener Entscheidung tun oder lassen darf. Selbst wenn ich mir aus Rücksicht einige Grenzen dem Tier gegenüber auferlege.

Wer sein Tier verhätschelt, gräbt sich selbst das Wasser ab. Er wird sich bald von dem ernähren müssen, was ihm der Hund bei Tisch übrig lässt, kann das Bett nur noch benutzen, wenn sich Bernhardinerchen ausnahmsweise dazu entschließt, in seiner Hütte zu übernachten und kann unterwegs froh sein, wenn der Hund sich wenigstens an einer Weggabelung mit der Richtungswahl seines »Herren« einverstanden erklärt hat. Was in dieser Ausprägung auch keine brauchbare Form des Zusammenlebens sein kann.

4.2   EROBERN, NICHT ERZWINGEN

Den Sinn all dieser Kleinigkeiten, die mir im Zusammenleben mit dem Hund wichtig und zielführend erscheinen, kann man auf eine Kernaussage reduzieren:

Ich versuche stets, mir das Tier zu erobern, es von mir zu überzeugen und nicht, es mittels Zwang an mich zu binden.

Es soll dem Hund immer so erscheinen, als beruhe der Kontakt zu mir und dessen Aufrechterhaltung unterwegs, bei mir Zuhause oder im Zelt, allein aufgrund beiderseitiger, freier Entscheidung. Jeder Fremd-Hund weiß im Umgang mit mir zu jeder Zeit, er könnte sich ungestraft von mir trennen und würde dadurch eigentlich nichts verlieren, als den Kontakt zu mir. Offenbar scheint aber gerade diese, durch nichts erzwungene Bindung an mich, den Hunden dermaßen wichtig zu sein, dass sie nicht nur auf viele Eigenmächtigkeiten verzichten, sondern sich vorbildlich gehorsam und lenkbar zeigen.

4.3   ERWIDERUNG IN HÜNDISCHER FREUNDLICHKEIT

Gute Umgangsformen in einer funktionierenden Beziehung werden vom Hund auf seine Art mit freundlicher Höflichkeit beantwortet.

Hat sich einer meiner Schäferhund-Begleiter - ein erwachsener Rüde - die »unverschämte Freiheit« herausgenommen, sich ohne explizite Erlaubnis bei der zweistündigen Mittagspause an einem Bergsee von unserem Lagerplatz mehrere hundert Meter zum Spiel mit Kindern zu entfernen, kommt dieser überaus selbstständige, teils recht sture Hund nach einer halben Stunde ungerufen zu mir zurück und streift mir mehrmals in entschuldigender Weise seitlich mit dem Kopf an Brust und Schultern entlang.

Weiß man um die entschuldigende Bedeutung, mit der ein Labrador-Mix, nachdem sie der davon sausenden Katze einfach nicht widerstehen konnte, dem Menschen mit angelegten Ohren seitlich über das Gesicht leckt - eine besänftigende Geste, mit der die Einsicht in eine Verfehlung, das Überschreiten einer Grenze und Entschuldigung ausgedrückt wird - wird man dieses scheinbar unpassende, störende Lecken dem Hund künftig nicht mehr verbieten, da man ihm mit diesem Verbot eine wichtige soziale Ausdrucksform rauben würde.

An solchem Verhalten kann man erkennen, dass man mit einem immer noch sozial intakten Tier unterwegs ist, das im Menschen ein Mitwesen sieht, mit dem man sich zu kommunizieren traut und bei dem sich diese Kommunikation sogar lohnt. Solche Gesten, diese offen sichtbare soziale Intelligenz auf Seiten des Hundes, der seine Situation, seine Handlungen und sich abzeichnende individuelle Reaktionen des Partners offensichtlich weitaus besser abschätzen und einordnen kann, als man ihm dies zutraut, schweißen zusammen. Sie lassen aus der sterilen Halter-Hund-Situation eine freundschaftliche Bindung wachsen.

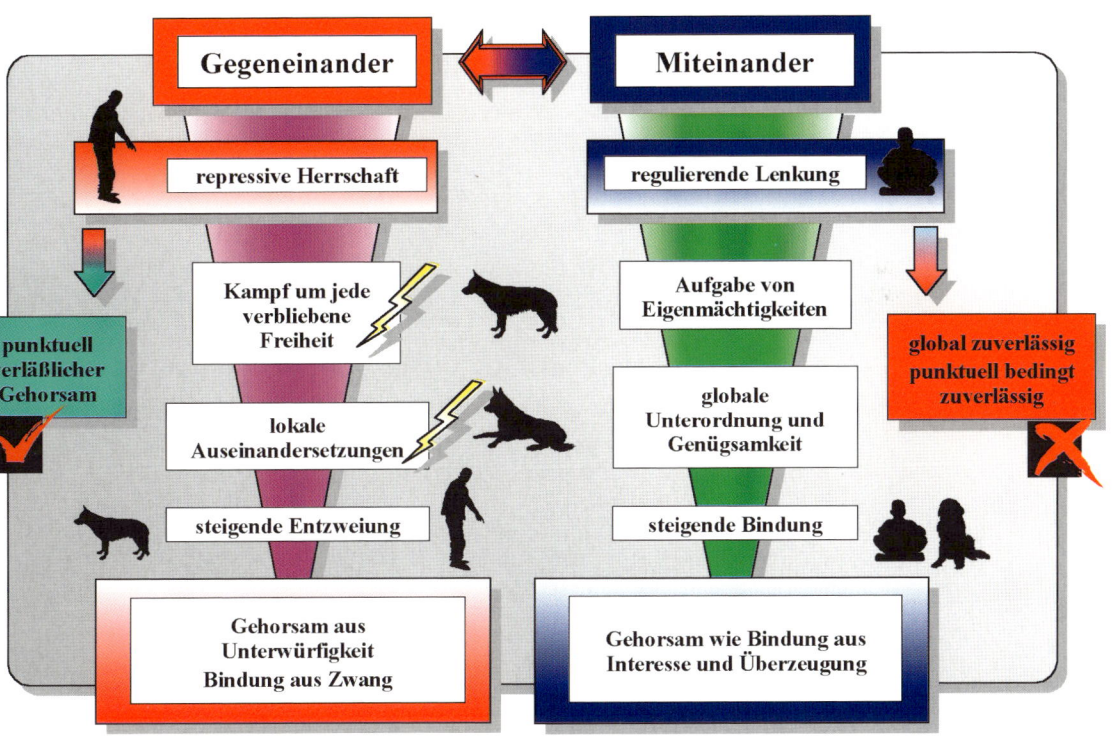

Herrschen oder Lenken? Vor- und Nachteile im Vergleich.

5 WAS BRINGEN ALL DIESE UMSTÄNDLICHKEITEN?

Nun, all die beschriebenen »Umständlichkeiten« bringen Ihnen den Vorteil, dass Ihnen die Erziehung eben keine zusätzlichen Umstände macht. Sie erfolgt nebenher im täglichen Umgang aus dem sich Hinweise und Kommandos herausschälen, die das Zusammenleben regeln. Alle nötigen Lenkungsimpulse und jede Menge darüber hinaus gehende Detailkommunikation lässt sich ohne separate Trainingssequenzen durch die Hintertüre einschleifen. Bei geschickten Lehrkonstrukten unterwegs, unter Ausnutzung passender Situationen, brauchen Sie sich keine Gedanken über künstlich generierte Motivationen beim Hund zu machen, er wird seinen Antrieb in kürzester Zeit aus dem erfahrbaren Schutz schöpfen, den Sie ihm gewähren, offen sein für weiteres Lernen und ausgeprägte Folgsamkeit.

Darüber hinaus erhalten Sie sich einen vollwertigen Hund, der sich große Teile seines individuellen Charakters hervorzukehren traut. Einen Partner, der gut und ver-

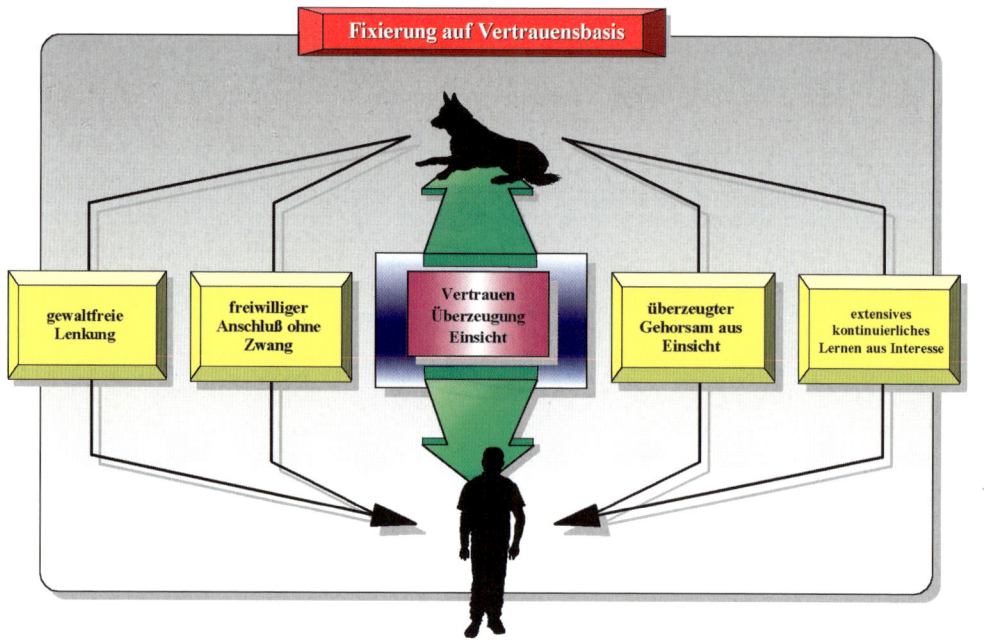

Fixierung auf der Basis des Miteinander.

lässlich lenkbar, dabei aber kein unterwürfiger Kriecher ist. Es entsteht ein Zusammenleben mit Eigeninitiative auf beiden Seiten, das weitaus abwechslungsreicher ist, als die übliche Einbahn-Straßen-Beziehung »Ich-steuere-dich-und-du-gehorchst!«

5.1   DIE VORTEILE GEGENSEITIGEN VERTRAUENS

Schafft man beim Hund eine breite Vertrauensbasis in das eigene, menschliche Verhalten, in die nötige Lenkung, herrscht man transparent und nicht rücksichtslos unnahbar, wird sich der Hund aus Einsicht in die sich ergebenden Vorteile bereitwillig unterordnen. Der Nutzen der Kommandos wird erkannt. Teils nicht einsehbare Impulse werden im globalen Vertrauen auf die Fähigkeiten des Leitmenschen befolgt. Da der Hund dadurch selten unter nicht begreiflichem Zwang steht, sich in seiner Freiheit recht wohl fühlt, wird er weniger intensiv versuchen, durch Rangeleien, Verweigerung und Provokation an dieser Rangordnung, die derzeit für ihn mehr als nur tragbar ist, zu rütteln.

Lebt man dem Hund eine Einstellung vor, in der er erkennen kann, man braucht vorübergehende Schwäche nicht zu verbergen, Unmutsäußerungen werden von Herrchen als solche verstanden und nicht als Aufmüpfigkeit aufs Härteste bestraft, öffnet sich der Hund seinem Halter gegenüber. Man kann noch früher regulierend eingreifen, im Verhalten des Hundes besser lesen und ist vor vielen bösen Überraschungen sicher, da sich bereits lange Zeit vorher im Verhalten des Tieres eine offen gezeigte Entwicklung abzeichnet.

Bei durch äußere Umstände erzwungener, falscher Lenkung erweist sich eine breite Vertrauensbasis ebenfalls vorteilhaft.

Das Wesen des Hundes ist ein sehr fragiles Gebilde, das von Menschen oft durch oberflächliche Betrachtung der scheinbar sehr undifferenzierten Ausdrucksformen des Hundes als undifferenziert und plakativ verkannt wird. Im Zusammenleben entstehen immer wieder Situationen, in denen man durch äußere Umstände gezwungen ist, sich völlig falsch zu verhalten. Dabei ist einzig hilfreich, wenn die ganze bisherige Beziehung schon immer auf einem festen Fundament positiver Ausprägung gestanden hat.

Hat sich der Hund die Pfote verletzt oder ist ein Streuner gar angefahren worden und trug dabei Knochenbrüche davon, können die ärztliche Behandlung sowie die anschließende Weiterbehandlung durch den Halter vom Vertrauenspool zehren. Herrchen kontrolliert in der Genesungszeit den Sitz der Schiene am verletzten Bein, was dem Hund möglicherweise wirklich weh tun. Herrchen hat Verbände oder Schiene gar entfernt und doch wieder angelegt. Da dem Hund sein Bein vorher wohl noch nie so weh getan hat, bezieht er diese Schmerzen ziemlich sicher auf das ihm unbekannte Ding an seinem Bein - das von Herrchen neu »montiert« wurde. Herrchen schimpft, wenn der Hund in angeborenem Verhalten die Wunde »behandelt«. Herrchen brüllt, wenn der angeschlagene Hund den Verband abnagt und sich selbst die lästigen Fäden aus der Wunde reißt. Hier wird unausweichlich Vertrauen verbraucht.

Zur Genesung wird ein solcher verletzter Streuner eingesperrt. Doch dies bringt ein Tier, das in geschlossenen Räumen ohnehin von klaustrophobischen Anfällen geplagt wird, zusammen mit den Schmerzen, die es irrtümlicherweise seinem Beschützer unterschieben mag, beinahe zur Verzweiflung. Herrchen tut weh. Herrchen bindet Dinge an den Körper, die weh tun, wenn man sich bewegt. Herrchen lässt einen gar nicht mehr hinaus - selbst Gassigehen findet nur noch in peinlicher Manier im eigenen Garten statt.

Kein Wunder also, wenn nach solchen Begebenheiten massive Verhaltensänderungen auftreten. Das Tier mag vom Menschen so enttäuscht sein, dass es gar zum scheuen Angstbeißer wird. Und dies, obwohl objektiv betrachtet der Mensch nur das Beste für seinen Hund unternommen hat.

Gutgemeinte Hilfsmaßnahmen sind fast immer mit vom Hund nicht verstandenem Zwang und damit einer Belastungsprobe der Beziehung verbunden. Man kann in der Folge nur versuchen, die in den Grundfesten erschütterte Beziehung wieder zu stabilisieren, wieder eine voll funktionsfähige Vertrauensbasis zu schaffen. Hilfreich dabei ist, wenn schon vormals eine breite partnerschaftliche Beziehung vorhanden war.

5.2   KRIECHER ODER SCHLEIMER?

Weniger vulgär gefragt: Möchten Sie sich ein verängstigtes Tier schaffen, das Ihnen aus Sorge um seine Gesundheit Gehorsam leistet, oder lieber einen Hund, der sich aus Interesse ebenso wie aus egoistischem Vorteilsdenken Ihnen anbiedert?

Der harte Tyrann, der hauptsächlich mittels negativer Impulse formt, erzieht und lenkt, bildet sich ein sklavisches Wesen heran, das nicht aus Vertrauen in die Fähigkeiten oder den Sinn der Lenkung, nicht aus Einsicht und Verständnis, sondern allein aus Sorge um seine körperliche Unversehrtheit gehorcht.

Wer seine Lenkungsimpulse mit direkter - etwa Futterbelohnung - oder indirekter Belohnung - etwa das Ausbleiben negativer Aktionen als positives Feedback für Folgsamkeit - durchsetzt, ist weitaus mehr darauf angewiesen, den Sinn und Unsinn seiner Forderungen dem Tier klarzumachen. Er wird sich eingangs erwähnten »Schleimer« heranziehen. Besonders Hündinnen neigen dazu, beinahe schon aufdringlich um Lenkung und Einschränkung zu betteln. Nach dem Motto: »Lieber Mensch, verlange doch endlich wieder einmal etwas Unverständliches von mir, damit ich dir einmal mehr zeigen kann, wie vorbildlich ich dir doch folgen möchte!«

In solch einer Beziehung steht man als Wesen im Vordergrund, nicht als Funktion. Ein solcher Hund wird nicht zum Flüchtling, weder aus Angst - er braucht ja keine Strafe zu fürchten - noch weil er sich auf die Suche nach einer engen, funktionierenden, sozialen Bindung begibt - diese findet er Zuhause vor. Ein solcher Hund ist genauso verlässlich lenkbar, wie ein Tier, dem man die Verlässlichkeit buchstäblich eingeprügelt hat. Er traut sich, eigene Gedanken und Vorstellungen in die Beziehung einzubringen, Eigeninitiative zu entwickeln. Er bleibt damit in allen Facetten ein eigenständiges Wesen, dessen störende Eigenheiten man aber dennoch problemlos zügeln kann.

Der »Schleimer« wagt zwar, eigene Ideen zu leben. Wird er der Missbilligung des Halters zu seinen eigenmächtigen Taten nur ansatzweise gewahr, verzichtet er jedoch bereitwillig auf weitere solcher Aktionen. Er möchte es sich mit seinem Freund nicht verderben. Er möchte gefallen.

Eine Hündin, die weder zu Herr noch Hof eine emotionale Bindung verspürt, die keine Abrichtung oder Erziehung genoss, ist als ständiger Flüchtling im Kontakt zu mir ganz versessen auf Lenkungsimpulse jedweder Art. Sie versucht jeden Gesichtsausdruck, jedes Augenzwinkern, jede Geste, jede Handlung von mir einzuordnen und akzeptiert solche Ausdrucksformen nach wenigen Wiederholungen als gültiges Kommando. »Befehle«, mit denen ich selbst Aktionen, die ihr wirklich Spaß machen - etwa Katze, Fuchs oder Reh hinterher zu jagen - unterbinden, abbrechen oder umlenken kann.

Ein erwachsener Schäfer-Rüde, der von Zuhause Zwangsmaßnahmen jeder Ausprägung, vom Verprügeln mit der Kette, bis zur stundenlangen Einzelhaft im lichtlosen Keller (»Der Hund muss schließlich wissen, wer der Herr im Hause ist!«) kennt, ist - bei Aufgriffen nach Flucht oder unerlaubten Freigängen - durch mich auf Orientierungsbasis problemlos zu lenken. Er sucht den freundschaftlichen Kontakt zu mir. Um diesen nicht wieder einzubüßen, ist er im Gegenzug für Lenkung, wenn schon nicht so deutlich »dankbar« wie obige Hündin, so doch widerstandslos bereit, dieser zu folgen. Zum Erhalt, zur Verbesserung der Beziehung, zur Festigung der Bindung ist auch er, da er mich nur als sichtbar erfahreneres Wesen akzeptieren gelernt hat, ebenfalls eigeninitiativ bereit, Gesten, Lautäußerungen und Handlungen von meiner Seite einzuordnen und zu befolgen. Werkzeuge zur Lenkung, die ich ihm, im Gegensatz zu seinem Halter, nicht einprügeln musste.

HINTERHÄLTIGER RAUB

Der Mensch kann in diesem Zusammenhang Naturgegebenheiten überoptimieren. Pochen Sie nicht ausschließlich auf Rangordnung und Unterwürfigkeit. Zeigen Sie dem Hund in erster Linie, dass das Leben Spaß machen kann. Dass das Leben ganz besonders mit Ihnen zusammen Spaß macht. Und dass dieser Spaß ungetrübt bleibt, wenn sich der Hund sichtbar an Ihnen orientiert. Dann wird das Tier den Aufbau einer, den Ansprüchen des Menschen gerecht werdenden, funktionierenden Gruppenstruktur in offener Bereitwilligkeit unterstützen. Der Hund wird sich ohne Druck an die sich etablierenden Umgangsformen halten und sich damit - dummer Hund, der er ist - selbst eines großen Teiles seiner Selbstständigkeit, Freiheit und Eigenmächtigkeit im Handeln berauben. Ohne dass Sie als Halter zum Räuber werden mussten und der Hund Sie als eigentlichen Dieb seiner Freiheit erkennen konnte.

Das Ergebnis ist ein ebenso folgsamer wie lenkbarer Hund, der Sie darüber hinaus jedoch als Freund und Animateur kennen und schätzen gelernt hat. Ein Tier, das immer im Glauben lebt, ein Großteil der Unterwürfigkeitsinitiative ginge freiwillig von ihm aus und resultiere nicht aus einem mehr oder weniger vernichtenden Druck von Menschenseite.

5.3 VERTRAUEN ZÄHLT MEHR ALS GELEBTER GEHORSAMKEITSDRILL

Eine Hündin eines Bauernhofes, die sich mir anschließt, sobald sie mich erblickt, bricht den Kontakt zu mir während der Begrüßung ab, wenn Herrchen ruft. Ist von diesem unbeaufsichtigt jedoch ein ihm gegenüber »absolut treuloses« Tier. Was mir jedesmal wieder verdeutlicht, Vertrauen ist mehr als gelebter Gehorsam.

REPRESSIVE HÄRTE FESSELT - VERTRAUEN VERBINDET

Herrchen kann dieses Tier zwar mit Gewalt an sich binden. Mit Überzeugung und absoluter Verlässlichkeit unterwegs schließt sie sich jedoch mir an. Dies zeigt, wie wichtig es ist, das Tier nicht mit Kommandogewalt an sich zu binden, sondern ihm viel Interessantes - etwa bei Ausflügen - in einer weitest möglich zwanglosen Form zu zeigen, Spaß an der Bewegung zu bieten, eine Partnerschaft zu leben, die kein Gegeneinander ist und eine Lenkung zu praktizieren, die nicht auf Unterwürfigkeit, Zwang und Härte baut.

Solche und ähnliche Fälle zeigen mir, dass das Tier entgegen anderslautender Meinung, einen Freund dem Herrscher vorzieht. Dass es nicht nach dem Unterdrücker lechzt, sondern vielmehr ein abwechslungsreiches Miteinander schätzt. Nicht nur Hündinnen sind bereit, in einem solchen Miteinander auf breiter Front nahezu alle Eigenmächtigkeiten aufzugeben und sich selbstständig an den leitenden Menschen zu binden. Ein selbstloses Unterordnen, dass man teils nur mit großer Hartnäckigkeit wieder dämpfen kann.

Ein Tier, das mit einem abwechslungsreichen, interessanten Zusammenleben auf freundschaftlicher Basis ausgelastet ist, würde einen »Fremdling«, der ich im obigen Falle bin, vielleicht begrüßen, sich ihm aber nicht anschließen.

TOBSUCHT AUS FREUNDSCHAFT

Und wenn ein anderthalb Jahre alter Schäferhundrüde trotz Intervention des Halters innerhalb einer knappen Minute eine zwei Meter hohe Gartentüre aus Holz in tausend Einzelteile zertrümmert, nur um mich begrüßen zu können, dies ohne dass ich ihn gerufen habe, einfach nur, weil er mich selbstständig entdeckte, darf ich wohl davon ausgehen, dass das Tier in mir einen Freund und keinen Herrscher sieht. Ebenso wie ich annehmen darf, dass er, wenn er auch scheinbar diesen Eindruck beim Halter erwecken mag, wohl alles andere als zufrieden mit seiner momentanen Haltungssituation ist.

Wird er von seinem herrischen Halter einmal mehr aus dem Tierheim abgeholt, versucht er gar einen auf Ignorieren zu machen und beginnt äußerst auffällig, scheinbar interessiert in irgendwelchen Ecken herumzuschnuffeln und sich unauffällig immer weiter zu entfernen.

Mich beeindrucken solche vehementen Ausbrüche von Anhänglichkeit. Eine freiwillige Anhänglichkeit, die sich in speziell diesem Fall völlig zwanglos innerhalb viel zu weniger gemeinsamer Ausflüge entwickelte.

ZWANG FUNKTIONIERT - VERTRAUEN BERUHIGT

Einen folgsamen Hund können Sie zu sich in den Biwaksack zwingen. Dies mag zusätzlich zu der Angst vor dem Gewitter Furcht vor Ihrer Strafe provozieren, falls er nicht folgsam in diese ungewohnte, enge Hülle kriecht. Eine Hündin, die auf mich, meine Erfahrung und Führungsqualität vertraut, kroch zu mir unter die uns hauteng umgebende sturmgepeitschte Plane, während draußen Blitz und Donner tobten und der Regen wie Gewehrfeuer auf uns einprasselte. Obwohl dies ihre erste solche Erfahrung war, legte sie sich in einem »Herrchen-wird's-schon-richten-Vertrauen« auf den Rücken und ließ sich, zwar mit Zeichen der Verunsicherung, jedoch ohne deutliche Angst, genussvoll den Bauch kraulen. Richtig gemütlich war's. Schade nur, dass sich der Wolkenbruch schon nach einer knappen Stunde erledigt hatte.

AKUSTISCH-EMOTIONALE LEINE

Vom Laien wird die Wirkung der akustischen Leine meist völlig unterschätzt. Wer sich eine verlässliche, starke Vertrauensbasis zu seinem Tier aufgebaut hat, verfügt über ein wesentlich flexibleres verlässliches Bindemittel, als dies der Strick aus dem Zoogeschäft ist.

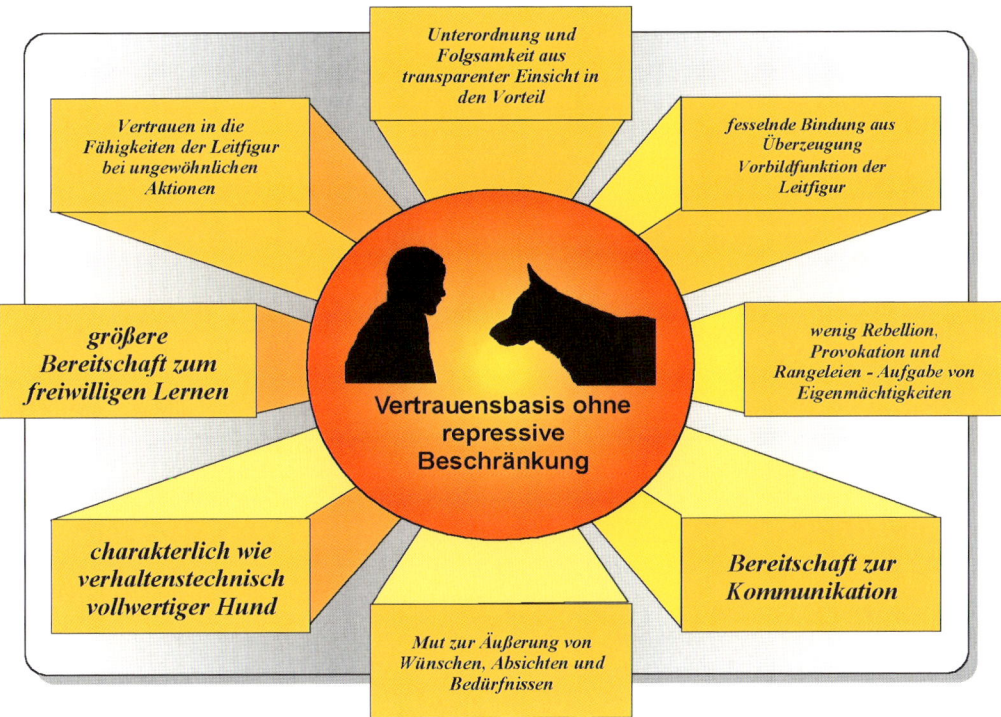

Der Hund in einer partnerschaftlichen Beziehung.

Ich habe die Erfahrung gemacht, dass sich ein großer Hund weitaus eher von der realen Leine losreißen kann, wenn man im unpassenden Moment unpassend unaufmerksam war, als von der akustischen Leine. Zudem wirkt diese akustische Leine auch auf Distanz. Hat sich ein Leinenhund erst einmal losgerissen, wird er ungebremst dorthin gehen, wo er hin möchte. Ungebremst von verbalen Befehlen, die bei solchen Tieren meist nicht genügend intensiv bindend vorbereitet wurden.

Eine funktionierende akustische Leine ist beinahe genauso zuverlässig wie eine bindende Schnur, ist flexibler in der Länge variierbar und schränkt erlaubte Bewegungen während des Ausfluges nicht nachteilig ein. Die materielle Leine hat einzig den Vorteil, dass sie unabhängig von der Beziehung des Halters zu seinem Tier funktioniert. Die akustische Leine setzt eine starke emotionale Bindung an den Menschen voraus. Unbestreitbar einfacher ist es, in die nächste Tierhandlung zu fahren, sich Halsband und Leine anzuschaffen und sich sein Tier zum Marionettenhund zu machen.

5.4   DUMMHEIT ODER TOLERANTE SELBSTZUFRIEDENHEIT?

Ich möchte nochmals auf das Phänomen zu sprechen kommen, dass ein ausgeglichener Hund, der nicht um jedes kleinste Detail in seinem Leben zu ringen braucht, durchaus bereit ist, großmaßstäblich Freiheiten abzugeben. Ein Verhalten, das Hunde nicht nur im Umgang mit mir an den Tag legen, sondern das ich auch bei Tieren beobachten konnte, in deren Leben ich mich nicht maßgeblich eingemischt habe.

OPTIMALES UMFELD ODER OPTIMALER UMGANG

Eine Haltung, die den Hund rundherum zufrieden macht, muss gar nicht darin bestehen, dass man sich den Hund zum einzigen Lebensinhalt macht, 24 Stunden jeden Tag für ihn da ist, ihn davon 14 Stunden krault und 10 Stunden lang gemeinsame Ausflüge unternimmt.

Verschiedene freilaufende Hofhunde, die überhaupt keine Tendenzen zeigen, sich fremden Menschen oder Hundehaltern mit Hund anzuschließen, obwohl sie die Möglichkeit dazu hätten, die nicht einmal den typisch trägen Lagerhunde-Rassen entstammen, sondern etwa Mixturen aus Retriever, Schäfer oder Rottweiler sind, schöpfen ihre Zufriedenheit allein schon aus der Möglichkeit zur absoluten Freiheit, ohne eine solche dann, wie man es erwarten würde, rigoros auszunutzen.

Für viele dieser Hunde ist der Ausflug mit Herrchen eine Seltenheit. Aber sie verfügen über die Möglichkeit zur freien Bewegung, zur freien Entscheidung, wem sie sich bei welchen Tätigkeiten annähern und anschließen. Solche »Vorbildhunde« sind meist nicht konsequent abgerichtet, ausgebildet oder überhaupt erzogen worden. Ihnen gereicht allein der lockere, zwanglose Umgang und jede Menge fiktiver, ein Leben lang ungenutzter Möglichkeiten zur Zufriedenheit.

Selbst vollwertige Rüden, die unter solchen Bedingungen leben, schließen sich passierenden Haltern mit einer läufigen Hündin nur einige hundert Meter weiter an, als sie dies ohne Aphrodisiakum täten und drehen dann selbstständig um, wie mir verschiedene Halter bestätigen konnten. Eine freiwillig auferlegte Selbstbeherrschung auf der Seite des Hundes, die ansonsten nur mit härtesten Erziehungsmaßnahmen erzielbar ist.

Diese Tiere sind meist nicht auffällig unterwürfig auf einen Leitmenschen fixiert. Sie gehorchen jedem Mitglied der Familie von 4 bis 80 Jahren. Die Folgsamkeit ist ausschließlich positiv und nahezu straffrei motiviert. Alle Interaktionen zwischen Hund und Mensch sind lenkende Hinweise, fast nie bindender Zwang. Trotzdem ein solcher Hund vielleicht mehr oder weniger »nebenher« gehalten wird, weiß er seine Gruppe zu schätzen, zu schützen und zu verteidigen, ohne dass er selbst in dieser Gruppe überzeichnete Dominanz zu leben versucht. Selbst wenn es in diesem Verband keinen »durchgreifenden Herrscher« gibt. Ein Durchgreifen ist selten nötig, da ein solcher Hund nur selten zur Rebellion neigt.

ERZIEHUNG ALS NOTLÖSUNG

Klar, könnte man einwenden, wie soll der Hund Gehorsam verweigern, welcher Ausprägung sollte seine Rebellion denn sein, wenn Folgsamkeit in der bekannten Form gar nie eingefordert wird, der Hund ja eigentlich den ganzen lieben langen Tag tun und lassen darf, was er möchte?

Diese Frage trifft genau den Kern der Sache: Der »normale Hundehalter« muss allein schon aufgrund des unnatürlichen Umfeldes, das er seinem Tier aufzwingt - und eine Hundehaltung in der Stadt, kann in meinen Augen gar nicht wirklich artgerecht ausfallen - Folgsamkeit lehren. Alle Erziehung, aller Unterordnungsdrill stellt für den Gebrauchshund ohne spezielle Funktion ausschließlich notwendiges Flickwerk dar, mit der man Unnatürlichkeit zu korrigieren versucht.

Auch angesprochene Hofhunde habe ich im Welpenalter und als halbwüchsige Tiere einige Male zurückbringen müssen, bis sie begriffen, wo sie Zuhause sind. Ein selbstzufriedenes Tier, das ohne repressive Methoden gehalten und erzogen wird, muss aber lediglich lernen, was der Mensch von ihm erwartet. An diese Lerninhalte wird es sich ohne weitere Repressalien, die ansonsten erst einen Gehorsam erzwingen, die den Hund an das gelehrte Verhalten später »erinnern« sollen, in seinem künftigen Leben halten.

Der konventionelle Haushund hingegen, der eigentlich schon den ganzen lieben langen Tag hart an seiner psychischen Toleranzgrenze existieren muss, wird, weil einfach jede Zusatzbelastung diese Toleranzgrenze überschreitet, sich eher in den kleinsten Belanglosigkeiten in Verweigerung üben, Rebellion leben und immer wieder gegen gelernte Dinge verstoßen. Ein Mensch würde sagen: »Scheiß auf die Gesetze! Ich will auch leben!« - und sich zum Terroristen entwickeln.

Man kann dem Hund ein Leben ohne Verweigerung und Rebellion ermöglichen, indem man ihn, ohne eine allzu intensive persönliche Bindung aufbauen zu müssen, in einem nahezu überoptimalen Umfeld leben lässt. Sollte dieses Makro-Umfeld nicht vorhanden und nicht herstellbar sein, kann eine - hier beschriebene - »überoptimale Bindung« an ein Leitwesen die Ersatzlösung sein.

»Wenigstens ein Mensch, dem ich auf den Kopf spucken kann ...!«

»Und ich muss hier bleiben - wie gemein!«

Gut gerüstet in den Sommer - hoffentlich ist die Zunge lang genug ...

↑ *So sah ich die Welt,*
wenn er auf mir saß.

↑ *Er verbrachte mehr Zeit in*
meinem Zelt als damit, den
Campingplatz zu bewachen.

← *Zugang nicht möglich -*
der Beißer vom See

ÄNGSTE ÜBERWINDEN UND FEHLVERHALTEN AUFGEBEN

Die positiven Auswirkungen einer engen Beziehung kann ich am deutlichsten darin erkennen, dass »meine« Streuner ausgerechnet die Freiheit, die sie durch ihr kritikwürdiges Verhalten zu erlangen versuchen - die rein räumliche Ungebundenheit - im Kontakt zu mir nicht nur unterwegs abgeben.

Hunde beiderlei Geschlechtes, die ich teils über ein paar Nächte behalten musste, begaben sich freiwillig in die enge »Gefangenschaft« meines winzigen Appartements. Hauptsache, ich war in der Nähe. Versuchte ich aus reiner Bequemlichkeit die Tiere spätabends, nachts oder frühmorgens dadurch loszuwerden, dass ich sie einfach vor die Türe schubste - nach Stunden des langweiligen, gefangenen Beisammenseins, in dem ich mich kaum um den Hund kümmerte und lediglich meine Hausarbeiten hinter mich zu bringen versuchte, dachte ich, sie würden wie der Blitz verschwinden - fanden sie immer einen Weg, der mich dazu brachte, sie jaulend und winselnd wieder in die Wohnung zu lassen. Ein Schäferhund, der nach Ausflügen mit mir nicht zwanglos dazu zu bewegen war, die eigene Wohnung zu betreten, der in den eigenen vier Wänden nur über Fluchtstrategien nachsinniert, hatte keinerlei Bedenken, sich bei mir einzuquartieren. Er ließ sich nicht dazu bringen, obwohl er den kilometerweiten Weg durchaus kennt, allein heim zu laufen oder wenigstens einfach in gewohnter Manier weiterzustreunen. Eine Streunerin, die eben erst vom Halter aus meiner Wohnung nach Hause gezerrt worden war, saß zehn Minuten später erneut lauthals heulend vor meiner Türe und schrie sich die Kehle um Einlass heiser.

Dies waren durchwegs Tiere, die Zuhause einen »Herren« - im Sinne von Beherrschen und Unterdrücken - besitzen. Dennoch waren sie bereit, allein um den Kontakt zu einem Menschen, der mehr Partner denn Herrscher für sie ist, gegen alles erlernte Unterordnungs- und Folgsamkeitsverhalten dem Halter gegenüber zu verstoßen. Sie gaben all ihre Abneigung gegen geschlossene Räume, sowie ihren bisherigen hauptsächlichen Lebensinhalt, das Herumstreunen, umgehend auf, als sie nur die leiseste Chance zu erkennen glaubten, endlich eine wirkliche »Heimat« gefunden zu haben.

5.5   DER »VOLLWERTHUND«

Ich persönlich lege Wert auf einen vollwertigen, nichtmenschlichen Freund, den ich weder körperlich verstümmelt (manche Leute glauben immer noch, Kastration sei eine Wunderwaffe, mit der man Streunern das Streunen abgewöhnen könnte und Beißer zu Lämmchen macht), noch charakterlich bis zur Unkenntlichkeit deformiert habe. Einen Partner, der mir freundschaftlich zugetan ist und nicht ausschließlich meine Wutausbrüche bei Ungehorsam fürchtet. Ein vollständiges Wesen, das zwar störende Charakterzüge offenbart, die hin und wieder zu mehr freundschaftlichen denn erzieherischen Rempeleien führen, nicht eine verlässliche Funktion.

DAS NACHTLAGER

Dass die Hunde rasch erkennen, wie weit man bei mir - sofern es sich nicht um pure Provokation oder Verweigerung handelt - gehen darf, zeigt mir etwa folgendes, filmreifes Erlebnis. Spät nachts schloss sich mir, nach einem viertel Jahr, in dem wir uns nicht sahen, wieder einmal ein Schäferrüde-Flüchtling an, der mich zwar von einigen hundert Kilometern »legaler« Touren her kennt, meine Wohnung aber nur zweimal kurz von innen sah. Als ich schließlich gegen ein Uhr nachts erschöpft ins Bett fiel, begann dieser, von seinen eigenen Leuten sicher nicht auf Spielereien erzogene Hund, sich sein Nachtlager zu richten:

Nachdem ihm mein dünner, zerschlissener Teppichboden offenbar zu unkomfortabel erschien, sammelte er zwei Läufer ein, schichtete sie recht glatt aufeinander und legte sich darauf. Nur um sofort wieder suchend den Raum zu mustern, bis er schließlich erneut aufstand und sich das dicke Kissen von meinem Stuhl schnappte, es zu seinem Lager trug und sichtlich zufrieden den Kopf darauf legte. Selbstzufrieden grinste er mich kurz an, stand nochmals auf, spazierte schnurstracks über mein Bett und schnappte sich vom Nachttisch ein Stofftier, das er schüttelnd zu seinem Nachtlager trug, sich dort diese »Beute« zwischen die Vorderbeine klemmte und endlich die Augen schloss und eindöste.

Sicher hätte ich mich gewehrt, hätte er versucht, sich meine Bettdecke unter den Nagel zu reißen. Solch zielstrebige Selbstständigkeit bekämpfe ich jedoch nicht im Grundsatz. Zeigt sie mir doch deutlich, dass der Hund mehr sein kann, als eine Nase auf vier Pfoten - wenn man ihn denn mehr sein lässt. Dieses Verhalten zeigt mir, dass der Hund, trotz geforderter Folgsamkeit in einigen Bereichen, in mir einen leitenden Freund sieht, bei dem man sich zu testen traut, inwieweit man die eigenen Vorstellungen vom Zusammenleben ausleben darf. Er bricht solche Eigenmächtigkeiten prompt ab, wenn er sieht, dass ich mich in ablehnender Haltung in seine Handlungen einmische.

Gerade in diesem gegenseitigen Wechselspiel, in den mehr oder weniger unterschwelligen Rangeleien um Banalitäten, kann man dem Hund seine Befugnisse, die er dann auf die wichtigen Bereiche des Lebens, etwa die nötige Folgsamkeit außer Haus überträgt, abstecken. Zeigt man sich hierbei unerbittlich - »Das Nachtlager darfst du dir zwar nach eigenem Gutdünken herrichten, aber der Kühlschrank ist tabu! Auch wenn du genau weißt, wie man die Türe öffnet und die Wurstdose knackt!« -, erkennt der Hund das Potenzial, das trotz aller gezeigter Freundlichkeit in Herrchen steckt.

Solches eigeninitiativ gestartete, teils recht intelligente Verhalten gibt den Ausflügen und dem Zusammenleben seinen besonderen Reiz. Basteln Sie sich keinen Sklaven, sondern einen verlässlichen Freund. Ein solcher Hund geht mit einer offen sichtbaren Lebensfreude vorne weg (Was dem Profi sicher wieder ein Dorn im Auge ist: Nur das Leittier geht voraus; der Sklave Hund darf bestenfalls auf gleicher Höhe an der zwei Zentimeter langen Leine neben Herrchen herschleichen). Ich falle nach solchen Erlebnissen abends jedenfalls wesentlich entspannter in die Federn, als wenn ich die gleiche Tour allein abgefahren wäre.

Der Hund kann in der Beziehung zu Ihnen jedoch nur dann als vollwertiges Wesen existieren, wenn Sie in dem Tier ein vollwertiges Wesen sehen. Ihre gesamte Haltung zum Hund spielt eine gewichtige Rolle. Wenn Sie Ihren Yorkshire zwar als lustiges

Knuddeltier mögen und auch nicht einmal fluchen, wenn Sie wegen ihm bei Regen aus der Bude müssen, senden Sie eine Unmenge konträrer Signale, die weder Sie noch ich im Griff haben, die aber alles andere als Achtung vor einem Gesamtwesen ausdrücken. Versuchen Sie Ihren Vierbeiner wirklich als Wesen zu akzeptieren, mit dem Sie leiden, mit dem - und manchmal auch gegen das - Sie zornig sind.

Ihr zweckfreies Interesse am Hund muss von diesem deutlich spürbar sein. Ich meine dabei nicht ein treu-doofes Verliebtsein in den Hund, auch kein sezierendes, wissenschaftliches Interesse für sein Verhalten, sondern eben das partnerschaftliche Dazwischen. Ein emotionales Einfühlungsvermögen ebenso wie rationales Interesse für seine Ausdrucksformen, Absichten, Wünsche und Ängste.

ZU VIEL »VOLLWERTIGKEIT«

Dass zu viel Selbstsicherheit auf Seiten des Hundes ebenfalls nicht unbedingt erstrebenswert ist, zeigt mir das Verhalten zahlreicher freilaufender Hofhunde.

Im Laufe ihres Lebens eigneten diese Tiere sich so viele Fertigkeiten und ein so hohes Vertrauen in die eigenen Fähigkeiten an, dass sie auf ihren vielfältigen Freigängen mit Hund, Mensch und anderen Tieren recht passabel unter Wahrung des eigenen Gesichtes, aber ohne allzu große Dominanz zurecht kommen.

Nehme ich ein solches Tier zu Ausflügen mit, haben sie sich dabei fast immer als Stänkerer gegeben. Mit der zusätzlichen Sicherheit eines mehr oder minder vertrauten Freundes im Rücken, mit dem zusätzlichen Antrieb, nunmehr nicht nur den eigenen Arsch durch die Welt zu lotsen, sondern auch diesen Freund zu beschützen, kamen solche Hunde unterwegs dann meist überhaupt nicht mehr mit anderen Wesen aus. Hündinnen werden vergewaltigt, bei Abwehr gebissen. Rüden werden gerammelt, bis bei der anschließenden Beißerei die Fetzen fliegen. Der eingreifende Mensch, der den Hund wegschiebt oder gar tritt, wird gebissen, obwohl sich das Tier als Freigänger in vergleichbaren Situationen kommentarlos trollte. Je selbstsicherer der Hund, desto dominanter wird er sich zu geben versuchen. Obwohl ich ebenso Tiere kenne, die an Selbstsicherheit kaum zu überbieten sind, aber in beinahe arroganter Manier über Anfeindungen von Artgenossen hinwegsehen, die eine so hohe Aggressionsschwelle besitzen, dass man sie bis aufs Blut reizen muss, damit sie zurückschlagen. Die aber ebenfalls von ihrer Seite aus keine Dominanzversuche starten. Man sollte dem Hund so viel Selbstsicherheit gönnen, wie er in nicht allzu auffällig dominanter Manier anderen Wesen gegenüber zu verdauen versteht. Ausschweifende Selbstsicherheit sollte man nicht dadurch beseitigen, dass man den Hund gänzlich zur Null zerbricht. Wieder gilt: Zügeln und kontrollieren, aber nicht zerstören. Bei allem Vollwertigkeitsstreben benötigen Sie einen Freund, mit dem Sie in Ihrem individuellen Umfeld, diktiert durch unsere Zivilisation, zurechtkommen.

PERSÖNLICHE MOTIVE

Man mag mir anlasten, dass ich das Tier in übertriebener Ausprägung als Wesen achte. Schon in der Bibel steht doch geschrieben »Du sollst über die Tiere herrschen!«

- und nicht dich mit ihnen arrangieren oder gar zur beiderseitigen Zufriedenheit mit ihnen zusammenleben. Meine Querschnittslähmung hat mich jedoch gelehrt, was es heißt, mit gravierenden körperlichen Beschränkungen zu leben. Und der Hund besteht beinahe nur aus Körper. Spricht man ihm doch immer noch abstraktes Denken und Imaginationsvermögen ab, was auch ich bedauerlicherweise nicht rundweg ausschließen kann.

Der Rollstuhl ist meine Leine, die mich an »Herrchen« Teerstraße und Kiesweg fesselt - obwohl ich weiß, wie schön es war, durch tiefes Gras zu rennen. Der Winter ist mein Eingesperrtsein, mein Hausarrest, die »Strafe für mein sommerliches Herumstreunen«, die mich jedes Jahr zeitweise in die eigene Bude fesselt, weil ich mich an vielen Wintertagen einfach nicht draußen fortbewegen kann. Nur kann ich mich während dieser Haft an den Computer setzen und dumme Bücher schreiben. Der Hund hingegen sitzt buchstäblich vor dem Nichts. Kein Wunder, dass er dann in seiner Verzweiflung Stuhlbeine zernagt und Heizkörperthermostate frisst.

Vielleicht achte ich vor diesem persönlichen Hintergrund die Unversehrtheit des Hundes an Körper wie Charakter überproportional stark. Jedoch hat sich die Funktionalität dieses meines ganz persönlichen Umganges, dieser vielleicht übersteigert gelebten Achtung in der Praxis ausnahmslos bewährt. Bei etlichen Tieren, in Tausenden Stunden des Zusammenseins und noch mehr Tausenden Kilometern des gemeinsamen Umherziehens. Mit vielen fremden Hunden, die in keiner Weise auf mich angewiesen sind. Die nichts verloren hätten, als den Kontakt zu mir, wenn Sie sich von mir abgewandt hätten, die sich stattdessen aber lieber die Beziehung zu Herrchen versaut haben.

Vielleicht sind einige der hier geschilderten Techniken an sich wirkungslos und ich interpretierte in meinem Wohlwollen und im Streben nach einer harmonischen Gesamtbeziehung nur einen positiven Effekt in sie hinein. Falsch in der Gesamtheit kann meine Methodik der Lenkung nicht sein. Allein mit »gelebter Liebe« hätte ich wohl keines der Tiere unverletzt und unfallfrei durch unsere komplizierte Zivilisation lotsen können. Letztlich wird jedoch immer die Frage offen bleiben, ob ich mir bei den beschriebenen Lenkungstechniken meinen Charakter, oder bei meinem Charakter beschriebene Erziehungsmethoden leisten kann.

5.6   DAUMEN MAL PI: DIE 2-%-REGEL

Etwa zwei Prozent Kontaktzeit reichen mir meist schon aus, um einen Hund aus einer zwar artgerechten, aber dem Wesen des Tieres nicht gerecht werdenden Haltung seinem Herren gegenüber abtrünnig zu machen. Zwei Stunden auf vier Tage gerechnet, könnten folglich ausreichen, das eigene Tier an sich selbst zu fesseln. Ich predige hier also keine Aufopferungsbereitschaft, in der man rund um die Uhr für den Hund da sein, ihn kraulen, unterhalten und ausführen muss.

Sicher gilt diese 2-%-Regel nur für den idealisierten Fall einer neutralen Haltung, mit zwei Prozent Kontakt zu einer außenstehenden Person, von der nie negative Impulse ausgehen, außer denen, die auch in diesen zwei Prozent gemeinsamer Zeit das Zusammenleben und Umherziehen unter nahezu unbedingtem Gehorsam regeln müssen. Wer sein Tier im Zwinger hält, wird es mit zwei Prozent Freundlichkeit nicht vertrauensvoll an sich binden. Wer dem Kettenhund 100% Tyrann ist, wird mit zwei Stunden Freundlichkeit alle vier Tage den unterwürfigen Sklaven nicht zum gleichwertigen Partner machen.

Ebenso pauschal gilt für den Umgang: Wer macht, hat Macht - Wer mit seinem Hund nichts macht, verblasst zur Drittklassigkeit und wird bestenfalls als Futterquelle betrachtet und als harter Herrscher ohne eigentliche Funktion gefürchtet.

Jedoch ist es nicht die Quantität, die in diesem Zusammenhang zählt, sondern die Qualität der Aktionen. Man mag den Hund jede Woche hundert Stunden hinter den Ohren kraueln, das soziale Miteinander wird nur gestärkt, wenn man auch seinen »schmutzigen Rest« in den Austausch sozialer Signale einbezieht. Drei Ausflüge pro Tag unter dem falschen Vorzeichen durchgezogen, bewirken eine weitaus weniger überzeugte Fixierung, als zwei Ausflüge pro Woche unter Berücksichtigung der hier geschilderten Aspekte.

Man braucht den Hund nicht mit menschlichen Liebesbezeugungen und gemeinsamen Unternehmungen zuzuschütten. Weitaus effizienter ist es, Akzente zu setzen, die dem Hund verständlich sind, die ihm gefallen, die möglichst aus seinem Verhaltensrepertoire stammen sollten.

Ich wollte diesen ungefähren - in jeder Hinsicht anfechtbaren - Richtwert nur deshalb anführen, um ein wenig zu quantifizieren, wie virulent sich die hier geschilderten Umgangsformen im Zutrauen des Hundes zu dem Menschen, von dem er sie erfährt, in Form einer auf Überzeugung und Vertrauen bauenden Fixierung niederschlagen. Zwei Prozent Partner, die ich in manch ein Hundeleben einbrachte, zwei Prozent Freundlichkeit und Perspektive, die ich Hunden vermittelte - und mit denen ich so manchem Halter seine Autorität untergrub und ihn in die Verzweiflung trieb ...

6 DIE NACHTEILE DIESER ERZIEHUNGSFORM

Sicher haben Sie schon befürchtet, dass nach soviel Eigenlob irgendwann das dicke Ende nachkommen muss, das alles wieder in Frage stellen mag. Ich bin so fair und liefere die vernichtende Kritik an meinen Lenkungsmethoden unaufgefordert, selbstständig und frei Haus. - Wenn auch nur in recht komprimierter Kurzform.

6.1 ARBEITSINTENSIV UND TRÄGE

Die hier geschilderten Methoden greifen zwar ohne einen vorgeschalteten Lernvorgang beim Hund direkt, damit bereits in den ersten Minuten des Zusammenseins, eine Erziehung kann nebenbei erfolgen, doch muss man dazu erst einmal (jahrelang?) am eigenen Charakter gearbeitet haben.

Meine Praktiken greifen zudem vergleichsweise derart zäh und arbeitsintensiv, dass die Dauer eines Hundelebens schlichtweg nicht ausreichen mag, um nach diesen Prinzipien einen Schutz-, Begleit- und Pflegehund mit tausend Schikanen zu formen. Ich kann rasch ein Vertrauen schaffen, das angeborene Verhaltensweisen in meinem Sinne aktiviert. Für die Abrichtung eines Nutzhundes, der komplizierte Handlungen beherrschen soll, benötigen Sie den zugehörigen Trainer. Hier können meine Umgangsformen lediglich die nötige Basis für eine erfolgreiche Zusammenarbeit schaffen.

Die Grundumgangsformen in brauchbarem Grobschliff hat man dem eigenen Hund nach meiner extensiven Methode innerhalb von vier Wochen vermittelt. Dann hält er schon zuverlässig selbstständig oder aufgrund unscheinbarer Handgesten am Straßenrand an, läuft auf dem Gehsteig, wenn der Rolli-Fahrer nebenher auf der Straße fährt, ist mittels »Nein!« von Katzen-, Reh- und Fuchsjagd zu stoppen und tut und lässt »Indoor«, was man von ihm erwartet.

6.2 DER WASSERKOPF DER OPTIMIERUNG

Wie in allen Bereichen des Lebens, steigt der nötige Aufwand mit dem Grad der gewünschten Perfektion deutlich überproportional an. Jede Optimierung erfordert einen überproportionalen Anstieg des Aufwandes.

Einen Hund halten kann man sich, indem man sich ein Halsband, eine Leine und einen Hund kauft, alles zusammenknotet und durch die Landschaft schleift. Etwas mehr Freude kommt auf, wenn man mit dem Tier hin und wieder leinenlos spielen und wandern kann. Dies setzt aber schon einige wenige gelernte Umgangsformen beim Hund voraus.

Ein einfühlsamer Umgang erfordert nicht nur ein intensives Studium von gewissen Grundlagen und zahlreichen individuellen Eigenheiten des eigenen Tieres,

Die Nachteile.

sondern nötigt dem Halter ebenso ein großes Maß an Geduld ab. Man muss ein Wesen zügeln, das deutlich unternehmungslustiger ist als ein Kleinkind. Zudem muss dieses Zügeln über den geschilderten Interessens- und Kommunikationsgraben erfolgen. Der Hund wird hin und wieder versuchen, ihm unliebsame Beschränkungen zu umgehen, was man als Mensch nicht als Affront auffassen und beantworten darf, sondern was einfach den selbstbewussten, charakterlich unversehrten Hund kennzeichnet.

Hat man erst einmal selbst den Sprung zum Tier hinter sich gebracht, bleibt eigentlich recht wenig zu tun. Bis dahin hat man aber mehr Arbeit zu bewältigen, als wenn man seinen Hund pauschal in angebotenen Trainingsstunden ausbildet. Zudem gefällt es vielen Menschen gar nicht, an sich selbst herumzuwerkeln. Sie möchten viel lieber das »Hobby Hund« bearbeiten.

6.3   DER ANIMATEUR
Sie mögen einwenden, dass Sie nicht bereit sind, wie im Text hin und wieder angeklungen, den Animateur für Ihren Hund zu spielen.

Brauchen Sie auch nicht. Sie können den Hund rundherum zu allem zwingen. Sie brauchen keine Hinweise zu geben, sondern können ständig befehlen. Mir erscheint ein wenig Animateur-Gehabe wesentlich vorteilhafter, als einen Ausflug mit einem abgerichteten Hund zu unternehmen, der genauso dumpf-stupide, an der Umwelt erzwungenermaßen desinteressiert, durch die Gegend latscht, wie sein Herrchen daneben.

Die Freundschaft zu einem Tier bedarf der gleichen Pflege, wie die zu einem Menschen. Man muss keineswegs rund um die Uhr für das Tier Zeit haben. Ein Einsperren Zuhause, während man im Büro arbeitet, eine Ketten- oder Zwingerhaltung verunmöglicht jedoch eine gute Beziehung. Um der Funktionalität willen braucht der Hund nicht einziger Lebensinhalt zu sein, aber doch wenigstens intensiv betriebenes Hobby.

6.4 MITEINANDER RAUBT DIE LEBENSFÄHIGKEIT

Mein Miteinander macht aus dem Wolf einen Schoßhund. Das Tier, das nie lernte, in allen Belangen des täglichen Umganges kämpfen zu müssen, würde im Rudel untergehen. Doch wen soll dieser Tatbestand stören? Wer möchte schon seinen Vierbeiner als vollwertiges Mitglied irgendwann in ein Wolfsrudel integrieren?

Eine Partnerschaft, die auf Aggressions- wie Rangstrukturabbau zielt, raubt dem Tier sein Durchsetzungsvermögen in einer Form, die ihn in einem Rudel zum Außenseiter machen würde. Im »Rudel« Mensch-Hund soll er ja aber eben gar nicht versuchen, sich gegen Herrchen durchzusetzen. Aggressoren, denen man unterwegs begegnet, kann man ausweichen. Einem Hund, der lieber den Schwanz einzieht, als jede Meinungsverschiedenheit auszubeißen, kann man mehr Freiheit lassen. Dieses »unnatürliche« Miteinander ist in der für den Hund untypischen Umgebung der menschlichen Zivilisation für Tier wie Mensch gleichermaßen vorteilhaft.

6.5 KEIN CHAMPION

Wer mit seinem Vierbeiner reglementierte Wettbewerbe gewinnen möchte, muss ihm reglementierte Umgangsformen beibringen. Wer meint, für den Zivil-Gebrauch einen atombombensicheren Schutzhund zu benötigen, der wird härtere Töne, als die in diesem Buch geschilderten Umgangsformen anschlagen müssen.

»Meine Hunde« sind verlässliche Begleiter in Berg, Tal und Stadt, zu Wasser wie zu Lande, keine Punktesammler in Sportarenen. Vielleicht bin ich in dieser Hinsicht einfach zu wenig ehrgeizig. Mir genügt es vollkommen, wenn ich zusammen mit einem Begleiter nicht überfahren werde, wenn er keine Radfahrer, Reiter und Rehe reißt und ich mich darauf verlassen kann, dass man zusammen losgeht, sich unterwegs hin und wieder sieht, gemeinsam Brotzeit macht und zusammen heimkehrt. Dass sich das Tier in der Nacht vor dem Zelt - trotz ebenso interessanter wie unbekannter Umgebung ganz ohne Kette und Zwinger - nicht in die Nachbarstadt davonmacht. Ich schöpfe den Stolz auf einen Begleithund daraus, dass er mich eigentlich grundlos als Orientierungspunkt und Leittier schätzt.

Mein Hobby mag darin bestehen, das Tier als von mir unbeschriebenes Blatt zu studieren und nur notwendige Korrekturen darauf zu schreiben. Ihm sein Wesen, seinen Umgang mit Artgenossen und Menschen nicht nach Schema Hundeschule, Leistungstest oder sonst was vorzuschreiben, sondern ihm die Freiheiten zu lassen, unter denen sich sein angeborenes Verhalten, von mir nur unmerklich beeinflusst, entfalten kann.

So gesehen, mag ich ein schlechter Herrscher sein. Ein Herrscher greift ein. Er formt, ohne Rücksicht auf Verluste. Ich möchte dem Tier auf ganz anderem Niveau ein Kumpel sein, den es nie zu fürchten, aber dennoch zu achten gelernt hat. Und dies lasse ich mir gerne als vielleicht unnatürliche, aber nichtsdestoweniger funktionelle Fehlhaltung ankreiden. Auf Medaillen kann ich getrost verzichten ...

6.6 NICHTS IST PERFEKT

Perfektion kann ich auch bei tolerantest gelebtem Vertrauen in der Beziehung zu einem Wesen mit völlig differenten Interessen nicht erwarten. Lassen Sie mich den Katalog der Miesmache meiner Umgangsformen mit ein paar Beispielen abschließen.

MAN KANN ES JA EINFACH MAL VERSUCHEN ... DENKT DER HUND

Bei aller Liebe wird es immer mal wieder zu Reibereien kommen. Hat sich der Hund einen bisher unbekannten Hofhund durch geschickte Annäherung nach etlichen Minuten erobert und soweit genähert, dass beide Tiere ohne Misstrauen und Aggression zu spielen beginnen, möchte er verständlicherweise diese Früchte seiner Arbeit genießen. Da kann es schon vorkommen, dass er sich weder auf Rufen, Pfeifen, Blickkontakt oder schlichtes Weitergehen anschließt, dass alle »Tricks« nichts mehr fruchten. In solchen Situationen mag es notwendig sein, den Hund mit Lautstärke herzuordern, anzuleinen und ihn diesem Freiheitsentzug auf den nächsten hundert Metern auszusetzen.

Einem Hund der solche Umgangsformen nicht gewohnt ist, wird dies so wenig gefallen, dass diese Lektion für mehrere Wochen ausreicht, am gleichen Hof, beim gleichen Hund, ihn wieder zu einem mehr oder weniger freiwilligen Mitkommen zu »überreden«.

In solchen Fällen muss ich partiell und zeitlich begrenzt härtere Töne anschlagen. Dies wird die Verweigerung zurechtrücken. Der Hund mag dies als vorübergehende böse Phase geistiger Verwirrung auf meiner Seite werten, nichtsdestoweniger meine Ausbrüche ernst nehmen. Bleibt die gesamte Beziehung auf einem freundschaftlichen Niveau, bricht durch solche Phasen nicht die Partnerschaft entzwei.

Wenn alles nichts hilft, wenn all die hier aufgeführten Punkte zum freundschaftlichen Miteinander nichts fruchten, können Sie Ihrem sturköpfigen Vierbeiner als schärfste Waffe immer noch das Gesamtprogramm klassischer Erziehung antun. Lassen Sie sich dazu aber nicht durch die große Trotzphase des Hundes, die er im Alter von etwa einem Jahr auslebt, übereilt verleiten. Manche Hunde sind in diesem Alter über Wochen nur sehr bedingt zu führen, nur mittels Leine zu »bändigen«. Schon kurze Zeit später renkt sich die Folgsamkeit erneut auf ein Niveau ein, wie vor der Trotzphase.

FREUNDSCHAFT ZWECKLOS - ZUGANG NICHT MÖGLICH

Manche Tiere sind - ich möchte dies nicht auf irgendwelche Rassen verallgemeinern - einfach nicht freundschaftlich zu lenken.

Da ich meist die Vorgeschichte im Leben des Hundes nicht kenne, kann ich oftmals nicht schlüssig beurteilen, ob dies auf einen bestimmten Charakter zurückzuführen ist, oder ob diese Tiere einfach allzu schlechte Erfahrungen mit dem Menschen gemacht haben. In diesem Falle wenden Sie sich an den Fachmann. Die Risiken und Nebenwirkungen eines entschlossenen Durchgreifens habe ich oft genug kritisiert.

Entwickeln Sie in diesem Fall der Fälle keinen generellen Zorn auf das eigene Tier. Egal welcher Ausprägung die Erziehung ist, eine positive, offene Grundhaltung dem Tier gegenüber ist in jedem Falle der Sache dienlich.

MIT DOMINANTER ZUNEIGUNG DEN MENSCHEN BEHERRSCHEN - BLINDE EIFERSUCHT

Besonders Hündinnen neigen dazu, mich mit ihrer Zuneigung nicht nur zu erdrücken, sondern regelrecht zu manipulieren.

Eine mittelgroße Labrador-Mix-Hündin brüllt ihre Eifersucht lauthals in die Welt hinaus, wenn ich einen sich mir nähernden Hund auch nur eines Blickes würdige. Obwohl sie mit demselben Artgenossen, solange nur mindestens fünf Meter Distanz zwischen mir und dem Subjekt ihrer Eifersucht verbleiben, ungehemmt und freudig spielt.

Diese Hündin hat mir, in einem gezielten Versuch meinerseits, ein Stofftier, mit dem ich mich in ihren Augen wohl zu intensiv beschäftigte, aus den Händen gerissen und auf den Boden geschleudert, sich bewusst zu mir hergedrückt und laut aufgejault, als ich mich demonstrativ bückte, ihren Konkurrenten aus Stoff aufhob und ihn mir wieder in den Schoß setzte.

Sie versuchte in den wenigen Stunden die wir jeden Monat unerlaubt gemeinsam verbrachten, bei mir das nachzuholen, was sie Zuhause nicht bekommt: Zuneigung. Sicher mag man argumentieren, ihre Liebesbedürftigkeit würde in einem ständigen Kontakt zu mir vermutlich abflauen. In einem Fünf-Tage-Kontakt steigerte sich entgegen aller Erwartungen ihre Anhänglichkeit ebenso wie ihre Eifersucht jedoch deutlich. Andererseits darf man nicht vergessen, dass der Antrieb, sich mir in dieser Form anzuhängen, sich mir geradezu auszuliefern, ebenfalls nur aus viel zu wenigen gemeinsamen Stunden jedes Jahr erwachsen ist. Was einmal mehr die enorme fesselnde Dynamik der hier geschilderten Umgangsformen verdeutlicht.

Mit ihrem Verhalten hat sie mich genauso effektiv erzogen, wie der aggressive Beißer: Wie das Herrchen des Raufers die Leine zücken muss, bin ich gut bedient, wenn ich allein um der Ruhe willen wie vernagelt stur geradeaus blicke, sobald sich mir ein fremder Hund nähert. Jede meiner Bewegungen und alle meine Reaktionen auf den Konkurrenten werden aus schielenden Augen von meiner Begleiterin aufs Misstrauischste überwacht. Die aus dieser Eifersucht resultierenden gelegentlichen Beißereien werden nicht weniger vehement ausgetragen als Rangordnungs/rempeleien.

Wäre sie mein eigener Hund, dem ich nicht nur alle paar Wochen begegne, müsste ich an diesem Aspekt noch basteln. Bei Hunden, denen wir öfters begegnen, konnte ich regulierend eingreifen, indem ich mich in den ersten Augenblicken ausschließlich auf den neuen, fremden Hund konzentriere, ihn kraule und mit ihm rede und die tobende Begleiterin gar nicht beachte. Erst allmählich wieder eine Hand für sie entbehre. Beim gemeinsamen längeren Lagern zu dritt, flammen dennoch immer wieder teils blutige Beißereien auf, Rüden wie Hündinnen gegenüber. Blutig deshalb, weil sie alle über meinen Schoß hinweg, unmittelbar vor meinem Gesicht ausgefochten werden und dabei hin und wieder meine Nase im Weg ist ...

DIE GEISTER, DIE ICH RIEF
Dies ist wohl die unbrauchbarste Folge meines Umganges mit den Hunden meines Umfeldes. Da jedes Tier einzeln auf mich fixiert ist, duldet es keine »Konkurrenten«, die mich ebenfalls mit Beschlag belegen möchten.

Zudem ist mir die Art und Weise, wie ich manchmal vom Hund vergöttert werde lästig, teils schlichtweg peinlich. Lästig wird es, wenn man unterwegs keinen Meter vorwärtskommt, weil die 25-kg-Hündin ständig auf den Schoß springen, am liebsten um den Hals gelegt getragen werden möchte. Peinlich wird es mir, wenn mich der Hund, dem ich gerade über die Pfoten gefahren bin, freudig - nicht unterwürfig! - anspringt, da ihm dieses seltsame Spiel offenbar Spaß bereitet hat. Er betrachtet mich schließlich als Gott - und Götter dürfen bekanntlich alles.

Wenn der Hund zu allem was ihm von meiner Seite geschieht, frohe Mine zeigt und mich mit großen Glubschaugen anhimmelt, dann wünsche ich mir manchmal, der Köter könnte mich wenigstens einmal richtig hassen, mich aufgrund eines Fehlers meinerseits böse anknurren und sich dann davonmachen. Bei manchen Hunden wünsche ich mir zu manchen Gelegenheiten einfach mehr Mut zur Rebellion. Wünsche mir, die Tiere würden mir nicht so bedingungslos gehorchen, gerade so, als kehrte ich im Umgang mit ihnen ständig den Mörderhenker heraus.

Betrachte ich dieses Verhalten, frage ich mich immer wieder allen Ernstes, ob ich mit meiner Form der Fixierung nicht nur einfach einen anders gelagerten Fall von unerbittlichem (Gehorsamkeits-)Zwang konstruiert habe. Ob die begleitenden Hunde sich wirklich im Klaren darüber sind, dass sie meinen Äußerungen eigentlich »freiwillig« Folge leisten, oder sich vielmehr genauso vergewaltigt vorkommen, wie durch einen klassischen Drillmeister.

DER REISSWOLF
Harmonischer, partnerschaftlicher Umgang kann zu einer Bindung führen, die beim Hund eine enorme Beschützerfunktion auslöst.

Ein Wesen, von dem man nicht nur gefüttert wird, sondern mit dem man Abenteuer und viele schöne Dinge erlebt, Rücksichtnahme, aber nicht Vergötterung erfährt, das man ohne Angst lieben lernen konnte, verteidigt man ohne Aufforderung bereitwilliger, als die, sich teils hinterhältig und arrogant gebende »Futterquelle Mensch«.

Bei all meinen Begleithunden, ob Männlein oder Weiblein, entstanden nie Probleme, solange Hund wie Mensch, die uns unterwegs begegneten eine gewisse Individualdistanz zu mir einhielten. Kam es aber fast bis zum Körperkontakt, schritt fast immer der aktuelle Begleithund, zu solchen Interventionen niemals ausgebildet, unaufgefordert ein. Teils indem er sich lediglich abwehrend zwischen mich und Fremd-Hund oder Mensch schob. Teils aber recht massiv, indem er den fremden Hund, mit dem er eben noch ausgelassen spielte, aus meiner Nähe vehement fortbiss und dem Menschen, der zu nah auf mich zuging mit allen Komponenten eines deutlichen Abwehrverhalten deutlich nahe legt, sich mir im eigenen Interesse doch bitte nicht weiter zu nähern.

Dies mag zum Problem werden, wenn man nicht rechtzeitig lenkend eingreift. Ein Hund aus einer solchen Beziehung möchte Ihnen jedoch gefallen. So wird er sich fügen, wenn Sie in solchen Situationen jedesmal sanft dämpfend intervenieren. Dies sollten Sie aber konsequent tun, sonst haben Sie innerhalb weniger Monate einen Reißwolf um sich, der alles schreddert, was sich Ihnen nähert.

Was der harte Erzieher seinem Hund als »Schärfe« einzuprügeln versucht, erhält der sanfte Lenker als Nebeneffekt. - Nicht immer zum Gefallen des Halters, der lieber einen zu allen Wesen freundlichen Hund wollte.

OHNE LEINE GEHT'S DANN DOCH NICHT IMMER

Bei Einkäufen in Lebensmittelmärkten werden Sie in der Anfangszeit dann doch das Zwangsmittel Leine benötigen. Ist der Hund nicht gewohnt, sich von Ihnen zu trennen, wird er nicht vor dem Supermarkt sitzen bleiben, sondern spätestens mit der nächsten Person, die die Türe öffnet, Ihnen hinterher flitzen. Da Sie aber von Anbeginn an einkaufen müssen, ist es nicht möglich, hier behutsam regelnd einzugreifen. Jedoch können Sie nach einigen Einkäufen, bei denen der Hund gelernt hat, Sie kommen ja wieder, auf ein Anketten genauso verzichten, wie bei einem in der Schulungsstunde gelehrten, verlässlichen »Ablegen ohne Überwachung, bis Herrchen den Befehl annulliert«.

In den meisten Parks herrscht gesetzlicher Leinenzwang. Jeder Hinterwäldler bekommt in unserer Gesellschaft vom Gesetzgeber das Recht zugesprochen, Leinenzwang zu verhängen oder gar ein generelles Hundeverbot auszusprechen. Können Sie solche Gebiete nicht meiden, dann nehmen die eine Leine wenigstens griffbereit mit. Ob Sie das Tier festmachen ist eine andere Sache - und wo kein Kläger, da kein Richter. Ich meide solche Örtlichkeiten. Baumärkte oder Möbelgeschäfte, die ein Hundeverbot aussprechen sind mich als Kunden los. Irgendwo endet meine Toleranz.

Und dann fühlen sich manche Passanten selbst in ländlichen Gegenden einfach sicherer, wenn der Schäferhund, der ihnen entgegenkommt, sichtbar angeleint ist. Man erspart sich durch diese Geste einigen Ärger.

LÄUFIGKEIT IST MACHTVOLLER ALS IHR WORT

Hin und wieder benötigt man die Leine, weil die akustische Bindung nicht ausreichen mag, ein Spiel zu beenden oder gar den Rüden von der läufigen Hündin zu holen. Er mag vielleicht einmal umgehend aufs Wort gehorchen, aber nach wenigen Metern gleich wieder umdrehen und aufsitzen ...

Schon die Duftmarken in der Hochsaison der Läufigkeit können so interessant sein, dass der Rüde die Aussicht auf die mögliche Liebe einer Hündin gegen das Risiko, die sexuell perspektivenlose Liebe seines Herrn durch Ungehorsam oder gar Flucht zu beinträchtigen, abwägt und sich für seine Triebe entscheiden mag.

Wer in diesen Zeiten leinenlos unterwegs ist, wird möglicherweise allein heimkehren oder unterwegs gezwungen sein, das Tier permanent zu steuern, zu rufen, zu überwachen. Der Mensch mit Leine kehrt unter Umständen zusammen mit einer fremden Hündin heim, verliert aber wenigstens nicht das eigene Tier ...

In diesen Fällen steht man als Wesen einer anderen Spezies den »zwischenhündlichen« höchstmotivierten Interaktionen machtlos gegenüber. Herrscher wie Freund wird auf mechanische Gewalt angewiesen sein.

6.7   ES TUT MEHR WEH ...

Wer eine freundschaftliche Beziehung zum Tier aufgebaut hat, wird auch einen Freund verlieren. Hunde sind kurzlebiger als Menschen, gerade »meine« Streuner werden über kurz oder lang doch angefahren oder überfahren, mir vom Halter aus Eifersucht vorenthalten. Kein mir bekannter Begleithund ist älter als sechs Jahre geworden, viele intensive Kontakte wurden nach wenigen Monaten von Herrchen mutwillig zerstört. So verliere ich beinahe jedes Jahr einen engen Freund. Und das tut weh ...

Ich arbeite ja nicht mit groben, nur unzulänglich auf das Tier abgestimmten Charakter-Bauklötzen, die ich bei Verlust einfach zusammenwerfe und für ein anderes Tier neu aufschichte. Für den erfolgreichen Umgang baue ich bei mir für jeden Hund eine separate, beinahe schon schizoide Persönlichkeitsstruktur auf, die so spezifisch auf das Tier abgestimmt ist, dass sie nicht übertragen werden kann. Die ich bei Verlust des Tieres, ohne Möglichkeit zum Recycling, ebenfalls aufgeben muss. So entwickelten sich im Laufe der Jahre immer mehr tote Dateien in meinem Kopf, die funktionell zwar ebenfalls gestorben sind, mich mit ihrer Anwesenheit aber an alle Verlust erinnern und belasten.

Hätte es sich dabei lediglich um Tiere gehandelt, die halt hin und wieder dabei waren, die dabei vielleicht sogar gut folgten, wäre der Verlust nicht so tragisch. Ich sähe mich einfach nach anderen Tieren um, ein Halter ginge zum Züchter und suchte sich ein neues Tier aus. So wie man den alten kaputten Staubsauger gegen ein fabrikneues Modell aus dem Fachgeschäft austauscht.

Lasse ich mich aber bis auf die tiefste Individualität des Tieres ein, passe demnach meinen eigenen Charakter und mein Verhalten dem Tier an, dann geht zusammen mit ihm jedesmal ein großer unersetzbarer eigener Teil verloren. Manchmal vermeine ich, diese meist überraschend gerissenen Lücken nicht mehr schließen zu können. Dann wünschte ich mir immer, ich hätte das Tier völlig emotionslos an mich gebunden, hätte nie sein Wesen berücksichtigt, sondern den Hund nur als ein Stück Pelz auf vier

Pfoten behandelt. Ein auf Distanz gehaltenes Tier, das lediglich ich mittels Befehlsgewalt an mich, nicht jedoch ich mich selbst an das Tier gebunden hätte.

Ich stelle Hunde, zu denen sich ein größeres Miteinander bauen lässt, nicht nur in den Mittelpunkt meines Lebens, sondern mache sie gar zum essentiellen Bestandteil, zum lebenserhaltenden Faktor meiner Existenz. Sodass sich eine von außen erzwungene Trennung egal welcher Art jedesmal wie eine Amputation lebt und selbst nach Monaten noch in negativer Weise lebensbestimmend ist.

Vermittelt man dem Hund eine solche Haltung, verklausuliert in eine Unmenge meist unbewusst verpackter Verhaltensweisen, verdeutlicht ihm dies automatisch seinen eigenen Wert in der Beziehung, ohne ihn unbrauchbar dominant zu machen. Es entwickelt sich ein Selbstwertgefühl, dass ihn nicht in der Rangordnung aufwertet, ihn aber in seiner zugewiesenen Stellung selbstbewusster werden lässt. Dann verschwendet das Tier nicht seine Energien auf eine Neuorganisation der Gruppe zu seinen Gunsten, sondern setzt sie zur Stärkung der Gruppe als Ganzes gegen äußere Faktoren ein.

Die Kombination aus rational bestimmter Annäherung und emotionaler Integration des anderen Parts erzeugt eine rundherum schlüssige und damit extrem stabile gegenseitige Fixierung. Mit dem gravierenden Nachteil, dass ich dadurch genauso stark auf den Hund fixiert und von ihm abhängig bin, wie er seinerseits von mir. So wie sich der Hund im Zusammenleben an mir orientiert, benötige alsbald ich selbst das Tier als Orientierungspunkt - nicht nur im Zeitraum des Zusammenseins. Fällt dieser Orientierungspunkt fort, irre ich erst einmal einige Wochen buchstäblich orientierungslos durch die Lande. - Und solche Beziehungen werden zur Sucht: Man kommt nicht mehr los und braucht es immer wieder...

Diesen Aspekt sollte man unter die Lupe nehmen. Möchte man sich wirklich intensiv an ein Wesen fesseln, das man vielfach überleben, das man deshalb sicher einmal verlieren wird? Ich ziele hier nicht auf eine Kosten-Nutzen-Rechnung ab. Ich betrachte dies nicht unter dem Aspekt, dass sich der hier geschilderte Aufwand bei der kurzen Lebensspanne eines Hundes doch gar nicht rechne. Ich spreche die emotionale Seite an.

Der Psychologe wirft ein, man könne sich nicht jede emotionale Bindung aus Angst vor Verlust untersagen. - Gleiche Leute behaupten aber ebenfalls, eine echte emotionale Bindung zu einem Tier könne es gar nicht geben. Ich wollte diesen Sachverhalt nur deshalb anreißen, weil der Hundefreund überrascht sein wird, wie schnell und intensiv man sich emotional an ein Tier fesseln kann. Eine Bindung, die viele Leute als bestenfalls minderwertig hinstellen möchten, die sie mehr als psychische Fehlhaltung einiger Psychopathen sehen, die sich den Kontakt zu Menschen nicht zutrauen und deshalb auf das Tier ausweichen.

Dieses eigentlich völlig neben der Thematik liegende Kapitel habe ich deshalb eingebaut, weil ich damit verdeutlichen kann, inwieweit man sich auf das Tier einstimmen muss, damit man einer emotionalen Bindung überhaupt eine Funktion zur Lenkung des Hundes abgewinnen kann. Dabei spiele ich nicht auf eine esoterische Verbindung an, sondern auf die ganz handfesten Verhaltensweisen und winzigen

Signale, die man, sofern man sich ausreichend mit dem Tier identifiziert, in ganz anderer, vom Tier korrekt deutbarer Form sendet. Die sich in jeder Komponente des wechselseitigen Verhaltens, in jeder Bewegung, in Aussprache, Betonung, Gestik, Mimik und Körperchemiehaushalt wiederfinden. Winzige Details, die man bewusst gar nicht so zielgerichtet steuern könnte. Weicht man jedoch auf die pauschalierende Funktion einer engsten emotionalen Bindung aus, dann stimmen diese Feinheiten in der nötigen Form. Denn gerade das, was der Mensch nur recht locker unter Kontrolle hat, sind die Signale, die dem Tier in zuverlässigster und verständlichster Weise die Haltung seines leitenden Menschen offenbaren.

6.8   DAS FUSSBALLSPIEL - »WIE SCHÖN, DASS DU SO'N WEICHEI BIST!«

Auch mir kommen manchmal Zweifel, ob die von mir praktizierte Form des Zusammenlebens mit dem Hund wirklich brauchbar ist. Wenn der einjährige Schäferhund am Abend zum Abschluss einer 20-Kilometer-Runde auf einen flutlichtbeleuchteten Fußballplatz saust, den Mannschaften den Ball klaut, mit ihnen Fangen spielt, ich mich im strömenden Regen über das schlammige Fußballfeld wühle, das Tier weder auf Rufen noch Pfeifen daran denkt, zu mir zurückzukommen. Der Schiedsrichter ratlos herumsteht und ich mich zusammen mit dem Hund buchstäblich im Rampenlicht wiederfinde. Dann frage ich mich, ob ein »klassisch« erzogener Hund nicht von Vorteil wäre. Ein Tier, dem ich dieses Spiel - nichts anderes ist es für den Hund - mit einem scharfen Befehl beenden könnte.

Ist eine halbe Stunde später erst der Ärger über solche Begebenheiten wieder verraucht, mache ich mir klar, dass eine Partnerschaft eben mehr als (r)eine Funktion ist. Sicher mögen meine Kontrollmechanismen in solchen Situationen bei manchen Hunden hin und wieder versagen - in diesem Fall spielte noch dazu der Unwille und die Angst des Hundes, vor der Rückkehr in sein »Zuhause« herein - , aber dies ist mir das bunte, facettenreiche Miteinander wert. Lasse ich dem Tier große Freiheiten, gibt es zwar viele Eigenwilligkeiten auf, gönnt sich manchmal aber eine zusätzliche Extra-Tour, mit der ich nicht ganz einverstanden bin.

Streift der Hund eine viertel Stunde später unaufhörlich auffordernd und sichtlich verlegen mit dem Kopf an meinen Beinen entlang, blickt mich dabei von unten herauf traurig an, weil er gemerkt hat, dass ich mit dieser Eskapade nicht einverstanden war, mag er auszudrücken versuchen: »Okay. War ein bisschen viel des Guten. Verzeih mir. - Und ich weiß, du wirst mir verzeihen. Wie schön für mich, dass du so'n Weichei bist!«

Ist uns allen im Verhältnis zum Tier nicht ein wenig die Perspektive verloren gegangen? Der Hund muss folgen! Der Hund muss funktionieren! Eine Beißerei hat keine Funktion und liegt lediglich in Aggression durch falsche Erziehung begründet! Und Ausbrüche wie eben beschrieben dürfen schlichtweg nicht vorkommen!

Für leider allzu viele Hundehalter gehört zum Hund eine herrische, ausschließlich auf Unterordnung abzielende Erziehung, mit all ihren überflüssigen Kommandos und das Hundewesen schädigenden Konsequenzen. Ein Hund bellt. Ein Hund wedelt mit dem Schwanz. Ein Hund hebt das Bein. Er braucht einen Futternapf, eine Leine - und einen herrischen Tyrannen. In diesem klischeehaften Denken ist kaum Platz für die Idee, dass der reine Gebrauchs-, Spaß- oder Hobby-Hund gerade auf Letzteres zum Vorteil für beide Parteien verzichten kann.

DIE GROSSE LÜGE

Über die Art der »Freundschaft«, die mir das Tier entgegenbringt, mache ich mir nichts vor. Das Tier nützt mich lediglich aus.

Die Hunde benutzen mich als Möglichkeit, unter größter Freiheit unterwegs zu sein, einer restriktiven Haltung am besten über Tage zu entfliehen. Ein Hund ist ein zweckorientiertes Wesen. Unterwürfigkeit ist kein Zeichen der Achtung vor dem Herrscher, sondern Selbstschutz. Gepaart wird nicht aus Liebe, sondern aus Triebe. Und vermenschlicht gesehene, freundschaftliche Gesten, Wiedergutmachungsver-

suche geschehen nicht aus hehren Motiven heraus, sondern allein, weil das Tier irgendwann selbstständig gelernt hat, welche Gesten und eigentlich unnützen Handlungen bei »Herrchen« in welcher Weise ankommen. Solch Verhalten dient ausschließlich der Sicherung der für das Tier in seinen ureigensten Interessen sinnvollen Lebensgemeinschaft.

Und doch erlaube ich mir als Mensch in völlig unbrauchbarer, vermenschlichender Manier in manchen Gesten und Handlungen des Tieres mehr zu sehen, als strikte Zweckgebundenheit. Dies hebt gemeinschaftliche Ausflüge auf das Niveau eines partnerschaftlichen Miteinander. Sollte nichts Wahres dran sein, so beeinflusst dieses selbstgebastelte Lügenmärchen doch permanent mein eigenes Verhalten gegenüber dem Hund in für beide Parteien positiver Weise. Es lässt aus dem »Bewohnen des gleichen Raumes« eine Beziehung werden, macht aus dem Gassigehen einen Ausflug. Was aber - und soviel ist mir klar - eigentlich nur von meiner Seite so gesehen wird. Aber könnte ich im Wesen Hund wirklich nur Zweckorientiertheit erkennen, dann sollte ich mir besser einen Stoffhund kaufen, ihn auf ein Skate-Board kleben und mir das Teil hinten an den Rollstuhl binden.

Ist eine »wirkliche Beziehung« zu einem Tier also nichts weiter als eine von Menschenseite gelebte Lüge?

7 DIE PROFIS UND DIE GÜLTIGE LEHRMEINUNG

Und was sagen die Profis zu meinen Praktiken? Ehrlich gestanden, gar nichts. Entweder sind sie so »taktvoll« und wollen einem behinderten Rolli-Fahrer nicht widersprechen und ihm mit diesem Widerspruch seine gesamte, selbst konstruierte Lebensphilosophie zerstören. Oder sie betrachten meine Methoden als derart danebenliegend, dass sich aus Sicht des Profis jegliche Diskussion darüber erübrigt.

Lediglich eine Tatsache bestätigte man mir vielerorts, ohne dass ich diesen Sachverhalt meinerseits direkt angesprochen hätte: Man formt sich mittels meiner Techniken einen Hund, der wie eine Klette an einem klebt. Wobei ich dies nicht unbedingt als Nachteil betrachte.

Der Profi mag einwenden, all meine hier geschilderten Methoden der Lenkung griffen so zuverlässig wie ein Horoskop: Entweder sie funktionieren oder sie funktionieren eben nicht. Nur das »hart herangenommene« Tier unter »starker Hand« »funktioniere« wirklich zuverlässig.

Zugegeben, zu manchen Freiläufern finde auch ich keinen Zugang. Da kann ich mein komplettes Kontakt-Aufnahme-Repertoire herunterspulen, der Hund guckt nur kurz blöde und behandelt mich ansonsten, als wäre ich Luft.

Dann gibt es ein paar freilaufende Aggressoren, bei denen ich noch so auf Konfliktvermeidung bauen, noch so auf Freundschaft und Vertrauen setzen kann, diese Biester kommen nur zum Zubeißen her. Solange, bis mir irgendwann der Geduldsfaden reißt und auch ich, der ach so versponnene Tierfreund, allein zum Selbstschutz Pfefferspray und Elektroschocker auspacke.

Es gibt ein paar ängstliche Typen, die mir in fast jeder Beziehung bedingungslos vertrauen, denen ich Vorbild und Leitfigur bin, die aber beim ersten Silvester-Kracher oder dem fernen Donner eines aufziehenden Gewitters auf Nimmerwiedersehen panisch verschwinden, von Zitterkrämpfen befallen werden. Tiere, deren Ängste ich durch das Vertrauen, das sie in mich zu setzen lernten zwar stark dämpfen, aber nie auf ein brauchbares Maß reduzieren konnte.

Also doch alles Humbug? Haben alle hier beschriebenen Techniken also wirklich nur besseren Horoskopwert? Dazu ein deutliches Nein von meiner Seite. Denn, selbst wenn dem so wäre, würde ich dies hier erstens nicht eingestehen. Zum zweiten sind benannte Tiere in der Gesamtschau betrachtet zahlenmäßig deutlich die Ausnahme. Ich schildere hier zugegebenermaßen keine allumfassende Wunderwaffe, die den Menschen zum Gott über jeden Hund machen würde, aber doch ein sehr wirkungsvolles Werkzeug, das einem das Wesen des Tieres öffnet, mit dem man sich eine stabile, viele Konflikte vermeidende und ausgleichende Fixierung auf die eigene Person basteln kann. Immerhin gelang es mir, mittels meiner »unbrauchbar lockeren Lenkung« auf bisher rund 14 000 Kilometern des leinenlosen Umganges mit Hunden keines meiner Begleittiere zu verlieren. Weder durch eine läufige Hündin, durch ein laufendes Reh, noch durch einen überfahrenden Pkw.

7.1   DER SPASS AN DER KEULE

In Gesprächen mit Hundeausbildern kommt jedoch auch mir oft das große Grausen. Da wird geprahlt, dass der Hund bei diesem und jenem »Vergehen« gleich das Tacker-Halsband angelegt bekommt und bei Verweigerung in der Wiese einen Stepp-Tanz aufführen darf. Da wird professionelles Verhalten offenbar, wenn der Hund gleich die Keule zu spüren bekommt, sobald er dies und jenes tut, umgehend auf die Streckbank gespannt wird, sobald er jenes und dieses unterlässt. Ohne jetzt anmaßend zu werden, habe ich manchmal den Eindruck, diese Leute würden sich am liebsten politisch für die Erziehung unserer Kinder mittels Elektroschock und Peitsche stark machen, wenn dies nicht außerhalb jeder Diskutierbarkeit stünde.

Hierzu möchte ich fragen: Sind solche Umgangsformen für einen ausschließlichen Gebrauchshund nachvollziehbar nötig, nur damit Herrchen irgendwann mit einem staatlich anerkannten Hundeschein prahlen kann? Die Erziehung zum Schutz-, Polizei-, Lawinen- oder Blindenhund unterliegt völlig anderen Regeln, ist wahrscheinlich mit meinen »nachgiebigen« Methoden nicht zu bewerkstelligen. Der Hof- und Gaststättenhund, der Feld-, Wald- und Wiesenhund benötigt aber keine Keule, sondern erlebbare Zuneigung, keinen gefährlichen Tyrannen, sondern einen verlässlichen, sanft lenkenden Freund.

7.2   DER MARIONETTEN-HUND

Mittels der beschriebenen Methoden war es mir ausnahmslos möglich, alle mir anvertrauten Hunde, alle abgeholten Tiere, alle Mitläufer und Streuner, egal welcher Rasse, welcher Größe und welchen Geschlechtes leinenlos an mich zu binden und sicher zu führen. Alle Ausflüge liefen für beide Seiten stressfrei und mit Spaß verbunden ab. Trotz des Umherziehens mit »sehr langer, emotional-verbaler Leine« kam es nie zu einer Gefährdung anderer Hunde, von Mensch oder Tier.

Beide Parteien, ich ebenso wie der Hund, haben mehr Freiraum, mehr Möglichkeiten zur Entfaltung, mehr Spaß an den Touren, als wenn wir in klassischer Manier unterwegs gewesen wären, bei der die Bewegungsfreiheit allein schon durch die Leine eingeschränkt wird, ich mit Habichtsaugen über das Tier wachen, es - wie es dies durch eine (falsche) Schulung ja dann auch erwartet - ständig lenken muss. Wodurch ganz nebenbei jede Natürlichkeit unterbunden wird.

Unter diesem Aspekt betrachtet meine Frage: Welche Vorteile hat es, sich den Hund zur folgsamen Marionette zu reduzieren, die sich dann auch nur noch bewegt, wenn irgendwer an ihren Fäden zieht?

Ich habe keine Erfahrungen in der Ausbildung eines Tieres zum Nutzhund, aber in der Regelung des Umganges als reines Begleittier, als Partner, erachte ich meine Methoden für brauchbarer und für beide Seiten bequemer.

7.3 KEIN RECHT AUF UNVERSEHRTHEIT

Was mir darüber hinaus im Gespräch mit manchen Leuten, die sich beruflich mit Tieren beschäftigen, mit Tierasylen und Tierheimen jedesmal übel aufstößt, ist die tierverachtende Selbstverständlichkeit, mit der der Hund in jeder Form passend zurechtgestutzt wird.

Genitalien sind nur für die Zucht notwendig. Der Gebrauchshund benötigt sie nicht. Also weg damit! Verhaltenskomponenten, die dem Menschen in der Funktion, in welcher der Hund eingesetzt werden soll missfallen, werden entfernt. Koste es den Hund seinen kompletten Charakter. Bis vor einiger Zeit wurde störende Optik mit Skalpell

und Faden korrigiert. Ich warte nur noch auf den guten Ratschlag solcher Leute, man solle doch einem Streuner einfach die Pfoten abschneiden. Das wirke ganz sicher problemlösend ...

Es ist ja allgemein bekannt, wie in Profikreisen (Tier-)Leben geachtet wird. Ein Tier, das nicht in Tausenden Punkten der festgelegten DIN-Norm entspricht, wird als minderwertig und unbrauchbar aussortiert und hat bestenfalls noch Chancen auf dem Kuscheltiermarkt. Der Hund, dem beim Training die Hüfte auseinander bricht, hielt sich körperlich eben nicht an die Vorschriften. Selber schuld! Weg mir dir!

Überall bleibt dabei das Recht auf körperliche wie psychische Unversehrtheit, das man auch dem Tier als denkendem, fühlendem Lebewesen zugestehen muss, völlig auf der Strecke. Es wird rigoros über alle ethischen Grundsätze hinweg die für den Menschen bequemste Problemlösung praktiziert, auch wenn es sanftere, aber arbeitsintensivere Möglichkeiten gäbe.

Und wieder bin ich bei dem Punkt angelangt, der ein beiderseitig gelebtes und auf beiden Seiten als solches empfundenes Miteinander bereits im ersten Ansatz unterbindet: Allzu oft wird der Hund nur als Funktion betrachtet. Als Suchhund. Als Ausstellungshund. Als knuddeliger Seelentröster. Selten jedoch als unantastbares Gesamtwesen.

7.4 DIE SELBSTSICHERHEIT DIESES »SCHWÄTZERS«

Abschließend noch ein Wort zu meiner offenbar haarsträubenden Selbstsicherheit, widerspreche ich, ein kleiner Niemand ohne Doktortitel, hier doch in vielen Punkten der allgemein als gültig betrachteten Lehrmeinung.

Dennoch bin ich mir meiner selbstgemachten Erfahrungen sicher. Und nur solche finden sich hier beschrieben. Extrapolierende Aussagen mit vermeintlicher Allgemeingültigkeit wagte ich nur dann, wenn sich aus meiner Erfahrungen heraus in meinen Augen eine solche Verallgemeinerung abzeichnet und wagen lässt. Die sich dann auch bei mir nicht bekannten, neuen Hunde stets bestätigt hat. Ich habe hier ohne große Rücksicht auf die Lehrmeinung persönliche, praxisorientierte Regeln herausgefiltert und Verhaltensweisen beschrieben, wie ich sie bei einer Vielzahl von Hunden wiederfinden konnte.

Mein Umgang beschränkte sich unleugbar auf weitaus weniger Tiere als der des Trainers einer Hundeschule. Dafür konnte ich mich auf die wenigeren Tiere unvergleichbar intensiver konzentrieren. Zudem stand ich nie unter dem Zwang, innerhalb bestimmter Zeit einen nach vorgegebenen Regeln ausgebildeten Hund »fertigstellen« zu müssen. Ich weiß nicht, was in den Hundeschulen im Einzelnen gelehrt wird. Aber ich sehe die Resultate wie sie sich im Umgang des Menschen zu seinem Hund niederschlagen. Entweder mangelt es an der Umsetzung, oder die Lehrinhalte an sich sollten überdacht werden.

Ich behaupte nicht, dass die gängige Praxis falsch ist. Man könnte sie jedoch in vielen Belangen optimieren. Ich möchte meine geschilderten Umgangsformen nicht als allein gültige, alles andere ausschließende Doktrin sehen, sondern als Alternative, die man sich leisten sollte, wenn man sie sich leisten kann und möchte.

RICHTIGSTELLUNG

Der Fairness halber sollte ich den Ausdruck »Die Profis« etwas spezifizieren. Jeder wirkliche Profi, der einem Tier, aus welchen Gründen auch immer, mehr als Folgsamkeit und Pfötchengeben beibringt, weiß, dass dazu eine breite Vertrauensbasis und weitaus mehr als ausgeübte Herrschergewalt nötig ist.

»Die Profis«, die ich hier kritisiere, sind die Menschen, die sich - wie ich in diesem Buch ebenfalls - selbst zu Profis ausgerufen haben. Und diejenigen, die dem Tier aus ihren beruflichen Gründen heraus in einer bestimmten Zeit eine Vielzahl von Funktionen aufpressen müssen. Hier ist dann meist nicht die Zeit für geduldiges Vorgehen vorhanden. Oft fehlt aus diesen Zwängen heraus die Motivation auf Seiten des Trainers, sich großartig auf das Tier einzulassen.

Und dann gibt es noch die fiesen Zeitgenossen, die im Hund ein willkommenes Opfer sehen und bedauerlicherweise beruflich oder privat mit Tieren zu tun haben und denen dadurch immer reichlich Tiere in die Fänge geraten.

Dies möchte ich nur als kurze Richtigstellung anfügen, damit mir nicht alle richtigen Profis den Krieg erklären. Menschen, die in ihrem Umgang mit Tieren weitaus mehr und teils sicher völlig andere Erfahrungen gesammelt haben als ich selbst, da sie sich einer anderen Zielgruppe und einem völlig anderen Ausbildungsziel widmen. Die mir ihrerseits sicher eine ganze Menge Fehler und Fehlhaltungen in meinen Umgangsformen ankreiden könnten.

8 SEELENTHERAPIE - AM EIGENEN VERHALTEN FEILEN

Die Übereinstimmung der Gesichter von Hund und Herr sind die seltenen Fälle, in denen der Hund unter Zuhilfenahme des eigenen Spiegelbildes ausgewählt wurde. Unweigerlich schlagen sich jedoch im Laufe des Zusammenlebens die Charakterzüge des Halters im Verhalten seines Vierbeiners nieder. Da das Tier nicht nur das menschliche Verhalten ihm selbst gegenüber, sondern ebenfalls den Umgang des Menschen mit anderen Wesen, sowie dessen autarkes, tägliches Verhalten als erstrebenswerte Vorgabe betrachtet. Ausgeglichenes oder hektisches Benehmen findet sich beim Tier genauso wieder, wie übersteigerte Aggression oder Ängstlichkeit, die der Hund von Herrchen vorgelebt bekommt.

AN SICH SELBST ARBEITEN

Sich erst einmal selbst eigene übersteigerte Charakterzüge abzufeilen ist der vorrangig wichtige Schritt in eine gelungene Hunde-Erziehung, ist eine beinahe unabdingbare Voraussetzung für eine gelungene Partnerschaft. Wer seinem Tier Harmonie vorlebt, wird Harmonie ernten, wer sich aggressiv gibt, lässt sich auf ein lebenslanges Kräftemessen ein. Wer sich von einem Pferd unterwegs verunsichern lässt, überträgt diese Unsicherheit als vermeintlich gültige Grundregel auf sein Tier. Wer fremde Hunde fürchtet, lehrt seinen Hund, Artgenossen als Bedrohung anzusehen. Wer nahezu debil, unbeeindruckt von allen Äußerlichkeiten voranschreitet, ist zwar auch nicht unbedingt ein ideales Vorbild, sendet dabei aber wenigstens weniger falsche Signale ...

Vielleicht ist es gerade diese scheinbar grenzenlose Beherrschtheit, die die Hunde so faszinierend an mir finden. Eine nach außen bis in den Körperchemiehaushalt hinunter für das Tier lesbare Beherrschtheit. Eine deutlich erfahrbare Ruhe, die bei mir aber eher in Lethargie, denn in Selbstsicherheit fußt. Meinetwegen soll mir doch der Himmel auf den Kopf fallen. Ich bin schlichtweg zu faul, darauf in irgendeiner Weise zu reagieren. Wer so gefestigt erscheint - inwieweit, und ob überhaupt, diese sichtbare Selbstsicherheit begründet ist, hinterfragt kein Hund - dem schließt man sich an, gegen den rebelliert man wenig. Aus Überzeugung. Zum eigenen Vorteil.

Die Mühe des Feilens am eigenen Charakter reut mich nicht, wenn ich von fremden Hunden auf offener Flur regelrecht überrannt werde. Wenn das Heulen, Jaulen und Winseln der Begrüßung erst nach Minuten abreißt. Gerade als wollte mir das Tier klagen, was es alles mit diesen anderen Leuten in den letzten Wochen seit unserem letzten Ausflug erleben musste. Ausdruck ungehemmter, unverfälschter Freude, von nichts anderem geprägt als dem Wunsch, wenigstens die nächsten Stunden zusammen mit mir zu verbringen. Nur wir beide gegen den Rest der Welt.

DER HUND ALS PSYCHOTHERAPEUT

Für mich bedeutet der Umgang mit jedem neuen Hund immer ein Arbeiten an mir selbst. Ein ständiges Herumfeilen an meinem Verhalten, damit der Hund auch nächste Woche, obwohl er von mir noch nie gefüttert wurde, wieder gerne mit mir unterwegs ist. Vielleicht sogar wieder den eigenen Leuten, trotz gebrüllter Befehle davonrennt, wenn er mich über die Felder hinweg erspäht hat.

Der Hund ist nicht nur Anlass zu erhöhter körperlicher Aktivität, sondern ebenso Anreiz zum Basteln am eigenen sozialen Umgang, zur Schärfung der Sinne, um nicht zu sagen, der Instinkte. Weiß man erst einmal in seinem Gesicht zu lesen, wird man dort Stimmungen und Absichten deutlicher ausgeprägt als im menschlichen Gesicht finden, da sich der Mensch allzu sehr auf die rein verbale Kommunikation verlegt hat. Und wenn ich gelernt habe, diese Zeichen zu deuten, werde ich ebenso versucht sein, sie in verständlicher Weise zu erwidern.

So sind diese Kontakte zum Tier für mich immer ein horizonterweiterndes Lehrstück, das mir als Rolli-Fahrer im Umgang mit der eigenen Lebenssituation geholfen hat. Es ist eine Auseinandersetzung mit analogen Problemen auf freiwilliger Basis. Mit Hunden muss ich mich nicht beschäftigen - von meinem Körper werde ich zur Zusammenarbeit gezwungen. Jedoch konnte ich die geistige Flexibilität, Geduld und Anpassungsfähigkeit, die ich im Umgang mit Tieren geschult habe, zu einem gewissen Teil auf den Umgang mit meinem ruinierten Körper anwenden. Zudem besitze (wohl nicht nur ich) ein tolles Talent dafür, allzu rasch in Routine zu ersticken. Hier reißen mich unberechenbar auftauchende Streuner und das teils überraschende Verhalten legalisiert abgeholter Tiere aus dem Alltagstrott.

Der Hund als Therapeut? - Nein. Er sollte weitaus mehr sein als Mittel zum Zweck.

Man muss sich dem Hund gegenüber immer wieder neu bewähren und kann kaum einen »Bonus« herausschlagen. Hunde sind entgegen volkstümlicher Auffassung absolut treulose Tiere, die oftmals nur wegen des vollen Futternapfes hin und wieder Zuhause vorbeischauen. Finden sie »etwas besseres«, schließen sie sich diesem an. Ansonsten gelänge es mir nicht, immer wieder einen fremden Begleiter zu finden.

In unserer Zivilisation tut man sich allerdings nicht besonders schwer, in den Augen des Hundes der »Bessere« zu sein, da sich allzu viele Leute ihren Vierbeiner buchstäblich halten, wie man sich auch einen Kaktus hält. Man topft ihn ein und gießt ihn, ohne sein Wesen zu berücksichtigen.

Der Hund kann ein artfremdes Umfeld nicht korrigieren. Der Mensch sollte es ihm aus Fairness erst gar nicht schaffen. Es kann ebenfalls nicht Sache des Hundes sein, den Menschen zu analysieren. Vielmehr muss der Mensch sich in einer für das Tier nachvollziehbaren Art und Weise verständlich machen. Und dieses »Verständlichmachen« muss aus feineren Facetten bestehen, als aus Brüllen, Schlagen, Elektroschock-Halsband und Füttern.

Wenn Sie sich all die geschilderten Umgangsformen nicht nur bewusst gemacht, sondern sie auch verinnerlicht haben, sie nicht nur rational aufgesetzt, sondern charakterlich integriert ausleben, werden selbst die meisten fremden Hunde recht offen auf Sie zukommen und vernünftig mit Ihnen umgehen.

9 ANHANG

FÜR DEN KRITISCHEN LESER: FEHLERREDUKTION

Möglicherweise habe ich bei meinen Beobachtungen nicht unbedingt schlüssig wissenschaftlich gearbeitet. Schließlich stammen all diese Studien aus meinem Leben und Erleben und wurden nicht der Beschreibung und Forschung wegen angestellt. Dennoch machte ich mir im eigenen analytischen Interesse hin und wieder Gedanken, um unliebsame Überschneidungen und Fehler bei den Beobachtungen und der Auswertung der gesammelten Fakten möglichst auf ein Mindestmaß zu beschränken.

In diesem Buch werden lediglich Beobachtungen geschildert, sowie aus meinen Eingriffen in das Verhalten der Tiere resultierende Verhaltensweisen. Ich versuche nicht, gesammelte Beobachtungen zu verallgemeinern oder sie - möglicherweise fehlerhaft - mittels Querverbindungen untereinander zu verstricken, halte mich ebenfalls mit waghalsigen, extrapolierenden Interpretationen sowie Spekulationen weitestgehend zurück.

Freigelegte, wiederkehrende Verhaltensmuster habe ich nur als solche aufgeführt wenn sie reproduzierbar waren und von mir an verschiedenen Tieren mehrfach beobachtet werden konnten. Individuelle Eigenheiten einzelner Tiere sind in diesem Buch in Form von Beispielen als Sonder- und Einzelfälle deutlich kenntlich gemacht.

Um nicht versehentlich auf dem Tier bekannte verbale Begriffe zurückzugreifen, die es vielleicht von seinem Halter mit irgendwelchen Handlungen verknüpft bekommen hat, sprach ich kein Tier in der herkömmlichen »Hundesprache« an. Für meinen Umgang wählte ich ganz bewusst klanglich völlig andere Verbalien, etwa ein »Tschaaba« anstelle des herkömmlichen »Komm«, wenn ich dieses Buch auch so geschrieben habe, als würde ich die standardisierten Kommando-Laute verwenden. So konnte ich selbst klangliche Überschneidungen zu etwaig bestehenden Befehl-Handlungs-Verknüpfungen weitestgehend ausschließen. Hundenamen benutze ich grundsätzlich nicht.

Meine Umgangsformen schlugen bei Tieren an, die einen kompletten Unterordnungsdrill hinter sich hatten, bei Hunden die unkontrolliert herrisch unterdrückt wurden, bei »ganz normalen«, mehr oder weniger gebildeten »Gebrauchshunden«, ebenso wie bei einigen Tieren, die offen erkennbar in ihrem ganzen Leben noch nie der Idee verfallen sind, man müsse menschlichen Äußerungen Folge leisten, die sich beim Einschalten eines Radios flach auf den Boden ducken - die, nachdem man von der Toilette zurückkehrt ist, die Lautsprecherbox bereits als vermeintlichen Feind vernichtet hatten. Ich knüpfte Kontakte zu Streunern, »autorisierte« Kontakte - manche völlig ohne Ausflüge, manche ein Mix aus Ausflug und gemeinsamen Stunden der (gegenseitigen) Beobachtung im eigenen Revier, im Umgang mit Artgenossen, Halter, anderen Tieren und Menschen, manche reine Ausflugskontakte. Ebenso tat ich diese Gräuel dem eigenen Tier an. Somit beschränkte ich mich also nicht auf eine gewisse Sondergruppe, wenn ich auch noch nie einen Lawinensuch- oder Blindenhund »in der Mache hatte«.

Eines hatten alle Tiere gemeinsam: Sie entstammten dem Kleinstadtbetrieb, dörflichen oder ländlichen Gegenden.

Als Rollstuhlfahrer kann ich dem Hund bei weitem nicht soviel Natur und wirkliche Wildnis bieten, wie der Läufige. Dennoch hängen sich Tiere, die mit Herrchen nachweislich häufig in den Bergen und der wirklichen Pampas unterwegs sind, bereitwillig mir an, auch wenn sie von mir, was die Routenwahl anbelangt, nur »Ausflüge zweiter Wahl« serviert bekommen. Dies lässt Rückschlüsse darauf zu, dass die persönliche Bindung an mich unter den geschilderten Umgangsformen den Hunden offenbar sehr wertvoll erscheint und sie sich nicht allein einen zusätzlichen Ausflug ermöglichen möchten.

Bei den von mir beobachteten Tieren handelt es sich also keineswegs ausschließlich um Flüchtlinge aus schlechter Haltung, die sich bereitwillig jedem vernünftigen Menschen anschließen, der sich ihnen gegenüber auch nur halbwegs brauchbar gibt.

Sämtliche von mir verzogenen Hunde hatten eine Rückenhöhe von 40 Zentimetern aufwärts. - Es tut mir ja Leid, liebe Hundehalter, aber in allen kleineren Bauformen kann ich persönlich weder den Wolf noch den Hund entdecken. Sie entstammten zahlreichen Mixturen aus Schäferhund, Berner Sennenhund, Golden Retriever, Schnauzer, Labrador und vielen völlig vermischten, süddeutschen »Straßenkreuzern«, nebst einigen reinrassigen Schäferhunden. Ich misshandelte Männlein wie Weiblein, ebenso wie die Ex-Formen beider Geschlechter, kannte manche Hunde von klein auf, kam bei manchen erst im Alter von einigen Jahren als Außenstehender hinzu.

Den meisten meiner Kontakte war eine beängstigende Oberflächlichkeit gemein, was die hier beschriebenen Lenkungsmethoden dennoch nicht funktionsgefährdend beeinflusste. Die meisten Streuner sehe ich im günstigsten Falle rund einmal im Monat. Ein ausgeprägteres Miteinander entwickelte sich mit knapp zwei Dutzend Begleithunden, mit denen ich jeweils einige Hundert, oder gar Tausende Kilometer unterwegs war.

Damit kann ich sicher keinen statistisch gültigen Überblick geben, wie meine Techniken »ankommen«, glaube aber, ebenfalls nicht allzu unbrauchbar einseitig orientiert zu sein.

DAS MISSVERHÄLTNIS DER ERZIEHUNGSTIPPS

Der Leser mag mir ankreiden, ich habe in diesem Buch übergewichtig die Belange beschrieben, in denen sich der Halter selbst erziehen sollte.

Die Haltung des Menschen zum Tier prägt gerade in der Beziehung zum Hund das Zusammenleben in solch massiver Form, dass sich eine Erziehung nahezu erübrigt, wenn die Grundhaltung beider Seiten schlüssig aufeinander abgestimmt ist.

Das Tier orientiert sich in diesem Falle aus eigenem Antrieb am Menschen. Man braucht es nicht unter Aufbringung aller möglichen Autorität unter sich zu zwingen. Der Hund wird mit höchster Motivation, weil er sich die funktionierende Beziehung zu Ihnen nicht verderben möchte, Ihren gesandten Hinweisen nachkommen, nach diesen Hinweisen von sich aus suchen und versuchen sie situationsgebunden umzusetzen, ohne dass man ein großartiges Übungsprogramm absolvieren muss. Ein Tier, das aufgrund vieler guter Erfahrungen, die es sammeln konnte, seinem Herrn vertraut, sich ihm aus diesem Grunde freiwillig anschließt, braucht nicht mittels permanenter Kommandos »Komm her«, »Bleib hier«, »Fuß«, »Steh« gebunden werden.

Diese Überlegungen sollten dieses vermeintliche Missverhältnis ausreichend erklären: Eine enge Beziehung setzt beinahe ausschließliches Arbeiten am eigenen Verhalten voraus. Ein Tier, das freiwillig folgt, braucht nicht erzogen, sondern nur mittels sanfter, kontinuierlicher Hinweise behutsam durch unsere komplizierte Zivilisation gelotst werden.

DER »GRÜNE DAUMEN«

Manche Leute meinen im Gespräch mit mir, wenn Sie meinen Umgang mit Hunden beobachtet haben, mehr oder minder verächtlich, ich hätte eben eine Art »grünen Daumen«, der mir den Zugang zu jedem Tier öffne.

Ich hoffe, ich konnte in diesem Buch aufzeigen, dass es zu einem zwanglosen Miteinander mehr bedarf, als nur eines glücklichen Händchens. Dass ich die gesamte Beziehung Mensch-Hund überdacht und auf ein anderes Niveau gehoben habe. Dass man sich Vertrauen beim Tier hart erarbeiten muss und sehr leicht wieder einbüßen kann. Dass man dazu nicht nur das Verhalten und die Ausdrucksformen seines Tieres bis in kleinstes Facetten hinab kennen und interpretieren können sollte, sondern dass man auch am eigenen Charakter rütteln muss.

Den grünen Daumen lasse ich lediglich auf meine Bereitschaft beziehen, das Wesen des Tieres zu berücksichtigen und den eigenen Stolz nicht autoritär auszuleben. Wem dies zutiefst zuwider ist, wird keinen unerzwungenen Zugang zum Wesen Hund bekommen und selbst bei Umsetzung all der hier geschilderten Verhaltensweisen lediglich ein unzusammenhängendes Flickwerk anzuwenden versuchen. Was verlässlich scheitern wird, da die wichtigste Grundlage völlig fehlt: Einfühlungsvermögen.

Es ist schwer, eine gelebte Grundhaltung in Worte zu packen, ohne zu langweilen. Ich hoffe jedoch, diese meine Haltung im Umgang mit dem Hund ist anhand der geschilderten Überlegungen und der zahlreichen Fallbeispiele in nachvollziehbarer Form angeklungen. Ich habe in diesem Buch keine konkrete Anleitung geboten, die da etwa lautete »Wirf diese Tablette ein und der Hund verhält sich in jener Weise - streichle ihn um fünf Uhr morgens dreimal über den Kopf und er wird sich in jener Form verändern«. Ich habe versucht, ein globales Bild meiner Umgangsformen zu zeichnen, die zu den geschilderten Ergebnissen positiver wie negativer Ausprägung führen. Es liegt an Ihnen, mit Ihrem individuellen Tier sowie Ihrem individuellen Charakter Ihrerseits dieses Bild so gut es geht nachzuzeichnen.

Ich bin keineswegs der Typ, der beim Anblick eines Tieres vor Liebe zergeht. Ehrlich gestanden neige ich zu katzenhaften Spielchen. Ich brauche im Tier einen Gegenspieler, der sich mir entweder entziehen kann oder dem ich im Falle einer ernsten Konfrontation rein »waffentechnisch« unterlegen bin. Beide Kriterien erfüllt der Hund. Vielleicht ist es dieser unterschwellige, widersprüchliche Charakter, den der Hund erkennt und es deshalb auf eine Konfrontation mit mir lieber gar nicht ankommen lässt. Vielleicht ist dies mein »grüner Daumen«.

Möglicherweise brauche ich mich aufgrund meines enormen unterschwelligen Aggressionspotenziales gar nicht aggressiv zu geben, um vom Tier gefürchtet zu werden. Ein Potenzial, das nur darauf wartet, durch Aggression von außen als scheinbar ausschließliche Gegenwehr ausbrechen zu dürfen. Obwohl ich diesen miesen Charakter lediglich im Umgang mit Menschen zum Zuge kommen lasse, nicht aber in der Beziehung zum Tier. Aber wie ich schon betonte, können Sie Ihren wahren Gemütszustand vor dem Hund nie verlässlich verbergen.

Andererseits registrieren alle Hunde unzweifelhaft, inwieweit ich mich bei allen Touren und Ausflügen, bei allen Treffen und Kontakten am Rande des Leistungskollapses bewege. Wie immer wieder angeklungen verteidigen mich Hündin wie Rüde - Kastraten oder nicht - nach kurzer Zeit des Zusammenseins unaufgefordert äußerst eifersüchtig gegen Artgenossen und Menschen. Zusammengenommen könnte man dieses Verhalten einer Beschützerfunktion zuschreiben. Wozu ich ganz hart fragen muss: Warum sollte ein Hund so doof sein, seine Energien darauf zu verschwenden, einen »Schwachen« gegen äußere Einflüsse zu verteidigen, wenn er von diesem weder Heim noch Nahrung bekommt und sich nicht einmal mit ihm paaren kann? Zudem weder die zeitlichen noch die entstehungsgeschichtlichen Voraussetzungen bestehen, mich als Leittier einer Gruppe anzuerkennen, in die der Hund etwa nachträglich - in unterster Rangstellung und unterordnungsbereit - hinzugekommen ist. So fehlen in meinen Augen eigentlich alle relevanten Gründe, die für die »Beschützertheorie« sprechen würden.

Bleibt also weiterhin die Frage offen, welcher Umstand diese vierpfotigen Biester an mich fesselt, wenn sie weder meinen Charakter fürchten, noch im eigennützigen Interesse an meinem körperlichen Erhalt interessiert sein können.

Ich unterstelle den Tieren im Umgang mit mir am ehesten eine gewisse konservative Haltung: Erhalten und verteidigen wir einmal die Situation, so wie sie ist. Vielleicht ergibt sich aus dieser Sache einmal mehr. - Ohne, dass dieses »Mehr« den Hunden wohl konkret vor Augen schwebt. Der Rüde würde eine Hündin verteidigen, weil er »weiß«, dass sich dies einmal in ganz praktischer Hinsicht für ihn lohnen wird. - Achten wir das Aggressionspotenzial. Gleichen wir mangelnde Wehrhaftigkeit aus. Akzeptieren wir die Lenkungsimpulse. Freuen wir uns über die Gleichstellungsversuche und das Entgegenkommen. Vielleicht springt dabei doch mal ein ganz gewaltiger Vorteil für uns heraus - mag der Hund denken.

Ein Anschließen aus reiner Langeweile kann es nicht sein, da viele dieser Tiere genügend Zeit und Gelegenheit hätten, sich einer Vielzahl anderer Leute anzuhängen.

Diese persönlichen Daten wollte ich nur deshalb angefügt haben, falls irgendein Fachmann meint, allein die hier beschriebenen Zusammenhänge können in der geschilderten Weise die Beziehung zum Hund nicht regeln. Vielleicht ist es wirklich ausschlaggebender, was und wie ich bin, als das, was ich wie tue. Ich wage aber zu behaupten, dass die hier geschilderten Umgangsformen weitaus wichtiger sind, als mein Charakter, der hinter allem steht. Es sind noch nicht alle sensorischen Fähigkeiten des Hundes entschlüsselt. Man ist sich ja noch nicht einmal einig darüber, ob der Hund in Farbe oder in Schwarzweiß sieht. Möglicherweise stehen ihm ja noch ganz andere Sinne zur Verfügung ...

Schimpfen Sie mich ruhig einen hoffnungslosen Idealisten, der sich doch besser in den Dschungel zurückziehen und sich dort auf ganz partnerschaftlicher Basis, völlig antiautoritär von der harten Natur auffressen lassen sollte.

Sicher sind die hier beschriebenen Methoden in ihrer Ausprägung nicht weniger extrem einseitig orientiert, als die von mir mit »klassisch« belegte Form der Hundeschulung. Als Halter sollten Sie unter Berücksichtigung Ihrer zeitlichen wie wohnlichen Situation, unter Einbezug des Wesens Ihres eigenen Tieres, versuchen, den für Sie gangbarsten Mittelweg zwischen »Weichei« und »Tyrann« zu beschreiten. Natürlich wird es dem Stadtmenschen in den seltensten Fällen möglich sein, mit dem halbwüchsigen Schäferhund tagelang durch den hektischen Großstadtbetrieb unter der von mir beschriebenen Technik der Ignoranz zu ziehen, bis er sich aus eigenem Antrieb am Halter orientiert. Suchen Sie sich (möglichst wenige) Notwendigkeiten aus der klassischen Erziehung in Kombination mit (möglichst vielen) umsetzbaren Komponenten aus den hier geschilderten sanften Lenkungstechniken heraus.

Berücksichtigen Sie genau, was Sie von der Beziehung zu Ihrem Tier erwarten, in welchen Bereichen Sie Ihren Hund aufgrund äußerlicher Zwänge einfach zur Funktion reduzieren müssen, sein Wesen in der Gesamtheit nicht berücksichtigen können. Geben Sie Ihrem Hund dann so viel Freiheit wie möglich und erlegen Sie ihm so wenig Zwang auf wie nötig.

DANKSAGUNG

Ich möchte mich bei all den Menschen bedanken, deren Tiere ich mir über viele Jahre hinweg mehr oder weniger unerlaubt ausgeliehen habe. Die sich nie so ganz klar über meine wirkliche Rolle werden konnten, aber mich, wenn schon nicht liebten, so doch wenigstens nicht standrechtlich erschossen haben. Nicht jeder Halter verliert seinen Hund gerne emotional und befehlstechnisch an irgend so einen dahergerollten Krüppel ...

Dank den Vierbeinern selbst, die mich, egal wie intensiv oder oberflächlich der Umgang war, nie im Regen stehen ließen.

ESSENTIALS

Der Hund gehört nur sich selbst; er ist niemandes Eigentum.

Stelle Dich nicht über den Hund; der Hund ist Dein Partner.

Lebe mit dem Hund, nicht gegen ihn.

*Erzwinge keinen blinden Glauben an Deine Autorität, sondern vermittle
Können, Erfahrung und Nutzen Deiner Lenkung.*

Herrsche nicht, lenke.

*Kommandiere nicht; hilf dem Hund in einer ihm
unverständlichen Welt zu bestehen.*

*Erzeuge im Hund den Aberglauben, all seine Folgsamkeit
beruhe auf freiwilliger Entscheidung seinerseits.*

Der Hund soll Dich nicht fürchten, er soll Dir vertrauen können.

Motiviere durch Freundschaft.

Lehre nicht durch Schulung, sondern durch passives Infiltrieren.

Achte den Hund als Wesen in seiner Gesamtheit.

Belasse dem Hund sein agierendes Wesen.

Forme den Hund, deformiere ihn nicht.

*Kopiere Teile seines Charakters, so wie der Hund versucht,
Dich als sein Vorbild zu kopieren.*

Passe Dich als der flexiblere Part der Kommunikation des Hundes an.

Lehre, aber lerne auch selbst.

Erobere Dir einen Freund und erzwinge keine Gefolgschaft.